高等教育财经类核心课程系列教材
高等院校应用技能型精品规划教材
高等院校教育教学改革融合创新型教材

富媒体 智能化

市场营销
MARKETING
（第二版）

理论·实务·案例·实训

李贺 ◎ 主编

视频版·课程思政

上海财经大学出版社
SHANGHAI UNIVERSITY OF FINANCE & ECONOMICS PRESS

上海学术·经济学出版中心

图书在版编目(CIP)数据

市场营销:理论·实务·案例·实训/李贺主编.—2版.
—上海:上海财经大学出版社,2024.6
高等教育财经类核心课程系列教材
高等院校应用技能型精品规划教材
高等院校教育教学改革融合创新型教材
ISBN 978-7-5642-4377-7/F·4377

Ⅰ.①市… Ⅱ.①李… Ⅲ.①市场营销学-高等学校-教材
Ⅳ.①F713.50

中国国家版本馆CIP数据核字(2024)第089907号

□ 责任编辑　温　涌
□ 书籍设计　贺加贝

市场营销
—— 理论·实务·案例·实训
(第二版)

李　贺　◎主编

上海财经大学出版社出版发行
(上海市中山北一路369号　邮编 200083)
网　　址:http://www.sufep.com
电子邮箱:webmaster@sufep.com
全国新华书店经销
上海新文印刷厂有限公司印刷装订
2024年6月第2版　2024年6月第1次印刷

787mm×1092mm　1/16　18印张　496千字
印数:5 001—8 000　定价:56.00元

前 言

市场营销是市场经济发展到较高阶段的产物,是现代企业与企业家营销管理实践的理论总结,也是我国高等院校财经类专业的核心课程,其目标是使学生掌握市场营销的基本概念和规律,并培养学生在实践活动中合理运用营销手段、组织和实施营销活动进而达到营销目的的能力。第二版教材的编者组织校企行的专业教师团队,结合应用技能型院校的教学特色,体现二十大精神,以基于工作过程的"项目引领、任务驱动、实操技能"的特色为导向,按照"必需、够用"的原则进行本次修订。在编写过程中围绕我国的营销实践,把新变革、新思想和新方法融入其中,以"求新、务实"作为宗旨,既突出了市场营销的广泛实用性,又体现了可持续发展性,从而让学生做到学思用贯通、知信行合一。

第二版教材依据《国家教育事业发展"十四五"规划纲要》以及育人培养目标和培养模式的要求,注重理论与实践相结合、思考与辨析相结合、广度与深度相结合,重点提高学生的应用能力、实践能力和创新能力,并注重课程思政元素的挖掘,以《教育部关于印发〈高等学校课程思政建设指导纲要〉的通知》(教高〔2020〕3号)为指导依据,课程思政建设内容紧紧围绕坚定学生理想信念,培养学生的家国情怀和健康人格,强化学生的法治意识、职业精神、工匠精神、劳动精神等,使其符合新时代经济发展对市场人才的需求。全书共涵盖11个项目、41个任务;在结构安排上,采用"项目引领、任务驱动、实操技能"的编写方式,力求结构严谨、层次分明;在表述安排上,力求语言平实凝练、通俗易懂;在内容安排上,尽可能考虑到经管类专业不同层次的不同需求,课后的"应知考核""应会考核"和"项目实训"结合每个项目的内容技能要求而编写,以使读者在学习每一项目内容时做到有的放矢,增强学习效果。

根据培养高等院校应用技能型人才的需要,本教材力求体现如下特色:

1. 结构合理,体系规范。本教材在内容上特别注意吸收最新的市场营销改革与实践内容,按理论与实务兼顾的原则设置教材内容。教材针对高等院校应用技能型教学课程的特点,将内容庞杂的基础知识系统性地呈现出来,遵循"必需、够用"原则,力求做到体系科学规范、内容简明实用。第二版教材将营销岗位与职业道德素养、人工智能和大数据技术构建数字营销新模式、大数据市场营销战略创新方法、网络促销、新媒体营销、网红营销等营销新模式与实践融入相应的各项目内容,以引导学生注重实践、关心社会,全面提升综合素质,培养其社会责任感和时代担当意识。

2. **与时俱进,紧跟动态**。根据市场营销课程体系和思路,立足于我国市场营销改革的现实基础,本着理论联系实际的原则,系统、全面地以学生为中心,采用案例教学法、情景教学法等,穿插相应的案例、职场对接等教学活动及二维码视频,精讲多练,启发学生思维,开阔学生视野,编者尽量以最新案例进行解读,培养学生营销知识的新发展,帮助学生理解对应的概念和理论,有助于加强读者对市场营销相关理论与实践的认知。

3. **突出应用,实操技能**。本教材从应用技能型院校的教学规律出发,与实际接轨,介绍了最新的市场营销发展和改革动态、理论知识和教学案例,在注重必要理论的同时,强调实际的应用;主要引导学生"学中做"和"做中学",一边学理论,一边将理论知识加以应用,实现理论和实践应用一体化。本教材将中国传统文化、习近平新时代中国特色社会主义思想等思政内容与各项目进行有机糅合,旨在体现大变局下的中国市场营销思想,弘扬以爱国主义为核心的民族精神和以改革创新为核心的时代精神。

4. **栏目丰富,形式生动**。本教材栏目形式丰富多样,每个项目均设有知识目标、技能目标、素质目标、思政目标、项目引例、引例讨论、引例导学、做中学、同步案例、拓展阅读、应知考核(包含单项选择题、多项选择题、判断题、简述题)、应会考核(包含观念应用、技能应用、案例分析)、项目实训(包含实训项目、实训目标、实训内容、实训要求、实训报告)等栏目。

5. **课证融合,双证融通**。为适应国务院人力资源社会保障行政部门组织制定职业标准,实行1+X证书制度,夯实学生可持续发展基础,鼓励院校学生在获得学历证书的同时,积极取得多类职业技能等级证书,拓展就业创业本领,缓解结构性就业矛盾,本教材与经济师考试、高校市场营销大赛的相关内容相衔接,做到考证对接、课程融合、岗课赛证。

6. **职业素养,素质教育**。为了体现高等院校应用技能型教育的特色,本教材力求在内容上有所突破,激发学生的学习兴趣和学习热情,设计适合学生掌握的考核要点,以培养和提高学生在特定业务情境中发现问题、分析问题和解决问题的能力,从而强化学生的职业道德素质和营销伦理,有效提升自身的专业分析能力和动手能力。

7. **理实一体,素能共育**。在强化应用技能型教育特色的同时,特别注重学生人文素养的培养。本教材力求在内容上有所突破,在注重培养的同时,把社会主义核心价值观教育融入教材内容和课程思政工作全过程,营造全员育人环境,全面提升人文素质,以培养和提高学生在特定业务情境中发现问题、分析问题和解决问题的能力,从而强化学生的职业道德素质。

8. **课程资源,配套上网**。为了使课堂教学达到多元立体化,编著者合力开发教学资源(包含教师课件、习题答案、教学大纲、学习指南、习题指导、模拟试卷、教师教案、课程标准、项目小结等),为学生学习技能的培养配备了以"主要的纸质教材为主体、线上学习平台为载体"、多种教学资源混合(微课、课件、学习任务、习题题库、教学视频、教学案例等)的立体化数字教学资源体系。

本教材由李贺主编；赵昂、李虹、王海涛、武岩、王玉春、李洪福6人负责全书教学资源包的制作；王海涛参与项目一、项目二、项目十和项目十一的撰写。本教材适合高等院校和应用型教育层次的国际经济与贸易、人力资源管理、旅游管理、物流管理、国际商务、劳动与社会保障、工商管理、财务管理、会计学、审计、财政学、税收学、金融学、市场营销、电子商务等财经类专业学生使用，也可作为自学考试和社会从业人员业务学习的辅助教材。

本教材得到了出版单位的大力支持，以及参考文献中的作者的帮助，谨此一并表示衷心的感谢！本教材在编写过程中参阅了大量的教材、著作、法律、法规等资料，由于编写时间仓促，加之编者水平有限，难免存在一些不足之处，恳请专家、学者批评指正，以便我们不断地更新、改进与完善。

内容更新与修订

编 者
2024年3月

目 录

项目一　市场营销导论 ··· 001
　任务一　市场与市场营销概述 ··· 002
　任务二　市场营销管理理念 ·· 009
　任务三　市场营销组合理论 ·· 019
　任务四　营销岗位与职业道德素养 ··· 023
　　应知考核 ·· 028
　　应会考核 ·· 030
　　项目实训 ·· 031

项目二　市场营销环境与调研 ··· 033
　任务一　市场营销环境分析 ·· 034
　任务二　市场营销调研 ··· 045
　　应知考核 ·· 054
　　应会考核 ·· 055
　　项目实训 ·· 056

项目三　市场购买行为 ·· 058
　任务一　消费者市场购买行为 ··· 060
　任务二　组织市场购买行为 ·· 074
　　应知考核 ·· 086
　　应会考核 ·· 087
　　项目实训 ·· 089

项目四　目标市场细分 ··· 091
任务一　市场细分 ··· 092
任务二　目标市场选择 ··· 098
任务三　市场定位 ··· 103
应知考核 ··· 106
应会考核 ··· 107
项目实训 ··· 109

项目五　市场营销竞争战略 ··· 110
任务一　竞争者分析 ··· 111
任务二　市场竞争战略 ··· 114
任务三　竞争者位势战略 ··· 117
任务四　战略合作 ··· 121
应知考核 ··· 123
应会考核 ··· 124
项目实训 ··· 126

项目六　产品策略 ··· 128
任务一　整体产品 ··· 129
任务二　新产品开发 ··· 134
任务三　包装策略 ··· 140
任务四　品牌策略 ··· 143
任务五　产品生命周期策略 ··· 147
应知考核 ··· 150
应会考核 ··· 152
项目实训 ··· 153

项目七　定价策略 ··· 155
任务一　影响定价的因素 ··· 156
任务二　定价方法 ··· 159
任务三　定价策略 ··· 163
应知考核 ··· 169
应会考核 ··· 171

项目实训 172

项目八　分销渠道策略 173
　　任务一　分销渠道选择 174
　　任务二　分销渠道管理 182
　　　应知考核 188
　　　应会考核 189
　　　项目实训 190

项目九　促销策略 192
　　任务一　促销概述 193
　　任务二　人员推销 199
　　任务三　营业推广 203
　　任务四　广告促销 209
　　任务五　公共关系 214
　　任务六　网络促销 217
　　　应知考核 219
　　　应会考核 220
　　　项目实训 221

项目十　市场营销管理 223
　　任务一　市场营销计划 224
　　任务二　市场营销组织 227
　　任务三　市场营销控制 232
　　　应知考核 237
　　　应会考核 239
　　　项目实训 240

项目十一　市场营销创新 242
　　任务一　大数据营销 243
　　任务二　新媒体营销 248
　　任务三　关系营销 256
　　任务四　定制营销 259

任务五　体验营销 ……………………………………………………………………… 261

任务六　微信营销 ……………………………………………………………………… 264

任务七　网红营销 ……………………………………………………………………… 267

　　应知考核 ……………………………………………………………………………… 272

　　应会考核 ……………………………………………………………………………… 273

　　项目实训 ……………………………………………………………………………… 275

参考文献 ………………………………………………………………………………… 276

项目一　市场营销导论

● **知识目标**

　　理解：市场的概念与分类；市场营销的概念和特点；营销岗位与职业道德素养。
　　熟知：市场营销的核心概念；人工智能和大数据技术构建数字营销新模式；市场营销管理的路径。
　　掌握：市场营销管理、市场营销管理哲学；市场营销观念的新发展；市场营销组合理论。

● **技能目标**

　　能够灵活运用营销观念分析、评价企业的现状；树立现代市场营销观念，能够运用市场营销观念指导实践活动，并结合现阶段我国市场发展特点，正确实施市场营销行为，履行社会责任，敏锐观察营销现象，有效分析营销问题，有针对性地开展营销活动。

● **素质目标**

　　运用所学的市场营销导论知识研究相关事例，培养和提高学生在特定业务情境中分析问题与决策设计的能力；结合行业规范或标准，运用知识分析行为的善恶，强化学生的职业道德素质；树立营销者"先做人，后做事"的理念，提升营销者的职业道德和营销伦理，承担企业的社会责任。

● **思政目标**

　　树立营销工作应坚守的科学价值观和道德观；认识新形势下营销工作对于国民经济发展的重要意义。理解新时代背景下对高质量发展的要求，树立营销强国观念；深入贯彻"习近平新时代中国特色社会主义思想"，增强"四个自信"，培养学生树立"人民至上"的理念，明确市场是企业的发展之基、生存之需。

● **项目引例**

面对同一市场，产生不同结论

　　某制鞋公司总裁在寻找国外市场的过程中，首先派产品设计部经理到非洲的一个国家去了解那里的市场。几天后，该经理发回一封电报："糟极了，该国无人穿鞋子，此地不可能成为我们的市场,我将于明日回国。"其后,总裁又把自己最好的推销员派到那里,他在那里待了一个星期后,发回电报:"好极了!该国无人穿鞋子,这是一个潜力巨大的市场。"为了摸准情况,总裁又把自己的市场营销部经理派去考察。他在那里待了三个星期后,发回电报:"这里的人不穿鞋,但有脚疾,需要鞋;不过我们现在生产的鞋太瘦,不适合他们,我们必须生产更宽松的鞋。我们还要教他们穿鞋的方法,并告诉他们穿鞋的好处。这里的部落首领不让我们做买卖,只有给他们一些好处,我们才能获准在这里经营。我们需要投入大约 1.5 万美元,他才能开放市场。他们尽管很穷,但这里盛产菠萝。我测算了一下,三年内的销售收入在扣除成本后,包括把菠萝卖给欧洲超级市场的费用,资金回报率可达 30%,建议开辟这个市场。"

● **引例讨论**

面对同样的市场,三个人为什么做出了不同的判断?

● **引例导学**

面对同样的市场,三个人之所以做出了不同的判断,关键就在于他们所处的岗位不同,职业学力的结构不同,看问题的观念和方法也就不同:产品设计部经理由于没有创造市场的观念,因而认为不穿鞋的人永远不会穿鞋,也就永远不会买鞋,当然没有市场;推销员由于具有创造市场的观念,因而认为无人穿鞋,恰好说明市场潜力巨大,通过艰苦细致的市场营销开拓、宣传工作,可以改变人们的消费习惯,从而开发出一个潜力巨大的鞋子消费市场;市场营销部经理不仅具有创造市场的观念,而且具有经营市场的观念,因而提出了一个极具说服力的开发这一市场的可行性分析意见。

从引例可见,从事营销,不仅要注意适应市场,还要想方设法创造市场,用自己的努力去唤醒消费者的潜在需求,更要深入研究市场,拿出极具说服力的开发这一市场的可行性分析意见,借以经营市场。只有这样,才算真正掌握了市场营销的精髓。

● **知识精讲**

任务一　市场与市场营销概述

一、市场的概念与分类

企业的营销活动离不开市场,市场是企业进行营销活动的舞台和竞技场,是企业一切营销活动的出发点。因此,认识市场、适应市场,并在此基础上引导和驾驭市场,成为市场营销活动的核心关键。

(一)市场的概念

在日常生活中,市场是指买方和卖方聚集在一起交换货物的场所,如集市、商场等。这是一个时间和空间的市场概念。我国古代有关"日中为市,致天下之民,聚天下之货,交易而退,各得其所"的记载(参见《易·系辞下》),就是对这种在一定时间和地点进行商品交易的市场的描述。

经济学家从揭示经济实质的角度提出市场概念,认为市场是一个商品经济范畴,是商品内在矛盾的表现,是供求关系,是商品交换的总和,是通过交换反映出来的人与人之间的关系。

管理学家则侧重从具体的交换活动及其运行规律去认识市场,认为市场是供需双方在共同认可的一定条件下所进行的商品或劳务的交换活动。

从经营者角度来看,人们常常把卖方称为行业,把买方称为市场。

营销学家菲利普·科特勒从生产者角度进一步指出,市场是指产品的现实和潜在的购买者。

本书将市场定义为:市场是指具有特定需要或欲望,愿意且能够通过交换来满足这种需要或欲望的全部潜在顾客,是某种产品的现实购买者和潜在购买者的集合。销售构成行业,购买者构成市场。从上述概念得知,构成市场的三个要素是:有某种需要的人、满足这种需要的购买能力和购买欲望。这三个要素是相互制约、缺一不可的有机统一体,只有把三者结合起来,才能构成现实的市场,才能形成确切的市场规模和容量。用公式表示为:

$$市场=人口+购买力+购买欲望$$

(1) 人口。哪里有人,哪里就有需求,就会形成市场。人口的多少决定着市场容量的大小;人口的状况影响着市场需求的内容和结构。构成市场的人口因素包括总人口、性别和年龄结构、家庭户数和家庭人口数、民族与宗教信仰、职业和文化程度、地理分布等多种具体因素。

(2) 购买力。是人们支付货币购买产品或劳务的能力。在人口既定的情况下,购买力成为决定市场容量的重要因素之一。市场的大小直接取决于购买力的高低。在通常情况下,购买力受到人均国民收入、个人收入、社会集团购买力、平均消费水平、消费结构等因素的影响。

(3) 购买欲望。是消费者购买产品的愿望、要求和动机。它是消费者的潜在购买力变为现实购买力的重要条件,是市场持续发展的一个要素,当购买欲望转化为购买需求时,市场才会真正发展。

【注意】市场的这三个要素相互制约、缺一不可,只有三者结合起来才能构成现实的市场,才能确定市场的规模和容量。

市场除了要有现实的购买者外,还包括暂时没有购买力或暂时没有购买欲望的潜在购买者。这些潜在购买者一旦条件有了变化,或因收入提高而有了购买力,或因受宣传介绍的影响由无购买欲望转变为有购买欲望时,就转化成现实购买者,因而也是市场的要素。

(二) 市场的分类

从不同的角度观察市场,不同类型的市场构成了整个市场。市场按不同的标准,可以划分成不同类型的市场。

(1) 按市场的地理位置不同,可将市场分为国内市场和国际市场。国内市场又可进一步细分为北方市场、南方市场、东部市场和西部市场,城市市场和乡村市场等;国际市场又可进一步细分为北美、西欧、东南亚、中东等地的市场。这种分类有利于研究不同流通地域的市场特征,以便实施不同的营销策略。

(2) 按市场的经营对象不同,可将市场分为商品市场、服务市场和要素市场。商品市场又可按购买商品的目的、用途不同,分为消费品市场(生活资料市场)、工业品市场(生产资料市场);服务市场包括运输市场、旅游市场、文化娱乐市场、教育市场、医疗市场、招标市场、拍卖市场、租赁市场、金融市场、证券市场、保险市场等;要素市场包括劳动力市场、技术市场、信息市场、建筑市场、房地产市场等。这种分类有利于根据各种商品的营销特点来开展营销活动。

(3) 按购买者购买商品的目的不同,可将市场分为消费者市场、生产者市场、转卖者市场和政府市场。这种分类便于对消费者需求和购买行为进行分析研究,从而有针对性地开展促销活动,为购买者提供最佳服务。

(4) 按市场的经营范围不同,可将市场分为综合性市场和专业性市场。综合性市场是指经营不同种类商品的交易市场,如农副产品交易市场;专业性市场是指同类产品积聚于某一场所进行交易、流通和配送。

(5) 按市场的流通环节不同,可将市场分为批发市场和零售市场。批发市场包含所有从事大宗交易的市场活动,批发市场的存在和发展以社会化大生产和商品大流通为基础;零售市场包括所有将货物或服务直接出售给最终消费者的交易活动,零售活动直接面对消费者,是商业流通的最终环节,如超市、折扣店等。

(6) 按市场的成交时间不同,可将市场分为现货市场和期货市场。现货市场是指买卖成交后立即进行交割的"一手交钱,一手交货"的市场;期货市场是指"成交在先,交割在后"的期货合约买卖市场。

(7)按竞争程度不同,可将市场分为完全竞争市场、完全垄断市场和不完全竞争市场。在商品经济条件下,竞争是不可避免的,只是在不同国家和不同时期,市场竞争的强度不同而已。竞争程度不同,购买行为、价格行为等都有差异,因而营销策略也应有区别。

(8)按照交易方式不同,可将市场分为实体市场和虚拟市场。实体市场是指实际存在的交易场所,如传统的商场、超市等;虚拟市场则是通过互联网等电子渠道进行交易的市场,如电商平台、在线拍卖等。

二、市场营销的概念和特点

(一)市场营销的概念

市场营销这个概念,有多种解释,具有代表性的有以下几种:

1985 年美国市场营销协会提出:市场营销是关于货物和劳务的设计、定价、促销和分销的规划与实施过程,旨在导致符合个人和组织的交换。

2004 年 8 月,美国市场营销协会在夏季营销教学者研讨会上公布了市场营销的新定义,这是在整合了来自全球理论界和实践界众多营销者的贡献的基础之上修订出来的。

2013 年 7 月,美国市场营销协会审核通过了市场营销的最新定义:市场营销是旨在向顾客、客户、合作伙伴和社会提供具有创造、沟通、传递和交换价值的产品的一系列活动、职能及过程的总和。

市场营销学之父菲利普·科特勒认为,营销就是满足别人并获得利润;也就是说,营销就是把价值交付出去,把利润交换回来。科特勒将市场营销过程分为五个步骤:第一,理解市场和顾客的需求与欲望;第二,设计顾客导向的营销战略;第三,构建传递卓越价值的整合营销计划;第四,建立营利性的关系和创造顾客价值;第五,从顾客处获得价值和利润回报。企业只有做好前面四步,才能赢得最后一步,获得以销售额、利润和顾客忠诚为形式的价值回报。

【做中学 1-1】 现实中有许多人认为:"市场营销就是推销,就是把产品卖掉,变成现金。"而彼得·德鲁克先生却认为:"营销的真正内涵是使销售成为多余。"

作为一位市场营销专业人士,你赞同哪种观点?为什么?

分析:这是两种截然不同的观点,前者认为市场营销就是推销,显然不妥。第一,推销仅仅是营销的一部分;第二,企业如果不能生产出适销对路的商品,无论怎样推销,效果都不会令人满意。

应赞同德鲁克先生的观点,因为他道出了现代市场营销的实质——不仅要引导产品流向消费者,更要把营销活动从流通领域向前延伸和向后扩展:向前延伸,就必须从调查消费者需求开始,在弄清消费者需求的前提下,从产品设计、功能、名称、包装、价格、促销诸方面为消费者着想;向后扩展,就必须做好售后服务、搜集和反馈消费者的消费感受等。当你真正做到了以消费者为中心,推销就显得不必要了。

所谓市场营销,是指在不断变化的市场环境中,通过市场交易去适应、满足和创造消费者需要,有计划地组织企业的整体活动,使企业的产品成功进入目标市场,从而有效地实现企业目标的综合性商务活动过程。按照这一定义,市场营销的根本目的是实现企业目标,而实现这一目标的前提是必须适应、满足和创造消费者需要;市场营销的中心是市场交易过程,为了保证商品交换过程的顺利进行,企业应当研究不断变化的市场环境,有计划地组织企业的整体活动,包括开展市场调研、选择目标市场、产品开发、定价、选择分销渠道、开展促销活动、开展销售及售后服务等。只有这样,才能使企业的产品成功地进入目标市场。

(二)市场营销的特点

1. 以消费者需求为出发点

企业要从研究和分析消费者的消费需要出发来决定自己的经营方向,按照消费者的需求组织产品的生产和销售。只有真正按照消费者需求生产的产品,才能受到消费者的欢迎,才能在市场上顺利地实现交换,从而保证企业收回投资和获取利润。

2. 以营销组合为手段

市场营销强调如何从满足消费者需求出发,通过对整体营销策略即产品策略、定价策略、渠道策略和促销策略的综合运用,更好地实现企业的经营目标。

3. 通过满足需求获得利润

在市场营销观念支配下,企业在决定生产之前,要首先了解这种产品或服务对满足消费者需求的最终效果,然后根据需求的满足程度来确定企业的盈利。消费者需求被满足的程度越大,企业的盈利就越多;相反,需求被满足的程度越小,企业利润也就越少。另外,企业要树立尊重消费者利益的观念,包括两个方面:一是兼顾消费者的眼前需要和长远利益,如对某些产品长期或过量使用可能带来的副作用加以说明,提醒消费者适度消费;二是兼顾消费者的个别需求与社会公众的利益,对有可能造成环境污染或资源过度消耗的产品加以改进。

三、市场营销的核心概念

市场营销这一概念是建立在一系列的核心概念之上的。这些概念主要有:需要、欲望和需求;产品、服务和体验;效用、顾客价值和顾客满意;交换、交易和关系营销;市场营销和市场营销者(如图1—1所示)。

需要、欲望和需求 → 产品、服务和体验 → 效用、顾客价值和顾客满意 → 交换、交易和关系营销 → 市场营销和市场营销者

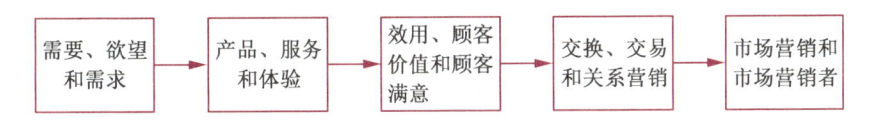

图1—1 市场营销的核心概念

(一)需要、欲望和需求

市场交换活动的基本动因是满足人们的需要和欲望。需要(needs)、欲望(wants)、需求(demands)三个看来十分接近的词,其真正的含义是有很大差别的。

(1)需要是指没有得到某些基本满足的感受状态,如为了生存对食品、衣服、住房、安全、归属、受人尊重等的需要。这是人类与生俱来的,不是市场营销者创造出来的。

(2)欲望是指对于某些能满足更深层次需求的物品的企求,如为了解渴,可选择白开水、茶、可乐、果汁、绿豆汤等,是可用满足需要的实物来描述的。

(3)需求是指对于有能力购买并愿意购买的某个具体产品的欲望。人的欲望是无止境的,而资源是有限的,人们需要用有限的金钱来选择价值和满意程度最大的产品,当有了购买力后,欲望就变成了需求。

上述三个概念区别了对市场营销有非议者所提出的"营销者创造需要"或"营销者使人们购买他们不需要的东西"。市场营销者无法创造需要,但可以影响欲望,通过创造、开发及销售特定的产品和服务来满足欲望。

【提示】区分需要、欲望和需求,对企业制定市场营销策略具有重要意义。人们的需要是企业

市场营销活动的基础,只有当人们具有某种需要且具有购买力时,欲望才能转化为需求。市场营销活动可以影响人们的欲望,因而在某种程度上可以引导并创造需求。

(二)产品、服务和体验

(1)产品是指能够满足人的需要和欲望的任何东西,包括有形的商品、无形的服务。

(2)服务是指用于出售的活动或利益,它本质上是无形的,并且不会导致对任何事物的所有权。

(3)体验是企业通过营造特定的活动和氛围让顾客获得真实消费感受的营销方式。

人们会花几千元去购买一部配置高像素美颜镜头的手机,或是到风景优美的地区进行一次旅游,来满足休闲娱乐的需要。一个有价值的"主意",也可能使创新者获得相当大的回报。如果销售人员对产品的认识局限于所提供的具体产品而非这些产品所能带来的利益和体验,那就是可悲的"营销近视症"。

为了顺利实现市场交换,企业经营者不仅要十分重视在市场需要引导下的产品设计与开发,还应当从更广泛的意义上去认识产品(或提供物)的含义。例如,茅台酒对于中国消费者来说就不是一种简单的可以喝的白酒,年轻人穿耐克鞋也不仅仅是为了保护双脚。

(三)效用、顾客价值和顾客满意

(1)效用是消费者对产品满足其需要的整体能力的评价。当消费者面对种类繁多的产品和服务时,如何选择呢?消费者做出购买选择的依据是对各种产品和服务所提供的价值的理解。例如,一个人从自家的院中挖出一尊大理石雕像,卖给了一位收藏家。这个人暗自庆幸,一块破石头,居然卖了那么多钱。而艺术家也欣喜若狂,那么精美的一件艺术品,居然花这么一点钱就买到了。

(2)顾客价值是指顾客从拥有和使用某产品中所获得的价值与为取得该产品所付出的成本之差。顾客对产品价值的判断并不准确和客观,常常根据自己的理解来行事。

(3)顾客满意是顾客所感觉到的一件产品的效用与其期望进行的比较。如果产品的效用低于期望,顾客便不会感到满意;如果效用符合期望,顾客便会感到满意;如果效用超过期望,顾客便会感到惊喜。顾客的期望来自以往的购买经验、朋友的意见以及营销者和竞争对手的信息与承诺。

质量是与一种产品或服务满足顾客明示或潜在需要的能力有关的各种特色和特征的总和。如果人们认为产品的效用大于其支付的代价,那么再贵的商品也愿意购买;相反,如果人们认为代价大于效用,那么再便宜的东西也不会要。这就是人们在交换活动中的价值观。所以,企业不仅要为顾客提供产品,更要使顾客感到在交换中价值的实现程度比较高,这样才可能促使市场交易的顺利实现,才可能建立企业的稳定市场。

(四)交换、交易和关系营销

(1)交换是指通过提供某种东西作为回报,从别人那里取得所需之物的行为过程。交换是人们获得所需之物的众多方法之一。交换是市场营销活动的核心。人们实际上可以通过四种方式获得他们所需要的东西:一是自行生产,获得自己的劳动所得;二是强行索取,不需要向对方支付任何代价;三是向人乞讨,同样无须做出任何让渡;四是进行交换,以一定的利益让渡从对方获得相当价值的产品或满足。交换不仅是一种现象,更是一种过程,只有当交换双方克服了各种交换障碍,达成交换协议,我们才能称其为形成了"交易"。

(2)交易是指发生在双方之间的买卖,涉及两种或两种以上有价之物、协议一致的条件、协定的时间和地点,即一方把 X 给了另一方并收到 Y 作为回报。

(3)营销的目标不仅是要吸引新客户并达成交易,还必须与有价值的顾客、分销商、经销商和供应商建立长期关系,关系营销趋向于强调长期性,为顾客提供长期价值,获得顾客长期与持续的满意。

(五)市场营销和市场营销者

(1)市场营销学是站在企业的角度研究如何同其顾客实现有效交换的学科,所以说市场营销是一种积极的市场交易行为,在交易中主动积极的一方为市场营销者,而相对被动的一方则为市场营销者的目标市场,市场营销者采取积极有效的策略与手段来促进市场交易的实现。

(2)市场营销者是指希望从别人那里取得资源并愿意以某种有价值的东西作为交换的人,市场营销者可以是卖方或买方。当买卖双方都表现积极时,我们把双方都称为市场营销者,并将这种情况称为相互市场营销。

四、人工智能和大数据技术构建数字营销新模式

近年来,人工智能和大数据技术迅速发展,已广泛应用于更多行业领域。新时期,将人工智能和大数据技术应用于数字营销,有利于减轻营销人员的工作压力,提高营销人员的工作效率,同时保障营销的准确性。因此,要加强对人工智能和大数据技术的应用,创新营销方式,构建数字营销新模式,充分发挥数字营销的商业价值,提升企业的营销效率,为促进创新驱动发展战略奠定扎实基础。

人工智能和大数据技术背景下,在数字营销中采用的应对措施如下:

(一)转变观念,树立正确的商业价值和商业理念

随着社会的发展,人工智能和大数据技术在企业营销中应用更加普遍,同时推动了数字营销时代的到来。管理者应该紧跟时代发展趋势,提高对人工智能和大数据技术的重视程度,树立正确的商业价值和商业理念,使人工智能和大数据技术在数字营销中得到充分应用,提高数字营销水平,为企业发展创造更大的价值和财富。

首先,打造数字化文化。数字化文化是企业不可或缺的重要组成部分,可以从不同的方面影响企业,尤其是对管理者价值观念的形成产生巨大的影响。因此,打造数字化文化,为人工智能和大数据技术在数字营销中的应用奠定良好的环境和氛围基础。例如,积极鼓励和发现企业中应用人工智能和大数据技术良好的部门或者人员,加强对部门人员的宣传和表扬,树立企业榜样形象,能够促进企业形成有序的数字企业文化。其次,加强宣传工作。例如,企业管理者可以利用现代化信息技术和多媒体传播途径,将人工智能和大数据技术在数字营销中应用的重要性以不同的形式呈现给企业人员。最后,转变观念,创新理念,真正融入数据化时代,从而改变传统营销方式。借助人工智能与大数据技术使传统营销呈现新的特点,实现数字营销,提升企业营销水平。观念转变是一个漫长的过程,因此企业管理者需要树立长效思维,只有在日常的工作和管理中做好观念引导和价值引导工作,才能够使营销人员认识数字营销的积极意义,进而落实数字营销。

(二)借助人工智能和大数据实现智能营销定位

大多数企业在营销过程中会有一些营销的数据信息。如果充分了解这些营销信息的特点,掌握市场营销数据,就能够为企业开展营销工作提供数据支持。但是,这些数据信息过于复杂,如果采用传统的模式开展营销工作,往往不能对数据信息进行更加准确的把握。因此,管理者和员工可以利用人工智能和大数据技术对当前市场进行定位。例如,可以利用计算机等软件统计并分析用户的消费习惯和品牌偏好,了解用户的实际产品需求,为广告宣传提供方向。另外,人工智能技术能够根据消费者搜索的内容、点击频率、次数对按点击付费的广告优化实施出价流程,可以实时监控消费者的消费动态,也可以挖掘市场中的潜在客户,从而扩大企业的营销市场规模。

(三)利用人工智能和大数据技术实现营销产品功能优化

随着社会的发展,企业之间的竞争更加激烈,同时对产品的功能要求更加全面。为此,在互联网时代下,要利用人工智能和大数据技术实现营销产品功能的优化,使产品功能更加满足消费者的

需求,进而建立广泛的用户基础,打开企业营销市场,最大限度地满足消费者的购买需求。

首先,加强对消费者需求的分析。不同的消费者对产品功能有不同的要求,就需要在互联网时代充分借助人工智能和大数据技术对消费者的需求进行调查,了解不同消费者对产品性能和功能等的要求,建立消费者营销产品需求档案,依照消费者的需求锁定企业发展目标,明确营销产品功能,为后续产品优化提供条件。其次,优化营销产品功能。通过对消费者需求分析,掌握消费者对产品功能的基本要求。再次,加强对人工智能和大数据技术的应用,利用信息技术学习国内外优秀的营销产品功能设计方案,并结合企业实际情况优化升级营销产品的各项功能,使产品功能充分满足该地区消费者的消费需求,实现营销产品功能创新。最后,实现对产品功能评价。例如,利用人工智能和大数据技术对当前企业产品功能的优化过程进行评价,设定评价目标;再如,管理者可以将产品功能优化的流程和功能实现作为主要评价指标,考核营销人员利用人工智能和大数据技术对产品功能优化的水平,并将考核结果同员工的薪酬待遇、实际收入相结合。

(四)利用人工智能和大数据技术实现智能销售

在互联网时代,越来越多的信息技术开始取代传统的人力资源。例如,在企业销售工作中,人工智能客服已经逐渐取代传统的人工客服,节省了企业在营销过程中的成本投入,提高了企业的销售服务质量。而人工智能客服是建立在人工智能技术发展的基础上,能够有效代替人工接打电话等。因此,企业在数字营销中应该借助人工智能和大数据技术实现智能销售,将人工智能技术代替传统的人力资源,为客户提供更加优质的服务,同时可以根据消费者的消费需求和喜好等为其提供针对性服务,提高消费者对服务的满意度,建立更加广泛的用户基础,增加企业的销售额。

(五)利用人工智能和大数据技术实现品牌危机监测

在互联网时代,越来越多的企业平台开始受互联网市场的干扰,同时部分企业品牌产品面临着前所未有的风险。如果企业不能有效监测这些品牌产品的危机,将会给企业的发展埋下安全隐患。因此,可以充分发挥人工智能和大数据基础的优势,及时跟踪和预警产品的相关信息,同时根据消费者对管理品牌产品的需求和观点,使企业能够维护自身的品牌产品形象,让更多的消费者依赖品牌产品,促进企业的可持续发展。需要注意的是,企业在利用人工智能和大数据技术监测品牌产品的危机时,应该树立危机管理意识,认识互联网时代企业品牌产品存在的风险和隐患,在日后的管理工作中加强对品牌产品危机的分析和应对,将品牌产品危机控制在源头,提高企业品牌产品的安全性。

(六)利用人工智能和大数据技术改善用户体验

目前,用户越来越关注自身的消费服务体验。如果用户在消费中对消费行为或者企业的品牌服务缺乏良好的体验,往往会影响企业发展。因此,在大数据时代,企业应该借助人工智能和大数据技术改善用户体验,使更多的用户可以在消费行为中获得更大的满足感。以汽车销售为例,企业管理者可以借助人工智能和大数据技术,收集企业汽车各个零件在运行中的数据信息,了解企业汽车在运行中存在的问题。当车主在使用车辆过程中出现问题时,可以及时反馈给车主,能够帮助车主在行驶中掌握汽车的运行状态和情况,同时对汽车的不良状况进行维修和调整,从而保障车主的生命安全。改善用户体验是企业在数字营销中需要密切关注的问题,而人工智能和大数据技术很好地关注了用户的需求和对产品的体验,因此有必要加强对现代技术的应用,使用户能够在消费中感受到企业服务和企业文化。用户是企业发展的关键,尤其是在日趋激烈的竞争中,企业需要关注用户的体验,而人工智能和大数据技术为分析用户和了解用户提供帮助,需要企业管理者充分发挥技术优势,了解用户需求和体验,为用户提供更好的服务。

任务二 市场营销管理理念

一、市场营销管理

市场营销管理是指为了实现企业目标，创造、建立和保持与目标市场之间的互利交换和关系，而对设计方案的分析、计划、执行和控制。市场营销的任务是为促进企业目标的实现而调节需求的水平、时机和性质。市场营销管理的实质是需求管理。

根据需求水平、时机和性质的不同，有八种典型的需求。

（一）负需求

负需求是指绝大多数人对某种产品感到厌恶，甚至愿意付出一定的代价来回避它的一种需求状况（如高胆固醇食品）。在负需求情况下，市场营销管理的任务是改变市场营销，即分析市场为什么不喜欢这种产品以及是否可以通过重新设计产品、降低产品价格和积极促销的营销方案来改变市场的信念和态度，将负需求转变为正需求。

（二）无需求

无需求是指目标市场对产品毫无兴趣或漠不关心的需求状况。通常情况下，市场对下列产品无需求：无价值的废旧产品；人们一般认为有价值，但在特定环境下无价值的东西；新产品或消费者不熟悉的产品等。在无需求状况下，市场营销管理的任务是刺激性营销，即通过大力促销及其他市场营销措施，设法把产品的优点与人的自然需要、兴趣联系起来。例如，虽然人们一般认为废旧包装容器没有价值，但有些收藏家对它可能感兴趣，古董商可刺激收藏家购买它；在没有江河湖泊的地区建造人工湖，使小船在该地区变成有价值的东西，从而改变市场营销环境；在产品知名度不高或刚开发出来之际，大力宣传新产品及消费者不熟悉的产品，引起消费者的购买兴趣；等等。这些就是刺激性营销下的创造需求的活动。

（三）潜伏需求

潜伏需求是指相当一部分消费者对某种物品有强烈的需求，而现有产品或服务又无法使之满足的一种需求状况。潜伏需求的类型有四种：①购买力不足型的潜伏需求。指市场上某种商品已现实存在，消费者有购买欲望，但因购买一时受到限制而不能实现，使得购买行为处于潜在状态。这种类型的商品多是高档耐用消费品，如住宅、汽车等。②适销商品短缺型的潜伏需求。由于市场上现有商品并不符合消费者需要，消费者处于待购状态；一旦有了适销商品，购买行为随之发生。③对商品不熟悉型的潜伏需求。由于消费者对某一商品不了解甚至根本不知道，而使消费需求处于潜伏状态。④市场竞争倾向型的潜伏需求。由于生产厂家很多，同类商品市场竞争激烈，消费者选择性强，在未选定之前，对某一个企业的产品而言，这种需求处于潜伏状态。在潜伏需求情况下，市场营销管理的任务是开发市场营销，如通过市场营销研究和新产品开发，满足对节能汽车、癌症特效药品的需求。

（四）下降需求

下降需求是指市场对一个或几个产品的需求呈下降趋势的状况。在下降需求情况下，市场营销管理的任务是重振市场营销，即分析需求下降的原因，进而开拓新的目标市场，改进产品特色和外观，或者采用更有效的沟通手段来重新刺激需求，使产品开始新的生命周期来扭转需求下降的趋势，使人们已经冷淡下去的兴趣得以恢复。

（五）不规则需求

不规则需求是指某些产品（服务）的需求在不同季节，或一周不同的日子，甚至一天不同的时段,呈现出上下波动的一种状况。如运输业、旅游业、娱乐业都有这种情况。在不规则需求情况下,市场营销管理的任务是协调市场营销,即通过灵活定价、大力促销及其他刺激手段来改变需求的时间模式,使产品(服务)的市场供给与需求在时间上协调一致,达到均衡需求。例如,通过采取需求定价策略、灵活多样的促销方式来鼓励消费者改变需求的时间模式,鼓励淡季消费,变不规则需求为均衡需求。

(六)充分需求

充分需求是指某种产品(服务)的需求水平和时间与预期的相一致的状况。这是企业最理想的一种需求状况,但市场是动态变化的,消费者的偏好会不断变化,竞争也更加激烈。在充分需求情况下,市场营销管理的任务是维持市场营销,密切关注消费者、竞争者的变化,努力保持产品质量,经常测量顾客满意程度,通过降低成本来保持合理价格,设法保持现有的需求水平。

(七)过量需求

过量需求是指产品(服务)的市场需求超过企业所能供给和愿意供给水平的状况。在过量需求情况下,市场营销管理的任务是降低市场营销,通过提价、减少服务来暂时或永久地降低市场需求水平,或是设法降低盈利较少或服务需要不大的市场的需求水平。

(八)有害需求

有害需求是指市场对某些有害产品或服务的需求。在有害需求情况下,市场营销管理的任务是反市场营销,即大力宣传有害产品或服务的严重危害性,劝说喜欢有害产品或服务的消费者放弃这种爱好和需求。一般来说,对有害需求的限制和消除更需要借助宏观市场营销的力量,从道德与法律两个方面加以约束。

二、市场营销管理的路径

在市场营销实践中,企业不仅可以适应需求,而且可以创造需求,即改变人们的价值观念和生活方式。价值观念和生活方式是人们在特定的环境中逐渐形成的,是由特定的文化造就和决定的,在市场上表现为特定的需求。企业的产品投顾客所好,仅是适应需求;若改变顾客所好,则是创造需求。企业创造需求的途径主要有以下几个方面:

(一)设计生活方式

现代企业不但可以通过改变原有的生活方式来创造需求,而且可以主动参与新生活方式的设计。从一日三餐的饮食方式到出行旅游,生活中的很多方面可以根据消费者的需求进行精巧的设计,从而设计出很多能够满足人们潜在需求的新的生活方式。企业只有积极主动地设计新的生活方式,才能创造出新的产品和服务,找到新的市场机遇。

(二)把握全新机会

哪里有未被满足的需求,哪里就会有市场机会。市场既有表面机会,即实际存在但由于供不应求等原因而未被满足的现实需求,也有潜在机会,即实际存在但未被利用和尚未实现的潜在需求,这是传统观念对市场机会的认识和理解。现代企业在市场营销实践中发现,市场还有全新的机会,即目前不存在的潜在需求。例如,QQ和微信等通信产品在进入市场之前,因消费者并未意识到需要这种产品,所以不可能对其有潜在需求,更谈不上有现实需求;随着通信技术的发展,这些产品被开发出来以后,消费者才产生了需求。这就是一些企业所说的"生产需要"的实际含义。

在市场营销中,利用表面机会和潜在机会虽然可以占有一定的市场,但这毕竟是针对实际存在的需求,它比较容易被发现和迅速得到满足。在激烈的市场竞争中,企业越来越意识到,针对实际存在的需求很难取得更多的利益,把握全新的机会则可以创造需求,使企业具有绝对的竞争优势。

(三)营造市场空间

企业推广产品,有时可通过有预期目标的营销活动,人为地使市场形成供不应求或大量需求的局面。这种营销计划的制订与实施不但是一种战术技巧,还可以起到创造需求的作用。例如,吉列公司曾为了大量推广刮胡刀片,采用免费赠送刀架的办法,有效地营销了一个市场空间,促使顾客购买配套的刀片,从而实现了扩大销售、占领市场的预期目标。

三、市场营销管理哲学

市场营销管理哲学是指企业对其营销活动及管理的基本指导思想。市场营销管理哲学的核心是正确处理企业、顾客和社会三者之间的利益关系。随着生产和交换日益向纵深发展,社会、经济与市场环境的变迁以及企业经营经验的积累,企业的市场营销管理哲学发生了深刻变化。这种变化的轨迹是由企业利益导向转变为顾客利益导向,再发展到社会利益导向。图1-2显示了企业在兼顾三者利益关系上,营销管理观念的变化趋势。

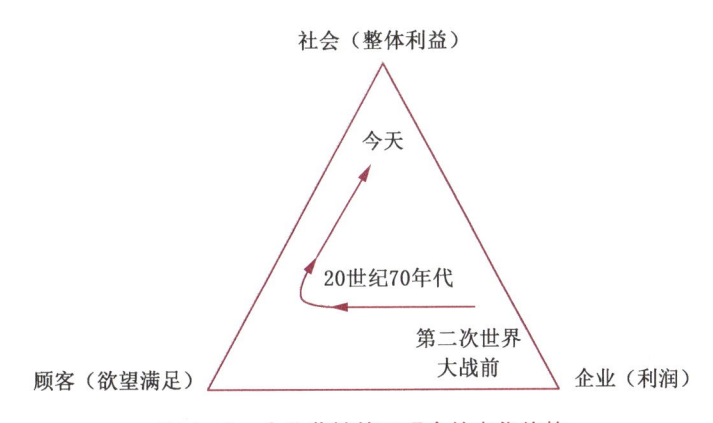

图1-2 企业营销管理观念的变化趋势

市场营销管理哲学(观念)的演变,从西方营销学发展的历史来看,大体以20世纪50年代为界,营销观念经历了第二次世界大战前的传统营销观念和战后的现代营销观念两个大阶段。具体可划分为五个阶段:生产观念、产品观念、推销观念、市场营销观念和社会营销观念。其中,生产观念、产品观念和推销观念是以企业为中心的观念,市场营销观念是以消费者为中心的观念,社会营销观念是以社会长远利益为中心的观念(如图1-3所示)。

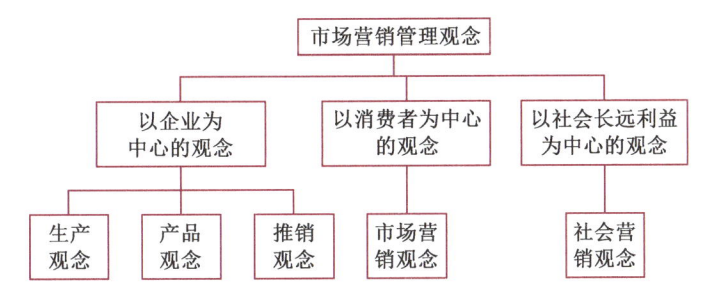

图1-3 市场营销管理观念的演变

(一)传统营销观念

传统营销观念的基本特征是"以产定销""以产促销",即企业生产什么就卖什么、生产多少就卖多少。它产生的基础是经济的相对落后。传统营销观念主要有生产观念、产品观念、推销观念。

1. 生产观念

生产观念是在卖方市场的背景下产生的。20世纪20年代以前,生产的发展不能满足需求的增长,多数商品处于供不应求的状态,许多商品是顾客上门求购。这一时期消费者最关心的是能否买到产品,而不去注意产品的细小特征,只要有商品,质量过关、价格便宜,就会购买。在这种情况下,企业只需要集中一切力量扩大生产、降低成本,生产越多,成本越低,取得的利润就越多,根本不用考虑销售问题。

由于产品销路不成问题,因此销售工作不受重视。生产观念的典型口号为:"我们生产什么,就卖什么。"在这种观念指导下,生产和销售的关系必然是"以产定销"。

生产观念是一种重生产、轻市场的观念。随着生产的发展、供求形势的变化,这种观念必然使企业陷入困境。例如,福特先生曾对建议其生产彩色汽车的人说:"不论顾客需要什么颜色,我们生产的汽车就是黑的。"他认为福特公司的汽车价廉物美,不愁没有销路。然而,当其他公司所生产的彩色汽车风靡市场之后,福特先生才醒悟到自己决策的错误。单纯的"生产观念"给他带来了很大的损失。

2. 产品观念

产品观念认为:消费者欢迎那些质量最优、性能最好、特点最多的产品,因此企业应致力于不断改进产品。产品观念是在生产观念基础上的发展,但仍属于一种比较陈旧的经营观念。的确,产品的品质和特色是企业争取顾客的主要因素,能注意以产品质量的改变和提高去赢得企业的市场地位,比只重视产量和成本的"生产观念"是前进了一步。但是,问题在于:进行产品设计开发的出发点在哪里?是企业还是消费者?产品观念的局限性就在于,对产品的设计与开发只是从企业的角度出发、以企业为中心进行的。经营者认为,顾客想购买的只是产品,并没有认识到顾客所购买的实际上是对某种需要的满足。

与生产观念一样,产品观念也是典型的"以产定销"观念。所以,企业经营者只是把眼光放在企业内部的生产领域,而没有注意研究企业外部的市场,导致所谓的"营销近视症"。"营销近视症"是指企业管理者在市场营销中缺乏远见,只注视其产品,认为只要生产出优质产品,顾客就会找上门,而不注重市场需求的变化趋势。它主要表现在两个方面:一是企业经营目标的"狭隘性";二是在企业经营观念上目光短浅,"酒香不怕巷子深""一招鲜,吃遍天"等都是产品观念的生动写照。产品观念的典型口号为:"我们会做什么,就努力做好什么。"

产品观念与生产观念有所不同:前者注意产品的品质与性能,后者注重产品的产量与成本。但这两种观念也有相似之处,即都属于"以生产为中心"的经营思想,都没有把市场需求放在首位。所以,产品观念也只能适用于市场经济不发达的卖方市场。随着社会生产力的发展,卖方市场向买方市场过渡,这种观念就不适用了。

【拓展阅读1-1】 爱尔琴钟表的重大挫折

美国爱尔琴钟表公司自1869年创立到20世纪50年代,一直被公认为美国最好的钟表制造商之一。该公司强调生产优质产品的理念,并通过著名珠宝商店、大型百货公司分销其钟表。1958年之前,公司销售额始终呈上升趋势,但此后其销售额和市场占有率开始下降。造成这种状况的原因是,市场形势发生了变化:这一时期的许多消费者对名贵手表不再感兴趣,而趋于购买那些经济、方便、款式新颖的手表;许多制造商为迎合消费者需要,开始生产低档手表,并通过廉价商店、超级市场等大众分销渠道积极推销,从而夺去了爱尔琴钟表公司的部分市场份额。爱尔琴钟表公司竟没有注意到市场形势的变化,依旧迷恋于生产精美的传统样式的手表;仍旧借助传统渠道销售,认为自己的产品质量好,顾客必然会找上门。结果,企业经营遭受重大挫折。

3. 推销观念

20世纪20年代末,随着资本主义生产力的发展,社会产品日益丰富,花色品种不断增加,市场上许多产品开始供过于求,企业之间竞争加剧。1929年,资本主义世界爆发了空前严重的经济危机,堆积如山的货物卖不出去,许多工商企业、银行纷纷倒闭,大量工人失业,市场萧条。这时人们担心的已不是如何大量生产,而是如何去销售。于是,许多企业开始着力于研究、运用各种各样的推销方法和技巧,以"推销观念"作为企业经营的指导思想。

推销观念强调:消费者一般不会主动选择和购买商品,只能通过推销产生的刺激来诱导消费者产生购买行为。这样,推销部门的任务就是采用各种可能的手段和方法,去说服和诱导消费者购买商品。至于商品是否符合顾客的需要、能否让顾客满意、顾客是否会重复购买等问题,都无关紧要。

推销观念与生产观念有所不同:前者以抓推销为重点,后者以抓生产为重点。从"生产导向"发展为"推销导向"是经营思想的一大进步,但仍然没有脱离"以生产为中心""以产定销"的范畴。因此,推销观念基本上仍然属于旧的营销观念。推销观念的典型口号为:"我们会做什么,就努力去推销什么。"

(二)现代营销观念

1. 市场营销观念

市场营销观念是20世纪50年代产生的一种新的营销观念。市场营销观念的产生是现代企业营销观念的重要变革。西方市场学家对这一变革给予了很高的评价,称之为市场营销发展史上的一次革命。

市场营销观念产生的背景有二:一是由于第二次世界大战后生产力的迅速发展,许多产品供过于求加剧,竞争更加激烈;二是由于各资本主义国家普遍实行高工资、高福利、高消费的所谓"三高"政策,使消费者的购买力增加,消费欲望不断变化,对商品的购买选择性大大增强。市场格局发生了根本性变化,原来的卖方市场迅速转变为买方市场。许多企业家认识到,在进行生产之前,必须首先分析和研究消费者的需要,在满足消费者需要的基础上,企业才能生存和发展。按照"市场营销观念",市场不是处于生产过程的终点,而是起点;不是供给决定需求,而是需求引起供给;哪里有需求,哪里才有生产和供给。

市场营销观念的典型口号为:"顾客需要什么,就生产和销售什么"或者"能销售什么,就生产什么"。在这种观念指导下,企业的中心工作不再是单纯追求销售量的短期增长,而是着眼于长久地占领市场阵地,因而提出了"哪里有消费者的需要,哪里就有我们的机会"和"一切为了顾客的需要"等口号。

【学中做1—1】 早期的可口可乐在世界各地都销售一种口味、一种包装、一种牌号的产品,这是什么营销观念?为什么?

分析:这是生产观念。因为在当时社会生产力比较低的情况下,企业生产的产品品种单一,产品供不应求,市场是典型的"买方市场",销售对企业来说不成问题。企业坚持"企业生产什么,消费者就买什么"。企业的中心任务是集中一切力量增加产量、降低成本、提高销售效率。

推销观念与市场营销观念的比较见表1—1。

表1—1　　　　　　　　　　　　　两种营销观念的比较

类　型	出发点	方　法	产销关系	目　的
推销观念	产品	生产或推销	以产定销	扩大销售,获取利润
市场营销观念	顾客需求	整体营销	以销定产,产需结合	满足需求,获取利润

【提示】推销观念与市场营销观念的本质区别在于：推销观念的出发点是产品，以卖方（企业）的需要为中心，通过大量销售来赚取利润；市场营销观念的出发点是客户，以买方（顾客）的需求为中心，从顾客需求的满足获取利润，是一种"以顾客为导向"（市场导向）的营销观念。

【拓展阅读1-2】 沃尔玛公司奉行的原则

沃尔玛公司奉行三大原则：①顾客服务原则。"第一条，顾客是对的；第二条，顾客永远是对的；第三条，如有任何疑问，请参照第一、第二条执行。"②三米原则。顾客距离店员三米就能感觉到他（她）的微笑和热情。③日落原则。店方一旦发生过错，公司应在当天日落前妥善处理，向顾客诚心道歉。

【同步案例1-1】 这个小卖部存在的主要问题

某日，水上乐园内游人如潮。小向和朋友一行几人高兴地来到水上乐园的小卖部准备买泳裤。他们走进店内，发现品种不少，就埋头挑了起来。令人遗憾的是，在每个商品下面都没有标价签，而站在旁边的两位营业小姐也好像没"看"出顾客的烦恼，自顾自地站在一旁，没有理会他们。无奈之下，他们只好拿着两条看起来不太贵的泳裤走向收银台，试探着问："两条30元吧？"话音未落，就听见站在旁边的营业小姐不屑地说："什么30元，你现在到哪里去买15元一条的泳裤？"听到这话，小向心里很不舒服，于是说道："你这样说话就不对了，15就15，20就20，何必用这种语气和态度呢？"小姐听到这句话，狠狠地瞪了小向两眼，表现出一副很不服气的样子。

交完钱，小向对那位小姐说："小姐，我觉得您的服务态度应该改进一下。"话还没说完，背后就传来一句："我们还不想卖给你呢！"小向心中的怒火随着她的这句话一下就蹿了上来，走过去，要求看她的工牌。正在这时，旁边一位一直未开口的小姐走上前来用手使劲地推着小向说："算了，算了，你快走吧！"这一举动把小向激怒了，强烈要求她们的经理出来，受理投诉。这时一位经理来到小卖部，小向便把事情的详细经过告诉了他，这位经理听完后一副"没有关系"的表情，不当回事，只是想快点把小向劝走，并且一再强调说："我现在不能听你的一面之词，我一定要调查清楚。"小向的好心情全给破坏了，发誓从此再也不会来这个地方购物。

思考：这个小卖部存在的主要问题是什么？请运用所学理论进行分析。

【同步案例1-2】 营销成功的可能性

在1991年以前，康柏电脑公司过于迷信"公司应该为客户提供最好的产品"。这个观点蕴含的推论是："质量越好，营销成功的可能性就越大。"公司鼓励工程师设计、生产高品质产品，并不断加以完善。1991年，康柏的管理层做了调整，新的负责人认为："要根据产品价格搞设计，用顾客的眼光看问题，研究什么价位能吸引顾客光顾我们的产品，然后想办法在此价位生产出此种产品。"

思考：康柏电脑公司新老负责人的营销观念有什么区别？在哪种营销观念的指导下，营销工作成功的可能性较大？为什么？

2. 社会营销观念

社会营销观念产生于20世纪70年代，是对市场营销观念在新形势下的修正和补充，是对市场营销观念的新发展。20世纪70年代，以美国学者为代表的一些营销学专家对市场营销观念产生了疑问：在环境恶化、资源短缺、人口急剧增长和全球经济紧缩的情况下，纯粹的"市场营销观念"是否仍然令人满意？那些了解、服务和满足个人欲望的企业，有的并不总是从消费者和社会的长远利益出发来行事。纯粹的市场营销观念忽视了消费者短期欲望与消费者的长期利益、社会的长远发展与社会福利之间可能存在的冲突。针对这些情况，有些学者提出了社会营销观念。社会营销观念如图1—4所示。

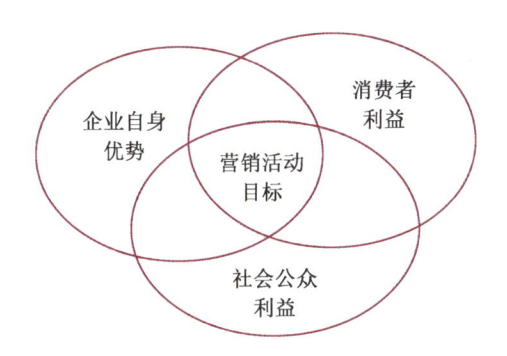

图1—4 社会营销观念

社会营销观念的基本论点是：企业在生产和提供产品或服务时，不仅要满足消费者的需要和欲望，符合本企业的擅长，还要符合消费者和社会发展的长远利益，实现企业、消费者和社会利益三者的协调。例如，口香糖是备受人们喜欢的一种休闲食品，人们通过嚼食口香糖来清洁口腔、清新口气，但同时也造成了街道卫生的问题。1992年，新加坡政府坚决禁止进口、销售和制造口香糖，是世界上第一个颁布口香糖禁令的国家。直到2004年，新加坡政府才做出让步，同意在国内销售具有医疗用途的口香糖。社会营销观念是对市场营销观念的补充与完善。

【同步案例1—3】 汽车召回

2000年8月29日，日本三菱汽车公司向中国三菱汽车用户发出紧急通知，决定按日本汽车行业的召回检修制度，对向中国市场出售的575辆可能存在问题的汽车召回检测并进行修理。日本运输省发布的调查报告表明：三菱公司向日本政府和消费者隐瞒、漏报该公司生产的汽车存在的问题达17类，秘密回收和无偿修理各类汽车约62万辆。从1995年9月到1999年3月期间生产的轿车约有15万辆存在严重问题。日本的一家报纸报道，曾有70多人写信称，在他们的三菱汽车上，用于上紧柄轴滑轮的螺栓不是坏了就是松动了。此类问题也同样出现在中国用户身上。2000年8月27日，警方搜查了三菱汽车公司总部、两家工厂以及两名职工的住宅，共没收三菱汽车公司的文件1 007份，包括三菱职工讨论召回有缺陷汽车的会议记录、召回汽车的顾客投诉资料等。事件发生后，三菱召回了约9万辆有问题的汽车。

思考：三菱汽车公司这次在中国召回汽车，是本着对客户负责的态度主动采取措施，还是在环境逼迫下不得不做的无奈行为？

当前，企业为了求得生存和发展，必须树立具有现代意识的市场营销观念、社会营销观念。由于社会生产力的发展程度、市场发展趋势、经济体制改革的状况及广大居民收入状况等因素的制约，我国企业市场营销管理观念仍处于以推销观念为主、多种观念并存的阶段。表1—2对五种观念进行了总结。

表1—2 五种市场营销管理观念对比

营销管理观念	重 点	方 法	途径与目标
生产观念	生产（企业）	生产价廉物美的产品	通过规模效益获得利润
产品观念	产品（企业）	生产优质产品	通过改善质量、增加销量获得利润
推销观念	推销（企业）	加强推销活动	通过大量销售获得利润

续表

营销管理观念	重　点	方　法	途径与目标
市场营销观念	顾客	综合性营销活动	通过满足顾客需要获得利润
社会营销观念	顾客、企业、社会相统一	综合性营销活动	通过满足社会需要、增进社会福利获得利润

四、市场营销观念的新发展

（一）大市场营销观念

所谓大市场营销观念，是指企业为了成功进入封闭性很强的特定市场，并在那里从事经营活动，除了需要采用通常的营销策略外，还应运用政治和公关等手段，以博得各方面合作，积极主动地改变和影响企业营销外部环境的活动过程。

在目前的市场环境中，由于贸易保护主义回潮、政府干预加强，企业在营销中所面临的问题已不仅是如何满足现有目标市场的需求，企业面临的首要问题是如何进入壁垒森严的特定市场。1984年，以美国西北大学著名营销学教授菲利普·科特勒为代表，提出了大市场营销观念。该观念认为，企业在市场营销中，应争取做到以下两点：首先，运用政治权力（political power）和公共关系（public relationship），设法取得具有影响力的政府官员、立法部门、企业高层决策者等方面的合作与支持，启发和引导特定市场的需求，通过在该市场的消费者中树立良好的企业信誉和产品形象，打开并进入市场；其次，运用传统的市场营销组合去满足该市场的需求，达到占领该目标市场的营销目的。

大市场营销观念对市场营销观念的发展主要表现在：强调企业通过努力，可强行打入被封闭或被保护的市场；打破了环境因素不可控的传统理论；发展了市场营销组合理论。

（二）创造需求营销观念

现代市场营销观念的核心是以消费者为中心，认为市场需求引起供给，每个企业必须依照消费者的需要和愿望组织商品的生产与销售。几十年来，这种观念已被公认，在实际的营销活动中也备受企业家们的青睐。然而，随着消费需求的多元性、多变性和求异性特征的出现，需求表现出了模糊不定的"无主流化"趋势，许多企业对市场需求及走向经常捉摸不透，适应需求难度加大。另外，完全强调按消费者的购买欲望与需要组织生产，在一定程度上会抑制产品创新，而创新正是经营成功的关键所在。为此，在当代激烈的商战中，一些企业总结现代市场营销实践经验，提出了创造需求的新观念，其核心是指市场营销活动不仅仅限于适应、刺激需求，还在于能否生产出对产品的需要。

（三）绿色营销观念

所谓绿色营销观念，是指企业必须把消费者需求与企业利益和环保利益三者有机地结合起来，必须充分顾及资源利用与环境保护问题，从产品设计、生产、销售到使用整个营销过程都要考虑到资源的节约利用和环保利益，做到安全、卫生、无公害的一种营销观念。

绿色营销观念对市场营销观念的发展主要表现在三个方面：一是营销服务的对象从消费者扩展到消费者和社会；二是绿色营销使企业的营销目标变为追求可持续发展；三是绿色营销要求企业必须维护和推进绿色消费。

【同步案例1-4】 魏先生的特种果蔬无人问津

魏先生是一个潜心科研的农业专家，整天忙碌于他的实验基地。经过多年的努力，他终于利用生物工程原理培育出160多种特种果蔬。其中有紫色的、巧克力色的、象牙白色的辣椒，有葡萄大小的红色的、黑色的、绿色的番茄，还有彩色的玉米、彩色的小南瓜，以及比鸡蛋还要大的草莓等。

案例精析1-4

这些特种果蔬不添加任何化学成分，无须喷撒任何农药，自身具有抗病虫害能力，是一种安全的绿色食品，既有营养价值又有观赏价值。可是，这些特种果蔬如何走向市场，魏先生却没有办法，他不知道怎样让广大消费者认识这些特殊的果蔬产品，也不知道哪些人会先来尝试。魏先生首先尝试将自己种的黑色番茄送给隔壁邻居品尝，告诉人家，这种番茄营养价值很高，在国际市场真的非常贵重。邻居认为这东西很怪异，不敢吃。他也不知道怎样让这些特殊的果蔬产品从实验产品走向产业化，以便批量生产，否则人们消费不起。而这需要一大笔资金投入，农科院的科研经费本来就少得可怜，魏先生也没有什么积蓄，这样产品就很难冲出实验田。对此，魏先生一筹莫展。

思考：魏先生的特种果蔬为什么无人问津？如果现在魏先生问计于你，你打算如何帮助魏先生解决他的难题呢？

（四）关系营销观念

所谓关系营销观念，是指为了建立、发展、保持长期和成功的交易关系而进行市场营销活动的一种营销观念。关系营销观念的核心是正确处理企业与消费者、竞争对手、供应商、分销商、政府机构和社会组织的关系，以追求各方关系利益最大化。这种从"追求每笔交易利润最大化"转变为"追求同各方面关系利益最大化"，便是关系营销观念的特征，也是当今市场营销发展的新趋势。

为了贯彻关系营销观念，企业必须建立专门的职能部门来负责客户关系及其管理。这个职能部门的职责就是跟踪客户、分销商、供应商及营销系统中的其他参与者，以了解各方态度，把握各关系方的动态变化，采取积极措施消除关系中的不稳定因素和不利于各方关系的因素，维护企业与各关系方的良好关系。

由于关系营销观念涉及"关系"二字，很容易与当前社会上流行的"庸俗关系"相混淆。人们往往错误地认为，关系营销就是在营销活动中，通过吃、喝、玩等手段拉拢关系、互相利用，开展非正当交易活动来达到自己的目的。这种视关系营销为庸俗关系的认识，是对关系营销的扭曲。弗兰克·索尼堡提出密切合作的"十条准则"，是关系营销的真谛。这十条准则分别是：①诚恳守信，坦诚相待；②互相尊重，和谐一致，富有人情味；③共存共荣，双方从合作中获得成功与利益；④在建立合作关系之前就要有明确的奋斗目标；⑤深入了解双方的文化背景，做到知己知彼；⑥经常沟通，及时解决问题，消除误会；⑦致力于长期合作，强调合作关系的建立不是基于短期优势，而是基于长期机会；⑧双方都要为最佳合作状态努力；⑨双方共同决策，不可强加于人；⑩力求关系的长期延续。

【做中学1—2】 美国汽车工业通过调查得出结论：一个满意的顾客会引发8笔潜在的生意，其中至少有1笔能成交。一个不满意的顾客会影响25个人的购买意愿。争取一位新顾客所花的成本是保住一位老顾客所花费的6倍。

这个结论说明了什么？请运用所学理论进行分析，说明自己的看法。

分析：美国汽车工业调查得出的结论充分说明：第一，企业经营必须重视关系营销，因为顾客的满意度直接影响到重复购买率，关系到企业的长远利益。只有正确处理企业与消费者、竞争对手、供应商、分销商、政府机构和社会组织的关系，才能追求各方面关系的利益最大化。第二，从"追求每笔交易利润最大化"转为"追求各方面关系的利益最大化"，是当今市场营销发展的新趋势。

（五）文化营销观念

所谓文化营销观念，是指企业成员共同默认并在行动上付诸实施，从而使企业营销活动形成文化氛围的一种营销观念。企业的营销活动不可避免地包含着文化因素，企业应善于运用文化因素来实现其占领某个目标市场的营销目的。

文化营销观念认为，在企业的整个营销活动中，文化因素渗透于其过程始终：一是商品中蕴含着文化。商品不仅是具有某种使用价值的物品，还凝聚着审美价值、知识价值、社会价值等文化价值的内容。二是经营中凝聚着文化。众所周知,日本企业的经营之所以能够获得巨大成功,主要得益于其企业内部全体职工共同信奉和遵从的价值观、思维方式及行为准则,即所谓的"企业文化"。在营销活动中尊重人的价值、重视企业文化建设、重视管理哲学,已成为当今企业营销发展的新趋势。

(六)全员营销观念

所谓全员营销观念,是指当企业之间的市场竞争进入争夺顾客资源阶段,就需要企业内部各个部门协调一致、全过程、全方位地参与整个企业的营销活动,是顾客满意程度最大化的一种营销观念。在全员营销观念指导下,企业要做到以下方面:

1. 全员参与营销

全员营销观念的关键是协调企业内部所有职能来满足顾客的需求,要让企业内部所有部门、全体员工都为顾客着想。大家要在营销观念、质量意识、行为取向等方面形成共同的认知和准则,一心一意地为顾客提供优质产品与优质服务,从而进一步提高顾客的满意度。全员参与营销活动并不是要求企业的全体人员都离开本职工作去做销售,而是要求企业员工以认真负责的态度做好本职工作,清楚知道企业目标对本职工作的要求,明白本职工作是企业整体营销活动的一部分。

2. 内部营销与外部营销配合一致

全员营销观念要求企业由内及外实行全方位营销。所谓企业内部营销,是指领导者要视员工为顾客,通过培训、激励来提高员工的满意度。只有员工满意了,才能更好地为顾客服务。企业内部营销还要求树立相互服务意识,上道工序视下道工序为顾客,强化内部环节服务,只有内部营销与外部营销相互配合,才能形成全员营销的优势。

3. 职能部门配合一致

企业内部研究开发、采购、生产、财务、人事各部门只有协调一致地配合营销部门争取顾客,才能称得上全员营销。这种配合要求做到:协调分配资源;相互沟通,共同协作;以必要的让步来取得一致。为了达到不断开拓的目的,有时某些部门必须牺牲本部门的短期利益。

随着科技进步和生产力发展,社会经济将不断演变和发展,企业为适应变化了的新环境,营销观念也将随之变换,又会演变出一些新观念。所以,企业的营销观念是随着环境的变化而不断更新的;每一次更新,都会使企业营销从理论到实践得以提升,从而引导企业营销上一个新台阶。

(七)服务营销观念

服务营销观念是以服务为导向,企业营销的是服务,服务是企业的产品设计、生产、广告宣传、销售安装、售后服务等各个部门的事,甚至是每一位员工的事。企业的产品在经过每一个部门后,都被赋予了新的增值。在服务营销观念下,企业关心的不仅是产品是否成功售出,更注重用户在享受企业通过有形或无形的产品所提供的服务的全过程中的感受。因此,企业将更积极主动地关注售后维修保养、收集用户对产品的意见和建议并及时反馈给产品设计开发部门,以便不断推出能满足甚至超出用户预期的新产品。同时在可能的情况下,对已售出的产品进行改进或升级服务。

从服务营销观念理解,用户购买了你的产品,你的营销工作仅仅是开始而不是结束。对用户而言,产品的价值体现在服务期内能否满足用户的需求。这种观念将使企业与用户建立长久而良好的客户关系,为企业积累宝贵的用户资源。

(八)整合营销观念

整合营销观念是指以消费者为核心,重视企业行为和市场行为,综合协调地运用各种形式的传播方式,以统一的目标和统一的传播形象,传递一致的产品信息,实现与消费者的双向沟通,迅速树立产品品牌在消费者心目中的形象,建立产品品牌与消费者长期密切的关系,从而有效达到产品营销目的的营销观念。

整合营销的内容包括:第一,强调企业所有活动都应整合协调,共同致力于为顾客服务,即要求企业各个部门全体员工都为顾客着想,要以认真负责的态度做好本职工作,清楚知道企业目标对本职工作的要求,明白本职工作是企业整体营销活动的一部分。第二,强调运用更科学的方法研究消费者需求,建立完善的消费者资料库,把握消费需求,建立与消费者更牢固和密切的关系。第三,改变从静态角度分析市场需求的做法,强调运用动态观念主动迎接市场挑战,把握市场发展规律和方向,发现新的潜在市场,努力创造新的市场。

(九)数字化营销观念

"现代营销学之父"菲利普·科特勒教授在《营销革命4.0》中指出,数字化时代的营销要以用户自我价值实现为目标,以社群、大数据、连接、分析技术与价值观营销为基础,企业将营销的中心转移到如何与消费者积极互动,让消费者更多地参与到营销价值的创造中来(菲利普·科特勒,2018)。数字化营销是指基于数字化多媒体渠道,比如传统媒体广告以及新型互联网广告等数字化媒体通道,实现营销精准化、营销效果数据化的一种高层次营销活动。数字化营销关键点就在于深入的数据管理、分析和挖掘,可以更好地服务用户。

任务三 市场营销组合理论

市场营销组合经历了 4Ps—4Cs—4Rs—4Vs 阶段,即以满足市场需求为目标的 4Ps 理论、以追求顾客满意为目标的 4Cs 理论、以建立顾客忠诚为目标的 4Rs 理论、关注社会利益和心理利益等非经济利益的 4Vs 理论。

一、4Ps 营销组合理论

4P 是指 product(产品)、price(价格)、place(地点,即分销或渠道)和 promotion(促销)。4Ps 营销组合自 1960 年由杰罗姆·麦卡锡提出以来,对市场营销理论和实践产生了深刻的影响,被营销经理们奉为营销理论中的经典。这一理论认为,如果一个营销组合中包含合适的产品、合适的价格、合适的分销策略和合适的促销策略,那么这将是一个成功的营销组合,企业的营销目标也借以实现。

(一)产品

产品是指企业向目标市场提供的"商品和服务"的结合体,包括产品质量、性能、设计、买卖权、式样、品牌名称、包装、型号、安装服务、品质保证、售后服务等。

(二)价格

价格是指顾客为获得产品而必须支付的金额,包括基本价格、批发价、零售价、折扣、付款方式、信用条件等。

(三)地点,即分销或渠道

分销是指企业为使产品到达目标消费者手中而进行的活动,包括中间商选择、区域分布、渠道管理、运输、存储条件等。

(四)促销

促销是指传递产品优点并说服目标顾客购买该产品的活动,包括广告、人员推销、营业推广、公共关系等。

4Ps 营销组合是最为基础的一种组合,该组合对企业来说是"可控因素"。企业根据目标市场的需要,决定产品结构、制定产品价格、选择分销渠道(地点)和促销方法等。市场营销组合是一个动态组合,企业在确定市场营销组合时,不仅要确定这四个 P 之间的最佳搭配,还要安排好每个P内部的搭配,使所有这些因素达到灵活运用和有效组合。

【拓展阅读1－3】　日本电视机厂曾经占领中国市场

20世纪80年代初,当欧洲的电视机生产厂家对中国的电视机市场不屑一顾的时候,日本的电视机生产厂家却从对中国市场的研究中得出了另一种结论:虽然中国人的可任意支配收入较低,但中国人有储蓄的习惯,已经形成了一定的购买力,中国存在一个很有潜力的黑白电视机市场。于是日本的电视机生产厂家制定了开发中国市场的营销组合策略。

(1)产品策略。日本电视机要适合中国消费者的需要,必须符合以下条件:①中国电压系统与日本不同,必须把电视机的电压系统由110V改为220V;②中国若干地区目前电力不足,电压不稳,电视机要有稳压装置;③要适应中国电视频道制式;④根据中国人的消费习惯,电视机的耗电量要低,但音量要大;⑤根据中国居民住房情况,应以12英寸为主;⑥要提供质量保证和修理服务。

(2)销售渠道策略。当时不能选择中国国有企业作为正式渠道,因此要通过如下渠道:①由港澳国货公司和代理商、经销商销售;②通过港澳中国人运输进入内地;③由日本厂商用货柜车直接运到广州发货。

(3)广告宣传策略。鉴于当时中国内地的媒体宣传状况,主要选择中国香港的媒体做广告,希望以此间接地影响中国的经销商、客户和消费者。

(4)定价策略。考虑到当时中国尚无外国电视机的竞争,因此,价格比中国国产电视机稍高,人们也会乐意购买。

由于日本电视机厂商开发中国市场的战略及时,"4Ps营销理论"运用得当,从而在当时顺利占领了中国市场。

二、4Cs营销组合理论

随着市场竞争日趋激烈,媒介传播速度越来越快,4Ps理论受到挑战。1990年,美国营销专家罗伯特·劳特朋针对4Ps存在的问题提出了4Cs营销理论。4C分别指代customer(顾客)、cost(成本)、convenience(便利)和communication(沟通)。

(一)顾客

顾客主要指顾客的需求。企业必须首先了解和研究顾客,根据顾客的需求来提供产品。同时,企业提供的不仅仅是产品和服务,更重要的是由此产生的客户价值(customer value)。

(二)成本

成本不单是企业的生产成本,或者说4P中的price(价格),它还包括顾客的购买成本,同时也意味着产品定价的理想情况应该是既低于顾客的心理价格,又能够让企业有所盈利。此外,这中间的顾客购买成本不仅包括其货币支出,还包括其为此耗费的时间、体力和精力,以及购买风险。

(三)便利

便利即为顾客提供最大的购物和使用便利。4Cs理论强调企业在制定分销策略时,要更多地考虑顾客的方便,而不是企业自己方便。要通过好的售前、售中和售后服务来让顾客在购物的同时也享受到便利。便利是客户价值不可或缺的一部分。

(四)沟通

沟通被用以取代4Ps理论中的promotion(促销)。4Cs理论认为,企业应通过同顾客进行积极有效的双向沟通,建立基于共同利益的新型企业/顾客关系。这不再是企业单向地促销和劝导顾客,而是在双方的沟通中找到能同时实现各自目标的渠道。

4Cs组合有助于市场营销者更加主动、积极地适应市场变化,有助于营销者与顾客达成更有效的沟通。

三、4Rs营销组合理论

20世纪80年代以来,服务业在全球范围内兴起,在国民经济中扮演重要角色,出现了工业服务化和服务工业化的趋势。20世纪90年代中期,美国学者唐·E.舒尔茨(Don E. Schultz)提出了4Rs营销新理论,4R分别指代relevance(关联)、reaction(反应)、relationship(关系)和reward(回报)。

(一)关联

在竞争性市场中,顾客具有动态性。顾客忠诚度是变化的,他们会转移到其他企业。要提高顾客的忠诚度,赢得长期而稳定的市场,重要的营销策略是通过某些有效的方式,在业务、需求等方面与顾客建立关联,形成一种互助、互求、互需的关系。

(二)反应

在今天相互影响的市场中,对经营者来说,最现实的问题不在于如何控制、制订和实施计划,而在于如何站在顾客的角度及时地倾听顾客的希望、渴望和需求,并及时答复和迅速做出反应,满足顾客的需求。

(三)关系

在企业与客户的关系发生了本质性变化的市场环境中,抢占市场的关键已转变为与顾客建立长期而稳固的关系,从交易变成责任,从顾客变成用户,从管理营销组合变成管理和顾客的互动关系。沟通是建立关系的重要手段。从经典的AIDA模型"注意—兴趣—渴望—行动"来看,营销沟通基本上可完成前三个步骤,而且每次同顾客接触的平均花费很低。

(四)回报

回报是营销的源泉。对企业来说,市场营销的真正价值在于其为企业带来短期或长期的收入和利润的能力。

4Rs理论以竞争为导向,体现了关系营销的思想,通过关联、反应和关系,提出了如何建立关系、长期拥有客户、保证长期利益的具体操作方式。反应机制为互动与双赢、建立关联提供了基础和保证,延伸和升华了便利性,回报兼容了成本和双赢两方面的内容。这样,企业为顾客提供价值和追求回报相辅相成、相互促进,客观上达到了双赢的效果。

四、4Vs营销组合理论

20世纪80年代以来,高新技术产业崛起,高新技术产品和服务不断涌现,市场需求不仅注重经济利益,而且关注社会利益和心理利益等非经济利益,如消费场所的环境、反映顾客身份和个性的企业或品牌形象等方面的需求。1994年,中国台湾学者罗文坤首次提出了4Vs营销组合理论;2001年,中南大学吴金明教授重新定义并解读了4Vs营销组合。4V包括variation(差异化)、versatility(功能化)、value(附加价值)、vibration(共鸣)。

(一)差异化

在个性化时代,顾客是千差万别的。对于一般商品来说,差异总是存在的,只是大小和强弱不同而已。而差异化营销所追求的"差异"是产品的"不完全替代性",即在产品功能、质量、服务、营销等方面,该企业为顾客所提供的是对手不可替代的。差异化营销一般分为产品差异化、市场差异化和形象差异化三个方面。

(二)功能化

功能化是指根据消费者的差异化需求,提供具有不同功能及其组合的产品,以满足消费者在愿意支付的一定成本水平下的需求和期望的营销策略。消费者增大了选择产品的空间,给企业提供了更多的营销可能。

(三)附加价值

企业在关注产品或服务的基本功能中,通过产品或服务的营销创新、技术创新、服务创新、文化创新等途径增加产品和服务的延伸功能或附加功能,给消费者创造附加价值。目前,在世界顶尖企业之间的产品竞争已不仅仅局限于核心产品与形式产品,竞争优势已明显地保持在产品的第三个层次即附加产品上,即更强调产品的高附加价值。因此,当代营销新理念的重心在于"附加价值化"。

(四)共鸣

共鸣是企业通过持续占领市场并保持竞争优势的价值创新,实现顾客"效用价值最大化"和企业"利润最大化"。这是将企业的创新能力与消费者所珍视的价值联系起来,通过为消费者提供价值创新,使其获得最大限度的满足。

消费者是追求"效用价值最大化"者,"效用价值最大化"要求企业必须从价值层次的角度为顾客提供具有最大创新价值的产品和服务,使其能够更多地体验到产品和服务的实际效用价值。因此,只有实现企业经营活动中各个构成要素的价值创新,才能最终实现消费者的"效用价值最大化",而当消费者能稳定地得到这种"效用价值最大化"的满足之后,将不可避免地成为该企业的终身顾客,从而使企业与消费者之间产生共鸣。

五、4Ps、4Cs、4Rs 和 4Vs 营销组合的关系

4Ps、4Cs、4Rs 和 4Vs 营销组合之间不是取代关系,而是完善、发展的关系。至少在一个时期内,4Ps 还是营销的一个基础框架,4Cs 也是很有价值的理论和思路。因而,两种理论仍具有适用性和借鉴性。4Rs 不是取代 4Ps、4Cs,而是在 4Ps、4Cs 基础上的创新与发展。在了解体现市场营销新发展的 4Rs 理论的同时,根据企业的实际,把三者结合起来指导营销实践,可能会取得更好的效果。而随着现代科学技术的发展,即使企业提供的产品或服务的功能和质量能满足顾客的需要,顾客也可能更多地购买竞争对手的产品,新的营销环境使人们对以往的营销组合理论的不足进行反思,从而产生 4Vs 营销组合理论。四种营销组合的比较如表 1-3 所示。

表 1-3 　　　　　　　　4Ps、4Cs、4Rs 和 4Vs 营销组合策略比较

类别	4Ps	4Cs	4Rs	4Vs
时间	1960 年(麦卡锡)	1990 年(劳特朋)	20 世纪 90 年代中期(舒尔茨)	21 世纪(吴金明)
关注	企业、产品	市场、顾客	双赢、关系、竞争对手	企业、顾客、股东和员工
阐述	product(产品) 产品体系,包括产品线宽度、广度、产品定位等 price(价格) 价格体系,包括各个环节的价格策略 place(地点) 渠道销售策略 promotion(促销) 促销组合,包括产品流通过程中的每个对象	customer(顾客) 生产产品之前,先研究顾客的需求和欲望 cost(成本) 出台定价策略之前,先了解顾客愿意支付的成本与费用 convenience(便利) 建立销售渠道时,要考虑顾客购买的便利性 communication(沟通) 加强沟通,采用顾客乐于接受的方式促销	relevance(关联) 与顾客建立关联,以提高其忠诚度 reaction(反应) 提高市场反应速度,以适应瞬息万变的市场 relationship(关系) 与顾客建立关系,实现长期拥有顾客 reward(回报) 为顾客和股东创造价值,回报是源泉	variation(差异化) 以不同特色的产品、周到的服务树立良好形象 versatility(功能化) 提供不同功能系列产品,以迎合不同顾客的消费习惯 value(附加价值) 提供高附加价值的产品和服务,以满足顾客的需求 vibration(共鸣) 使顾客获得最大限度的满足、企业效益最大化

续表

类别	4Ps	4Cs	4Rs	4Vs
应用的市场环境	适合供不应求或竞争不太激烈的市场环境	适合消费者生活节奏越来越快、市场竞争空前激烈、传播媒体高度分化、信息膨胀过剩的市场环境	适合供大于求、竞争激烈的成熟市场环境	适合产品日益同质化、顾客需求日益个性化、企业之间为争夺顾客忠诚度而竞争的市场环境
适用行业	无显著差异的消费品制造业	竞争对手不是很多、产品易形成差异化、购买成本占消费者收入比重较大的行业	高新技术产业	高新技术产业

任务四 营销岗位与职业道德素养

一、营销工作

无处不营销，甚至万物皆可营销。举个例子，作为一个求职者，针对自身的经历和技能做一份简历，然后把这份简历投到一家正在招聘市场部门人员的公司，这个行为也算是营销的一种，因为公司把招聘信息传播出去，投简历的行为满足了双方的需求：求职者凭自己的技能想获得一份工作，公司想聘请一个具有某项技能的员工。再如，受邀为公司进行咨询，对于受邀者来说，获得了成就感，同时也增强了对自身知识的认识；对于邀请者来说，则是获得一个新的答案，对问题有更深层的理解。双方的需求都得到了满足，因此邀请别人回答问题和受邀回答问题从双方的角度来看都可以算作营销。

什么是营销？这是每一个企业都无法回避的问题。回答这一问题，不在于语言的表达，而在于采取了什么行动。企业的行动告诉我们，企业领导者在怎样理解营销。人的实践行动受思想所支配，回答什么是营销，实际上解决的是营销的指导思想问题。

营销是指帮助企业管理市场和用户需求，为企业确定目标消费者及有何种需求待满足；了解用户的看法、评价，以及其他潜在用户的购买决策，即用户的心智管理；维护市场、维持与现有客户之间的关系，保持客户忠诚度。即：

营销＝需求管理＋用户心智管理＋客户关系管理

理解营销须从以下四个方面入手：

(1) 营销是科学的战略活动。由于营销在企业经营中的突出战略地位，使其连同产品战略组合一起被称为企业的基本经营战略，对于保证企业总体战略的实施起着关键作用，尤其是对处于竞争激烈的企业，制定营销战略更显得非常迫切和必要，在战略方面，营销是推动力。

(2) 营销是艺术的创造活动。营销是创造和满足顾客的艺术，以满足人类各种需要和欲望为目的。如果立志于做一名职业营销人而非广告人，请不要盲目崇拜各种创意，如微信段子手、网络红人，以及事件营销、热点跟踪，这些只是实现某个营销战术的手段。作为企业的营销操盘手，要坚定不移地关注你的市场和用户，努力推进你的销售线，管理你的品牌线；而热衷于互联网思维、热衷于炒作、热衷于小米式参与感，则会使你偏离正确的轨道。

(3) 营销是一种为顾客创造价值的实践活动。营销始终以消费者为中心，培养潜在客户，培育销售线索。从互联网到移动互联网，营销一直在变。营销旨在创造客户需求，激发消费欲望，影响顾客对购买行为的立即反应。

二、营销岗位分析

营销不同于推销。推销是指一种产品和服务产生出来以后,运用销售策略将其销售给消费者的过程,主要以固有产品或服务来吸引和寻找顾客,是一种由内向外的思维方式。营销是在产品或服务出现以前,首先寻找市场上的消费者的需要和欲求,然后再据此开发能满足这些需求的产品或服务,最后运用营销组合策略将其送到消费者手中,其核心是以消费者需求为导向,是一种由外向内的思维方式。从商战的角度比喻:推销相当于战斗行为,营销则是全局性的确保胜利的战略规则。

【提示】推销看重结果,追求的是效率;营销也看中结果,但是更善于研究分析市场,并做出相应对策,往往以长远的战略确定大的方向和目标。

营销与企业管理相重叠,贯穿于企业经营活动的全过程、各环节,每个岗位都承担着一定的营销职能,成为企业营销岗位的重要组成部分。营销岗位的共性工作职责,依据企业所在行业特性、规模、管理规范程度、组织设置等不同,不同市场营销岗位的职责分工也不尽相同,但还是具备以下几点共性:①市场调研和信息收集,建立市场信息档案,分析市场信息;②制订公司市场营销政策、市场计划、推广策略,并贯彻、执行产品推广策略;③拜访重点客户,与重点客户进行商务谈判,进行客户管理;④对产品进行定价,进行渠道管理,制定广告、促销方案。

对于一个刚走出校门、很可能没有任何工作经验的大学毕业生来说,进入公司从事营销工作大多需要从营销工作的基层做起。如果进入的是大公司,则会成为整个营销体系中的一颗"小螺丝钉",比如可能参与市场调查的渠道、促销、广告、策划、品牌、客服、客户关系管理等这些片段性工作的一部分;如果进入的是小公司,可能就需要同时承担多重任务,工作责任的划分就不会那么精细。

三、营销职业心态

(一)自信

自信是营销人员必备的素质。营销是与人交往的工作,营销人员要与不同的人打交道,有的地位显赫、财大气粗,有的经验丰富、博学多才。营销人员要获取他们的信任和欣赏,就必须相信自己的企业,相信自己的产品,相信自己的营销能力,相信自己能够取得成功。

(二)诚实

所谓诚实,就是说老实话、办老实事、做老实人,即"童叟无欺"。诚实是赢得客户信赖的最好方法。人人都希望别人对自己诚实,如果对方欺骗了自己,那么一定会对对方失望。因此,人人都喜欢诚实的人。人们喜欢诚实的人也是一种很正常的心态,与不诚实的人交往,心惊胆战;与诚实的人交往,轻松自在。

(三)积极乐观

营销人员的性格最好是开朗外向的,但并不是说性格内向的人就不能做营销。客户是千差万别的,其中有性格古怪的,也有素质低下的,因此,营销人员遭遇拒绝是很平常的事情。积极的心态是成功者最基本的品质,一个人如果心态积极,乐于面对人生,乐于接受挑战和应对困难,那么他就成功了一半。

(四)老板心态

营销人员只有具备了老板的心态,才会尽心尽力地工作,才会去考虑企业的成长、营销的成本,才会意识到与企业营销相关的事情就是自己的事情,才会知道什么是应该做的事、什么是不应该做的事。

（五）毅力

研究表明，人的非智能因素（如毅力等）在成才过程中起决定作用；非智能因素对智能因素起定向与激励作用。营销人员会经常面对巨大的业绩压力，在一些中小企业中，如果一个月没有合同，收入就要大受影响，而两个月拿不到合同，就有可能卷铺盖走人。一些营销人员在与客户初步接触后，见客户没什么反应，就抱怨公司的产品价格太高，怀疑产品不适销对路或者产品有问题，到最后怀疑自己的能力，于是辞职。这些都是缺乏毅力、意志不坚强的表现。在营销的各个环节，都会遇到各种困难和挫折，也会有意外情况出现，这就要求营销人员有毅力、坚持到底。俗话说：心若一潭清水，便可容量无限；心若一潭浑水，只能整日无闲。身若累了，只不过出一身臭汗，一觉醒来又是一条好汉；心若累了，人生便不再有希望，期盼一睡不醒，处处逃避。

（六）宽容

营销人员在工作中应当尽量控制个人的喜好，把每一个客户当作自己的亲人，让客户喜欢自己。做到这一点很难，但这是努力的方向。因此，当你遇到那种特别刁横或傲慢的客户时，无论是在说话态度上还是在谈话内容上都要格外小心，一定要先把对方当作朋友对待。一般优秀的营销人员，在遇到这类客户时，不仅不会厌恶，反而会谦逊地把对方当作人生中的良师益友，因为正是在与这种客户打交道的过程中，提高了自己的沟通能力。对于营销人员来说，他面对的客户是具体的、形形色色的，他们都会有这样或那样的优缺点，就像我们自己也会有优缺点一样。因此，当你发现客户身上有与你的习惯相悖甚至让你讨厌的地方时，你不能老盯着那一点。例如，你讨厌随地吐痰，而你的客户就有随地吐痰的习惯，当他在你的办公室随地吐痰时，哪怕你脸上露出一点点厌恶的神色，接下去的交流效果就会大打折扣。

"金无足赤，人无完人。"营销人员在与客户打交道时，心里应多一些包容，多关注对方的优点。例如，对方喜欢随地吐痰，但他为人守信用，从不拖欠货款。如果你总是非常欣赏对方，那么在对方眼中，你的形象同样也会慢慢高大起来，这样，你们之间的感情就会逐渐加深。在当今市场上，竞争的双方往往旗鼓相当，就像可口可乐和百事可乐一样。在这种情况下，作为营销人员，要想在竞争中取胜，唯一的秘诀就是让客户信赖你，与你成为朋友。

四、营销职业道德

（一）守信

"信"由"人"和"言"组成，为会意字，即人言为信，表示言为心声、心口如一。从其词义上来讲，是指言而有信、言行相符。守信就是要求营销人员在市场营销活动中讲信用，守信一直是人类道德的重要组成部分，即"一言既出，驷马难追"。在当今竞争日益激烈的市场条件下，守信在现代营销中的地位举足轻重，做生意如交朋友，信誉已成为营销竞争的重要法宝之一。正如孔子所说：人而无信，不知其可也。

信誉是在长时间的商品交换过程中形成的一种信赖关系。它反映出一个企业、一个营销人员的素质和道德水准。只有守信，才能为企业和营销人员带来良好的信誉；只有赢得了信誉，才会在现今的竞争中立于不败之地；如果损害了自己的信誉，终将被市场淘汰。

守信就是"一诺千金"。要信守承诺，不仅要信守书面承诺，还要信守口头承诺。口头承诺是无法律约束力的，却是营销人员帮助顾客建立购买信心的重要标志。聪明的营销人员不会冒着丧失信誉的风险违背对顾客的口头承诺。此外，承诺有明确（显性）承诺和隐含（隐性）承诺之分。明确承诺是合同协议等明确规定的应履行的义务；隐含承诺则没有明确规定，是隐含着的承诺，如质量合格的产品本身就隐含了承诺对该商品所应具有的质量负责的含义。一旦营销人员由于某种原因未能履行承诺，就有义务做出解释，请求顾客的谅解，必要时应主动赔偿损失，接受惩罚。

（二）负责

负责是要求营销人员在营销过程中对自己的一切经济行为及后果承担政治、法律、经济和道义上的责任。正如韩非子所说："悬衡而知平，设规而知圆。"

任何逃避责任的行为都是不道德的，并且是非常愚蠢的。在市场经济条件下，营销人员的营销决策一般是独立做出的，因此他要对自己独立自主的营销活动及可能带来的后果承担责任。营销人员在营销过程中的言行举止都代表着企业，要对顾客、企业和社会负责。因此，在营销过程中，营销人员应当向顾客讲实话，客观地介绍产品的优点和不足，以为顾客排忧解难为宗旨，向顾客提供能有效满足其需要的商品，从而赢得顾客的信赖，提高企业的声誉、经济效益和社会效益。坚持负责原则，要求营销人员积极、自觉、自信，必要时有牺牲自己利益的心理准备和勇气。

（三）公平

公平是社会生活中一种普遍的道德要求，以每个社会成员在法律和人格上人人平等为依据。在营销过程中，要想获得双赢，在处事时要贯彻公平原则。坚持公平原则，主要有以下两方面含义：

（1）营销人员对待营销对象，即顾客，必须公平。营销对象不论男女老幼、贫富尊卑，都有权利得到服务。各种以次充好、缺斤短两、弄虚作假的行为都是违反公平原则的，更是不道德的。俗话说：君子爱财，取之有道。

（2）在与对手的竞争中，也应坚持公平原则。营销不可避免地存在竞争，竞争是提高服务质量、改善服务态度的外在动力。市场经济鼓励营销人员之间大胆开展竞争，但竞争可能会带来一些负面效应。例如，许多营销人员为了战胜竞争对手，采用诋毁、诽谤竞争对手的产品甚至人格的不正当竞争行为，显然这种行为是十分不道德的，更是违法的。营销人员应尽情发挥自己的聪明才智，开展公开、公平、合理的竞争。

守信、负责、公平是现代营销最主要、最基本的职业道德要求。营销人员在营销过程中应肩负起社会责任，使自己的行为有利于社会公众的利益。从长远来看，坚守营销道德，坚持守信、负责和公平的道德原则，是使营销人员个人、企业、顾客乃至社会多方共赢的事情。

五、营销礼仪

营销礼仪是营销人员在营销活动中，用以维护企业或个人形象、对交往对象表示尊重与友好的行为规范。营销礼仪的主要内容是对个人礼仪、仪容、姿态、言谈举止、待人接物等方面的具体规定，是营销人员的个人道德品质、内在素质、文化素养、精神风貌的外在表现。

（一）营销礼仪的原则

生活中最重要的是礼仪，它是最高的智慧，比其他一切学识都重要。

（1）敬人。敬人是营销礼仪的第一个原则。一个讲礼仪的人一定是一个好人，因为他在乎别人与他相处时的感受。礼仪可以教我们敬人、对他人表达尊敬，令对方感觉愉快，并愿意跟我们相处。

（2）自律。礼仪不是由司法机关强制执行的，它是一些约定俗成的、大家都认可的规则，是靠人们的自觉来维系的。当我们掌握礼仪后，就知道有些事情是适合做的，而有些事情是不适合做的。在掌握这个尺度之后，我们才能与他人愉快地相处。在学习和应用礼仪的过程中，要自我要求、自我约束、自我控制、自我对照、自我反省和自我检点。

（3）适度。礼仪就是要懂得把彼此之间的距离和关系调整到一个适当的尺度，过犹不及，不够也不行。应用礼仪时要注意把握分寸，做到自然得体，切勿失分寸、矫揉造作。一般表现为感情适度、谈吐适度、举止适度和装扮适度。

（4）真诚。一个人即使掌握了各种各样的技巧，但如果没有一颗真诚的心、表里不一，不是从内心愿意去跟别人沟通和打交道，只流于表象的礼仪，也是没有用的，因此真诚也是很重要的一个基本原则。

(5)从俗。"十里不同风,百里不同俗。"由于国情、民族、文化背景不同,所以必须坚持入乡随俗,与绝大多数人的习惯做法保持一致,切勿目中无人、自以为是、我行我素,要理解他人、体谅他人,对他人不求全责备。

(二)商务活动的基本礼仪

礼仪是交往的规矩,是用来维护自我形象、对他人表示尊重友好的形式。在商务活动中,如果双方都表现出较高的礼仪素养,对于营造有利气氛、沟通感情、形成相互尊重和信任有很大的帮助。另外,了解商务中的禁忌也是非常重要的。

1. 仪表庄重

一般人的穿戴可随个人的性格、爱好而随意变化,不必过分挑剔、指责。而对营销从业人员来说,要把个人仪表看成职业水平的重要组成部分,给予高度重视、严格要求。因为营销人员的仪表是给顾客的第一印象,他们的着装、姿势,甚至一言一行、一举一动都会给社会、企业带来一定的影响。例如,当我们走进商场时,可以看到营业员统一的着装、漂亮的打扮,给人一种愉快的感觉,使我们愿意来这里购物。

2. 介绍礼仪

(1)自我介绍时,首先应注意介绍的时机。在开始自我介绍前可以先递名片,介绍内容要简短。一般来讲,自我介绍有4个要点,即单位、部门、职务、姓名。如果所在的单位和部门名字比较长,首先要使用全称,然后再改用简称。

(2)介绍他人。介绍他人可以分为家里与单位两种情况。如果家里来了客人,一般由女主人介绍;如果单位来了客人,可以由公关人员、文秘办公室主任或者外办、接待办的人员负责介绍。介绍的一般惯例为,尊者应当优先知道对方的信息,具体如下:①把身份低的介绍给身份高的;②把年轻的介绍给年长的;③把男士介绍给女士;④把未婚的介绍给已婚的;⑤把主人介绍给客人;⑥把晚到者介绍给先到者;⑦性别、年龄、地位相同的平等介绍。

3. 握手礼仪

当我们遇见认识的人或与人道别时,当某人进你的办公室或离开时,当被相互介绍时,当安慰某人时,都需要与人握手。握手的方法为:身体以标准站姿站立,上体略前倾,右手手臂前伸,肘关节略屈,拇指张开,四指并拢。握手的优先决定权视不同情况会有所不同。一般来讲,主人与客人之间,客人抵达时主人应先伸手,客人告辞时由客人先伸手;年长者与年轻者之间,年长者应先伸手;身份、地位不同者之间,应由身份和地位高者先伸手;女士和男士之间,应由女士先伸手;参加会议或聚会时,先到者先伸手。总之,尊者有握手的优先决定权。握手的时间以3~5秒为宜,力度要适中。握手的部位一般是女士之间手指相握,力度稍轻;男士之间虎口对虎口,力度可以稍大;男士握女士的手指,力度要稍轻。

六、有效沟通

(一)恰当的寒暄

与陌生人打交道比较难的就是如何打开话匣子、如何拉开交谈的序幕。寒暄是表达感情的一种方式,是交谈的序曲,也是开场白。恰当得体的寒暄可以使谈话顺利开始。常用的寒暄有以下几种。

1. 问候型

问候型用语比较丰富,概括起来有以下4种。

(1)表达礼貌的问候语。如:"您好!""晚上好!""过年好!"等等。

(2)表现思念之情的问候语。如:"多日不见,近来怎么样?""好久不见,好想你!"等等。

(3)表现对对方关心的问候语。如:"最近好吗?""您来这里还习惯吗?"等等。

(4)表现友好态度的问候语。如:"生意好吗?""开始上班了吗?"等等。

2. 言他型

言他型是初次见面较好的寒暄形式。特别是陌生人之间见面,一时难以找到话题,可以用这种类型。如:"今天又下雨了""南天天气很热吧?"等等。

3. 触景生情型

触景生情型是针对具体的交谈场景临时产生的问候语。例如,对方刚做完什么事、正在做什么事,以及将做什么事,都可以作为寒暄的话题。

4. 夸赞型

没有人不喜欢被人赞美,说赞美的话,别人听了舒服,自己也不降低身份。心理学家根据人的天性做过这样的论断:能够使人在平和的精神状态中度过幸福人生的最简单的法则,就是给人以赞美。作为一名社会成员,需要他人的肯定和承认,也需要他人的诚意和赞美。

5. 攀认型

在人际交往中,只要彼此留意,就不难发现双方会有这样或那样的"亲"友"关系,如同乡、同事、同学,甚至远亲。在初次见面时,寒暄攀认某种关系,从感情上依靠对方,以创造建立交往、发展友谊的契机。

6. 敬慕型

敬慕型的寒暄方式是对初次见面者尊重、仰慕、热情有礼的表现。

(二)掌握交谈的技巧

1. 人人都喜欢被奉承

恰如其分地说奉承话是生意人的一门重要功课,因为恭维话人人爱听,而且越是傲慢的人,越爱听奉承话、越喜欢受人奉承。说奉承话,别人听了舒服,自己也不降低身份。在谈话时,要谈对方感兴趣或引以为荣的、能够满足其虚荣心的话题。

2. 人人都有同情心

人是感情动物,而同情心是人类最基本的情感。用情感打动别人,使其有心理负担或欠人情债的感觉,即使是一个非常坚持立场的人也可能发生改变。

3. 人人都有自尊心

人们都希望得到别人的尊重,自尊心越强的人,越是强调自己的与众不同,也越希望得到别人的另眼相待。在生意场上,适度刺激对方的自尊心有时会收到好的效果,不妨用适度的话来刺激对方的自尊心以俘虏对方。

应知考核

一、单项选择题

1. 容易导致企业出现"营销近视症"的是(   )。
   A. 生产观念　　　B. 产品观念　　　C. 推销观念　　　D. 营销观念

2. 市场营销活动的核心是(   )。
   A. 生产　　　　　B. 分配　　　　　C. 交换　　　　　D. 促销

3. 市场营销组合的4Ps是指(   )。
   A. 价格、权力、地点、促销　　　　　B. 价格、广告、地点、产品

C. 价格、公关、地点、产品　　　　　　D. 价格、产品、地点、促销
4. 从营销理论的角度来说,企业市场营销的最终目标是(　　)。
A. 满足消费者的需求和欲望　　　　　　B. 获取利润
C. 求得生存和发展　　　　　　　　　　D. 把商品推销给消费者
5. 没有得到某些基本满足的感受状态称为(　　)。
A. 欲望　　　　　B. 需要　　　　　C. 需求　　　　　D. 愿望
6. 市场营销管理的实质是(　　)。
A. 刺激需求　　　B. 需求管理　　　C. 生产管理　　　D. 销售管理
7. 一般把市场营销观念和(　　)称为现代营销观念。
A. 产品观念　　　B. 生产观念　　　C. 社会营销观念　D. 推销观念
8. 推销观念的典型口号是(　　)。
A. 我们会做什么,就努力去推销什么
B. 我们会做什么,就努力做好什么
C. 顾客需要什么,就生产和销售什么
D. 酒香不怕巷子深
9. 以"顾客需要什么,就生产和销售什么"作为其典型口号的是(　　)。
A. 生产观念　　　B. 推销观念　　　C. 市场营销观念　D. 社会营销观念
10. 正确处理企业与消费者、竞争对手、供应商、分销商、政府机构和社会组织的关系,以追求各方关系利益最大化的是(　　)。
A. 关系营销　　　B. 大市场营销　　C. 全员参与营销　D. 绿色营销

二、多项选择题

1. 经济学家从揭示经济实质的角度提出了市场的概念,下述表述正确的是(　　)。
A. 市场是一个商品经济的范畴,是商品内在矛盾的表现,即供求关系
B. 市场是商品交换关系的总和,是通过交换反映出来的人与人之间的关系
C. 市场是社会分工和商品生产的产物
D. 市场是供需双方在共同认可的一定条件下所进行的商品或劳务的交换活动
2. 构成市场的三要素是(　　)。
A. 人口　　　　　B. 购买力　　　　C. 购买欲望　　　D. 足够的金钱
3. 按市场的经营对象不同,可将市场分为(　　)。
A. 商品市场　　　B. 服务市场　　　C. 要素市场　　　D. 消费者市场
4. 市场营销的核心概念表述正确的是(　　)。
A. 需求是指没有得到某些基本满足的感受状态
B. 欲望是指对于那些能满足更深层次需求的物品的企求
C. 需要是指对于有能力购买并愿意购买的某个具体产品的欲望
D. 效用是消费者对产品满足其需要的整体能力的评价
5. 4Rs营销组合理论,分别指代(　　)。
A. 关联　　　　　B. 反应　　　　　C. 关系　　　　　D. 回报

三、判断题

1. 购买能力是消费者的潜在购买能力变为现实购买能力的重要条件。　　　　　(　　)

2. 整体营销策略即产品策略、定价策略、渠道策略和促销策略的综合运用。（   ）
3. 人的欲望是无止境的,而资源是有限的;当有了购买力后,欲望变成需求。（   ）
4. 顾客对产品价值的判断并不准确和客观,常常根据自己的理解来行事。（   ）
5. 社会营销观念是以消费者为中心的观念。（   ）

四、简述题

1. 简述市场营销的概念和特点。
2. 简述产品观念与生产观念的不同。
3. 简述推销观念与生产观念的不同。
4. 简述推销观念与市场营销观念的不同。
5. 简述4Ps、4Cs、4Rs和4Vs营销组合的关系。

应会考核

■ 观念应用

【背景资料】

把梳子卖给和尚

有一个营销经理想考考他的手下,就给他们出了一道题:推销100把奇妙聪明梳,卖给一个特定人群——和尚。一星期后,甲先生卖了1把,乙先生卖了10把,丙先生卖了1 000把。

甲去了三座寺院,受到和尚无数次的臭骂和追打,但仍不屈不挠,终于感动了1个小和尚,他买了1把梳子。

乙去了一座名山古寺,由于山风大,把前来进香的善男信女的头发吹乱了。他找到住持,说:"蓬头垢面是对佛的不敬,应在每座香案前放把木梳,供善男信女梳头。"住持认为有理。那座庙有10座香案,于是买了10把梳子。

丙去了一座颇负盛名、香火极旺的深山宝刹,对方丈说:"凡来进香者,多有一颗虔诚之心,宝刹应有回赠,保佑平安吉祥,鼓励多行善事。我有一批梳子,您的书法超群,可刻上'积善梳'三字,然后作为赠品。"方丈听后大喜,立刻买下1 000把梳子。

【考核要求】

1. 试分析甲、乙、丙三个人眼中的"市场"。
2. 结合材料,谈谈你是如何理解"需求"这一概念的。需求是如何被创造出来的?
3. 甲、乙、丙三个人中,谁的做法最能体现营销的精神与实质?为什么?

■ 技能应用

如何建立现代市场营销观念

坐落在长沙市韶山路的天心炸鸡店,尽管开业才两年,但已名噪省会。它不仅拥有风味独特的食品——炸鸡,而且有一个独特的口号——"任何时候都要以礼待客",外加一个独特的店规——如果服务员和顾客发生争吵,首先批评服务员。正是这几个"独特"赢得了顾客的心,天心炸鸡店自开业以来经常座无虚席。

该店张经理就这个店提出的口号和店规的含义谈了自己的想法:"顾客光顾我们店,是对我们的信任、鼓励和关心。如果发生矛盾,一定是我们的服务有不尽如人意的地方。我们提出这个口号和店规,意在鞭策自己经常反思,不断提高服务质量,做到任何时候都不责怪顾客。其实,顾客那么多,其中难免有个别无理取闹的。但不管怎样,他们仍然是我们的客人。客人来了,当然应以礼相待。敬人者,人必敬之嘛!无礼让三分,有理更讲礼,不讲理的顾客也会受到感化而服理的。"接着张经理讲了一个故事:"大约是开业3个月后的一天,店里顾客多,没有空座。门前突然开来两辆'的士',走下来10来个气势汹汹的青年人,他们抓了一沓钞票往柜台上一丢,直喊:'老子要吃东西!'服务员说现在确实没有座位了,请他们稍候。他们不听,嚷着要揍人。我与餐厅主任走上前去,很客气地说:'欢迎你们光临,只怪我们店小,对不起,请原谅。'说完我们就动手在店前雨棚下临时架了桌子,摆好椅子,请他们入座。我亲自给他们上酒上菜,服务周到热情。他们吃得很开心,有的竖起了大拇指对我说:'老板,真不错,够意思。'有的称我为阿姨,说:'真不好意思,你把我们当人看,这么客气,太感谢了!'从此以后,他们中有几个竟成了炸鸡店的常客,而且每次来都比较懂礼貌。"

【技能要求】

1. 为什么"服务员和顾客如果发生争吵,要首先批评服务员"?
2. 企业与顾客发生冲突和纠纷的原因是什么?一旦发生,应怎么处理?
3. 联系实际,谈谈企业应该怎样建立现代市场营销观念。

■ 案例分析

【分析情境】

亚马逊的人工智能超市

当越来越多的实体商家纷纷觊觎线上的消费能力时,电子商务"开山鼻祖"亚马逊公司(Amazon)却在投身实体店铺生意,其中创设的小型超市就非常酷炫。

消费者走到超市门口时,首先打开 Amazon Go App,刷一下二维码,有点像进地铁站……然后就进入了超市,虽然没人,但是请注意:从现在起你已经被"人工智能"锁定了,你的一举一动都被摄像头记录下来并传入系统。比如,你拿起一样东西,系统会自动记录物品名称及数量;想了想,又不要了,放回去就是了,系统会自动扣除……当你走出超市时,商品就会被自动识别,并完成结算,同时在手机上显示出详细购买清单并自动扣款。

【分析要求】

1. 亚马逊创设的人工智能超市强调的经营特点是什么?有哪些经营优势?
2. 在实体商业,特别是零售行业经营十分艰难的情况下,亚马逊为什么还要在这个时候插上一脚,开设线下实体店呢?我们能够从中获得哪些有益的启示?

▼ 项目实训

【实训项目】

认知市场营销

【实训目标】

增强学生对市场及市场营销观念的认识和理解,能够为模拟公司制定正确的营销观念,指导模拟公司开展营销活动。激励学生沟通与合作,培养学生的自信,全面提高学生的综合素质。

【实训内容】

1. 寻找榜样。寻找一位你所敬仰的企业家,了解他的成长历程及成就。
2. 寻找模式。寻找一家你感兴趣的企业,查看这个企业的网站,对这个企业进行调查。了解该企业的经营指导思想(经营观念)、营销行为及公司的组织结构。
3. 分组成立模拟公司。确定模拟公司的名称、标志、公司各部门的负责人。编写"模拟公司"的简介,简介内容包括模拟公司的基本情况及营销观念、奋斗目标、口号、组织结构等,并以幻灯片的形式向全班汇报。

【实训要求】

1. 将学生分成若干组,每组5人,设组长一名,组织本组成员进行实训。

2. 在小组内分享你所调查的企业的名称、经营指导思想(营销观念)、组织结构、经营范围及经营方式。

3. 各组成立模拟公司,组长组织讨论,确定所成立的模拟公司的名称、经营指导思想(营销观念)、组织结构、经营范围及经营方式。

4. 将所成立的模拟公司的情况写成书面实训报告。

5. 各组将模拟公司的情况制成幻灯片,并由一名组员向教师和同学汇报模拟公司情况。

6. 将实训报告填写完整。

"认知市场营销"实训报告		
项目实训班级:	项目小组:	项目组成员:
实训时间: 年 月 日	实训地点:	实训成绩:
实训目的:		
实训步骤:		
实训结果:		
实训感言:		
不足与今后改进:		
项目组长评定签字:		项目指导教师评定签字:

项目二　市场营销环境与调研

● **知识目标**

　　理解：市场营销环境的概念和特点；分析市场营销环境的意义。
　　熟知：宏观环境分析、微观环境分析；市场营销环境分析。
　　掌握：市场营销调研的类型和内容、程序、方法；市场营销调研问卷的设计。

● **技能目标**

　　具备识别各种环境所带来的威胁和机会的能力；能够分析不同市场营销环境及其发展趋势，并且在分析市场营销环境的基础上，具备能够独立进行市场营销调研和设计调查问卷的能力；能根据营销活动信息需求，按照科学的调研步骤和原则，灵活运用市场调研技巧，设计调研方案，有效实施调研活动，并整理分析调研数据，制定出有效的调研报告。

● **素质目标**

　　运用所学的市场营销环境与调研知识研究相关事例，培养和提高学生在特定业务情境中分析问题与决策设计的能力；结合行业规范或标准，运用知识分析行为的善恶，强化学生的职业道德素质；坚持尊重数据真实性、不提供虚假数据的调研操守；遵守依法采集和使用信息、尊重被调查对象的隐私和商业秘密的调研伦理与道德。

● **思政目标**

　　培养认真细致的工作态度和实事求是的调查研究作风；认识新形势下我国营销环境的变化与要求；正确认识市场营销环境机会与市场营销环境威胁，与时俱进、改革创新，以自身的营销活动创造良好的市场营销环境。

● **项目引例**

"蜜雪冰城"的市场营销环境——SWOT 分析

　　经过多年的发展，蜜雪冰城逐步成长为奶茶界的"黑马"，于 2023 年 11 月 18 日，入选"2023 年中国品牌 500 强"榜单。2024 年 1 月，蜜雪冰城向港交所递交上市申请。
　　蜜雪冰城不断压缩成本、降低产品价格，在激烈的市场竞争中采取低价定价策略。以奈雪的茶、喜茶、乐乐茶、茶颜悦色为代表的高端茶饮品牌，其产品定价基本在 20 元以上；以 CoCo 都可、茶百道、一点点为代表的中端茶饮品牌,其产品定价在 10—20 元之间,;以蜜雪冰城为代表的低端茶饮品牌,其产品定价基本在 10 元以下。2022 年 3 月末,蜜雪冰城门店总数达到 22 276 家,其中加盟门店 22 229 家,门店主要分布在学校、住宅区及人流量大的商业区附近,采取错位竞争策略,避开高端市场竞争。经过长期以来的不懈努力,已形成了覆盖全国的线上线下门店销售网络:线上端,通过官方抖音号、快手号、微博号、微信公众号开展各种营销活动;线下端,已建立覆盖全国的终端门店销售网络。如今,已在 22 个省市设立了自己的物流基地,通过物流协作,搭建起了一个遍布全国的物流配送网络。

蜜雪冰城虽已形成完整产业链,但在实际的生产经营过程中,现制茶饮行业业务链条长,存在着诸多管理环节,曾因质量问题,对蜜雪冰城的品牌形象和声誉带来不利影响。蜜雪冰城的两款招牌产品冰鲜柠檬水和冰激凌,其销售受季节性因素影响明显。夏季是产品销售旺季,销售占比大;冬季由于缺乏核心产品引导,蜜雪冰城全线产品整体销售量差强人意,导致产品销售空档。

近年来,国民人均可支配收入不断增长,人们对茶饮的消费升级,更加追求饮品的品质。蜜雪冰城主攻下沉市场,凭借规模优势和极致性价比在下沉市场竞争中极具竞争力。我国拥有非常悠久的茶文化。奶茶因其口感丰富、种类繁多越来越受到消费者欢迎。随着"90 后""00 后"乃至更加年轻的人群成为消费主力军,以蜜雪冰城为代表的新茶饮抓住了当代年轻一代的社交需求和身份认同感。

近年来,由于行业内卷,出现了多个龙头,不仅有两万家门店的蜜雪冰城,还有 6 000 多家门店的古茗、书亦烧仙草、茶百道,以及 5 000 多家门店的沪上阿姨。因上游原材料采购成本的不断增加,蜜雪冰城最常用的几种原料,如糖浆、奶粉,都出现了不同程度的涨价,一些水果茶受市场波动也出现涨价现象。

- **引例讨论**

蜜雪冰城面临哪些市场营销环境因素?具体有哪些优势、劣势、机会和威胁?

- **引例导学**

任何一个企业的营销活动都是在不断变化的环境下进行的,它既要受到企业自身条件的限制,又要受到外部条件的制约。其核心在于注重市场营销调研,抓住环境变化的脉搏,摸准消费者的心理和口味变化,迅速开发出适应环境变化的高质量饮品和营销平台。蜜雪冰城想要继续保持下沉市场的竞争优势,必须根据市场、行业的变化,结合自身发展实际,不断优化市场营销环境和强化市场调研。

- **知识精讲**

任务一　市场营销环境分析

一、市场营销环境的概念和特点

(一)市场营销环境的概念

所谓市场营销环境,是指影响企业市场营销活动的所有外部力量和相关因素的总和,它是影响企业生存和发展的各种外部条件。它主要由两方面因素构成:一是指那些构成市场营销活动的前提和背景的间接宏观环境因素,包括人口、经济、自然、科技、政治和法律、社会文化等环境因素,这些因素是企业不可控制的,既可能给企业的营销活动提供机会,也可能对企业造成威胁;二是指直接影响企业营销活动的微观环境因素，包括供应商、营销中介、顾客、竞争者、公众等。一般来说，微观环境因素受制于宏观环境因素，但它同时也以更直接的方式制约着企业的生产经营活动，并受到企业营销活动的影响。它们之间的关系如图2—1所示。

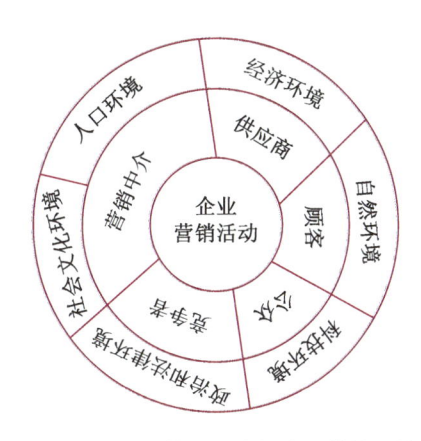

图2—1 企业营销活动与市场营销环境

（二）市场营销环境的特点

1. 客观性

营销环境作为一种客观存在，是不以企业的意志为转移的，有着自己的运行规律和发展趋势，对企业营销活动的影响具有强制性和不可控性。主观地臆断某些环境因素及其发展趋势，往往会造成企业盲目决策，导致企业在市场竞争中惨败。

2. 动态性

动态性是营销环境的基本特征。任何环境因素都不是静止的、一成不变的，相反，它们始终处于变化甚至急剧变化之中。营销环境的变化，既给企业带来机会，也会带来威胁。

3. 差异性

不同的国家或地区之间，宏观环境存在广泛的差异，不同企业之间的微观环境也千差万别。为适应不同的环境及其变化，企业必须根据环境的不同状况，制定有针对性的营销策略。

4. 不可控制性

相对于企业内部管理机能来说，营销环境是企业无法控制的外部影响力量。例如，无论是直接营销环境中的消费需求特点，还是间接环境中的人口数量，企业都无法加以控制和决定。

5. 复杂性

企业面临的市场营销环境具有复杂性，各环境因素之间经常存在矛盾关系。

二、宏观环境分析

所谓宏观环境，通常是指一个国家或地区的社会、经济及其发展变化的状况。影响企业营销活动的宏观环境因素主要有人口环境、经济环境、政治和法律环境、社会文化环境、自然环境和科技环境。

（一）人口环境

人口是构成市场的第一位因素。市场是由有购买欲望同时又有支付能力的人构成的，人口数量直接决定了市场规模和潜在容量，企业的营销活动受人口的性别、年龄、民族、婚姻状况、职业、居住分布等影响。

1. 人口总量

一个国家或地区总人口数量的多少,是衡量市场潜在容量的重要因素。如果一个国家的人口增长很快,对食品、服装和住房等消费品的需求就会迅速增长,这样的市场是一个潜在的大市场。中国 2019 年有 14 亿多人口,超过欧洲和北美洲人口的总和。随着社会主义市场经济的发展,人民收入不断提高,中国已被视为世界最大的潜在市场。

目前,世界人口环境正发生明显的变化,主要趋势是:

(1)全球人口持续增长,联合国发布的《世界人口展望》(2017 年修订版)显示,到 2030 年世界人口总数将突破 86 亿,预计 2050 年世界人口总数将突破 98 亿。随着人口的快速增长、人口规模的增大,市场容量与发展潜力也随之增大,将给企业营销带来新的发展机遇。

(2)随着亚洲和非洲人口继续增加,出生率较低的欧洲将会出现一段时间的人口负增长,尤其是东欧国家和俄罗斯。发展中国家新增人口较多,使得这些国家人均所得的增加以及需求层次的升级受到影响。

世界人口的急剧增长,对企业来说有积极意义。人口越多,需求量越多,在一定购买力条件下,就意味着市场需求的增加。企业应重视人口增长带来的市场需求潜力,发现各种未来的市场需求与营销机会。

2. 年龄结构

人口年龄结构决定市场需求的结构,不同年龄段的人对产品需求有很大的差别。分析一定时期内的人口年龄结构,能使企业发现好的市场机会。例如,20 世纪 50 年代,百事可乐公司发现美国 13~19 岁的人口占总人口的比重很大,因此决定将青少年市场作为主要市场,提出"新一代的可乐"的宣传口号。这种市场策略赢得了青少年的青睐,获得了很大的成功。

随着社会经济的发展、科学技术的进步、生活条件和医疗条件的改善,人口平均寿命大大延长。人口年龄结构变化有如下趋势:

(1)许多国家人口老龄化加速。随着人类寿命延长、死亡率下降,人口老龄化是当今世界发展的必然趋势。美国人口普查局的调查报告指出,全球 65 岁及以上老人的数量已在 2008 年达到 5.06 亿人。这一数字将在 2040 年增加 1 倍以上,达到 13 亿人,占全球总人口的 14%。按照联合国的划分标准,预计到 2025 年,我国将进入中度老龄化社会。我国民政部发布的《2022 年民政事业发展统计公报》预测,到 2035 年,我国 60 周岁及以上人口占全国总人口比例将超过 30%。这意味着,中国将迈入重度老龄化社会。这种状况势必对我国经济和社会发展产生持续而深远的影响。国务院办公厅印发《关于发展银发经济 增进老年人福祉的意见》,其中特别提出,要围绕老年用品制造、智慧健康养老、康复辅助器具、抗衰老产业、养老金融、旅游服务、适老化改造这七个前景好、潜力大的产业,制定切实有效的政策措施。

(2)出生率下降引起市场需求变化。美国等发达国家人口出生率下降,出生婴儿数和学龄前儿童减少,给儿童食品、童装、玩具等生产经营者带来威胁,但同时也使年轻夫妇有更多的闲暇时间用于旅游、娱乐和在外用餐,从而促进了第三产业的发展。

3. 地理分布

人口在地区上的分布,关系到市场需求的异同。俗话说,"十里不同风,百里不同俗"。居住在不同地区的人群,由于地理环境、气候条件、自然资源、风俗习惯的不同,消费需求的内容和数量也存在差异。例如,在炎热的南方,人们对空调设备的需求量大;而在寒冷的北方,则需要暖气设备和御寒服装。再如,我国不同地区吃辣的程度也不同,有"四川的不怕辣,湖南的辣不怕,贵州的怕不辣"等说法。

这种分布的不同不仅表现在静态的差异上,还表现在区间的流动上。随着我国城镇化建设的发展,我国人口的地理分布发生了很大的变化。人口流动具有两大特点:一是从农村流向城市;二是从城市流向郊区。人口的城市化和区域性转移,会引起社会消费结构的变化,城市出现了繁华商业街,而郊区住宅区使得城市商业中心零售企业纷纷在郊区开设分店。随着我国乡镇城市化的趋势日益加快,农村市场需求将有大的变化。

4. 家庭组成

家庭是商品购买和消费的基本单位。一个国家或地区的家庭单位的多少以及家庭平均人员的多少,可以直接影响到某些消费品的需求数量。同时,不同类型的家庭往往有不同的消费需求。随着计划生育、晚婚、晚育的倡导和实施,职业妇女的增多,单亲家庭和独身者的涌现,家庭消费需求的变化甚大。例如,新的家庭单位的出现,势必会增加对住房、家具、炊具、家用电器等家庭用品的需求量;单身者不一定需要门类齐全的家庭用品,却可能增加娱乐、旅游、保健方面的消费开支。

5. 人口性别

性别差异给消费需求带来差异,购买习惯与购买行为也有差别,反映到市场上,就会出现男性用品市场和女性用品市场。由于两个市场的需求不同,因此购买习惯也有所不同。一般来说,女性市场需求旺盛,特别是在服装、化妆品市场上;而男性则在购买大件物品方面表现出积极性,比如汽车和住房等。企业可以针对不同性别的不同需求,生产适销对路的产品,制定有效的营销策略,开发更大的市场。

(二)经济环境

分析经济环境主要是分析影响人们购买力的各个因素。

1. 消费者收入

消费者收入是指消费者个人从各种来源所得到的货币收入,通常包括个人工资、奖金、红利、退休金、出租收入及其他收入等。消费者收入的多少不仅决定了消费者市场购买力水平的高低,而且直接影响消费者的支出行为模式。消费者收入通常从以下指标进行分析:

(1)人均国民收入。人均国民收入是一定时期内一个国家物质生产部门的劳动者人均创造的价值,它大体上反映一个国家的经济发展水平和人民的生活状况,也在一定程度上决定商品需求的构成。

(2)个人可支配收入。这是在个人收入中扣除税款和非商业性开支后的所得余额,是个人收入中可以用于消费支出或储蓄的部分,构成实际购买力。

(3)个人可任意支配收入。这是在个人可支配收入中减去用于维持个人与家庭生存不可缺少的费用和固定开支后剩余的部分。这部分收入是消费需求变化中最活跃的因素,也是企业开展营销活动时所要考虑的主要对象。因为这部分收入主要用于满足人们基本生活需要之外的开支,一般用于购买高档耐用消费品、旅游、储蓄等,它是影响非生活必需品和劳务销售的主要因素。

【做中学 2—1】 缴纳高等教育学费、缴纳房租、缴纳水电费、购买食物、购买燃料、购买服装、购买高档耐用消费品、外出旅游、储蓄、缴纳个人所得税、缴纳工会会费。

思考: 上述支出,从消费者支出行为模式分析,哪些构成个人可支配收入扣除?哪些构成个人可任意支配收入扣除?为什么?运用所学理论进行回答。

分析: 个人收入中扣除缴纳的个人所得税、工会会费后所得余额,就叫个人可支配收入。缴纳高等教育学费、缴纳房租、缴纳水电费、购买食物、购买燃料、购买服装这些支出,是用于维持个人与家庭生存不可缺少的费用和固定开支,将这部分扣除后剩余的部分,就叫个人可任意支配收入。此时,由于基本生活已得到满足,因此,开支就比较自由随意,一般可用于购买高档耐用消费品、旅游、储蓄等非基本生活开支。

2. 消费者支出结构

随着消费者收入的变化,消费者支出模式会发生相应变化,进而影响到消费结构。经济学家常用恩格尔系数来反映这种变化。

$$恩格尔系数 = 食物支出变动百分比 / 收入变动百分比$$

【提示】 恩格尔系数是衡量一个国家、地区、城市、家庭生活水平高低的重要参数。食物开支占总消费量的比重越大,恩格尔系数越大,生活水平就越低;反之,食物开支所占比重越小,恩格尔系数越小,生活水平就越高。

【做中学 2—2】 联合国根据恩格尔系数制定了一个划分贫富的标准,即:系数在 59% 以上的为绝对贫困化水平;系数在 50%~59% 之间的为勉强度日水平;系数在 40%~50% 之间的为小康水平;系数在 30%~40% 之间的为富裕水平;系数在 30% 以下的为最富裕水平。

思考:为什么恩格尔系数越大,生活水平就越低;而恩格尔系数越小,生活水平就越高?请运用所学理论进行回答。

分析:要回答这个问题,首先必须弄清恩格尔系数是怎么算出来的。恩格尔系数等于食物支出变动百分比除以收入变动百分比。显然,恩格尔系数越大,说明食物开支占总消费量的比重就越大。也就是说,这个人的钱主要用于吃,没有多少钱用于其他方面的消费,其个人可任意支配收入非常低,生活水平肯定就低;反之亦然。

3. 储蓄和信贷

消费者个人收入不可能全部用于消费,总有一部分以各种形式储蓄起来,这是一种推迟了的潜在购买力。当收入一定时,储蓄越多,现实消费量就越小,从而影响企业当前的销售量;反之,储蓄越少,现实消费量就越大,现实购买力就越强,给企业提供的市场机会就越多。消费信贷是消费者凭借个人信用先取得商品使用权,然后按期归还贷款的消费方式。通常所说的赊销、分期付款都是它的具体形式,消费信贷是在有需求但缺乏购买能力的重要条件下实现产品销售的有效手段。

此外,企业的市场营销活动还要受到整个国家或地区经济发展水平的制约。

(三)政治和法律环境

1. 政治因素

政治因素是指企业市场营销活动的外部政治形势和状况,以及国家方针政策的变化对市场营销活动带来的影响。各国政府在不同时期,会根据社会经济发展需要颁布一些经济政策,制定经济发展方针,这些方针政策不仅规定了国民经济的发展方向和速度,也直接影响到企业的生产经营活动。因此,企业的营销活动作为社会经济生活的组成部分,总要受到政治环境的影响和制约。

因"至少20%零件自产"限制,苹果手机今年起无法进入印尼市场

2. 法律因素

对企业来说,法律是评判企业营销活动的准则,只有依法进行的各种营销活动才能受到国家法律的有效保护。近几年来,我国在发展社会主义市场经济的同时,也加强了市场法制方面的建设,陆续制定、颁布了一系列相关重要法律法规。它们归纳起来主要有三类:①旨在保护竞争,维护企业正常经营秩序,防止不正当竞争行为出现的法律、法规,如《中华人民共和国反不正当竞争法》《中华人民共和国经济合同法》《中华人民共和国商标法》《中华人民共和国专利法》《中华人民共和国企业破产法》《中华人民共和国广告法》等;②保护消费者利益不受损害的法律、法规,如《中华人民共和国食品卫生法》《中华人民共和国进出口商品检验法》《中华人民共和国消费者权益保护法》《中华人民共和国产品质量法》等;③保护社会公众长远利益不受损害的法律、法规,如《中华人民共和国大气污染防治法》《中华人民共和国环境保护法》等。这些法律法规都直接影响着企

业的市场营销活动,企业营销人员必须熟悉法律环境,密切关注与本企业有关的法律法规,使企业的经营在合法的轨道上运行;同时,他们也应善于运用法律武器来维护企业的正当合法权益。

(四)社会文化环境

社会文化环境是指在一种社会形态下已经形成的价值观念、宗教信仰、道德规范、审美观念以及风俗习惯等的总和。社会文化所包含的内容很多,下面仅就与企业营销关系较为密切的社会文化因素进行讨论。

1. 价值观念

价值观念是指在某一种环境下人们所形成的对事物的普遍态度或看法。它是一个社会文化最核心的内容,也是支配人的行为的最稳固的力量。不同的文化背景下,人们的价值观念差别是很大的,而消费者对商品的需求和购买行为深受其价值观念的影响。一个人的价值观念一旦形成,就具有高度的持续性。因此,企业的营销活动尽量不要与消费者的价值观念相冲突。例如,在发达国家,超前消费是司空见惯的事情。一些人为了生活上的享受,采用分期付款、赊销等形式,甚至大举借债。在我国,勤俭节约是传统美德,人们大多攒钱购买商品,而且大多局限在货币的支付能力范围内,量入为出。因此,对于不同的价值观念,企业营销人员应采取不同的策略。

2. 宗教信仰

宗教信仰是指文化倾向和戒律。不同的宗教信仰有不同的文化倾向和戒律,它影响人们认识事物的方式、价值观念和行为准则,并进一步影响着人们的消费需求和消费行为。例如,印度教视牛为神明,信徒不吃牛肉,也不使用与牛相关的产品。宗教活动对人们的消费行为产生重要影响,进而对市场营销的影响力也很大。企业如果忽视这些宗教习惯,必然会触犯宗教禁忌,失去市场机会。这就要求企业充分了解不同地区、不同民族、不同消费者的宗教信仰,提供适合其需求的产品,制定适合其特点的营销策略。

3. 教育水平

教育水平是指消费者受教育的程度。一个国家、一个地区的教育水平与经济发展水平往往是一致的。不同的文化修养表现出不同的审美观,购买商品的选择原则和方式也不同。受教育程度不仅影响消费者的收入水平,还直接影响消费者对商品的鉴赏能力、购买的理性程度和其他方面,进而影响企业营销策略的制定和实施。例如,在文盲率高的地区,以文字形式做广告,难以收到较好的效果,而采用电视、广播和当场示范表演的形式,则容易为人们所接受。又如,在教育水平低的地区,适合采用操作使用、维修保养都较简单的产品;而在教育水平高的地区,则需要先进、精密、功能多、品质好的产品。另外,企业的分销机构和分销人员受教育的程度等,也对企业的市场营销产生一定的影响。

4. 风俗习惯

风俗习惯是人们根据自己的生活内容、生活方式和自然环境,在一定的社会物质生产条件下长期形成并世代相袭而成的一种风尚,以及由于重复、练习而巩固下来并变成需要的行动方式等的总称。它往往在饮食、服饰、居住、婚丧、节日和人情往来等方面表现出独特的心理特征和行为方式。企业在开拓国外的新市场时应入境而问禁、入国而问俗、入门而问讳。了解目标市场消费者的禁忌、习俗、避讳、信仰、伦理观念等,是企业开展营销的重要前提。例如,开展营销时,经常要与数字打交道,企业不能忽视这些细节:"8"在我国不少地区被认为是幸运的数字;在中国、日本、韩国等东方国家,一些人把"4"视为不吉祥的数字。

5. 消费潮流

社会文化多方面的影响,使消费者产生共同的审美观、生活方式和兴趣爱好,从而导致社会需求的一致性,这就是消费潮流。消费潮流在服饰、家电和一些保健品方面表现得最为突出。消费潮流在时间上有一定的稳定性,但有长有短,长的可能几年,短的可能几个月;还有一定的地域性,同一时间内不同地区的流行商品品种、型号、颜色等可能不尽相同。

【学中做 2-1】 在经济全球化过程中,你认为企业如何应对不同的文化环境?

分析: 在经济全球化过程中,企业需要从以下几个方面来应对不同的文化环境:充分了解当地文化;企业尽量本土化;生产出符合当地文化环境的产品;采取符合当地文化环境的市场推广活动。

(五)自然环境

所谓自然环境,是指自然界提供给人类各种形式的物质自然资料,如阳光、空气、水、森林、土地等。自然环境对企业营销的影响表现为资源短缺、环境污染、政府干预等。企业营销管理人员必须分析研究自然环境的变化以及相关法律政策对企业营销活动的影响,想方设法适应自然环境。

(六)科技环境

科技是社会生产力中最活跃的因素。作为营销环境的一部分,科技环境不仅直接影响企业内部的生产和经营,还同时与其他环境因素互相依赖、互相作用。科学技术革命既给企业市场营销创造了机会,也带来了威胁。企业可以应用新技术,不断更新原有产品,满足消费者需求。而新技术的出现,也使得企业现有产品面临被淘汰的威胁。另外,新技术的发展还会引起人们消费观、价值观和企业营销策略的变化。

【拓展阅读 2-1】 通用汽车公司崛起的奥秘

第二次世界大战以前,福特汽车公司依靠老福特的黑色 T 型车取得了辉煌的成就,但老福特过分相信自己的经营哲学,而不顾市场环境的变化和需求的变动。通用汽车公司的创始人斯隆觉察到战争给全世界人民所带来的灾难,特别是从战场回来的青年厌倦了战争的恐怖与血腥,期望充分享乐、珍惜生命,对汽车的需求不再满足于单调的黑色 T 型车,而希望得到款式多样、色彩鲜艳、驾驶灵活、体现个性的流线型汽车。通用公司抓住需求变革的时机,推出了适应市场需要的汽车,很快占领了市场,把老福特从汽车大王的位置上拉了下来,取而代之成了新的汽车大王。

【同步案例 2-1】 索尼公司的新包装

索尼公司基于"Reduce,Reuse,Recycle,Replace"的四原则来推进该公司的产品包装。他们不但遵循"减量化、再使用、再循环"的循环经济"3R"原则,而且还在"替代使用"上想办法。该公司对大型号电视机的 EPS 缓冲包装材料进行改进,采用 8 块小的 EPS 材料分割式包装来缓冲防震,减少了 40% EPS 的使用;有的产品前面使用 EPS 材料,后面使用瓦楞纸板材料,并在外包装上采用特殊形状的瓦楞纸板箱,以节约资源;对小型号的电视机则采用纸浆模塑材料替代原来的 EPS 材料。

案例精析2-1

思考: 索尼公司为什么要不断改进包装?

三、微观环境分析

所谓微观环境,是指直接影响企业营销活动的各种不可控因素。影响企业营销活动的微观环境因素主要有供应商、营销中介、顾客、竞争者和公众等。

(一)供应商

供应商是向企业及其竞争对手提供生产所需要的各种资源的工商企业和个人,他们向企业提供原材料、设备、能源、劳务和资金等。供应商提供资源的价格高低和交货是否及时、数量是否充足等因素,都会直接影响企业产品的成本、售价、利润、质量和交货期。因此,企业营销管理人员必须对供应商的情况有比较全面的了解。

（二）营销中介

绝大多数企业的产品要经过营销中介单位才能到达目标顾客。所谓营销中介单位，是指协助企业推广、销售和分配产品给最终顾客的企业和个人，包括中间商、实体分配公司、营销服务机构和金融机构等。

（三）顾客

顾客是指企业产品或劳务的购买者，也就是通常所说的用户和消费者。顾客可以是个人或家庭，也可以是组织机构。顾客是市场的主体，企业的一切营销活动都是以满足顾客的需要为中心而展开的，企业丧失了顾客就意味着失去了市场，取得了顾客就是赢得了市场。所以，分析和掌握顾客的购买行为、需求动向和变化趋势是企业营销活动不可忽视的重要课题。

【同步案例 2-2】 具有吸引力的新产品没人签合同

某公司发明了一种能凝固成大理石的新产品，营销部门认为可用来生产雅洁好看的浴盆。于是他们生产了几种浴盆模型，在洁具展销会上展出，并想方设法欲说服浴盆生产商用此材料来生产浴盆。尽管不少浴盆生产商认为生产出来的浴盆很有吸引力，却都未签订合同。原因很简单：首先，这种浴盆卖价达 2 000 美元，而在同等价格水平上，消费者可买到真正的大理石或玛瑙做的浴盆；其次，这种浴盆很重，浴室的地板必须加固，从而会增加费用；最后，多数普通浴盆的售价只卖 500 美元左右，很少有人愿意花 2 000 美元来购买这种浴盆。

思考： 具有吸引力的新产品为什么没人签合同？怎样才能改变这种局面？

（四）竞争者

竞争者主要是指与本企业生产相同或类似产品的企业和个人。在现代社会中，市场竞争日趋激烈，企业的竞争对手除了包括本行业的现有竞争者外，还包括替代用品生产者、潜在加入者、原材料供应者和购买者等多种竞争力量。企业应当对竞争者的具体情况，如数量、分布、竞争策略等有比较全面的了解，从而明确本企业在竞争中的地位，确定企业的主要竞争对手。由于主要竞争对手的营销策略及营销活动的变化会直接影响到企业的营销，最为明显的是竞争对手的价格、广告宣传、促销手段的变化，以及产品开发、各种销售服务的加强等，这些都会直接对企业造成威胁，因此，企业不能放松对竞争对手的观察和分析，并在此基础上制定出相应的竞争策略。

【拓展阅读 2-2】 海尔公司保持领先地位的奥妙

海尔公司之所以在激烈的市场竞争中保持领先地位，在于其对市场的独到认识："市场不变的法则是市场永远在变。"在这种经营理念指导下，海尔人与时俱进、不断创新，既满足了消费者新的需要，也给自己带来了无限的商机。例如，当他们调查了解到四川农民喜欢用洗衣机洗土豆、地瓜等物品，导致其洗衣机常常出故障这一消息后，马上组织人员进行技术攻关，解决了洗衣机不能洗土豆、地瓜等物品的缺陷。不久，四川各地出售的海尔洗衣机都贴上了"主要供洗衣服、土豆、地瓜等物"的标签。

（五）公众

所谓公众，是指对企业营销活动有实际或潜在影响的各种群体的总称，包括金融公众、媒体公众、政府公众、当地公众、团体公众和一般公众等。企业的营销活动会影响周围各种公众的利益，公众也能帮助或妨碍企业实现其经营目标。所以，企业的营销活动不仅要针对目标市场的顾客，而且要考虑到有关的公众，采取适当的措施，与周围的各种公众保持良好的关系，在社会公众中树立良好的企业形象。

(六)企业本身

企业本身包括市场营销管理部门、其他职能部门和最高管理层。

为协调好与各部门之间的关系,营销部门需要做好以下工作:①主动争取企业内部各部门之间的支持。营销要靠企业各部门的通力合作,才能在竞争中取得良好的效果。因此,营销部门需要协调内部的各种关系,争取企业内部各部门的支持。②加强与企业内部相关部门的沟通。企业营销人员要经常将收集到的各种市场信息传达给有关部门,使其了解市场情况、改进工作。

【拓展阅读2—3】 鲶鱼效应

挪威人爱吃沙丁鱼,尤其是活沙丁鱼。挪威人在海上捕到沙丁鱼后,如果能让其活着抵港,卖价就会比死鱼高好几倍。

沙丁鱼生性喜欢安静、平稳的生活环境,对所处的危险没有警惕性,易于捕捞。但是,由于捕捞后返航的路途很长也很颠簸,因此沙丁鱼被运送到码头时,大部分已经死了,即使有些活的,也是奄奄一息。有一位渔民运送到码头的沙丁鱼总是鲜活的,所以他赚的钱比别人多。该渔民一直严守成功秘密,直到他死后,人们打开他的鱼槽,才发现里面只不过是多了一条鲶鱼。原来鲶鱼以鱼为主要食物,装入鱼槽后,由于环境陌生,鲶鱼就会四处游动,而沙丁鱼发现这一情况后,也会紧张起来,加速游动,如此一来,沙丁鱼便活着回到港口。这就是所谓的"鲶鱼效应"。

渔民采用鲶鱼作为激励手段,促使沙丁鱼不断游动,以保证沙丁鱼存活,以此来获得最大利益。在市场竞争中,管理者要实现企业的经营目标,同样需要引入鲶鱼型人才,以此来改变企业缺乏生机与活力的状况。

四、市场营销环境分析

(一)环境分析与营销对策

1. 市场机会矩阵分析法

市场机会是指有可能对企业的市场营销管理及活动产生有利的、有优势的或有吸引力的影响的要素和力量。分析评价市场机会可采用市场机会分析矩阵,如图2—2所示。它主要考虑两个方面:一是市场机会的潜在吸引力的大小(营利性);二是市场机会带来的成功的可能性(企业优势)。

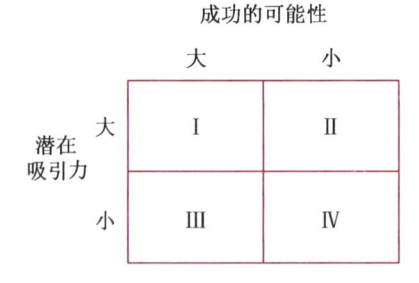

	成功的可能性 大	成功的可能性 小
潜在吸引力 大	I	II
潜在吸引力 小	III	IV

图2—2 市场机会分析矩阵

第I象限,有最好的营销机会,其潜在吸引力与成功可能性都较大,企业应当把握并全力发展这一机会。

第II象限,虽然成功可能性较低,但一旦出现就可以为企业带来很大的潜在利益。

第III象限,虽然潜在利益不大,但成功可能性很大,因此需要企业充分关注,并采取相应的营销措施与对策。

第IV象限,潜在吸引力与成功可能性都较低。对企业来说,主要是密切观察其发展变化,积极改善自身条件,审慎地开展营销活动。

有效地捕捉和利用市场机会,是企业营销成功和发展的前提。只要企业能够密切关注营销环境变化带来的市场机会,适时地做出恰当的评价,并结合企业自身的资源和能力,及时将市场机会转化为企业机会,就能够开拓市场、扩大销售,提高企业产品的市场占有率。

2. 环境威胁矩阵分析法

环境威胁是指市场环境中不利于企业营销活动的因素及其发展趋势,比如能源危机对汽车行业形成威胁、限制性法律对烟酒业造成威胁等。企业若不能及时对此采取相应的策略,不利趋势将影响企业的市场地位。分析环境威胁时主要采用环境威胁分析矩阵来进行,如图2—3所示。具体方法是结合两方面来考虑:一是环境威胁对企业的影响程度,即严重性;二是环境威胁出现的概率大小,即可能性。

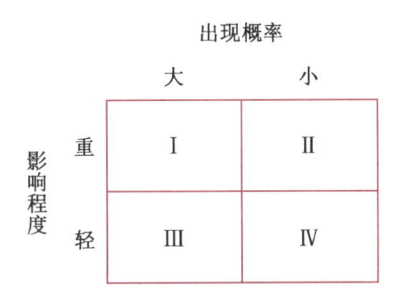

	出现概率大	出现概率小
影响程度 重	Ⅰ	Ⅱ
影响程度 轻	Ⅲ	Ⅳ

图2—3 环境威胁分析矩阵

第Ⅰ象限,环境威胁的影响程度重、出现的概率大,企业必须严密监视和预测其变化发展趋势,并及时采取措施应对环境因素。

第Ⅱ象限,环境威胁出现的概率虽小,一旦出现,却会给企业营销带来极大的危害,应予以关注并预防。

第Ⅲ象限,环境威胁虽然对企业影响不大,但出现的概率很大,因此也应当给予关注,随时准备应对措施。

第Ⅳ象限,环境威胁的影响程度轻、出现的概率低,对其只需进行必要的追踪观察,监测其是否有向其他象限因素变化发展的可能。

3. 市场机会与环境威胁矩阵组合分析法

一般情况下,企业面临的营销环境都是机会与威胁并存、利益与风险并存的综合环境,单纯的威胁环境与机会环境是极少见的。因此,分析市场营销环境时,还必须同时分析营销机会和营销威胁,即分析综合营销环境。

企业可以用市场机会与环境威胁矩阵来分析,可得出四种不同类型的环境,如图2—4所示。

	威胁水平 低	威胁水平 高
机会水平 高	(1)理想环境	(2)冒险环境
机会水平 低	(3)成熟环境	(4)困难环境

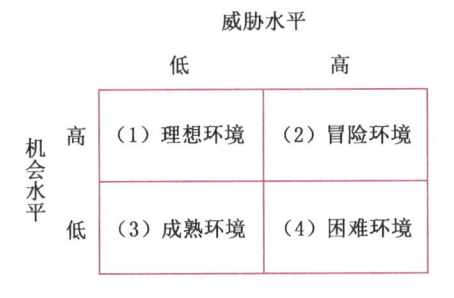

图2—4 市场机会与环境威胁矩阵组合

(1)理想环境,即高机会、低威胁环境。这种环境是企业难得的好环境,企业应当及时抓住机遇,开拓市场,创造良好的经济效益。

(2)冒险环境,即高机会、高威胁环境。这种环境既存在较大的利益,又面临较大的风险,企业必须加强调查研究,进行全面的环境分析,发挥企业的优势,审慎决策,降低风险,争取利益。

(3)成熟环境,即低机会、低威胁环境。这是一种较为平稳的环境,企业一方面要正常运营以取得平均利润,另一方面要积蓄力量,进入理想环境。

(4)困难环境,即低机会、高威胁环境。这是风险大于机会的环境,企业必须想办法扭转局面,如果大势已去,无法扭转,则必须果断决策,转移目标市场,重新定位以求发展。

面临不同的威胁及机会环境,企业营销部门要制定恰当的营销对策,慎重行事。有需求未必有市场,有市场未必有顾客,或者虽然有顾客,但目前又未必是一个好市场,种种机会也许只是陷阱,而看上去是陷阱的也许是个好机会。

(二)SWOT分析

1. SWOT分析法的基本理论

SWOT分析法是企业最常用的一种市场营销环境分析法。SWOT分析法又称为态势分析法或优劣势分析法,即基于内外部竞争环境和竞争条件的态势分析,将与研究对象密切相关的企业自身的竞争优势(strength)、竞争劣势(weakness)、机会(opportunity)和威胁(threat)等通过调查列举出来,并依照矩阵形式排列,然后用系统分析的思想,把各种因素相互匹配起来加以分析,从中得出一系列相应的结论,而结论通常带有一定的决策性。

2. 竞争优势

竞争优势是指一个企业超越其竞争对手的能力,或者指企业所特有的能提高企业竞争力的东西。竞争优势可以是以下几个方面:

(1)技术技能优势:独特的生产技术,低成本生产方法,领先的革新能力,雄厚的技术实力,完善的质量控制体系,丰富的营销经验,上乘的客户服务,卓越的大规模采购技能。

(2)有形资产优势:先进的生产流水线,现代化车间和设备,丰富的自然资源储备,吸引人的不动产,充足的资金,完备的资料信息。

(3)无形资产优势:优秀的品牌形象,良好的商业信用,积极进取的企业文化。

(4)人力资源优势:在关键领域拥有专长的、积极上进的职员,具有很强的组织学习能力和丰富的经验。

(5)组织体系优势:高质量的控制体系,完善的信息管理系统,忠诚的客户群,强大的融资能力。

(6)竞争能力优势:产品开发周期短,强大的经销商网络,与供应商良好的伙伴关系,对市场环境变化的灵敏反应,市场份额的领导地位。

3. 竞争劣势

竞争劣势是指某种企业缺少或做得不好的东西,或指某种会使企业处于劣势的条件。可能导致内部劣势的因素有:

(1)缺乏具有竞争意义的技能、技术。

(2)缺乏有竞争力的有形资产、无形资产、人力资源、组织资产。

(3)关键领域里的竞争能力正在丧失。

4. SWOT分析法的应用

根据SWOT分析法对优势、劣势、机会与威胁进行分析后,企业可总结出SWOT分析表,具体如表2—1所示。

表 2—1　　　　　　　　　　　　　SWOT 分析表

外部环境＼内部环境	机会(O)	威胁(T)
优势(S)	SO	ST
劣势(W)	WO	WT

(1)SO 策略。这是企业最理想的状况,企业能够依靠内部优势,利用外部机会,把握良机。

(2)WO 策略。企业虽面临良好的外部机会,但受到内部劣势的限制,应当采用扭转型战略,充分利用环境带来的机会,设法清除劣势。

(3)ST 策略。企业利用内部优势,规避外部威胁,将企业的优势扩大到最大限度,将威胁降到最低。

(4)WT 策略。企业内部存在劣势,外部面临威胁,要设法降低弱点和避免外来的威胁。

五、分析市场营销环境的意义

(一)从事营销,必须善于分析环境

这对企业的生存和发展至关重要,因为它能提高企业对于环境的适应性。任何企业都必须与环境相协调;否则,企业将面临被淘汰的危险。这是因为:

一是环境的变化会给企业带来威胁。如果企业不采取相应的规避风险措施,威胁会导致企业营销困难。为保证企业的正常运行,企业应能及时预见环境威胁,将危机减小到最低限度。

二是环境的变化也会给企业带来机会。对企业来讲,环境机会是开拓营销新局面的重要基础。当环境机会出现的时候,企业应善于捕捉和把握机会,以利于企业的发展。正是因为环境制约着企业的营销,所以企业与所处环境应该是相互协调、相互适应的。

(二)发挥企业营销的主动性,积极影响营销环境

企业营销活动必须与所处的直接环境和间接环境相适应。企业在环境面前不要无能为力地去被动适应,而是应该采取积极主动的态度,制定一系列营销策略去影响环境。菲利普·科特勒在20世纪80年代提出的"大市场营销"观念,就是旨在指导企业以积极的姿态去影响和改变环境,争取主动权。"大市场营销"观念认为:在贸易保护主义抬头的情况下,企业为了进入壁垒很高或封锁很严的特定市场,必须协调地运用心理、政治、经济和公共的手段,以取得外国或地区有关方面的合作,这就要求企业必须积极地影响环境,主动地迎接环境的挑战。

(三)从环境中获取企业营销的资源

营销环境不仅是企业营销的制约因素,而且是企业营销赖以生存的条件。企业营销活动所需的各种资源,如资金、信息、人才与资源,都需要在环境的许可下取得;企业生产经营的产品或服务也需要环境的接纳。所以,分析研究营销环境因素,是企业制造营销战略和策略的前提与基础。

任务二　市场营销调研

一、市场营销调研的类型和内容

所谓市场营销调研,是指企业运用科学的方法和手段,有目的、有计划地搜集、整理、分析和判断有关企业营销方面的信息,为市场预测和企业决策提供依据的一系列调查研究活动过程。

(一)市场营销调研的类型

1. 按信息搜集的规模划分

(1)普查。所谓普查,是指对被研究总体中的所有单位进行的全面调查。其优点是可以取得全面的原始资料和可靠数据,全面反映客观事物;其缺点是工作量大、时间长、费用高,甚至可能因为组织不够周密而产生较大的调查失误。

(2)重点调查。所谓重点调查,是指只对被研究总体中具有举足轻重地位的单位进行调查,以此获得总体基本情况资料的一种非全面调查方式。重点单位是指在被调查对象中处于十分重要地位的单位,或者在总体某项标志性总量中占绝大比重的单位。其优点是只需选定为数不多的单位,用较少的人力、较少的费用,较快地掌握被调查对象的基本情况;其缺点是只能对总体情况做出粗略估计,可能以偏概全。

(3)典型调查。所谓典型调查,是指只对被研究总体中具有代表性的个别单位进行的专门调查,目的是以典型样本的指标推断总体的指标。其优点是调查对象少,可对被调查单位进行细致透彻的调查,取得被调查单位的详尽资料;其缺点是典型被调查对象如选择不当,即不具有代表性,调查结果就毫无意义。

(4)抽样调查。所谓抽样调查,是指在被研究总体中只抽取一定数量的单位即样本,根据对样本观察的结果,推算总体情况的一种调查方式。目前市场营销调研大多采用这种方式。

2. 按信息搜集的途径划分

(1)直接调查。所谓直接调查,是指营销人员在周密的调查方案和程序指导下,通过实地观察或直接访问、实验等途径而获取信息资料的调查。其优点是所获取的信息资料直接、及时、有针对性,有利于发现新问题,寻找市场新机会;其缺点是直接调查程序严密,涉及范围与调查的成本成正比,对相关人员专业要求高,如果不具备这些条件,就会影响直接调查结果的正确性,使其不能发挥应有的作用。

(2)间接调查。所谓间接调查,是指营销人员通过搜集企业内部现有的各种档案资料(如账簿、销售记录、顾客意见本等)和企业外部各种相关资料(如新闻报道、统计报告、互联网等),对这些资料进行分析、归纳和演绎,提出市场调查结论和建议的调查。其优点是所获取的信息渠道广、成本低、参考价值高,特别适合缺少直接调查条件的营销项目;其缺点是时效性和针对性较差,参考他人结论易对本企业的营销项目产生误导。

(二)市场营销调研的内容

1. 市场环境调研

所谓市场环境调研,是指对影响企业生产经营活动的外部因素所进行的调查研究活动。这种活动包括:①总体环境调研,即着眼于政治环境、法律环境、人口环境、经济环境、社会文化环境、科学技术环境、自然环境、国际环境等宏观环境的变化对企业的影响进行调研,从而跟踪最新的政治、经济、社会、文化发展动态,寻找企业新的发展机会,并及早发现可能出现的威胁,做好应变准备。②产业环境调研,即重点针对所处或想进入行业的经营规模、产品状况、市场供求情况、产业政策、壁垒和进入障碍、发展前景等进行的调研。③竞争环境调研,即主要针对竞争者的经营能力、经营方式、购货渠道及成本、产品特点和价格、市场分布、销售策略、市场占有率以及其竞争发展战略等进行的调研。

2. 市场需求调研

所谓市场需求调研,是指在一定的市场营销环境和营销努力下,针对某时间、区域内顾客对某种特定产品的需求总量所进行的调研活动,其目的在于了解本企业生产经营产品的市场供求情况、市场占有率、产品的改进和发展方向。

3. 购买行为调研

购买行为调研,是指通过了解和掌握顾客的购买动机、购买欲望和购买能力,分析本企业产品的现实购买者和潜在购买者的一种调研活动。

4. 产品销售调研

产品销售调研,是指针对产品销售情况进行的调研。产品销售情况包括:消费者可接受的产品价格水平;消费者对产品价格变动、新产品定价方法及定价策略的运用等方面的反应;企业现有产品所处生命周期的阶段及相应的产品策略、产品包装、品牌知名度、新产品开发情况;产品现阶段销售、成本、售后服务情况;企业现有销售渠道是否合理、现有销售力量是否适应需要;采用了哪些促销手段、广告销售效果如何、促销方式是否恰当等。

5. 广告效果调研

广告效果调研,是指针对顾客是否会因广告的影响而产生购买产品欲望的调研,包括广告前的调查和广告后的调查。影响广告效果的因素有广告媒体的选择、广告时间长短和广告播放的频次等。一般而言,较多广告费的投入总是伴随着较明显的广告效果。

二、市场营销调研的程序

市场调研的程序一般要经过调研准备、正式调研、结果处理三个阶段。

(一)调研准备阶段

调研准备阶段包括初步情况分析和确定调研主题两个具体步骤。

1. 初步情况分析

调研人员首先应搜集企业内外的有关资料:内部资料一般有月报、历年统计和报告资料、用户来函、专门报告和各种记录等;外部资料包括政府公布的统计资料,研究机构的调查研究报告,中间商、同业公会的刊物,传播媒体播放刊登的信息等。在此基础上,调研人员要对所搜集到的资料进行初步分析,探索问题之所在,了解各影响因素之间的相互联系。

2. 确定调研主题

进入步骤:调研人员可以找企业内部有关人员进行座谈,向精通本问题的人员以及有代表性的用户征求意见,听取他们对这个问题的看法和评价,然后将问题进行定位,借以明确此次调研主题。

(二)正式调研阶段

正式调研阶段包括制订调研计划、搜集调研资料并进行现场实地调研两个具体步骤。

1. 制订调研计划

调研计划又称调研方案,是对调研本身的具体设计。其主要包括以下内容:

(1)调研目的。它是指对"为什么要进行这项调查""想要知道什么"及"知道结果后怎么办"等问题的说明。

(2)调研项目。它是指调研课题的具体内容,即调查哪些事项和搜集哪些资料。调研项目的确定,可根据所要调研的课题,着眼于定性,从不同的侧面提出假设和问题,并作必要的可行性研究;也可根据调研课题所涉及的调查单位、所具有的各种标志加以选择,即选择与调研课题有关的标志作为调研项目。

(3)调研对象和单位。它是指所要调研的总体范围和其中的具体单位。确定调研对象和单位,就是要根据调研课题和所选调研方式,确定向谁调研、由谁来具体提供资料。

(4)调研方式和方法。调研方式是指市场调研的组织形式,通常有普查、随机抽样、非概率抽样、重点调查、典型调查等;调查方法是指搜集资料的具体方法,如访问法、观察法、问卷法、试验法、电话调查法等。一般来讲,市场营销调查方式方法的确定,应考虑调查课题的难易程度和调查要求。

(5)经费预算。经费预算一般是根据文件资料费、调查费、出差补助费、杂费等项目进行估算。

(6)调研日程安排。它要求根据调研过程中所要做的各项工作、所需时间及先后顺序,做出调研日程安排,列出调研进度表。

2. 搜集调研资料并进行现场实地调研

(1)搜集调研资料。需要搜集的资料归纳起来可分为两种类型:一种是第一手资料,又称原始资料,这是调研人员通过实地调查亲自搜集到的资料。其具体方法有询问法、观察法和实验法三种。这些方法各有优缺点,使用时可根据调查问题的性质、要求的深度、费用预算的多少、时间的长短和实施的能力强弱等进行选择。它们既可单独使用,也可结合使用。另一种是第二手资料,亦即他人搜集并经过整理的资料。这些资料有些来源于企业内部,有些来源于企业外部,一般比较容易取得。其具体方法有直接查阅、索取、交换、购买以及通过情报网搜集和复制等。

(2)设计调查问卷。所谓调查问卷,是指市场营销调研人员在向调查对象做调查时,用以记录调查对象的态度和意愿的书面调查形式。调查问卷无固定格式,市场营销调研人员可根据经验和调查需要,因地制宜地灵活设计。

(3)拟订调研方式,进行现场实地调研。调研方式应根据调查的实际需要,因地制宜、因事制宜地慎重选择,以免由于调研方式不当,造成调查结果的不正确。所谓现场实地调研,就是通过各种方式到现场获取资料。现场调研工作的好坏,直接影响到调研结果的正确性,必须由经过严格挑选并加以培训的调查人员按规定进度和方法搜集所需资料。

(三)结果处理阶段

结果处理阶段包括整理分析资料和撰写调研报告两个步骤。

1. 整理分析资料

搜集来的信息杂乱无序,只有通过整理分析才能有效使用。因此,市场营销调研人员首先要检查资料是否齐全,然后对资料进行编辑、整理、分类、列表、编号,以便归档、查找、使用,继而运用数学模型对数据进行科学处理,从已知推断未知,得出科学的调查结论,在此基础上提出改进的建议或措施,为撰写调查报告做准备。

2. 撰写调研报告

市场营销调研报告是根据调查资料和分析研究的结果而编写的书面报告。它是市场营销调研的最终结果,其目的在于为市场预测和决策提供依据。调研报告的基本内容主要有:调查目的、调查方法、调查结果及资料分析、建议、附录等。

撰写调查报告时要注意观点正确、材料恰当、用数据和事实说话;中心明确、重点突出、结构合理、层次分明;表达中肯、语句通畅;等等。

【同步案例2-3】 充分准备,后来居上

中国香港某华资银行准备进行联网业务,需要购进一大批电脑。世界各地从事电脑业务的大公司云集香港,有一从事电脑业务的大公司没有急于接近该银行,而是派了13名推销员到该华资银行及其他金融机构进行调查。他们通过深入调查研究分析,拿出了一份质量较高的关于华资金融机构的顾客规模、构成、分布、储蓄倾向性、储蓄特点等内容的调查报告以及5套电脑联网的设计安装方案,然后前往该银行。由于竞争激烈,当推销人员提出他们的意向时,接待人员面露难色。见此情景,他们表示,不论能否做成生意,公司技术人员都愿意当面向董事会成员做调查汇报。接待人员只好请示董事长,由于没有签约压力,董事长愉快地答应了。

案例精析2-3

在汇报会上,由于他们准备充分,陈述的方案不仅全面考虑了该银行的实际情况,而且比其他公司的方案更具优势,从而让这家银行改变了原来的意向,将这笔生意交给了他们。

思考:在竞争如此激烈的市场,该电脑公司取得竞争胜利的主要原因是什么?

三、市场营销调研的方法

(一)直接调查法

1. 询问法

所谓询问法,是指调研人员向被调查人员询问,根据被调查人员的回答来搜集信息资料的一种调研方法。询问法分为口头询问法和书面询问法两种。

(1)口头询问法。所谓口头询问法,是指由调研人员亲自向被调查者询问,根据其口头回答取得所需资料的一种调研方法。询问既可采取自由式交谈,也可按事先拟订好的提纲提问;既可采取当面询问形式,也可采取电话询问的形式;既可采取个别询问形式,也可采取开座谈会的形式。口头询问法的优点是:由于双方有直接的口头交谈,便于沟通思想,被调查者能充分发表意见,信息反馈快,调查者搜集的资料比较全面深入,真实性较强。其缺点是:调查花费人力、费用支出大,对调查人员的素质要求高,调查结果的质量易受调查人员的技术熟练程度、工作态度和心理情绪的影响。

【拓展阅读2—4】 征询意见

日本的松下电器公司为了改进洗衣机的性能,为家庭主妇开设一家免费洗衣店,并派服务人员听取在操作时顾客无意中说出的意见和建议,然后根据这些意见对洗衣机的设计和生产进行改进,收到了较好的效果。

(2)书面询问法。所谓书面询问法,是指调查人员事先设计好调查问卷,然后分发给被调查者,根据被调查者的书面回答来搜集所需资料的一种调查方法。其具体方式有:将问卷邮寄给被调查者,被调查者填好后寄回;或当面交给被调查者,然后由调查人员约期收回;被调查者在电脑上阅读问题、给出答案。书面询问法的优点是:被调查人员有较多时间思考问题,避免受调查人员倾向性意见的影响;可适当扩大调查区域,增加调查对象,减少人力。其缺点是:调查表的回收时间长,回收率低,根据国外经验,调查表回收率能达到60%就算是成功的;被调查者可能误解某些事项的含义而填写错误。

2. 观察法

所谓观察法,是指调查人员直接到调查现场观察和记录被调查者的言行,从而取得第一手资料的一种调查方法。运用观察法时,也可安装照相机、摄影机、录音机等进行现场拍摄和录音。由于调查者与被调查者不发生直接对话,甚至被调查者并不知道自己正在被调查,被调查者的言行完全在一种自然状态下表现出来,因此其最大优点是:可以客观地搜集、记录被调查者的现场情况,调查的结果比较真实可靠。其缺点是:观察的是表面现象,无法了解被调查者的内心活动及一些仅靠观察无法获得的资料,如消费心理、购买动机、收入情况等。

观察法一般用于市场调研以下方面:

(1)顾客动作观察。如亲自观看顾客选购商品的情况,观察吸引顾客注意的那些事项,借以改进质量、扩大销售。

(2)店铺观察。通过站柜台或参加展销会、陈列馆、订货会,观察商品购销情况、同行业同类产品发展情况,以获得所需资料。

(3)实际痕迹测量,即观察某事物留下的痕迹。如在几种报纸上做广告,广告下面有一张回条或表格,请读者阅后将回条或表格剪下寄回企业,企业从回条可知,在哪种报纸上刊登广告最为有效。

3. 实验法

所谓实验法,是指从影响调查问题的众多因素中选出一个或两个因素,将它们置于一定条件下,进行小规模的实验,然后对实验结果做出分析判断,进而决策的一种调查方法。应当指出,市场调研中的实验法与自然科学中的实验法是有区别的。一般来说,自然科学实验法结果较确定,而市场调研中的实验法结果比较概括,这是因为市场上不可控因素太多。尽管如此,营销调研中的实验法仍不失为一种有用的方法。通过此法,能直接体验营销策略的效果,这是其他方法所不能提供的。实验法尤为适用于商品在改变品种、包装、设计、价格、商标、广告等方面的效果测定。

【同步案例2—4】 咖啡店的心理实验

日本某咖啡店曾做过一个颇有意义的心理实验:店主请来30多人,每人喝4杯分别用红、棕、黄、绿4种颜色的杯子盛放的咖啡,然后各自回答对不同颜色杯子中咖啡浓度的感受。结果绝大多数人对浓度的排序是:最浓的为红色杯,棕色杯次之,黄色杯再次之,而绿色杯浓度最低。

事实上,店主知道,所有这些咖啡的浓度是完全一样的。于是该店从此以后一律用红色杯子盛咖啡,使得顾客普遍感到满意。

思考:该咖啡店老板的行为是奸商行为还是精商行为?

上述三种市场调研方法,究竟采用哪一种或结合使用几种,应视调研问题和所需资料而定:如要调查消费者的态度,则采用询问法为好;如要介绍新产品或改变老产品的包装、价格等,则采用实验法为好;如要客观了解用户对产品的注意事项,则采用观察法为好。

(二)间接调查法

间接调查法分为索取法、收听法、咨询法、查找法。

(1)索取法,是指调查人员直接向有关部门索取相关资料的方法。

(2)收听法,是指调查人员通过收听广播及其他传播媒体来搜集相关资料的方法。

(3)咨询法,是指调查人员通过向有关信息或情报咨询中心进行咨询来获取资料的方法。

(4)查找法,是指调查人员利用各种搜索工具查找文献资料来获取相关信息的方法。

四、市场营销调研问卷的设计

(一)调研问卷的基本内容

一份完整的调研问卷一般是由说明词、问卷主体、调研证明记载等部分组成。

1. 说明词

说明词一般在问卷的开头,是问卷的导言或介绍词,主要包括调研人代表的单位、调查的目的、对被调查人合作的请求等。说明词的目的一方面是为了激发被调查者的兴趣,另一方面则使被调查人心中有数,使其回答问题能有的放矢,围绕着调研主题展开。这样既可加速调查过程、节约时间,又可提高调查结果的质量。因此,说明词要通俗易懂、简明扼要。

2. 问卷主体

问卷主体的资料一般分为三个方面:①关于调查对象的基本资料,如性别、年龄、社会地位、经济状况、职业、教育水准等;②关于调查对象的行为资料,如购物、旅游、服务的具体活动与行为;③关于调查对象本人或他人的能力、兴趣、意见、情感、动机等方面的态度资料,这类问题不询问事件本身,只要求对行为或事件的评价或意见等。问卷设计主要是针对问卷主体的设计。

3. 调研证明记载

本项内容主要包括调研人的姓名、调研地点、调研方式和调研时间,被调查者的姓名或单位名称、地址。采用匿名调查时,不写被调查者的姓名。

(二)调研问卷设计形式和技术

所谓调研问卷设计形式和技术,是指在调研问卷中各种询问语句的设计形式和技巧,旨在将所有要调查的问题准确地传达给被调查者,使他们能顺利而有效地回答问题,达到搜集准确、可靠资料的目的。其主要形式和技术有以下几种:

1. 二项选择法

二项选择法又称是否法,就是在调查问题时,只提出两个答案,必须两者择一。被调查者可用"是"或"否"、"有"或"没有"、"喜欢"或"不喜欢"、"需要"或"不需要"等来回答。比如:

您是否喜欢海尔彩电?

①喜欢□　　②不喜欢□

这种方法的优点是:在被调查者的态度与意思不明确时,可得到明确的判断,并在短暂的时间内求得答案,同时能使持中立意见者偏向一方;条目简单,易于统计。其缺点是:不能表示意见程度的差别,结果也不很精确。

2. 多项选择法

所谓多项选择法,是指对所提出的问题,事先列出两个以上的答案,被调查者可任选其中一项或几项。例如:

现有四个品牌的彩色电视机,您准备买哪一个品牌的?

①海尔□　　②长虹□　　③康佳□　　④TCL□

您准备购买彩电的原因是:

①更新□　　②增置□　　③结婚□　　④为亲友代买□　　⑤送礼□

这种方法的优点是:可以缓和二者必居其一的缺点,也比较便于统计。其缺点是:答案较多,不便于归类。

3. 自由回答法

所谓自由回答法,是指调研者只根据调研项目提出问题,不必事先拟定答案的调研方法。在这种方法中,被调查者可以不受任何约束地自由发表意见。例如:

您喜欢什么品牌的彩电?

这种方法的优点是:提出的问题是开放性的,被调查者可以根据自己的意愿自由发表意见,能搜集到更多的资料。其缺点是:有时会得不到明确的答案,所费时间长,不易统计处理。此类题型不宜太多。

4. 顺位法

顺位法也称品等法,是指首先列出若干项目,让被调查者进行比较,然后评出高低或优劣程度,再按先后次序进行排列的调研方法。例如:

请您对下列各种品牌的彩电比较其质量,并做出评价,然后根据评比结果,按名次填入表内进行排列。

海信□　　小米□　　长虹□　　康佳□　　TCL□

这种方法简单易行,对调查结果处理后,能对被调查者的意见进行排列,观察集中趋势和分散程度。但用顺位法进行调查,其顺位的项目不宜过多,同时顺位的项目要有同种性质,能够进行比较。

5. 比较法

所谓比较法,是指列出各种对比项目,由被调查者根据自己的看法,做出对比结果的一种方法。常用的是配对比较法,即依次列出两个对比项目,由回答者做出对比结果。比较法一般用于了解被调查者对比质量、使用功能等方面的评价意见。例如:

请您逐一比较下列各组不同品牌的手机质量,在您认为质量好的牌子后面打"√"。
① 华为 □　　　小米 □
② vivo □　　　苹果 □
③ 小米 □　　　苹果 □
④ 华为 □　　　OPPO □

需要指出的是,在对比的两个项目中间,还可列出评价程度的差别,这样不仅可测量被调查者的态度顺序,还可测量评价的程度。

6. 程度评价法

所谓程度评价法,是指将需要回答问题的答案按不同程度给出,请被调查者自己选择的一种方法。在这种方法中,答案没有对或错的选择,只有不同程度的选择。例如:

您认为目前手机市场需求的趋势是:
①迅速上升□　　②逐步上升□　　③需求稳定□　　④逐步下降□　　⑤滞销□

7. 过滤法

过滤法又称漏斗法,是指调研者首先提出离调查问题较远、内容较广泛的问题,然后根据对方回答,逐步缩小提问范围,将对方有目的地引向所要调研的某个专门问题,使被调查者能够很自然地回答的一种方法。

8. 填充法

所谓填充法,是指将所要调研的有关项目设计成填充的形式,以便按规定的项目和格式填写的一种方法,一般用于调查基本情况和有关数据资料。例如:

您家的基本情况是:
家庭人口_____　　就业人口_____　　住房间数_____　　住房面积_____

(三)调研问卷设计的步骤和应注意的问题

1. 调研问卷设计的步骤

(1)根据调研目的,拟定调研内容提纲并征求专家和实际业务人员的意见。

(2)汇总意见后,根据调查对象的特点和调查提纲的要求,确定调查问卷的类型以及问题的类型;开列调研项目清单,编写提问的命题和答案;明确各种指标的含义和统计方法。

(3)按照问题的内容、类型、难易程度,安排调研项目的次序;按照调查表结构各部分的要求,将拟好的提问命题与答案、填表说明等依次列入表中,设计成一张调查表(初稿)。

(4)将初步设计出来的调研问卷在小范围内做初步测试;根据初步测试的结果,对调研问卷做必要的修改;最后拟定正式的调研问卷。

【拓展阅读2-5】 大学生手机使用情况调查问卷

亲爱的同学:

耽误您宝贵的时间完成这份调查问卷,对您的支持表示真诚的感谢!此问卷是为了调查学生手机的使用情况,您的答案不会对外公布,您不必有任何顾虑。

1. 您的性别是(　　)。
A. 男　　B. 女
2. 您的年龄是(　　)。
A. 16岁以下　　B. 16～18岁　　C. 18岁以上

3. 您目前( )手机。

A. 有　　B. 无

4. 您现在使用的手机的品牌是( )。

A. 苹果　　B. OPPO　　C. 华为　　D. vivo　　E. 小米　　F. 其他

5. 您手机的颜色是( )。

A. 黑色　　B. 白色　　C. 金色　　D. 蓝色　　E. 大红色　　F. 粉色

G. 其他颜色

6. 您手机的价格是( )。

A. 1 000元以下　　B. 1 000～2 000元　　C. 2 000～3 000元　　D. 3 000元以上

7. 您在( )时会更换手机。

A. 原有手机丢失或损坏　　　　B. 有降价或促销活动

C. 新手机上市　　　　　　　　D. 原有手机运行卡顿

8. 您使用一款手机的时间最长是( )。

A. 半年　　B. 半年至一年　　C. 一年至两年　　D. 两年以上

9. 您获取有关手机的信息渠道有( )。

A. 电视广告　　B. 导购员介绍　　C. 购物网站　　D. 路牌广告　　E. 自己用过

F. 同学或亲朋好友介绍

10. 您( )优先购买明星代言的品牌手机。

A. 会　　B. 不会

11. 如果您现在要购买一部手机,那么可以接受的价格是( )。

A. 1 000元以下　　B. 1 000～2 000元　　C. 2 000～3 000元　　D. 3 000元以上

12. 您购买手机一般选择( )。

A. 学校附近的手机店　　　　B. 淘宝网

C. 京东商城　　　　　　　　D. 市中心的手机专卖店

E. 市中心的电器商城　　　　F. 家长代购　　　　G. 其他途径

13. 如果您在钱不够的情况下想购买一部手机,( )考虑分期付款。

A. 会　　B. 不会

14. 如果购买手机,您主要考虑的因素包括( )。(请按重要性程度排序,最重要的因素排在最前面。)

A. 价格　　　　B. 外形　　　　C. 品牌　　　　D. 拍照效果

E. 运行速度　　F. 待机时间　　G. 通话质量　　H. 耐摔程度

15. 您的手机主要是用于( ),其次是( ),再次是( )。(各个括号内单选。)

A. 打电话　　　　B. 玩游戏　　　　C. 微信或QQ聊天　　D. 购物

E. 看视频　　　　F. 听音乐　　　　G. 看小说　　　　　H. 其他

16. 您每天停留在网上的时间为( )。

A. 4小时以内　　B. 4～8小时　　C. 8～12小时　　D. 12～16小时　　E. 16小时以上

17. 您对于未来的手机有哪些期待?

您的宝贵意见:_____

再次感谢您的合作! 祝身体健康,生活愉快!

2. 调研问卷设计应注意的问题

(1)围绕主题,重点突出。每一份调研问卷都是为了达到某一个调研目的而设计的,因此,调研问卷设计一定要围绕本次调研主题、突出重点、兼顾其他。

(2)问题排列须合理有序,并注意各个问题之间的逻辑性。

(3)问题的设置应简明扼要、准确无误、浅显易懂。此外,问题的数量也不宜过多、过散,回答问题所用的时间最好不超过半个小时。

(4)问题设计应科学,便于电脑输入和进行数据处理。

应知考核

一、单项选择题

1. 营销环境的变化,给企业带来机会,也带来威胁,体现了市场营销环境的(   )特点。
   A. 客观性　　　　B. 动态性　　　　C. 差异性　　　　D. 不可控制性
2. (   )直接决定市场规模和潜在容量。
   A. 人口数量　　　B. 年龄结构　　　C. 地理分布　　　D. 家庭组成
3. (   )直接影响着消费者的支出行为模式。
   A. 消费者收入　　B. 消费者支出结构　C. 储蓄　　　　D. 信贷
4. 印度教视牛为神明,信徒不吃牛肉,也不使用与牛相关的产品,体现了社会文化的(   )。
   A. 教育水平　　　B. 风俗习惯　　　C. 价值观念　　　D. 宗教信仰
5. 在中国、日本、韩国等国家,一些人把"4"视为不吉祥的数字,体现了社会文化的(   )。
   A. 教育水平　　　B. 风俗习惯　　　C. 价值观念　　　D. 消费潮流
6. (   )是社会生产力中最活跃的因素。
   A. 科学技术　　　B. 自然环境　　　C. 社会文化环境　D. 经济环境
7. (   )是指有可能对企业的市场营销管理及活动产生有利的、有优势的或有吸引力的影响的要素和力量。
   A. 市场环境　　　B. 环境威胁　　　C. 市场机会　　　D. 市场管理
8. 目前市场营销调研大多采用(   )方式。
   A. 普查　　　　　B. 重点调查　　　C. 典型调查　　　D. 抽样调查
9. 了解本企业生产经营产品的市场供求情况、市场占有率、产品的改进和发展方向,是指(   )。
   A. 市场环境调研　B. 市场需求调研　C. 购买行为的调研　D. 产品销售调研
10. 适用于商品在改变品种、包装、设计、价格、商标、广告等方面的效果测定的方法是(   )。
    A. 询问法　　　　B. 观察法　　　　C. 实验法　　　　D. 以上都可

二、多项选择题

1. 微观环境因素,包括(   )。
   A. 供应商　　　　B. 营销中介　　　C. 科技　　　　　D. 法律
2. 间接调查法分为(   )。
   A. 索取法　　　　B. 收听法　　　　C. 咨询法　　　　D. 查找法
3. 观察法一般用于市场调研(   )方面。
   A. 顾客动作观察　　　　　　　　　B. 店铺观察
   C. 实际痕迹测量　　　　　　　　　D. 改变商品品种

4. 下列属于调研方式的有（　　）。
A. 普查　　　　　B. 随机抽样　　　　C. 访问法　　　　D. 观察法
5. 根据SWOT分析法对优势、劣势、机会与威胁进行分析后，企业可总结出（　　）。
A. SO策略　　　　B. WO策略　　　　C. ST策略　　　　D. WT策略

三、判断题
1. "四川的不怕辣，湖南的辣不怕，贵州的怕不辣"体现了地理分布。（　　）
2. 个人可支配收入是消费需求变化中最活跃的因素。（　　）
3. 恩格尔系数是衡量一个国家、地区、城市、家庭生活水平高低的重要参数。（　　）
4. 对企业来讲，环境机会是开拓营销新局面的重要基础。（　　）
5. 如需客观了解用户对产品的注意事项，应采用询问法为好。（　　）

四、简述题
1. 为什么说个人可任意支配收入既是消费需求变化中最活跃的因素，也是企业开展营销活动时所要考虑的主要对象？
2. 为什么说恩格尔系数是衡量一个国家、地区、城市、家庭生活水平高低的重要参数？
3. 简述市场营销调研的步骤。
4. 简述市场营销调研的方法。
5. 简述调研问卷设计的步骤。

应会考核

■ 观念应用
【背景资料】

你还抽烟吗？

美国法律规定，禁止向青少年出售香烟，从2009年4月起禁止在香烟中使用尼古丁，因为据世界卫生组织研究发现，吸烟是一种流行病，它与肺癌、喉癌、心脏病、乳腺癌、弱视症等25种疾病有关，吸烟行为每年可导致300万人死亡。由于吸烟有害健康，在我国开展禁烟运动也将成为一种趋势。

【考核要求】
请用市场环境分析的基本观点进行分析。

■ 技能应用

调研设想

某营销调研公司接受顾客委托，要求从该市选出100户进行家庭收入开支情况调查，一个月后提交调研报告。针对这次调研工作，请你列出一份比较详细的设想计划。

【技能要求】
你能设计出这次调研工作的计划吗？试一试。

■ 案例分析
【分析情境】

中国人口老龄化蕴含巨大商机

2023年末，全国人口（包括31个省、自治区、直辖市和现役军人的人口，不包括居住在31个省、自治区、直辖市的港澳台居民和外籍人员)为140 967万人,比上年末减少208万人。从年龄构成看,16—59岁的劳动年龄人口为86 481万人,占全国人口的比重为61.3%;60岁及以上人口为29 697万人,占全国人口的比重为21.1%,其中65岁及以上人口为21 676万人,占全国人口的比重为15.4%。2022年12月13日,民政部公布《2022年度国家老龄事业发展公报》显示,截至2022年末,全国60周岁及以上老年人口为28 004万人,占总人口的比重为19.8%;全国65周岁及以上老年人口为20 978万人,占总人口的比重为14.9%。国际上通常把60岁以上人口占总人口比例达到10%作为国家或地区进入老龄化社会的标准,中国已经全面进入老龄化社会。

由于中国经济稳步上升,养老金不断提高,以及中国人一直有储蓄的习惯,老年人的可支配收入越来越多,消费能力也得到一定的增长。过去受中国传统观念影响,多数老年人把钱留给儿女,现在老年人的观念开始发生变化,在养生和旅行等方面都愿意付出不低的消费。

老年人在消费上有一些共性:消费自主性强,追求实用性、习惯性消费,就近消费,结伴消费。多年的购买经验使得他们对自己的选择深信不疑,选购商品时,他们喜欢凭过去的经验、体会来评价商品的优劣,并对老牌子的商品、名牌商品有深刻的记忆。与年轻人喜欢追求个性不同,老年人考虑的重点并不是商品的样式,他们把商品的实用性放在首要位置。几十年的生活习惯促成了老年人的习惯性消费,他们喜欢买熟悉的品牌商品。并且,由于老年人对新事物的了解程度低、接受能力也不如年轻人,所以他们对不了解的商品不会轻易购买,不易产生冲动性消费。

随着生活水平的提高,越来越多的老年人在注重身体锻炼的同时,也很重视精神娱乐,所以在老年人用品上应该继续发掘更多的娱乐产品,以改善老年人孤独生活的现状。日本在玩具方面开发出了许多适合老年人的新功能,如在电动玩具游乐场常见的"打击鳄鱼"上附加了测量血压的功能,由于兼具娱乐和运动功能,不仅适合中风患者使用,将来还可能被养老院采用。而在这个方面,我国投入较少,是一个被忽视的市场。

老年消费者用于隔代子女的消费仅次于满足自身需要的消费,并且老年人在对第三代人的消费上显得尤为大方,他们往往不太注重产品的价格等因素,甚至出现倾向于购买高价格产品的趋势。所以,将老年商品和儿童商品放在一起或许会促进老年人消费。

随着中国人口老龄化的加剧和人们生活水平的不断提升,未来老年人对于老龄用品的需求将不断增加和细化,老年人消费市场将迎来空前的发展机遇。

【分析要求】

分析人口老龄化对某一行业及其中某一企业的影响,运用SWOT分析法进行分析,并提出相应的对策。

项目实训

【实训项目】

市场营销环境与调研

【实训目标】

通过本次实训,学生能够找到影响企业经营的环境因素。学生在分析环境因素的基础上,能够找到解决问题的办法。巩固所学的市场调研知识,培养学生设计调查问卷的能力;锻炼学生的胆量,培养学生与人沟通的能力。

【实训内容】

1. 你决定在大学城开办一家便利店。便利店一旦开张,将不得不与其他店铺开展竞争。为了提高成功的概率,你们决定对便利店的环境(微观环境)进行详细分析,以便对自己可能遇到的机会和威胁有清楚的了解。之后请自行设计一份关于大学生便利店需要情况的调查问卷。

2. 学生用自己设计的调查问卷开展问卷调查，并做好资料的整理和汇总工作，最终形成一份调查报告。

【实训要求】

1. 调查问卷所提的问题要紧紧围绕主题，题目数量以 10～15 道题为宜，针对调查对象的基本情况所提出的问题最多不超过 4 道题。

2. 开放式的问答题应控制在 2 道题以内。

3. 全班学生按每 5 人一组，每组设计一份调查问卷。

4. 每组进行问卷调查后，整理调查结果，并撰写一份调查报告。

5. 教师组织学生对本次调查结果进行课堂交流与讨论。先由小组组长依次进行总结发言，再让学生自由提问和讨论，最后教师对各个小组的表现进行点评。

6. 将实训报告填写完整。

"市场营销环境与调研"实训报告		
项目实训班级：	项目小组：	项目组成员：
实训时间：　　年　　月　　日	实训地点：	实训成绩：
实训目的：		
实训步骤：		
实训结果：		
实训感言：		
不足与今后改进：		
项目组长评定签字：		项目指导教师评定签字：

项目三　市场购买行为

- **知识目标**

  理解：消费者市场的概念与特点；组织市场的概念和类型、组织市场的特点。
  熟知：消费者购买行为模式；影响消费者购买行为的因素。
  掌握：消费者购买行为分析、消费者购买行为与决策；生产者市场的购买行为；中间商市场的购买行为；政府市场与非营利组织市场的购买行为。

- **技能目标**

  能够根据所学知识分析消费者和组织市场的购买行为；明确在消费者购买决策过程中的各个阶段应采取的营销对策，并制定有效的营销策略，针对有关的影响因素进行综合分析研判，挖掘消费者购买需要，确认组织购买者的需要，识别组织购买参与者的角色，促进购买决策。

- **素质目标**

  运用所学的市场购买行为知识研究相关事例，培养和提高学生在特定业务情境中分析问题与决策设计的能力；结合行业规范或标准，运用知识分析行为的善恶，强化学生的职业道德素质；树立尊重消费者个人隐私的职业操守，并善于跟踪消费者购买行为；利用合法、有效的手段促进组织的购买决策。

- **思政目标**

  树立正确的消费观和价值观，学会理性消费；熟悉制定营销策略时要遵守的法律法规，恪守职业道德和职业素养；加强对中国特色社会主义市场经济体制的认识和了解；培养良性竞争意识、团队协作能力和开拓创新精神。

- **项目引例**

"无印良品"在中国市场的"变"与"不变"

"无印良品"（MUJI）创始于日本，其本意是"没有商标与优质"。无印良品虽然极力淡化品牌意识，但它遵循统一的设计理念，生产出来的产品无不诠释着"无印良品"的品牌形象，它所倡导的自然、简约、质朴的生活方式也大受品位人士推崇。自 2005 年 7 月在上海开立第一家店至今，无印良品在中国已经有超过350家门店,中国市场也已成为无印良品最大的海外市场。在无印良品的线下门店,对消费者采用视听说的五感刺激。店内的灯光首先让消费者放松下来,进门后产品的有序摆放令人耳目一新。同时,货架上的产品根据不同的设计、不同的系列相应摆放。这种物质环境最大限度地考虑到消费者的购买心理,无论你是来逛一下还是确实有购买需求,店内的氛围、气味都会影响消费者的情绪,从而影响消费行为。

简单的"变"或"不变"都难以形容2023年的无印良品。自2005年进入中国市场以来,无印良品"简单、自然、刚刚好"的品牌理念和朴素踏实、专注细节的日式简约风格很快俘获大批消费者。相较于市场中其他品牌在营销层面的"高举高打",无印良品没有明显的大LOGO、没有广告代言人的明星效应、没有复杂的样式与包装,而是凭借贩卖"朴素"的生活哲学取得了非凡业绩。但不可忽视的是,无印良品进入中国市场的18年间,中国的消费环境发生了巨变,零售业迎来数字化转型挑战。在品牌定位中,无印良品的消费者定位为中高端消费。这是由于慢生活下,人们的物质生活不断被满足,需要追求物欲以外的简单化。无印良品虽然"简单",但并不低价,没有标签的设定也成为品牌最大的设定。品牌的客户认知在于,喜爱无印良品的人对生活质量有一定要求,有自己独特的审美价值,喜欢小众时尚。

2023年,无印良品在中国开设了第一家农场概念店,通过数字化运营监测农场的管理经营和运作,希望能够从产地到餐桌带给消费者健康、安心的供应。这个项目是无印良品的首次尝试,对品牌发展来说是一种机遇。面对全球数字化浪潮的冲击和中国消费市场日新月异的变化,无印良品的积极谋变展现出品牌快速的应变能力。2023年4月,无印良品在中国市场全球首发了使用"趋海塑料"(Ocean Bound Plastic,OBP)材料制作的全新海洋再生素材系列商品。最先与消费者见面的是OBP海洋再生素材手编包系列。随后在6月世界海洋日前夕,无印良品继续推出了T恤、短裤和拖鞋3款沙滩产品。除了再生素材商品,2022年底,无印良品还推出了宠物用品系列,由此体现出,无印良品会根据消费者的需求快速做出反应。

● **引例讨论**

你认为无印良品在中国市场的"变"与"不变"各表示什么?请做出分析。

● **引例导学**

掌握消费者的需求变化,并且快速做出反应,提供给消费者真正需要的服务,是无印良品面临的最大挑战。从消费者洞察开始,根据消费者的使用习惯去开发、设计适合中国消费者的商品,并用市场沟通的工具和语言同消费者互动。面对中国这个巨大、多变且变化速度惊人的市场,无印良品也在积极谋变,以应对日新月异的中国市场。面对全球数字化浪潮的冲击和中国消费市场日新月异的变化,无印良品的积极谋变展现出品牌快速的应变能力。而更难能可贵的是,在诸多变化的同时,无印良品还保持着品牌的初心。

市场营销的目的是满足消费者的需求。消费品生产经营企业发现消费者的需求,选择并满足市场需求,从而使消费者对产品和服务感到满意,进而培养消费者对企业品牌的忠诚度,以此来实现企业的经营目标。因此,企业必须分析和研究消费者的需求及其影响因素,研究消费者的购买行为及其特点,才能有效地开展市场营销活动。

● **知识精讲**

任务一　消费者市场购买行为

一、消费者市场的概念与特点

(一)消费者市场的概念

消费者市场又称最终消费者市场、消费品市场,是指为满足生活消费需要而购买产品和服务的所有个人和家庭所构成的市场。企业无论是否直接为消费者服务,都必须研究消费者市场,因为只有消费者市场才是终端市场;其他市场,如生产者市场、中间商市场等,虽然购买数量很大,但仍然要以最终消费者的需要和偏好为转移。因此,消费者市场是一切市场的基础,是最终起决定作用的市场。

(二)消费者市场的特点

(1)需求的多变性。随着社会的发展和科技的进步,消费者的需求不会停留在原有的水平上,势必会不断更新与扩展。同时,由于各种因素的影响,消费者对产品和服务的需求也会经常变化。例如,随着手机科技含量的提高,消费者对手机的需求水准也会不断提高,同时也可能在不同品牌之间进行更换。

(2)需求的差异性。由于在性别、年龄、喜好、阅历、背景、受教育程度、购买力、家庭影响力等方面有所不同,所以消费者即使在相同的时间段和相同的市场,在选择消费品上也会呈现不同的差异。

(3)需求的零散性。与组织市场相比,消费者市场存在消费者分布广、批量少但交易频繁的特点。

(4)需求的可诱导性。从消费行为进行分析,消费者在购买商品时受到个人心理等因素的影响较多。同时,由于专业性不强,他们选购商品的时候就容易受外界刺激如促销宣传的影响。

【做中学3-1】　一家咨询公司在不同时期已经购买了不同配置、不同品牌的计算机产品,目前在使用上没有问题。现在由于业务发展需要,希望内部实现现代化办公及信息化管理,该公司决定在更新所有员工计算机的同时,在公司内建立局域网。为此,该公司采购人员咨询了中关村多家著名经销商,得到若干十分类似但并不适用的解决方案,因而生意未能成交。然而几周后,一家小公司通过了解该咨询公司原有设备和真正需求,提出了一个"拾遗补阙"的方案,使销售人员拿到了这份订单。

中关村多家经销商没有拿到的订单,为什么让这家小公司的销售人员拿到了?

分析:了解客户真正的需求,为客户着想,对症下药,是顺利拿到订单的关键。这家公司对解决方案始终不满意的原因不在于这批新机器,而在于该公司为了节约成本,希望能够充分利用原有的计算机。这家小公司的销售人员之所以能拿到这份订单,也在于投其所好,提出了一个可以充分利用该公司原有设备"拾遗补阙"的新增设备方案。

二、消费者购买行为分析

消费者购买行为是指人们为满足需要而寻找、选择、购买、使用、评价及处置产品与服务时介入的过程活动。完整的购买行为包括7个"W"和1个"H"共8个要素。对于特定的消费者而言,在进行交易之前,他首先要对这8个要素进行决策。

(一)Who——谁要买

"谁要买"是指某一具体购买行为的发起者,而不是指购买行为的实施者。一方面,"谁要买"包含一个决策问题,即"谁"产生了购买需要,该主体对该需要在心理上有一个明确的认知、判断和决定;另一方面,作为购买行为的发起者,"谁要买"对由此产生的一系列购买行为和购买决策产生许多影响,有些影响是决定性的。

(二)Why——为什么购买

"为什么购买"是指发起者的购买动机。购买行为是购买动机的实现方式,购买动机对购买行为产生决定性影响。"为什么购买"有两层含义:其一,购买者的购买动机;其二,商品使用者的具体动机。如果购买者与使用者是同一个主体,那么购买动机与使用动机是一致的;如果不是同一主体,那么其购买动机与使用动机往往不同。

(三)What——购买什么

"购买什么"是指交易的对象,即消费者购买的具体商品或服务。"购买什么"是买卖双方利益的连接点。如果说影响"谁要买"与"为什么购买"的决定因素是内在因素,那么影响"购买什么"决策的则是内外因素的共同作用。

(四)How——如何购买

"如何购买"是指消费者的购买方式,其核心的决策问题是支付方式、交易方式和代理方式。支付方式包括现金支付、信用卡支付、支票支付;交易方式包括现货贸易、期货贸易、易货贸易,批发、零售、团购等;代理方式是指委托谁完成购买行为。"如何购买"这一决策本身又包含多个决策,影响每一决策的因素也各不相同。

(五)Where——何地购买

商品的交易场所有许多类型,包括网络、商品交易市场、各种商场和超市等。影响"何地购买"的决策因素大致有三个方面:①消费的对象;②交通的便利程度,因为交通成本是购买成本的一部分,所以购买者通常选择交通便利、交通成本较低的场所购买;③消费者的信誉,网上购买相对实体店比较方便,但其安全性往往受到怀疑。

(六)When——何时购买

消费者做出决定后,并不一定马上付诸行动。决定"何时购买"的因素通常有四个:①需求的紧急程度,在通常情况下,紧急的商品是需要尽快购买的;②商家的促销与产品的生命周期,在产品降价时往往能够吸引更多的购买者;③购买者可自由支配的时间,个体消费者通常是利用可以自由支配的闲暇时间来完成购买行为的;④购买者的支付条件,在购买大件商品时,购买者的支付能力往往决定了购买时机。

(七)Who——谁参与购买

"谁参与购买"主要涉及两个方面的问题:①"由谁来购买";②"由谁来决策"或"由谁来参谋"。由于个体消费者在交易过程中往往处于弱势,为了避免这种弱势,购买者在购买时往往会选择一些"强势"个体参与。通常来讲,配偶、同事、朋友、专家、名人等最容易成为参与购买的人。

(八)For whom——为谁购买

"为谁购买"中的"谁"是商品或服务的使用者或接受者。"为谁购买"对购买决策的影响表现在对消费对象的选择方面。当消费者为别人购买商品时,无论是受别人的委托还是交往需要,都会考虑使用者的生理特征、心理特征与社会特征,以便满足使用者的需要。

上述购买行为的八个要素是相互关联、相互影响的。一方面,每个要素自身都涉及一个决策问题;另一方面,每个要素、每个决策都会对整个购买行为产生影响。因此,从一定意义上讲,购买决策是由一系列决策构成的,是一系列决策共同作用的产物。

三、消费者购买行为模式

在消费者购买行为模式研究中,比较有代表性的是约翰·B.沃森(John B. Watson)的刺激—

反应模式,如图 3-1 所示。按照这一模式分析,从营销者的角度出发,许多企业的市场营销活动可以被视作对购买者行为的刺激,如产品、价格、销售地点和场所、各种促销手段等。这些是企业对购买者的外部环境刺激,也是"市场营销刺激"。除此之外,购买者还容易受到其他方面的外部刺激,如经济、技术、政治和文化等方面。当所有这些刺激进入购买者的"暗箱"后,购买者根据自己的特征处理这些外来的信息刺激,经过一系列心理活动,产生了人们看得到的购买者反应:是购买还是拒绝,或是表现出需要更多的信息。购买者一旦决定购买,其反应便通过其购买决策过程表现在购买选择上,比如品牌的选择、购物门店的选择、购买时间的选择和购买数量的选择等。

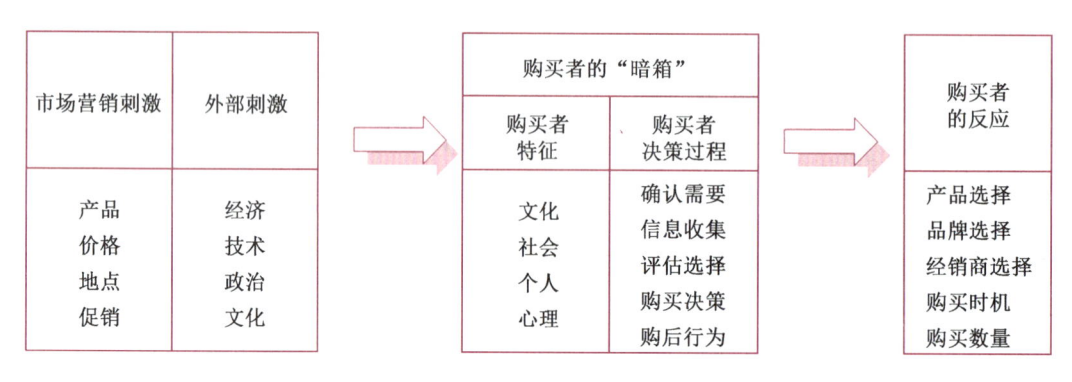

图 3-1 消费者购买行为模式

四、影响消费者购买行为的因素

如图 3-2 所示,消费者的购买行为深受文化、社会、个人和心理等因素的影响,且每种因素对消费者购买行为的影响程度都有所不同。下面分别阐述这四个方面因素的具体内容及其对消费者购买行为的影响。

图 3-2 影响消费者购买行为的因素

(一)文化因素

文化是人们在长期的社会实践中形成的历史现象的沉淀,同时它又处于不断变化之中。它既包括全体社会成员共同的基本核心文化,同时也包括不同风俗习惯和宗教文化等亚文化。

1. 文化

文化是生物在其发展过程中逐步积累起来的与自身生活相关的知识或经验,是其适应自然或周围环境的体现。文化包含生活方式、文学艺术、行为规范、思维方式、价值观念等。文化有着多样性、时限性、区域性和流动性等特点。就文化对个人的影响来看,它提供了人们看待事物、解决问题的基本观点、标准和方法,并规范群体成员的行为。文化能以多种方式作用于消费者购买决策,能影响消费者进行信息搜集和价值判断,也能左右消费者对特定商品的购买决策。文化虽然无法支配人们的需要,但可以支配人们满足需要的方式。

2. 亚文化

亚文化属于局部的文化现象,一个大文化范围内可能包含若干个不同的亚文化群,比如:

(1)民族亚文化。全世界不少国家是由不同民族构成的,不同的民族各有其独特的风俗习惯和文化传统。民族文化在研究消费者购买行为时就是一个重要依据。

(2)宗教亚文化。不同的宗教群体,具有不同的文化倾向、习俗和禁忌。宗教能影响人们的行为,也能影响人们的消费观。例如,基督教、伊斯兰教和佛教是世界三大宗教,这些宗教的信仰者都有各自的信仰、生活方式和消费习惯,从而形成对不同商品的偏好和禁忌。基督教教徒过圣诞节;伊斯兰教一般禁止食用猪肉及其有关的制品等;虔诚的佛教徒不食用肉类食品,提倡素食,也不饮酒。

(3)种族亚文化。白种人、黄种人、黑种人都有其独特的文化传统和文化风格。比如美国和南非的国内就存在不同的人种,他们即使生活在同一城市,也会有自己特殊的需求、爱好和消费习惯。

(4)地域亚文化。地理环境上的差异,比如一个国家不同的省市之间由于长期形成的地域习惯,也会导致人们在消费习俗和消费特点上的不同。自然地理环境不仅能决定一个地区的产业格局,也能影响一个地区消费者的生活方式、生活水平、购买力水平和消费结构,从而在不同的地域形成不同的商业文化。

【拓展阅读3-1】 不吉利的"4"

据《美国商业》杂志报道,美国一家高尔夫球厂,为了使自己的产品打入日本市场,在商品的数量上进行了精心研究,每盒装上4只球,寓意成双成对。但销售结果却出人意料,买者甚少。经过调查才知道,是在装盒的数字上出了问题,因为"4"在日本是表示死亡的数字,难怪日本人不买这款高尔夫球。

3. 社会阶层

社会阶层是由具有相同或类似社会地位的社会成员组成的相对持久的群体,是一种普遍存在的社会现象。通过研究社会阶层,可以了解不同阶层的消费者在购买、消费、沟通、个人偏好等方面具有哪些独特性,哪些行为是各社会阶层成员所共有的。

需要注意的是,不同社会阶层的消费者由于在职业、收入、教育等方面存在明显差异,因此即使购买同一产品,其趣味、偏好和动机也会不同。比如同样是买牛仔裤,劳动阶层的消费者看中的可能是它的耐用性和经济性,而上层社会的消费者注重的可能是它的时尚感和自我表现力。事实上,对于市场上的现有产品和品牌,消费者会自觉或不自觉地将它们归入适合或不适合哪一阶层的人消费。例如,在中国汽车市场,消费者认为名贵跑车更适合上层社会消费,而经济家用型轿车则更适合普通人群消费。这些都表明了产品定位的重要性。当然也有一种情况,就是处于某一社会阶层的消费者也可能会在某些方面试图模仿或追求更高社会阶层的生活方式。

(二)社会因素

在购买决策过程中,人们常常会受到参照群体、家庭、社会角色与地位等因素的影响。

1. 参照群体

参照群体是指消费者在其购买决策的形成过程中用以参照、比较的个人或群体。参照群体可以分为直接参照群体和间接参照群体。直接参照群体是指与消费者有直接联系的正式或者非正式群体,比如职业协会或者同学、同事、朋友等。间接参照群体是指消费者与此群体或个人没有直接联系,但受其影响。间接群体包含倾向群体和厌恶群体。倾向群体是指消费者所推崇的一些人,比如娱乐明星或者体育明星;厌恶群体则恰恰相反,是指消费者厌恶或者反对的一些人,这些人对消费者的吸引力为负值,消费者与这些人的消费观念通常是对立状态。

参照群体概念在营销中的运用可以表现在以下方面:

(1)明星效应。对大部分人来说,明星代表了一种理想化的生活模式。正因为如此,企业花巨额费用聘请明星来促销其产品。研究发现,用明星做宣传的广告较不用明星的广告评价更正面和积极,这一点在青少年群体中体现得更为明显。运用明星效应的方式多种多样,如可以用明星作为产品或企业形象代言人;也可以用明星做证词广告,即在广告中引述广告产品或服务的优点和长处,介绍其使用该产品或服务的体验;还可以将明星的名字使用于产品或包装上;等等。

(2)专家效应。专家是指在某一专业领域受过专门训练,具有专门知识、经验和特长的人。医生、律师、营养学家等均是各自领域的专家。专家所具有的丰富知识和经验,使其在介绍、推荐产品与服务时较一般人更具权威性,从而产生专家所特有的公信力和影响力。当然,在运用专家效应时,一方面,应注意法律的限制,如有的国家不允许医生为药品做证词广告;另一方面,应避免公众质疑专家的公正性、客观性。

(3)"老客户"效应。营销中有句话:老客户推荐一句抵过业务员推销十句。运用满意顾客的证词来宣传企业的产品,是广告中常用的方法之一。由于出现在荧屏上或画面上的代言人是和潜在顾客一样的普通消费者,使受众感到亲近,从而使广告诉求更容易引起共鸣,所以部分企业在电视广告中展示普通消费者或普通家庭如何用广告中的产品解决其遇到的问题、如何从产品的消费中获得乐趣等,就是"老客户"效应的运用。

参照群体对消费者的影响程度还取决于消费行为与群体的相关性、消费者个人对于群体的忠诚度、消费者个人在消费过程中的自信程度和知识经验等相关因素。

2. 家庭

家庭是由婚姻、血缘或收养关系所组成的社会组织的基本单位。家庭有广义和狭义之分。狭义的家庭是指一夫一妻制构成的单元;广义的家庭则泛指人类进化的不同阶段上的各种家庭利益集团,即家族。从社会设置来说,家庭是最基本的社会设置之一,是人类最基本、最重要的一种制度和群体形式。从关系来说,家庭是具有婚姻、血缘和收养关系的人们长期居住的共同群体。家庭是最重要的相关群体,对消费者个人的价值观念、审美意识、生活方式及消费观念的形成影响最大。家庭成员在购买过程中的角色各不相同。在消费者购买过程中,每个家庭成员可能扮演五种不同的角色,即发起者、影响者、决策者、购买者和使用者。家庭对购买决策的影响主要表现为四种情况:①丈夫做主型:传统男权主义家庭。②妻子做主型:女权主义家庭。③共同做主型:民主式家庭。④各自做主型:现代白领女性家庭或者夫妻有矛盾时期。

3. 社会角色与地位

社会角色是指与人们的某种社会地位、身份相一致的一整套权利、义务的规范与行为模式。它是人们对具有特定身份的人的行为期望,构成社会群体或组织的基础。角色不仅是社会地位的外在表现,也是人们的一整套权利、义务的规范和行为模式。角色是人们对于处于特定地位的人的行为的期待,也是社会群体或社会组织的基础。社会角色的不同,必然在一定程度上影响消费者的购买行为。

角色影响着人们的消费行为,主要表现在以下三方面:①在社会中人们扮演的角色不同,其消费行为自然有一定差别,如经理和普通员工的消费行为会明显不同;②角色能够决定和影响个人的消费态度和消费习惯,如教师会把书和书架作为家庭陈设的主要部分;③不同的角色要求同一个人表现出不同的购买行为。在扮演不同的角色时,人们会采取与角色相适应的消费行为。例如,一个女人做主妇时和做公司经理时,对商品的选择标准会有很大的不同。研究表明,一个人承担的角色越多,其选购商品的标准差异越大,购买行为越复杂。

(三)个人因素

消费者的购买决策也受到若干个人因素的影响。这些个人因素包括年龄和家庭生命周期、性别、职业、受教育程度、收入水平、生活方式与个性等。

1. 年龄

年龄对于消费者购物的地点、使用产品的方式和消费者对营销活动的态度有重要影响。事实证明,消费者的年龄通常是决定其需求的真正因素,不同年龄的消费者对消费的欲望有所不同。年轻的消费者一般有更强的物质性,消费意愿强烈,他们往往具有一种时代感和自我意识,而且更容易受周围环境的影响,通常带有"跟风"的消费心理,特别是很多年轻人喜欢追求名牌产品,喜欢以此来炫耀自己的身份与地位。而年老的消费者因为消费观念比较成熟,再加上人生阅历相对丰富,他们的计划性消费明显要大于冲动性消费,并且,在购买产品时往往更注重商品的实用性和合理的价格。值得注意的是,目前包括我国在内的世界大多数国家面临着人口老龄化的问题。根据全国老龄工作委员会的预测,未来10~15年是养老产业快速发展的黄金年代。老年消费市场的爆发,将在一定程度上扭转现在完全以年轻人为主的市场推广主流导向。

2. 家庭生命周期

家庭生命周期是反映一个家庭从形成到解体呈循环运动过程的范畴。消费者的家庭状况因为年龄、婚姻状况、子女状况不同,可以划分为不同的生命周期阶段。在生命周期的不同阶段,消费者的行为呈现出不同的主流特性。

(1)单身阶段。处于单身阶段的消费者一般比较年轻,几乎没有经济负担,消费观念紧跟潮流,注重娱乐产品和基本的生活必需品的消费。

(2)新婚夫妇。经济状况较好,具有比较大的需求量和比较强的购买力,耐用消费品的购买量高于处于家庭生命周期其他阶段的消费者。

(3)满巢期(Ⅰ):最小的孩子在6岁以下的家庭。处于这一阶段的消费者往往需要购买住房和大量的生活必需品,常常感到购买力不足,对新产品感兴趣并且倾向于购买做广告的产品。

(4)满巢期(Ⅱ):最小的孩子在6岁以上的家庭。处于这一阶段的消费者一般经济状况较好但消费慎重,已经形成比较稳定的购买习惯,极少受广告的影响,倾向于购买大规格包装的产品。

(5)满巢期(Ⅲ):夫妇已经上了年纪,但是有未成年的子女需要抚养的家庭。处于这一阶段的消费者经济状况尚可,消费习惯稳定,可能购买富余的耐用消费品。

(6)空巢期(Ⅰ):子女已经成年并且独立生活,但是家长还在工作的家庭。处于这一阶段的消费者经济状况最好,可能购买娱乐品和奢侈品,对新产品不感兴趣,也很少受到广告的影响。

(7)空巢期(Ⅱ):子女独立生活、家长退休的家庭。处于这一阶段的消费者收入大幅度减少,消费更趋谨慎,倾向于购买有益健康的产品。

(8)鳏寡就业期。尚有收入,但是经济状况不好,消费量减少,集中于生活必需品的消费。

(9)鳏寡退休期。收入很少,消费量很小,主要需要医疗产品。

由于消费者在家庭生命周期的不同阶段的欲望和购买行为有一定的差别,企业可以制订专门的市场营销计划来满足处于某一或者某些阶段的消费者的需要。

3. 性别

在现实生活中,男性消费与女性消费存在一定的差异。现在,女性已不仅成为主导中国日用消费品市场消费观念的主力军,而且日益成为中国耐用消费品市场的消费主力。相对于男性消费者,女性消费者不够理性,购物目的常常不明确,容易被促销商品所吸引;消费决策不够快速果断,在消费时容易受直观感觉和他人观念的影响。

4. 职业

由于所从事的职业不同,人们的价值观念、消费习惯和行为方式存在着较大的差异。职业的差别使人们在衣食住行等方面有着显著的不同。譬如,通常不同职业的消费者在服装的款式、档次上会做出不同的选择,以符合自己的职业特点和社会身份。

5. 受教育程度

具有不同文化程度的消费者在消费行为上也各不相同。受教育的程度部分地决定了人们的收入和职业,进而影响人们的购买行为。同时,它也影响人们的思维方式、决策方式以及与他人交往的方式,从而极大地影响人们的消费品位和消费偏好。受教育程度高的消费者对精神上的需求与健康卫生需求要高于一般物质的需求,文化程度较低的消费者则相对更多地集中在物质消费上。

6. 收入水平

消费者的收入水平在很大程度上影响着消费者的购买行为。一般情况下,高收入水平的消费者消费能力和购买欲望成正比,而且更注重产品的质量与品牌效应。高收入消费者有能力购买自己感兴趣的产品,他们的消费比较随心所欲;而低收入消费者在消费过程中则需要考虑较多问题,如购买感兴趣的新产品后是否还能维持日常开支等。低收入的消费者在购买商品时可能更多考虑商品的价格问题,而消费时也更关注商品的实际效用。

中国企业打造海外营销网

7. 生活方式与个性

生活方式是个体在成长过程中,在与社会因素相互作用下表现出来的活动、兴趣和态度模式。生活方式包括个人和家庭两个方面,两者相互影响。

生活方式与个性既有联系又有区别。一方面,生活方式在很大程度上受个性的影响。例如,一个性格内向的消费者,其生活中一般不可能有较多跳伞、蹦极之类的活动。另一方面,生活方式关心的是人们如何生活、如何花费、如何消磨时间等外在行为;而个性则侧重从内部来描述个体,它更多地反映个体思维、情感和知觉特征。

研究消费者生活方式通常有两种途径:一种途径是直接研究人们的生活方式;另一种途径是通过具体的消费活动进行研究。

【拓展阅读3—2】 宝马轿车的个性定位

不同消费者有着不同的个性,不同个性的消费者对产品有着不同的需求。有些消费者甚至把产品品牌作为自我个性的延伸。企业创建品牌的关键是了解消费者的个性——他们的自尊、希望和追求、动机、行为。宝马轿车在创建品牌时,正是照此去做的。宝马从消费者的个性心理出发,确定了三大细分市场,分别向其提供3、5、7系列车型。

宝马3系列是宝马车中最便宜的系列。据分析,这一车型的买主具有以下特点:年轻的白领,具有高收入潜力和积极的生活方式,是独立的思想者,攀比心理不强,希望拥有一个能表现自我的品牌。根据购买者的这种个性,创建品牌个性和价值时,宝马公司为宝马3系列确定了以下内容:年轻、动感、快乐和运动性。

宝马5系列针对的客户具有以下特点:年龄在30岁以上,居中层或中层以上的管理职位,喜欢挑战,在同类人群中观念超前,寻找一个既能提供良好性能和驾驶体验又能体现豪华设计特点的品牌。因此,其相应的品牌价值是:创新、专业和有个性。

宝马7系列针对的客户具有以下特点:男性,居高级经理或以上职位,是本行业中的成功人士,具有独立性。其相应的品牌价值是:高档、独立和自主。

8. 自我观念

自我观念是个体对基于自身特性的知觉、了解和感受的总和。消费者的自我观念大致分为三种类型：①实际的自我观念；②理想的自我观念；③期待的自我观念。期待的自我观念即消费者期待在将来如何看待自己，它是介于实际的自我与理想的自我之间的一种形式。由于期待的自我折射出个体改变"自我"的现实机会，对营销者来说，相较于理想的自我和现实的自我，它也许更有研究价值。

在很多情况下，消费者购买产品不仅仅是为了获得产品所提供的功能效用，而是要获得产品所代表的象征价值。比如对于购买保时捷、宾利汽车的消费者来说，其显然不是为了购买一种单纯的交通工具。对拥有者而言，这些产品所具有的含义是它们能够向别人传递关于自我观念的很重要的信息。而能够表现自我观念的象征品应具有三个方面的特征：首先，应具有使用时的易见性，也就是说，这些产品在使用过程中容易被人看到。其次，应具有差异性，即不是每个消费者都有购买能力。试想，如果每个人都可以拥有一辆保时捷跑车，那么这一产品的象征价值就所剩无几了。最后，能表达使用者的品位，即能在某种程度上体现使用者的特别形象。例如，高档酒类、汽车、珠宝等产品均具有上述特征，因此，它们很自然地被人们作为传递自我观念的象征品。

（四）心理因素

影响消费者心理活动过程的主要因素有动机、知觉、学习和态度等。

1. 动机

人的行为是由动机支配的，而动机是由需求引起的。需求是人们对于某种事物的要求或欲望。就消费者而言，需求表现为获取各种物质需要和精神需要。由于需求是抽象的，本身不一定能够引起个体行为，所以动机成为解释人类行为的最重要的概念。动机是驱使人们满足需求、达到目的的内在驱动力，它能够引导人们去探究满足需求的目标。

美国社会心理学家亚伯拉罕·H.马斯洛（Abraham H. Maslow）在其1943年出版的《人的动机理论》一书中首次提出了人类的需求层次理论，他对人类行为的动机进行概括，提出了迄今为止最具影响力的社会行为理论，如图3-3所示。

第一层次：生理需求。是人类生存最基本的需求，如衣、食、住、行等。

第二层次：安全需求。是保护自己身体和情感免受伤害的需求，包括对现在和将来的安全需求。这样就会对安防设备、人寿保险和财产保险产生一定的市场需求。

第三层次：社交需求。包括友谊、爱情、归属及接纳等方面的需求，这必然推动对参加社交场合的服饰、馈赠的礼品等方面的消费需求。

第四层次：尊重需求。包括自尊、自主等内部尊重和地位、认可、关注等外部尊重。这容易产生对能象征自己身份与地位的高档消费品等方面的需求。

第五层次：自我实现需求。是成长与发展、发挥自身潜能、实现理想的需求，是一种追求个人能力极限的内驱力，包括胜任感和成就感等。这容易产生继续提升学历等方面的需求。

人的需求可以分为两级，生理的需求和安全的需求属于低级需求，注重物质层面的满足；而社交的需求、尊重的需求和自我实现的需求属于高级需求，注重精神层面的满足。一般而言，需求的满足是按照从低到高的层次依次实现的，但也有跨越层次实现的情况。总之，需求的层次性由人的需要的迫切性来决定其高低顺序排列。

消费者购买动机是指消费者为了满足某种需求，产生购买商品的欲望和意念。购买动机可分为两类：

（1）生理性购买动机。生理性购买动机是指人们因生理需要而产生的购买动机，如饥思食、渴思饮、寒思衣，又称本能动机。其包括：①维持生命动机；②保护生命动机；③延续和发展生命动机。

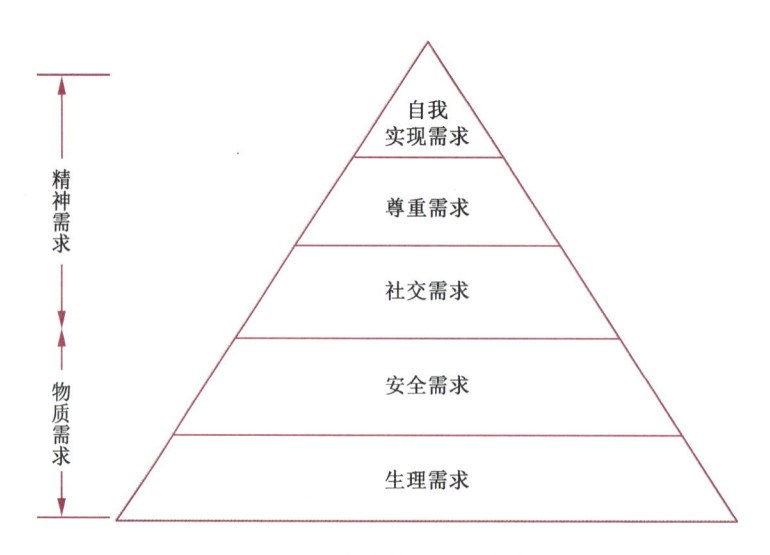

图3—3 马斯洛的需求层次模型

生理动机具有经常性、习惯性和稳定性的特点。

(2)心理性购买动机。心理性购买动机是指人们由于心理需要而产生的购买动机。根据对人们心理活动的认识,以及对情感、意志等心理活动过程的研究,可将心理动机归纳为以下三类:①感情动机。指由于个人的情绪和情感心理方面的因素而引起的购买动机。根据感情不同的侧重点,可以将其分为三种消费心理倾向:求新、求美、求荣。②理智动机。指建立在对商品客观认识的基础上,经过充分的分析比较后产生的购买动机。理智动机具有客观性、周密性的特点,在购买中表现为求实、求廉、求安全的心理。③惠顾动机。指对特定的商品或特定的商店产生特殊的信任和偏好而形成的习惯,重复光顾的购买动机。这种动机具有经常性和习惯性等特点,表现为嗜好心理。

人们的购买动机不同,购买行为必然是多样的、多变的。这就要求企业营销人员深入细致地分析消费者的各种需求和动机,针对不同的需求层次和购买动机设计不同的产品和服务,制定有效的营销策略,这样才能获得营销成功。

2. 知觉

所谓消费者知觉,是指消费者将由外部输入的各种各样的刺激加以选择使其有机化,并作为有意义的首尾一贯的外界映象进行解释的过程,即知觉是人对所感觉到的东西经过分析综合后的整体反映。

(1)知觉的选择性。消费者并非对所有刺激都有所反应,而是有选择地把其中一部分刺激作为信息进行接收、加工和理解,这种在感觉基础上有选择地加工处理信息并加以知觉的特性,就是知觉的选择性。有研究表明,平均每天显现在消费者眼前的广告信息众多,但被感知的广告很少,产生实际效果的就更少了。引起消费者知觉选择的原因包括:首先,源于感觉和人脑信息加工能力的限制,通常只有达到足够强度的刺激才能为消费者所感知,例如色彩鲜明、对比强烈、重复运动、新奇独特、与背景反差明显等,往往容易首先引起消费者的知觉选择;其次,消费者自身的需要、态度、偏好、个性等,对知觉的选择也有直接影响。

(2)知觉的理解性。知觉是在知识经验的参与下形成的。消费者在以往的生活实践中积累了一定的商品知识和经验,借助这些知识和经验,消费者才能对各种感觉到的信息加以选择和解释,认知为可以理解的确定的事物。如果缺乏必要的知识经验,消费者就不能形成对商品的正确知觉。例如,很多普通人并没有接触或了解过一些高科技产品,那么这些产品一旦上市,很多人在面对它们的时候就很难进行准确判断。知识经验的不足将直接导致消费者对商品的知觉迟缓和肤浅。当然,这一现象在网络科技高速发展的今天得到了很大改观。例如,很多人可以通过网络针对欲购买的商品查找相关资料,以此来帮助其了解这些商品。

(3)知觉的整体性。心理学研究表明,尽管知觉对象由许多个别属性组成,但是人们并不把对象感知为若干个相互独立的部分,而是趋向于把它知觉为一个统一的整体。

(4)知觉的恒常性。由于知识经验的参与和整体知觉的作用,人们对客观事物的认知更加全面深刻。即使知觉的条件发生变化,知觉的印象仍能保持相对不变,即具有恒常性。例如,有些老字号品牌之所以能长期保有市场份额,而不被众多的新产品、新企业所排挤,重要的原因之一就是消费者已经对它们形成恒常性知觉,在各种场合条件下都能准确无误地加以识别,并受惯性驱使,连续进行购买。

3. 学习

学习是指由于经验引起的个人行为的改变,即消费者在购买和使用商品的实践中,逐步获得和积累经验,并根据经验调整自己购买行为的过程。学习是通过驱策力、刺激物、提示物、反应和强化的相互影响、相互作用而进行的。

驱策力是诱发人们行动的内在刺激力量。例如,某消费者重视身份地位,尊重需要就是一种驱策力。这种驱策力被引向某种刺激物——名牌服饰时,驱策力就变为动机。在动机支配下,消费者需要做出购买名牌服饰的反应。但购买行为的发生往往取决于周围的提示物刺激,如看了有关电视广告、商品陈列,他就会完成购买。如果对穿着很满意的话,他对这一商品的反应就会加强,以后如果再遇到相同诱因时,就会产生相同的反应,即采取购买行为。如反应被反复强化,久而久之,就成为购买习惯了,这就是消费者的学习过程。

企业营销要注重消费者购买行为中"学习"这一因素的作用,通过各种途径给消费者提供信息,如重复广告,目的是加强诱因,激发驱策力,将人们的驱策力激发到马上行动的地步。同时,企业提供的商品和服务要始终保持优质,这样消费者才有可能通过学习建立起对企业品牌的偏爱,形成购买本企业商品的习惯。

4. 态度

态度是指人从自身出发,主观对某一事物所持有的正向或反向的评价、感受或倾向。消费者态度是由情感、认知和行为构成的综合体。态度有助于消费者更加有效地适应动态的购买环境,使之不必对每一新事物或新的产品、新的营销手段都以新的方式做出解释和反应。消费者态度对购买行为有重要影响。态度影响消费者的学习兴趣与学习效果,并影响消费者对产品、商标的判断与评价,进而影响其购买行为。态度一般通过购买意向来影响消费者的购买行为,但是态度与行为之间在很多情况下并不一致。造成不一致的原因,有主观规范、意外事件、购买能力、情境因素等。态度在人群中具有认同的特性,一般对于自己熟悉的或有过切身体会的事物,人们的态度就较坚定,不易改变。消费者态度的改变包括两层含义:①态度强度的改变;②态度方向的改变。

【拓展阅读3—3】 借助名人巧推销

据《战国策》记载,春秋时期有一个卖骏马的人,在集市上站了三天,谁也没有注意他的马。后来他去找名气很大的相马专家伯乐,对他说:"我有一匹骏马想卖掉,三天也没有人问津,请你帮帮忙,在马身边转悠一下,看一看,走开后再回过头来瞧一瞧,这样就够了。"伯乐一看,确实是匹好马,因此爽快地答应并且照办了。顿时,这匹马就变为人们抢购的对象,价格也因此被抬高了10倍。

五、消费者购买行为与决策

消费者购买决策是指消费者谨慎地评价某一商品、品牌或服务的属性并进行选择、购买能满足其某一特定需要的商品的过程,同时将购买动机转化为购买活动。

(一)消费者购买决策过程的参与角色

人们在购买的决策过程中,可能扮演以下角色中的全部或者部分:

发起者:首先提议或有购买某种产品或服务的意向的人。

影响者:有形或者无形地影响着购买决策的人。

决策者:做出买不买、怎么买等决策的人。

购买者:实际执行购买任务的人。

使用者:实际消费或者使用产品的人。

消费者若只有个人参与购买,则五种角色均由一人扮演;若是以群体参与购买,营销人员比较关注的是决策者。例如,几个人去商场购买衣服,有经验的营业员会仔细观察,若顾客选择试衣时比较果断,从更衣室出来只顾自己照镜子,比较少问旁人意见,则这位试衣服的人比较有主见,通常自己就是决策者,那么营业员应重点向此人推荐;反之,顾客从挑选衣服开始就不停地问别人意见,从更衣室出来先不急着照镜子,而是先问别人意见,则这位试衣服的人通常自我观念不强、自信度不高,总是被咨询的那个人则是影响者,甚至是决策者。

(二)消费者购买决策过程

消费者的购买决策过程一般可分为五个阶段,如图3-4所示。

确认需要 → 收集信息 → 比较评价 → 决定购买 → 购后感觉

图3-4　消费者购买决策过程

1. 确认需要

当消费者对某种商品有需要时,购买过程就开始了。消费者需要可以由内在因素所引起,也可以由外在因素所引起。企业应该识别引起消费者需要的具体因素,发掘消费者需要及引起需要的原因,通过相应的手段,刺激需要、强化需要。

2. 收集信息

在多数情况下,消费者还要考虑买什么品牌的商品、花多少钱、到哪里去买等问题,他们会收集、了解相关商品信息。消费者需要收集的信息一般包括产品的质量、功能、价格、品牌及购买者的评价等。消费者的信息来源主要有以下四个方面:

(1)商业来源(媒体广告、销售员、零售商、包装或展销);

(2)个人来源(家庭、朋友、邻居或熟人);

(3)大众来源(大众媒体或消费者组织);

(4)经验来源(个人处理、检查或使用商品)。

3. 比较评价

消费者根据收集的资料,对商品属性做出判断。通过比较评价,识别适合自己需要的品牌和类型的商品。消费者对商品属性的评价因人而异,有的评价注重价格,有的注重质量,有的注重品牌或式样等。企业要了解并努力提高本企业产品的知名度,使其产品列入消费者比较评价的范围之内,才可能成为购买目标。企业还应调查人们比较评价某类商品时所考虑的主要指标,并突出这些方面的宣传,对消费者的选择产生影响。

【做中学3-2】

据央视《每周质量报告》报道,北京市西南郊肉类批发市场销售的山东省昌邑市恒达冷藏厂的鸡肉,注水现象严重。该厂通过分别给鸡胸、鸡腿、鸡翅甚至鸡爪注水进行全方位造假,可将原来17斤半的鸡变成30斤。

思考:给鸡肉注水是一种什么行为?

分析:给鸡肉注水时容易注入致病菌,在人体代谢过程中会产生毒素,造成腹泻、神经麻痹或中毒,这是损害消费者身心健康的犯罪行为;因注水而有意造成缺斤短两,属欺诈消费者行为。这两种情况都违背了职业道德与营销伦理。不法商人的这种行为,不仅应受到舆论谴责,而且应受到法律制裁。

4. 决定购买

消费者通过对可供选择的商品进行比较评价,在进行选择后,就形成购买决策。消费者通常会购买他们最喜欢的品牌,但有时也会因为他人态度和意外事件而改变购买决定。

消费者修改、推迟或取消某个购买决定,可能是受已察觉风险的影响。已察觉风险的大小,由购买金额大小、产品性能的优劣程度以及购买者自信心强弱决定。企业营销应尽可能降低这种风险,促成消费者购买。

5. 购后感觉

消费者是否对所购商品满意,会直接影响他购买后的行为。企业应采取有效措施,尽可能使消费者购买后感到满意。产品的社会宣传要实事求是,并适当留有余地。另外,企业还应经常征求消费者的意见,强化售后服务工作,并同购买者保持各种可能的联系,以便在消费者对产品出现不满时能迅速采取补救措施。

以上分析表明,在购买决策的每一个阶段,消费者的思想和行为都对其购买决策产生影响。企业通过调查分析,可以针对消费者在决策过程各个阶段的思想和行为采取适当措施,影响消费者的购买决策,使消费者做出对企业有利的购买决策。

【拓展阅读3-4】 朋友贵还是面包贵?

"朋友贵还是面包贵?"是美国汉堡王在社交网站Facebook上发起的一个营销活动,该活动通过一个名为"王牌的牺牲品"的游戏而展开。

游戏很简单,只要你删除你的10位Facebook上的好友,就可以免费获得一份王牌汉堡。不过,当你删除好友的时候,你的好友是会收到通知的。信息是这样写的:"我为了一个免费的王牌汉堡,把你从我的好友名单中删除了!"意思就是,参加游戏的人"卖友求堡"——宁愿牺牲好友,也要得到一个免费的汉堡!被牺牲的人,可能感到很疑惑:难道我不是他的好友吗?于是他可能会报复,甚至会翻脸。

删除好友的行为显然是违反了Facebook建立社交网络的精神,也有可能对朋友之间的信任产生冲击,但汉堡王确实达到了营销的目的,数以万计的人删除了共234 000位好友。共有13 000个网站报道过这个活动,网络上也有超过14万条留言。

【同步案例3-1】 对联促销出奇效

相传明代有个商人因仰慕唐伯虎这位"江南才子"大名,特地登门请他书写一副对联,并要求既要体现生意兴隆和财源充足之意,又要语句通俗易懂。唐伯虎略加思索,便展纸挥笔写成一副"生意如春意,财源似水流"的生意联。那商人读后却摇头说:"好是好,只是还有点文绉绉的,读起来有点不过瘾。"唐伯虎笑了笑,当即又写了一副:"门前生意,好似夏日蚊虫,对进对出;柜里铜钱,就像冬天虱子,越抓越多。"这位商人见了这副生意联十分满意,并拱手作揖道:"唐先生不愧为饱学才子,这样的对子才真正符合买卖人的心意啊!"这家店铺自从贴上这副对联后,过路者见了,都要停步观赏,进去看看,生意也就更加兴隆。

案例精析3-1

无独有偶，有一个卖豆芽菜的店铺，用十四个"长"字组成一副对联——"长长长长长长长，长长长长长长长长"，凡加着重号的"长"字用作动词，读作"生长"的"长"，其余的都用做形容词，读作"长短"的"长"。见了这么一副怪对，再配上"水里求财"的横批，谁不想看看猜猜呢？来的人多了，生意便自然兴隆起来。

思考：对联促销出奇效的奥妙何在？

六、消费者购买行为类型

由于受到诸多因素的影响，不同的消费者购买决策过程的复杂程度不同。根据主要原因，即品牌差异程度与消费者介入程度的不同，美国营销学者阿萨尔(Assael)把消费者购买行为分成四种类型，如图3-5所示。

	大	小
大	复杂型购买行为	多变型购买行为
小	协调型购买行为	习惯型购买行为

（纵轴：品牌差异程度；横轴：消费者介入程度）

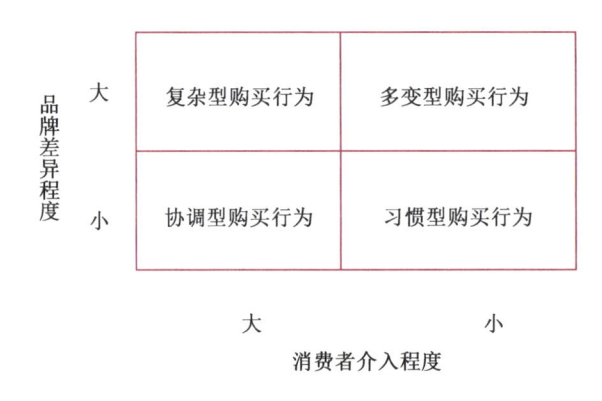

图3-5 消费者购买行为类型

（一）复杂型购买行为

复杂型购买行为是指面对不常购买的贵重物品，由于产品品牌差异大、购买风险大，消费者需要一个学习过程，以广泛了解产品的性能、特点，从而对产品产生某种看法，最后再决定购买。对于复杂的购买行为，营销者应制定策略帮助购买者掌握产品知识，通过媒体和各种渠道宣传本品牌的优点，发动商店营业员和购买者的亲友们影响最终购买决定，简化购买过程。

（二）协调型购买行为

协调型购买行为是指对那些品牌差异不大的产品，消费者不经常购买，但购买时又有一定的购买风险，所以，消费者一般要比较、看货，只要价格公道、购买方便、机会合适，就会决定购买。如购买椅子，虽然也要看它的款式、颜色，但一般差别不太大，消费者有喜欢的就会买回来。购买之后，消费者也许会感到某些不协调或不够满意，这也许是因为商品的某个方面不够称心，也许是因为听到别人称赞其他种类的商品。但在使用过程中，消费者会通过更多地了解，并寻求种种理由来减轻、化解这种不协调，以证明自己的购买决定是正确的。针对这种购买行为类型，营销者应注意提供完善的售后服务，并向消费者提供有关产品评价的正面信息，使其在购买后相信自己做出了正确的选择。

（三）多变型购买行为

有些商品品牌之间有明显差别，但消费者并不愿意在选择上多花时间，而是不断变化他们所购商品的品牌。如在选购点心之类的商品时，消费者未必愿意花很长时间来选择和估价，下次买时再换一种新口味。这样做往往不是因为对产品不满意，而是为了寻求多样化。比如购买饮料，上次购买的是可乐，这次购买的是雪碧。这种品种的更换并非对上次购买的不满意，而是想换换口味。

对于多变型购买行为,市场领导者和挑战者的营销策略是不同的。市场领导者力图通过占有货架、避免脱销和提醒购买的广告来鼓励消费者形成习惯型购买行为,以此来保持原有的较高的市场占有率。而挑战者则以较低的价格、折扣、赠券、免费赠送样品和强调试用新品牌的广告来鼓励消费者改变原习惯型购买行为。

(四)习惯型购买行为

对于价格低廉、经常性购买的商品,消费者的购买行为是最简单的。这类商品中,各品牌的差别极小,消费者对此也十分熟悉,不需要花时间进行选择,一般随买随取就行了。例如,买米、盐和油之类的商品就是这样。

针对习惯型购买行为的主要营销策略是:

(1)开展大量重复性广告以加深消费者印象。在低度参与和品牌差异小的情况下,消费者并不主动搜集品牌信息,也不评估品牌,只是被动地接受包括广告在内的各种途径传播的信息,根据这些信息所造成的对不同品牌的熟悉程度来选择。购买过程是:通过被动的学习形成品牌信念,然后是购买行为,接着可能有也可能没有评估过程。因此,企业必须通过大量广告使顾客被动地接受广告信息,从而对品牌逐渐熟悉。

(2)利用价格和各种促销手段来吸引消费者试用。由于产品本身与同类其他品牌相比难以找出独特优点来引起顾客的兴趣,就只能依靠价格合理与优惠、展销、示范、赠送等销售促进手段吸引顾客试用。一旦顾客了解和熟悉了某产品,就容易经常购买,最终形成购买习惯。

(3)增加购买参与程度和品牌差异。在习惯型购买行为中,消费者只购买自己熟悉的品牌而较少考虑品牌转换,如果竞争者通过技术升级和产品更新,将低度参与的产品转换为高度参与并扩大其与同类产品的差距,将促使消费者改变原先的习惯型购买行为,寻求新的品牌。提高参与程度的主要途径是,在不重要的产品中增加较为重要的功能和用途,并在价格和档次上与同类产品拉开差距。

【学中做3-1】 随着互联网技术和社交媒体的迅速发展,电商直播已成为数字经济的一种新形式,被称为"线上引流+实体消费",它是一种广受用户喜爱的购物方式。与传统的网上购物相比,直播购物实现了从图像到视频的过渡,全方位地向消费者展示产品信息,增强了信任感。你认为电商直播会促动消费者的购买欲望和行为意愿吗?

分析:会。随着电子商务行业的不断进步和直播形式的同步崛起,电商直播对消费者的购买欲望和行为意愿方面的影响也越来越明显。首先,电商直播具有及时互动的特点。观看电商直播的消费者可以立即与主播进行互动,如提问、留言或点赞等,这种互动可以增强消费者的参与感和信任度,使他们能够更深入地了解商品,并从心理上提升对商品的熟悉感和认可度。在这种互动模式下,消费者的购买欲望和行为意愿也会随之增强,成为围绕电商直播产生的新型消费行为和消费心态。其次,电商直播在营销和促销方面具有一定的优势。在电商直播中,主播可以使用"展示实物+演示操作"的方式更为直观地介绍商品,再加上互动交流过程中的营销策略,更容易让消费者感兴趣,提高他们的购买欲望和行为意愿。最后,电商直播可以满足消费者的个性化需求。在电商直播中,主播可以根据消费者的需求和兴趣,为他们推荐更有价值、更具针对性的商品,从而满足消费者的个性化需求,进一步提高消费者对商品的认可程度和购买意愿。总之,电商直播通过实时互动、推销和促销策略、满足个性化需求等多种方式,给消费者带来了更加丰富、直观的购物体验,进而提高了消费者对商品的认识和购买意愿。

任务二　组织市场购买行为

一、组织市场概述

(一)组织市场的概念和类型

1. 组织市场的概念

组织市场是指购买商品和服务以用于生产性消费,以及转卖、出租,或用于其他非生活性消费的企业或社会团体。组织市场与消费者市场的主要区别在于:购买者主要是企业或社会团体而不是个人或家庭消费者;目的是用于生产或转卖以获取利润,以及其他非生活性消费,而不是为了满足个人或家庭的生活需要。

2. 组织市场的分类

一般来说,根据购买者的主体特征,可以将组织市场划分为以下几类:

(1)生产者市场。生产者市场是指购买产品或服务用于其他产品或服务,然后销售或租赁给他人以获取利润的单位和个人组成的市场。组成生产者市场的主要产业有工业、农业、林业、渔业、采矿业、建筑业、运输业、通信业、公共事业、金融业、保险业和服务业等。

(2)中间商市场。中间商市场也称转卖者市场,是指购买产品用于转售或租赁以获取利润的单位和个人,包括批发商和零售商组成的市场。

(3)非营利性组织市场。非营利性组织泛指具有稳定的组织形式和固定的成员、不属于政府机构和私人企业而独立运作、发挥特定社会功能、不以获取利润为目的而以推进社会公益为宗旨的事业单位与民间团体。非营利性组织市场是指为了维持正常运作和履行职能而购买产品和服务的各类非营利组织所构成的市场。

(4)政府市场。政府市场是指为了执行政府职能而购买或租用产品的各级政府部门组成的市场。政府是特殊的非营利组织。政府通过税收、财政预算掌握一部分国民收入,形成潜力极大的政府采购市场。而且,由于政府购买的总额巨大,其支出的增加和削减往往会对一国的经济发展和产业发展造成极大的影响。

(二)组织市场的特点

1. 购买者少,购买数量大

组织市场上的购买者比消费者市场上的购买者要少得多。例如,美国固特异轮胎公司的订单主要来自通用、福特、克莱斯勒三大汽车制造商,但当固特异公司出售更新的轮胎给消费者时,它就要面对全美1.71亿汽车用户组成的巨大市场了。组织市场不仅买主人数少,而且其购买次数也少。一家生产企业的主要设备需若干年才购买一次,原材料与零配件也大多只签订长期合同,文具纸张等日用品常常是几个月集中购买一次,购买次数少就决定了每次采购量将非常大。这种情况在生产比较集中的行业里更为明显,通常少数几家大企业的采购量就占该产品总销售量的大部分。

2. 购买者在地域上相对集中

由于资源和区位条件等原因,各种产业在地理位置的分布上都有相对的集聚性,所以组织市场的购买者往往在地域上也是相对集中的。例如,中国的重工业大多集中在东北地区,石油化工企业云集在东北、华北以及西北的一些油田附近,金融保险业在上海相对集中,而广东、江苏、浙江等沿海地区集聚着大量轻纺和电子产品的加工业。农业生产更会由于地理位置、气候、地貌等条件的不同而出现对农用物资需求的显著差异,如位于华北、东北平原的农垦企业由于土地平坦可以进行机械化耕作,因此需要大型的农业机械,而南方丘陵地带或山区则需要小型的农业机械;福建不是棉花产区,因此农垦企业对专门用于防治棉铃虫的杀虫剂就没有需求,而这种杀虫剂在华北等产棉区却有着大量的需求。这种地理区域的集中有助于降低产品的销售成本,也使得组织市场在地域上形成了相对的集中。

3. 衍生需求,需求波动大

组织市场上的购买需求最终来源于对消费品的需求,企业之所以需要购买生产资料,归根到底是将其作为劳动对象和劳动资料以生产出消费资料。例如,由于消费者有购买皮包、皮鞋的需求,生产企业需要购买皮革、钉子、切割刀具、缝纫机等生产资料。因此,消费者市场需求的变化将直接影响组织市场的需求。有时消费品需求仅上升10%,就可导致生产这些消费品的企业对有关生产资料的需求增长200%;若需求下降10%,则可导致有关生产资料需求的全面暴跌。这种现象在经济学上被称为"加速原理",这导致许多企业营销人员促进其产品线和市场多样化,以便在商业波动周期中实现某种平衡。

4. 需求缺乏弹性

组织市场的需求受价格变化的影响不大。皮鞋制造商在皮革价格下降时,不会打算采购大量皮革,同样,皮革价格上升时,他们也不会因此而大量减少对皮革的采购,除非他们发现了皮革的替代品。由于厂商在短期内不能对其生产方式做更多变动,如通过增加固定资产投资来扩大生产规模,因此需求在短期内缺乏弹性。对占项目总成本比例很小的业务用品来说,其需求也往往是缺乏弹性的。例如,皮鞋上的金属鞋孔价格上涨,几乎不会影响其需求水平。

5. 实行专业购买

相应地,组织机构在购买其所需要的商品时往往是由具有专门知识的专业人员负责,其采购过程比个人消费者市场更加复杂和系统。组织机构的采购人员大多经过专业训练,具有丰富的专业知识,清楚地了解产品的性能、质量、规格和有关技术要求。因此,供应商应当向他们提供详细的技术资料和特殊的服务,从技术的角度说明本企业产品和服务的特点。

6. 直接采购

组织市场的购买者往往向供应方直接采购,而不经过中间商环节,价格昂贵或技术复杂的项目更是如此。

7. 影响购买的人多

与消费者市场相比,影响组织市场购买决策的人较多。大多数企业有专门的采购组织,重要的采购决策往往由技术专家和高级管理人员共同做出,其他人也直接或间接地参与,这些组织和人员形成事实上的"采购中心"。供应商派出的销售代表不仅应训练有素、有丰富的专业知识,还应具备很强的人际交往能力,善于同买方的采购人员和采购决策参与人员打交道。

8. 销售访问多

由于组织市场参与购买决策过程的人多,因此需要更多的销售访问来获得订单,有时销售周期可达数年以上。有调查显示,工业销售平均需要4～4.5次访问,从报价到产品发放通常以年为单位。

9. 互惠购买原则

另外一种在消费者营销过程中不会发生但在组织营销过程中常见的现象是互惠现象。由于生产资料的购买者本身总是某种产品的出售者,因此,当企业在采购时就会考虑为其自身产品的销售创造条件。但这种互惠购买的适用范围是比较狭窄的,如果甲企业需要乙企业的产品,而乙企业并不想购买甲企业的产品,就无法实现互惠购买了。这样的双边互惠购买往往会演进为三角互惠或多角互惠。例如,甲企业向乙企业提出,如果乙企业购买丙企业的产品,则甲企业就购买乙企业的产品,因为丙企业以向乙企业推销其产品作为购买甲企业产品的条件——这就是三角互惠。虽然这类现象极为常见,但大多数经营者和代理商反对互惠原则,并视其为不公平竞争行为。

10. 租赁或分期付款

一些价格较高的产品,用户通常需要融资才能购买到,所以采购者不直接购买而采用租赁或采用分期付款的方式获得所需设备,如飞机、重型建筑设备等。通过租赁或分期付款的方式,承租人可以在获取最新设备和更好服务的同时,获得节约成本和税务优惠等好处。当然,分期付款对销售者来说资金压力比较大,如果控制不力的话,易产生不良债务。

二、生产者市场的购买行为

(一) 生产者购买行为的主要类型

根据生产者购买行为的复杂程度和采购决策项目,可以把生产者的购买行为分为以下三种类型:直接重购、修正重购和全新采购。

1. 直接重购

直接重购是指采购企业按惯例进行订货的购买行为。企业采购部门根据过去同供应商打交道的经验,从供应商名单中选择供货企业,连续订购采购过的同类产品。这是最简单的采购,因为生产者购买行为是惯例化的。名单内的供应商要保证稳定的产品质量,努力维护与客户的良好关系,以维持现有客户。而名单外的企业往往会试图提供新产品或开展某种让人满意的服务,或者设法以少量订单入门,进入名单,然后再逐步扩大份额。

2. 修正重购

修正重购是指采购企业适当改变采购产品的规格、型号、交货条件和价格的购买行为。这类购买行为较为复杂,参与购买决策的人数较多。对于已经在供应商名单内的企业来说,必须做好市场调查和预测工作,努力开发新的品种规格,并努力提高生产效率,降低成本,满足修正重购的需要,设法保护自己的既得市场。对于名单外的供应商,这无疑也是一个好机会,可以借此机会得到业务。

3. 全新采购

全新采购是指企业为了增加新的生产项目或更新设备而第一次采购某一产品或服务的购买行为。这是最复杂的采购业务。新购买产品的成本越高、风险越大,决策参与者的数目就越多,需要收集的信息也就越多,完成决策所需时间也就越长。这种采购类型对企业营销来说是一种最大的挑战,同时也是最好的机会。全新采购的生产者对供应商尚无明确选择,是企业营销应该大力争取的市场。

(二) 生产者购买决策的参与者

购买类型不同,购买决策的参与者也不同。直接重购时,采购部门负责人起决定作用;新购时,企业高层领导起决定作用;在确定产品的性能、质量、规格、服务等标准时,技术人员起决定作用;在供应商选择方面,采购人员起决定作用。这说明在新购的情况下,供应商应当首先把产品信息传递给买方的技术人员与高层领导;而在买方选择供应商的阶段,应当把产品信息传递给采购部门负责人。

采购组织的决策单位称作"采购中心"(buying center),其定义为:所有参与购买决策过程的个人和集体。他们具有某种共同目标并一起承担由决策所引发的各种风险。采购中心包括购买组织中的全体成员,他们在购买决策过程中可能会形成五种不同的角色,如图3-6所示。

1. 使用者

使用者是指生产者用户内部将使用这种产品或服务的成员。在很多情况下往往是由使用者首先提出购买建议,并协助确定产品规格。

2. 影响者

影响者是指影响购买决策的人。他们协助确定产品规格和购买条件,并提供对采购方案进行

图 3－6　生产者购买决策的主要参与者

评价的情报信息,影响采购选择。技术人员大多是重要的影响者。

3. 决策者

决策者是指一些有权决定产品需求和供应商的人。在重要的采购活动中,有时还涉及主管部门或上级部门的批准,构成多层决策的状况。

4. 购买者

购买者是指正式有权选择供应商并安排购买条件的人。购买者可以帮助制定产品规格,但主要任务是选择供应商和与其进行交易谈判。在较复杂的购买过程中,高层管理人员也一起参加到交易谈判中。

5. 守门者

守门者是指有权阻止销售员或信息员与采购中心成员接触的人。其主要是为了控制采购组织的一些信息不外露。例如,采购代理人、接待员和电话接线员都可以阻止推销员与用户或决策者接触。

在任何组织内,采购中心的大小及构成会随购买的产品类别不同而发生变化。显然,参与购买一台重要机器设备的决策人数肯定会比参与购买办公文具的人数要多得多。营销人员必须了解客户的以下信息:谁是主要决策的参与者?他们影响哪些决策?其影响决策的程度如何?他们使用的评价标准是什么?只有在摸清客户的这些情况之后,才能有针对性地采取促销措施。

(三)影响生产者购买决策的主要因素

影响生产者购买行为的主要因素可以归为四类:环境因素、组织因素、人际因素和个人因素,如图 3－7 所示。

图 3－7　影响生产者采购行为的主要因素

1. 环境因素

环境因素是指生产者面对的宏观环境因素,包括国家的经济前景、市场需求水平、技术发展、竞争态势、政治法律状况等。例如,从经济因素来看,在经济衰退时期,组织购买者会减少对厂房设备的投资,并设法减少存货。营销人员在这种环境下刺激采购是无能为力的,只能在保持或扩大自己的市场占有率上做艰苦的努力。假如对国家的经济前景看好或国家扶持某一产业的发展,有关生产者用户就会增加投资及原材料的采购和库存,以备生产扩大之用。

2. 组织因素

每个采购组织都有其具体目标、政策、程序、组织结构及系统,营销人员必须尽量了解这些问题。例如,生产者用户的经营目标和战略是什么?为了实现这些目标和战略,他们需要什么产品?他们的采购程序是什么?有哪些人参与采购或对采购发生影响?

组织内部采购制度的变化也会对采购决策产生很大影响。例如,对于大型百货商厦来说,是采用集中采购的进货方式还是将进货权下放给某个商品部或柜组,其采购行为就会有很大差别;一些组织会用长期合同的方式来确定供应渠道,另一些组织则会采用临时招标的方式来选择其供应商。又如,源于日本的"准时生产系统"(just in time production systems),即适量、及时进货、零库存、供量100%合格的生产系统,它的兴起大大地影响了组织采购政策。

3. 人际因素

采购中心通常包括一些具有不同地位、职权、兴趣和说服力的参与者。一些决策行为会在这些参与者中产生不同的反应,如意见是否容易取得一致、参与者之间的关系是否融洽、是否会在某些决策中形成对抗等。供应商的营销人员应当了解每个人在购买决策中扮演的角色是什么、其相互之间的关系如何等,利用这些因素促成交易。

4. 个人因素

购买决策过程中每一个参与者都带有个人动机、直觉和偏好,这些因素受到参与者的年龄、收入、教育、专业文化、个性以及对风险意识的态度的影响。组织市场购买行为虽然往往表现为组织与组织之间的交易关系,似乎应该比消费者购买行为更为理性,而不涉及个人情感,但实际上并非如此。这是因为,在组织采购过程中,每个步骤都是由具体的人员去完成的。执行组织采购任务的具体人员的个性和情感对于其做出相应的采购决策同样具有重要的影响。因此,供应商应了解客户采购决策人的个人特点,并处理好与采购决策人的关系。

(四)生产者的交易导向与购买决策过程

1. 生产者的交易导向

生产者采购的基本原则是用一定成本获得最高的效益(经济、技术、服务和社会效益等)或以最低的成本获得既定的效益,即经济学当中的"利润最大化"原则。营销人员的任务是给目标客户提供尽可能高的消费价值。围绕着采购的基本原则,生产者有三种交易导向:购买导向、采购导向和供应链管理导向。

(1)购买导向。购买导向是指购买者注重短期交易和态度强硬的战术,认为买卖双方是一种"零和博弈",一方的所得必然是另一方的损失。因此,在商品性能和质量既定的情况下,购买者会拼命地讨价还价,并且不断地寻找新的供应商,试图获得更低价格的商品。持这种观念的购买者与供应商之间的交易行为是不连续的,关系是不友好甚至是敌对的。他们通常采取两种策略:一是标准化采购;二是多来源采购,力求压低价格、减少风险。

(2)采购导向。采购导向是指购买者更加关注订立长期合同以保证原材料的不间断供应,认为买卖双方并不是一种"零和博弈",而是"正和博弈",双方都可以在交易中获得利益。持有这种导向的购买者在交易中的目标是力求获得"双赢",他们通过建立一套与更多小型供应商保持良好合作关系的制度与方法，更好地管理询价、转换及进行成本控制来寻求节约，同供应商一起分享节约的利益，而不是单纯压低供应商的价格以降低成本。

(3)供应链管理导向。供应链管理导向是指购买者把采购工作视为从原材料开始到用户结束的整条价值链中的重要环节，制订精益求精的计划，力求与供应商建立更加紧密的伙伴关系，让供应商参与产品设计和成本节约过程，通过拉动需求而不是推动供应来增加价值，关注如何改进从原材料到用户的整条价值链。

2. 生产者的购买决策过程

一般认为，生产者完整的采购决策过程可分为八个购买阶段（见表3-1），但是具体过程依照不同的购买类型而定，直接重购和修正重购可能跳过某些阶段，新购则会完整地经历各个阶段。

表3-1 生产者购买决策过程

购买类型 \ 购买阶段	新购	修正重购	直接重购
问题识别	是	可能	否
需要说明	是	可能	否
明确产品规格	是	是	是
寻找供应商	是	可能	否
征求供应建议书	是	可能	否
选择供应商	是	可能	否
签订合同	是	可能	否
绩效评估	是	是	是

(1)问题识别。问题识别是生产者购买决策的起点。当生产者认识到了某个问题或某种需要可以通过得到某一产品或服务来解决时，便开始了采购过程。问题识别由两种刺激引起：①内部刺激。如企业决定推出一种新产品，需要购置新设备或原材料来生产这种新产品；企业原有的设备发生故障，需要更新或需要购买新的零部件；已采购的原材料不能令人满意，企业要物色新的供应商。②外部刺激。这主要是指采购人员在参观了某个商品展销会后产生了新的采购主意；接受了广告宣传中的推荐；接受了某些推销员提出的可以供应质量更好、价格更低的产品的建议。可见，组织市场的供应商应主动推销，经常开展广告宣传，派人访问用户，以发掘潜在需求。

(2)需要说明。在提出了某种需要之后，采购者便着手确定所需项目的总体特征和需要的数量。标准化产品易于确定，而非标准化产品应由采购人员和使用者、技术人员乃至高层经营管理人员共同协商确定。在此阶段，组织营销者可通过向客户描述产品特征的方式向他们提供某种帮助，协助他们确定其所属公司的需求。

(3)明确产品规格。在这一阶段，需要说明所购产品的品种、性能、特征、数量和服务，写出详细的技术说明书，并以此作为采购人员的采购依据。买方通常会委派一个专家小组从事这项工作，卖方也应通过价值分析向顾客说明自己的产品和价格比其他品牌更理想。未列入买方选择范围的供应商可通过展示新工艺、新产品把直接重购转变为新购，争取打入市场的机会。

(4)寻找供应商。寻找供应商是指生产者用户的采购人员根据产品技术说明书的要求寻找最佳供应商。为此，他们会从多处着手，如咨询商业指导机构、查询网络信息、打电话给其他公司求推荐、观看商业广告、参加展览会等。因此，在这一阶段，供应商应利用一切机会宣传自己，扩大自己的知名度和美誉度,同时争取尽量多的与客户接触的机会。生产者用户的采购人员通常会拒绝那些生产能力不足、声誉不好的供应商;而对合格的供应商,则会登门拜访,察看他们的生产设备,了解其人员配置。最后,采购者会归纳出一份合格供应商的名单。

(5)征求供应建议书。征求供应建议书是指购买者邀请合格的供应商提交供应建议书。有时供应商只需寄送一份价目表或指派一名销售代表就可以满足客户对所购买项目的信息需求。但是,当所需产品复杂而昂贵时,采购者就会要求待选供应商提交内容详尽的书面建议。购买者在依据供应商提供的信息对供应商进行淘汰后,会请余下的供应商提出正式供应建议书。因此,生产企业营销人员必须善于调研并精于撰写建议书的内容。建议书不仅是技术文件,也是营销文件。营销人员在口头表示意见时,要能取信于人,他们必须始终强调公司的生产能力和资源优势,以在竞争中立于不败之地。

(6)选择供应商。选择供应商是指生产者用户对供应建议书加以分析评价后,确定供应商。评价内容包括供应商的产品质量、性能、产量、技术、价格、信誉、服务、交货能力等属性,各属性的重要性随着购买类型的不同而不同。生产者用户在做出决定前,还可能与较为满意的供应商谈判,以争取较低的价格和较好的供应条件。生产者还会决定使用多少供应商。有时他们偏好一家大供应商,以保证原材料供应和获得价格让步;有时他们同时保持几条供应渠道,以免受制于人,并促使卖方开展竞争;有时他们把每年的大多数订单给排序第一的供应商,其余的给第二供应商,位于第一的供应商会努力保住现有位置,处于第二的供应商则会努力扩大份额,其他供应商也会尽量以优惠的价格争取机会。

(7)签订合同。签订合同是指生产者根据所购产品的技术说明书、交货时间、退货条件、担保书等内容与供应商签订最后的合同。通常情况下,如果双方都有良好信誉的话,一份长期有效合同有助于建立一种稳定的关系,从而避免重复签约的麻烦。如果供应商答应在一个特定的时间之内根据需要、按协议的价格条件持续供应产品给买方,存货由卖方保存,这种采购计划就被称为"无存货采购计划"。这种长期有效合同会导致买方更多地向一个供应商采购,并从该供应商处购买更多的产品。卖方也愿意接受这种形式,因为可以与买方保持长期的供货关系,增加业务量,抵御新竞争者。

(8)绩效评估。绩效评估是指生产者用户对各个供应商的绩效加以评价,以决定维持、修正或中止供货关系。绩效评估有以下三种方法:询问使用者;按照若干标准加权评估;把绩效差的成本加总,修正包括价格在内的采购成本。供应商必须关注该产品的采购者和使用者是否使用同一标准进行绩效评估,以保证评估的客观性和正确性。

三、中间商市场的购买行为

中间商市场是指由所有为了将商品转卖或出租给别人以获取利润而购买商品的个人和组织构成的市场。它包括各类批发商和零售商。

(一)中间商购买行为的主要类型

1. 购买新产品

购买新产品即中间商第一次购买某种从未采购过的新产品。在这种情况下,中间商可根据其市场前景的好坏、买主需求强度、产品获利的可能性等多方面因素,决定是否购买。其购买决策过程的主要步骤与生产者购买大致相同,也是由认识需求、确定购买需求、确定产品规格、寻找供应商、征求报价、选择供应商、正式采购和绩效评估八个阶段构成。

2. 修正重购

修正重购即中间商对将要购买的品种已经确定,但对原有供应商不满意,或中间商并不想更换供应商,但试图从原有供应商那里获得更为有利的供货条件——如更及时的供货、更合适的价格、更积极的促销合作——时所进行的采购。如果同类产品的供应增多或其他供应商提出了更有诱惑力的价格和供货条件,中间商就会更换供应商或要求现有供应商打折、增加服务、给予信贷优惠等。他们想更换供应商时,往往会把这些作为施加压力的手段。

3. 直接重购

直接重购是指中间商的采购部门按照过去的订货目录和交易条件,继续向原先的供应商购买产品。中间商会对以往的供应商进行评估,选择那些满意的供应商作为直接重购的对象。

(二)中间商购买过程的参与者

中间商购买过程参与者的多少与商店的规模和类型有关。以连锁超市为例,参与购买过程的人员和组织主要有商品经理、采购委员会、分店经理等。

1. 商品经理

商品经理是连锁超级市场公司总部的专职采购人员,负责各类商品的采购任务,搜集不同品牌的信息,选择适当的品种和品牌。有些商品经理被赋予较大的权力,可以自行决定接受或拒绝某种新产品或某些新品牌;而有些商品经理权力较小,只是负责审查和甄别,然后向公司的采购委员会提出接受或拒绝的建议。

2. 采购委员会

采购委员会通常由公司总部的各部门经理和商品经理组成,负责审查商品经理提出的新产品采购建议,做出是否购买的决策。由于商品经理掌握信息和提出建议,所以商品经理事实上具有决定性作用。采购委员会只是起到平衡各种意见的作用,在新产品评估和购买决策方面产生重要影响,并代替商品经理向供应商提出拒绝购买的理由,充当二者之间的调解人。

3. 分店经理

分店经理是连锁超市下属各分店的负责人,掌握着分店一级的采购权。美国连锁超市各个分店的货源有 2/3 是由分店经理自行决定采购的。即使某种产品被连锁超市总部的采购委员会接受,也不一定被各个分店接受,这加大了制造商的推销难度。

(三)中间商购买决策过程

中间商购买决策过程与消费者购买决策过程有相似之处,但也有许多不同,可以说没有一个统一模式。中间商实际购买的典型过程一般可分为以下几个阶段:

1. 提出需要

提出需要是指中间商认识自己的需要,明确所要解决的问题。中间商认识需要也如同生产者一样由两方面的刺激引起,即内在需要和外在刺激。

(1)内在需要。内在需要是指中间商通过对销售业绩以及产品组合的宽度、深度进行分析,对那些利润较低或无利润的产品进行撤货或者更换。

(2)外在刺激。外在刺激是指由于竞争对手率先推出花色品种更好、性价比更优的产品,迫使中间商选择更具竞争力的产品,对以往的产品目录重新进行审定。

2. 确定需要

确定需要是指中间商根据自己的产品组合策略确定所需产品特性及需要量,如产品的可靠性、耐用程度、价格和其他必备的属性,并按其重要性加以排序。

3. 说明需要

这一过程是进一步对所需产品的规格型号等进行详细的技术说明,如产品的品种、规格、质量、价格、数量和购进时间等,并形成书面材料作为采购人员采购时的依据。

4. 物色供应商

这一过程是指采购人员根据采购说明书的要求,通过多种途径搜集信息,然后对供应商的生产、供货、人员配备及信誉等方面进行调查,从中选出理想的供应商作为备选。

5. 征求供应建议书

征求供应建议书是指向合格的备选供应商发函,请其尽快寄来供应建议书,如果是第一次购买复杂、贵重的产品,则更需要详尽的材料。卖方企业为得到订单,在这一阶段要特别注意提供详尽的书面申请,除对产品详加介绍外,还要强调本企业的生产能力和资源条件等。

6. 选择供应商

中间商采购中心的成员将对各供应商提供的报价材料一一评价,经过比较,做出选择。他们通常特别重视以下因素:①交货能力;②产品质量、规格;③价格;④企业信誉及历来履行合同情况;⑤维修服务能力;⑥技术和生产能力;⑦财务状况;⑧对客户的态度;⑨地理位置。采购中心成员可通过对每位供应商在上述诸方面的表现评分,从中选出最具吸引力的供应商。此外,多数中间商不愿仅依靠单一的供应商,而是选取若干供应商,然后将其中较大的份额给予它们中的一个,这样,买方企业不会仅依赖一个供应商,而卖方企业为争得较大份额,则不得不竞相提供优惠条件。

7. 签订合同

选定供应商后,买方即正式发出订单,订单上写明所需产品的规格、数量、交货时间、退货条款、保修条件等。双方签订合同后,合同或订单副本被送到进货部门、财务部门及企业内其他有关部门。

8. 绩效评价

产品购进使用后,采购部门将与使用部门保持联系,了解该产品的使用情况、满意与否,并考察比较各供应商的履约情况,即对各个供应商的绩效加以评价,以决定今后对各供应商的态度,如维持、修正或终止供货关系。

(四)影响中间商购买行为的主要因素

中间商的购买行为同生产者市场一样,也受到环境因素、组织因素、人际因素和个人因素的影响。此外,采购者个人的购买风格也具有不可忽视的影响。罗格·A. 狄克森(Roger A. Dickinson)把采购者个人的购买风格分为以下七类:

1. 忠实采购者

这是指长期忠实地从某一供应商处进货的采购者。这类采购者对供应商是最有利的,供应商应当分析能使采购者保持"忠实"的原因,采取有效的措施使现有的忠实采购者保持忠实,同时将其他采购者转变为忠实的采购者。采购者忠实于某一渠道的原因有多种:首先是利益因素,对供应商的产品质量、价格、服务和交易条件感到满意或未发现更理想的替代者;其次是情感因素,长期合作,感情深厚,有过在困难时期互相帮助的经历,即使对方偶尔有不周之处也不计较,即使其他供应商的产品质量和交易条件与之相同或略优,也不愿轻易更换;最后是个性因素,该采购者认识稳定,习惯同自己熟悉的供应商打交道,习惯购买自己熟悉的产品。

2. 随机型采购者

这类采购者事先选择若干个符合自己的采购要求、满足自己长期利益的供应商,然后随机地确定交易对象并经常更换。他们喜爱变换和不断地尝试,对任何供应商都没有长期的合作关系和感情基础,也不认为某一供应商的产品和交易条件优于他人。对于这类采购者,供应商应在保证产品质量的前提下提供理想的交易条件,同时增进交流,帮助其解决业务和个人方面的有关困难,加大感情投资,使之成为忠实的采购者。

3. 最佳交易采购者

最佳交易采购者是指力图在一定时间和场合中实现最佳交易条件的采购者。这类采购者在与某一供应商保持业务关系的同时,还会不断地搜集其他供应商的信息,一旦发现产品或交易条件更佳的供应商,就立刻更换供应商进行购买。他们一般不会成为某一供应商的长期顾客,除非该供应商始终保持其他竞争者无法比拟的交易条件。这类采购者较为理性,不太受情感因素支配,关注的焦点是交易所带来的实际利益,供应商若单纯依靠感情投资来强化联系则难以奏效。最重要的是,密切关注竞争者的动向和市场需求的变化,随时调整营销策略和交易条件,提供比竞争者更好的产品和更多的利益。

4. 创造性采购者

创造性采购者是指经常对交易条件提出一些创造性的想法并要求供应商接受的采购者。这类采购者有思想、爱动脑、喜创新,常常提出一些新的、尝试性的交易办法,在执行决策部门制定的采购方案时,最大限度地运用自己的权限,按照自己的想法去做,对于交易中的矛盾分歧能提出多种解决方案以使双方接受,如果实在无法调和,则更换供应商。对于这类采购者,供应商要给予充分尊重,对好的想法给予鼓励和配合,对不成熟的想法也不能讥笑,在不损害自己根本利益的前提下,尽可能地接受他们的意见和想法。

5. 追求广告支持采购者

追求广告支持采购者是指把获得广告补贴作为每笔交易的一个组成部分,甚至是首要目标的采购者。这类采购者重视产品购进后的销售状况,希望供应商给予广告支持,以扩大影响,刺激需求。这种要求符合买卖双方的利益,在力所能及或合理的限度内,供应商可考虑给予满足。

6. 斤斤计较采购者

斤斤计较采购者是指每笔交易都反复地讨价还价,力图得到最大折扣的采购者。这类采购者自认为非常精明,每笔交易都要求对方做出特别大的让步,一些蝇头小利也不放过,只选择价格最低或折扣最大的供应商。与这类采购者打交道是比较困难的,让步太多则无利可图,让步太少则丢了生意。供应商在谈判时要有耐心和忍让的态度,以大量的事实和数据说明自己已经做出了最大限度的让步,争取与之达成交易。

7. 琐碎采购者

这类采购者每次购买的总量不大,但品种繁多,重视不同品种的搭配,力图实现最佳产品组合。供应商与这类采购者打交道会增加许多工作量,如算账、开单、包装和送货等,应当提供细致周到的服务,不能有丝毫厌烦之意。

四、政府市场与非营利组织市场的购买行为

(一)政府市场购买行为分析

1. 政府采购的特点

(1)行政性。政府采购决策是一种行政性的运行过程,要严格遵守行政决策的程序和过程,要代表政府的意志,遵循组织原则,并非将经济利益作为唯一的评价标准。

(2)社会性。政府要承担社会责任和公共责任,其包括采购行为在内的所有行为不能只对政府机构负责,而必须对全社会负责,所以其采购行为必然要综合考虑对环境、就业以及国家安全等各方面的影响。同时,政府采购行为的本身也要接受社会的监督。相比企业采购要接受董事会和股东的监督而言,其接受监督的范围要大得多。

(3)法制性。在依法治国的国家中,政府行为的基本特征是必须在法律的范围内运行,所有行为必须符合法律的规范和原则。所以政府采购的对象、程序和操作都必须用法律的形式加以规定并严格执行。

(4)广泛性。政府是对国家和社会实行管理和服务的机构,其涉及的事务范围极其广泛,政治、

经济、军事、教育、医疗卫生、资源开发、环境保护,几乎无所不包,所以其采购的领域必然也十分广泛,涉及的货物、工程和服务与众多产业有关,从而也给各行各业创造了市场机会。

2. 政府市场购买过程的参与者

(1)行政部门的购买组织。例如,国务院各部、委、局,省、自治区、直辖市所属各厅、局,市、县所属各科、局等。这些机构的采购经费主要由财政部门拨款,由各级政府机构的采购办公室具体经办。

(2)军事部门的购买组织。军事部门采购的军需品包括军事装备(武器)和一般军需品(生活消费品)。各国军队都有国防部和国防后勤部,国防部主要采购军事装备,国防后勤部主要采购一般军需品。在我国,国防部负责重要军事装备的采购和分配,后勤保障部负责采购和分配一般军需品。此外,各大军区、各兵种也设立后勤部负责采购军需品。

3. 影响政府购买行为的主要因素

(1)受到社会公众的监督。虽然各国的政治经济制度不同,但是各国政府的采购工作都受到各方面的监督。主要监督者有:①国家权力机关和政治协商会议;②行政管理和预算办公室;③传播媒体;④公民和社会团体。

(2)受到国际国内经济形势的影响。政府在经济高涨时期会增加支出,在经济疲软时期会减缩支出。国家经济形势不同,政府用于调控经济的支出也会随之增减。例如,我国出现"卖粮难"现象时,政府按照最低保护价收购粮食,增加了政府采购支出。美国前总统罗斯福在经济衰退时实行"新政",由国家投资,增加物资储备和基础设施建设,刺激了经济增长。

(3)受到国际国内政治形势的影响。例如,当国家安全受到威胁或出于某种原因发动对外战争时,军备开支和军需品需求就大;而在和平时期,用于经济建设和社会福利的支出就大。

(4)受到自然因素的影响。各类自然灾害会使政府用于救灾的资金和物资大量增加。

4. 政府购买方式

(1)公开招标。公开招标采购就是不限定投标企业,按照一般的招标程序所进行的采购方式。这种采购方式对所有的投标者是一视同仁的,主要看其能否更加符合招标项目的规定要求。由于整个招标、评标过程会耗费大量的费用,所以公开招标一般要求采购项目的价值比较大。

(2)邀请招标。邀请招标采购是指将投标企业限定在一定的范围内(一般必须3家以上),主动邀请它们进行投标。邀请招标的原因,一方面是所采购货物、工程具有一定的特殊性,只能向有限范围内的供应商进行采购;另一方面是进行公开招标所需费用占采购项目总价值的比例过大,即招标成本过高。所以,对于采购规模较小的政府采购项目一般会采用邀请招标的方式。

(3)竞争性谈判。竞争性谈判是指采购单位采用与多家供应商同时进行谈判,并从中确定最优供应商的采购方式。不采用招标方式而采用竞争性谈判的采购方式,一般适用于需求紧急、不可能有充裕的时间进行常规性的招标采购,或招标后没有合适的投标者,或项目技术复杂、性质特殊无法明确招标规格等情况。

(4)单一来源采购,即定向采购。虽然所采购的项目金额已达到必须进行政府采购的标准,但由于供应来源因资源专利、合同追加或后续维修扩充等原因只能是唯一的,所以适合采取单一来源的采购方式。

(5)询价采购。这主要是指采购单位向国内外的供应商(通常不少于3家)发出询价单,让其报价,然后进行比较选择,确定供应商的采购方式。询价采购一般适用于货物规格标准统一、现货货源充足且价格变化幅度较小的政府采购项目。某些急需采购的项目或招标谈判成本过高的项目,也可采用询价采购的方式。

以上采购方式主要是指列入政府采购管理范围的采购项目的采购。列入政府采购管理范围主要是指两方面：一是属于法定的"集中采购目录"之内的采购项目；二是达到所规定的采购金额标准的采购项目。规定的采购金额标准（通常也称作"门槛价"），是由政府有关部门（一般必须由财政部门参与）根据实际情况规定的。在采购金额标准以下的采购项目，一般不受政府采购有关程序的约束，但也要求采用比价择优的方式。

（二）非营利组织市场的购买行为分析

1. 非营利组织市场的类型

（1）履行国家职能的非营利组织。指服务于国家和社会，以实现社会整体利益为目标的有关组织，包括各级政府和下属各部门、保卫国家安全的军队、保障社会公共安全的警察和消防队、管制和改造罪犯的监狱等。

（2）促进群体交流的非营利组织。指促进某群体内成员之间的交流，沟通思想和情感，宣传普及某种知识和观念，推动某项事业的发展，维护群体利益的各种组织，包括各种职业团体、业余团体、宗教组织、专业学会和行业协会等。

（3）提供社会服务的非营利组织。指为某些公众的特定需要提供服务的非营利组织，包括学校、医院、红十字会、卫生保健组织、新闻机构、图书馆、博物馆、文艺团体、基金会、福利和慈善机构等。

2. 非营利组织的购买特点

（1）限定总额。非营利组织的采购经费总额是既定的，不能随意突破。例如，政府采购经费的来源主要是财政拨款，拨款不增加，采购经费就不可能增加。

（2）价格低廉。非营利组织大多数不具有宽裕的经费，在采购中要求商品价格低廉。政府采购用的是纳税人的钱，更要仔细计算，用较少的钱办较多的事。

（3）保证质量。非营利组织购买商品不是为了转售，也不是使成本最小化，而是维持组织运行和履行组织职能，所购商品的质量和性能必须保证实现这一目的。例如，医院以劣质食品供应病人就会损害声誉，采购人员必须购买价格低廉且质量符合要求的食品。

（4）受到控制。为了使有限的资金发挥更大的效用，非营利组织采购人员受到较多的控制，只能按照规定的条件购买，缺乏自主性。

（5）程序复杂。非营利组织购买过程的参与者较多，程序也较为复杂。例如，政府采购要由许多部门签字盖章，受许多规章制度约束，要准备大量的文件，填写大量的表格，遇到官僚作风严重的人则更加难办。

3. 非营利组织的购买方式

（1）公开招标选购，即非营利组织的采购部门通过媒体发布广告或发出信函，说明拟采购商品的名称、规格、数量和有关要求，邀请供应商在规定的期限内投标。有意向争取这笔业务的企业要在规定时间内填写标书，密封后送交非营利组织的采购部门。招标单位在规定的日期开标，选择报价最低且其他方面符合要求的供应商作为中标单位。

采用这种方法，非营利组织处于主动地位，供应商之间却会产生激烈竞争。供应商在投标时应注意以下问题：①自己产品的品种、规格是否符合招标单位的要求。非标准化产品的规格不统一，往往成为投标的障碍。②自己的产品能否满足招标单位的特殊要求。许多非营利组织在招标过程中经常附带提出一些特殊要求，比如提供较长时间的维修服务、承担维修费用等。③中标欲望的强弱。如果企业的市场机会很少，迫切地需要赢得这笔生意以维持经营，就要降低标价；如果还有其他更好的机会，只是来尝试一下，则可提高标价。

（2）议价合同选购，即非营利组织的采购部门同时和若干供应商就某一采购项目的价格及有关交易条件进行谈判，最后与符合要求的供应商签订合同，达成交易。这种方式适用于复杂的工程项目，因为其涉及重大的研究开发费用和风险。

（3）日常性采购，指非营利组织为了维持日常办公和组织运行的需要而进行的采购。这类采购金额较少，一般是即期付款、即期交货，如购买办公桌椅、纸张文具、小型办公设备等，类似于生产者市场的"直接重购"。

应知考核

一、单项选择题

1.（　　）是一切市场的基础，是最终起决定作用的市场。
A. 生产者市场　　B. 中间商市场　　C. 消费者市场　　D. 批发商市场

2. 随着手机科技含量的提高，消费者对手机的需求水准也会不断提高，同时也可能在不同品牌中进行更换。这体现了需求的（　　）。
A. 多变性　　B. 差异性　　C. 零散性　　D. 可诱导性

3. 消费者做出决定后，并不一定马上付诸行动。这体现了消费者购买行为分析的（　　）。
A. 为什么购买　　B. 如何购买　　C. 何地购买　　D. 何时购买

4. 营销中有句话：老客户推荐一句抵过业务员推销十句。这体现了参照群体的（　　）。
A. 明星效应　　B. 专家效应　　C. "老客户"效应　　D. 朋友效应

5.（　　）决定了人们的收入和职业，进而影响人们的购买行为。
A. 年龄和家庭生命周期　　　　　　B. 性别
C. 职业　　　　　　　　　　　　　D. 受教育程度

6. 假如购买"老板椅"，要看它的款式、颜色，但一般差别不太大，消费者有喜欢的就会买回来。这体现了（　　）购买行为。
A. 复杂型　　B. 协调型　　C. 多变型　　D. 习惯型

7. 在生产者购买行为的主要类型中，最简单的采购是（　　）。
A. 直接重购　　B. 修正重购　　C. 全新采购　　D. 间接重构

8. 适用于复杂的工程项目，因为其涉及重大的研究开发费用和风险的是（　　）。
A. 日常性采购　　B. 公开招标选购　　C. 议价合约选购　　D. 竞争性谈判

9. 如购买办公桌椅、纸张文具、小型办公设备等，类似于生产者市场的"直接重购"，应选用（　　）。
A. 日常性采购　　B. 公开招标选购　　C. 议价合约选购　　D. 竞争性谈判

10. 货物规格标准统一、现货货源充足且价格变化幅度较小的政府采购项目，一般应选用（　　）。
A. 公开招标　　B. 邀请招标　　C. 竞争性谈判　　D. 询价采购

二、多项选择题

1. 影响消费者购买行为的主要因素包括（　　）。
A. 文化因素　　B. 社会因素　　C. 个人因素　　D. 心理因素

2. 个人因素是影响消费者购买行为的主要因素，包括职业、经济状况和（　　）等。
A. 生理　　B. 思维和学习　　C. 生活方式　　D. 个性

3. 马斯洛认为人类的需要可按层次排列，共分为五层，分别为生理需要、安全需要和（　　）。
A. 社交需要　　B. 尊重需要　　C. 心理需要　　D. 自我实现需要

4. 消费者的购买决策过程通常会经历确认需要、收集信息、（　　）等几个阶段。

A. 比较评价　　　　B. 购时体验　　　　C. 决定购买　　　　D. 购后感觉
5. 政府采购的主要特点有(　　)。
A. 行政性　　　　　B. 社会性　　　　　C. 法制性　　　　　D. 广泛性

三、判断题
1. 消费者市场是一切市场的基础,是最终起决定作用的市场。　　　　　　　(　　)
2. 通常来讲,配偶、同事、朋友、专家、名人等最容易成为参与购买的人。　　(　　)
3. 影响消费者心理活动过程的主要因素有动机、知觉、学习和态度等。　　　(　　)
4. 多变型购买行为是指买米、盐和油之类的商品。　　　　　　　　　　　　(　　)
5. 直接重购这类购买行为较为复杂,参与购买决策的人数较多。　　　　　　(　　)

四、简述题
1. 简述消费者市场的特点。
2. 简述消费者购买决策过程。
3. 简述组织市场的特点。
4. 简述影响生产者购买决策的主要因素。
5. 简述影响中间商购买行为的主要因素。

应会考核

■ 观念应用

【背景资料】

答案茶——一杯可以"占卜"的奶茶

"答案茶——一杯可以'占卜'的奶茶"突然在抖音上走红,各家媒体争相报道,答案茶店每天更是门庭若市。答案茶的爆发,得到了众多消费者的青睐,也吸引了众多加盟商的眼球。

产品本身是一个品牌的关键。相比其他多数奶茶,答案茶的口感醇厚,茶乳的比例适当,不但有茶的清香,还有奶的甘醇,味道独特。

其中最受消费者欢迎的,便是可以"占卜"的奶盖系列。顾客把自己的问题写在杯套上,将会得到一杯上面印有答复的奶茶。这样的答复模式与之前很火的《解忧杂货铺》类似,目的是给迷茫的提问者指引一个方向,给人一种心安的感觉。不得不说,这是一款有趣好玩的产品。

答案茶的大部分用户为年轻人,而这部分人对新鲜事物的接受程度较高。另外,答案茶又自带社交属性,会让很多人想要发小视频来说明它的神奇。答案茶在美食App上也是异常火爆,借助社交媒体的传播,这个品牌很快走进了大众的视野。

答案茶不仅让每一位顾客体验到获取答案的神秘感,而且无形之中也为自己的品牌做了一次成功的宣传。答案茶本身就具备一定的人气,吸引无数年轻人去店内"打卡"。他们往往把这种新式的奶茶用手机视频记录下来,分享到朋友圈。这样就达到了将沟通从线下转至线上,然后再把线上流量转化为线下消费的目标。

答案茶能在众多奶茶饮品中脱颖而出,正是因为它诞生于互联网大环境下,从产品本身出发,在内容上创新,以匠心独运的切入点,贴合年轻一代的消费心理,因有趣好玩而在各个社交媒体上广泛传播。

【考核要求】

1. 按照消费者需要产生的过程来看,答案茶是如何刺激消费者产生购买欲望的?
2. 消费者购买奶茶属于哪一种购买类型?这种购买类型有何特点?

■ 技能应用

"小米之家"

在印度南部城市班加罗尔的"小米之家",消费者的购物热情似乎并没有受4月中旬闷热气候的影响。面积只有70多平方米的"小米之家",陆陆续续进来了10余名顾客。这些人大多没有犹豫,而是直接走向柜台,向店员说出想要的机型,然后付款完成交易。两三分钟内,一部小米手机就这样销售出去。据观察,这家店1小时内共售出了18台小米手机;也就是说,平均每3分钟就能卖出1台。在一家招牌上印有"vivo"的零售店里,一名印度顾客看中了蓝色的红米5A手机,这是红米系列手机中的一款相对低端的机型,官方售价为5 999卢比(约合人民币573元)。

【技能要求】
1. 顾客进店前,对小米手机是否有所了解?
2. 在一家招牌上印有"vivo"的零售店里,顾客选择小米而没有选择vivo的动机可能是什么?哪些因素会影响顾客的购买行为?

■ 案例分析

【分析情境】

"万宝路"为什么会变得如此令人青睐?

万宝路诞生于1924年。当时,美国刚刚解除不许妇女在公共场所吸烟的禁令,精明的烟草商菲利普·莫里斯公司立即抓住这个机会,推出了以妇女为主要对象的万宝路香烟,并展开了广告促销攻势,力图在这个新市场中分得一杯羹。"像五月的天气一样柔和",就是当时他们采用的一句广告词。用如此温情脉脉的词句为万宝路做广告,在今天看来简直不可思议,但在当时完全符合情理,因为万宝路就是专为女士设计生产的香烟。然而,落花有意,流水无情。尽管莫里斯公司使尽浑身解数,但是吸烟妇女仍然很少垂青万宝路,经营陷于困境。

在无可奈何的情况下,莫里斯公司只好向美国著名的广告商李奥·贝纳寻求妙计良策。李奥·贝纳通过对消费者心理、潜在需求和市场状况进行周密的调查之后发现,万宝路在女性香烟市场上东山再起的希望确实渺茫,与其让它苦苦挣扎,倒不如另辟蹊径,为它塑造一个全新的形象。于是他建议:忘掉这个带有脂粉气的香烟,用同一个牌子创造出一个具有男子汉气派的香烟来。

这一另辟蹊径的大胆举动,得到了莫里斯公司领导人的首肯。于是,李奥·贝纳将设想付诸行动,首先将莫里斯公司发明的平开盒盖用在万宝路上,使它有一个全新的外观;然后和同事们反反复复地研究比较,寻找一个为公众所认可的、最具有男子气派和美国风格的广告形象。曾经采用马车夫、潜水员、农夫等作为具有男子汉气概的广告男主角,经过多次筛选,最后选用西部牛仔充当万宝路广告的主角:一个目光深沉、皮肤粗糙、浑身散发着粗犷、豪气的英雄男子汉,在广告中袖管高高卷起,露出多毛的手臂,手指总是夹着一支冉冉冒烟的万宝路香烟。李奥·贝纳还特意要求在拍摄广告时使用近镜头,以突出其豪迈剽悍的性格。

这则洗尽女人脂粉味的广告于1954年问世,它给万宝路带来了巨大财富。仅1954年至1955年间,万宝路销售量提高了三倍,一跃成为全美第十大香烟品牌。现在万宝路每年在全球销售香烟3 000亿支,世界上每抽掉四支烟,其中就有一支是万宝路。

【分析要求】
1. "万宝路"为什么会变得如此令人青睐?
2. 在万宝路由衰而盛的经验中,有哪些方面值得我们借鉴?我们能从中得到哪些有益的启示?

3. 结合我国情况,谈谈如何运用消费者购买行为理论为企业促销服务。

项目实训

【实训项目】
消费者购买行为

【实训目标】
通过角色扮演让学生得到各种角色锻炼的机会,充分调动并提高学生的积极性和参与度。学生在角色扮演中思考、分析影响消费者购买行为的因素。通过模拟活动加深学生对"消费者购买行为"的认识和理解,学会简单的门店销售技能。

【实训内容】
有一次,张华和朋友去逛成都春熙路的商业街,想顺便买一双运动鞋。他们走进第一家店,店铺里有两名店员,其中一名年纪较大,正在接待一对夫妻。看到他们进店,这名店员很热情,问他们需要买什么款式的鞋子。当她得知他们需要看一下时尚新颖的运动鞋时,就把他们带到了时尚款式区域,在向他们简单推荐后,就匆忙去招呼那对正在试穿的夫妻了。随后,她在两对顾客中穿梭,当然主要精力放在那对已经在试穿的顾客身上。另一名店员可能是新来的,只能在旁边打下手,不是特别主动地询问他们的需求。当时张华看中一款很喜欢的鞋子,但是价格比预算高一些,因为时间还早,他们决定再去其他商店看看。

他们走进第二家店,张华看到了一双价格和款式都很满意的鞋子,当时很想购买,但是朋友说款式不好,让张华再走几家看看。接待张华的店员对张华说:"先生,鞋是您自己穿,只要自己感觉好就可以,不要在乎其他人的看法。"她这句话一下子让张华的朋友很生气,朋友一个劲儿地催张华走。结果那个销售员还是一个劲儿地给张华讲要有自己的主意,不要在乎别人的看法。张华朋友皱着眉头在张华耳边说,去其他店看看。为了照顾朋友的面子,张华就只好先不买了。

其后他们又去了几家店,也没有什么合适的款式,时间越来越晚了。张华和朋友决定回到第一家店去采购当时相中的款式。在回去的路上,看见附近还有一家鞋店,他们就走了进去。店铺里只有一名销售员,她的笑容很灿烂,服务很热情,令张华很愉快。更重要的是,鞋子价格同张华的预算差不多。因为时间原因,张华就选了一双,试穿了一下,感觉比较满意,就买下了。

【实训要求】
1. 将学生分为若干组,5~6人一组。
2. 每组讨论背景资料中影响消费者购买行为的因素、消费者购买行为的过程。
3. 选择两组进行消费者购买行为的情景表演。角色分配:主持人(负责开场及一些必要的旁白),售货员(店员甲、店员乙、店员丙、店员丁),张华,陪同张华的朋友。
4. 小组讨论门店售货员应该怎样接待顾客。
5. 选择三组(每组一名同学)汇报小组讨论结果。
6. 将实训报告填写完整。

"消费者购买行为"实训报告

项目实训班级：	项目小组：	项目组成员：
实训时间： 年 月 日	实训地点：	实训成绩：

实训目的：

实训步骤：

实训结果：

实训感言：

不足与今后改进：

项目组长评定签字：　　　　　　　　　　　　　项目指导教师评定签字：

项目四　目标市场细分

● 知识目标

　　理解：市场细分的概念和作用；目标市场的概念；市场定位的概念。
　　熟知：市场细分的层次、市场细分的原则和标准；目标市场应该具备的条件。
　　掌握：市场细分的程序和方法；目标市场的选择；市场定位策略和方法。

● 技能目标

　　能够运用市场细分方法对消费者市场或生产者市场进行细分；运用所学知识选择和确定目标市场；能够对目标市场进行市场定位，科学研判，初步具备目标市场营销意识以及对企业目标市场的观察能力和判断能力。

● 素质目标

　　运用所学的目标市场细分知识研究相关事例，培养和提高学生在特定业务情境中分析问题与决策设计的能力；结合行业规范或标准，运用知识分析行为的善恶，强化学生的职业道德素质；善于利用市场细分，发现企业的目标市场；在关注目标消费者利益的前提下，树立正确制定目标市场策略的职业操守。

● 思政目标

　　培养并践行社会主义核心价值观，增强社会责任感和奉献意识、竞争意识、担当意识；树立中国制造大局观，培养质量意识、企业家精神和工匠精神；用长远的眼光看世界、看未来，确定市场的需求和欲望，有效传送目标市场的期望和满足。

● 项目引例

米勒公司创造销售奇迹的诀窍

　　1970年前，米勒公司是一家业绩平平的企业，在全美啤酒行业中排名第七，市场占有率仅为4%。到了1980年，米勒公司的市场份额已高达21.1%，总销售收入达26亿美元，成为市场的龙头老大，被人们称为"世纪口味的啤酒公司"。米勒公司是怎样创造这一奇迹的呢？

　　原来，20世纪70年代后，米勒公司在做出新的营销决策前，先对市场做了认真的调查。他们发现：根据对啤酒饮用程度的不同，可将消费人群分为两类：一类是轻度饮用者；另一类是重度饮用者,后者的饮用量是前者的8倍。

结果一出来,米勒公司马上意识到他们面对的是一个怎样的消费群体:多数为蓝领阶层,年龄在30岁左右,爱好体育运动。于是,米勒公司果断地决定对"海雷夫"啤酒进行重新定位,改变原先在消费者心中"价高质优的精品啤酒"形象,将其消费人群从原先的妇女及社会高收入者转向"真正爱喝啤酒"的中低收入者,并为此重新设计了面向喜好运动的蓝领阶层的广告:年轻人骑着摩托车冲下陡坡,消防队员紧张地灭火,船员们在狂风巨浪中驾驶轮船……甚至还请来了篮球明星助阵。为配合广告攻势,米勒还推出一种容量较小的瓶装"海雷夫",很好地满足了那些轻度饮用者的需求——少量。新产品上市后,市场反应热烈,很快赢得了蓝领阶层的喜爱。接着,该公司又进入其细分出来的另一个市场——低热度啤酒市场。刚开始,许多啤酒商并不看好米勒公司的这一决策,认为他们进入了一个"根本不存在的市场"。但米勒公司并没有放弃,他们依然从广告宣传着手,反复强调该种啤酒——"莱特"——的特点:低热度,不会引起腹胀,口感与"海雷夫"一样好。同时,还对"莱特"进行了重新包装,在设计上给人以高质量、男子气概浓、夺人眼目的感觉。在强大的广告攻势下,整个美国当年的销售额就达200万箱,并在之后几年迅速上升。

在占领了低档啤酒、低热度啤酒这两个细分市场之后,米勒公司又开始了新的挑战——进军高档啤酒的细分市场,将原本在美国很受欢迎的德国啤酒"老温伯"买了下来,开始在国内生产。广告宣传中,一群西装革履的雅皮士们高举酒杯,说着"老温伯"。这一举措大大击垮了原先处于高档啤酒市场领导地位的"麦可龙"。

● **引例讨论**
米勒公司创造销售奇迹的诀窍何在?

● **引例导学**
从引例可见,米勒公司之所以能创造销售奇迹,是STP策略的成功运用。"STP"是"市场细分""目标市场选择"和"市场定位"三个词组的英文首字母组合。在这里:"S"是指Segmenting Market,即市场细分;"T"是指Targeting Market,即目标市场选择;"P"是指Positioning Market,即市场定位。企业在营销过程中,要根据实际情况科学地进行市场细分,正确地选择目标市场,准确地进行市场定位。

● **知识精讲**

任务一 市场细分

一、市场细分的概念和作用

(一)市场细分的概念

市场细分是指企业根据消费者需求的差异性,把某一产品(或服务)的整体市场划分为若干个消费者群的过程。每一个消费者群就是一个细分市场,又称"子市场"或"亚市场",每一个细分市场都是由在需求上具有某种相似特征的消费者构成的消费者群。市场细分是由美国市场营销学家温德尔·史密斯于1956年提出来的,市场细分的概念是市场营销理论的新发展,是企业贯彻市场营销观念的必然产物。

市场细分不是对产品分类,而是对同种产品需求各异的消费者进行分类。消费者的需求、欲望、购买行为及购买习惯的差异性,是市场细分的重要依据。

一般来说,经济越发达,市场的划分就越细,其主要原因是消费者的需求差异性更大。

(二)市场细分的作用

1. 市场细分有利于企业发现新的市场机会

所谓市场机会,是指市场上客观存在的尚未得到满足或未能充分满足的消费需求。通过市场细分,企业既可分析与了解各类消费者的情况(即哪一类消费者的需求已经得到满足、哪一类尚未有合适的产品去满足、哪一类满足的程度还不够),也可分析并了解在各个细分市场上,哪些竞争激烈、哪些平缓、哪些有待发展,等等。有了这些分析与了解,企业就可结合自身的具体情况,选择恰当的目标市场。

2. 市场细分有利于增强企业的应变能力,提高竞争力

进行市场细分后,企业在所选择的目标市场上开展营销工作,由于范围相对缩小,服务对象具体明确,增强了企业调研的针对性。市场细分便于企业认识和掌握顾客的需求特点,了解消费者对不同营销手段反应的差异性,使企业能够及时、准确地调整产品的结构、价格、渠道和促销策略,以适销对路的产品、合理的价格、恰当的服务方式更好地满足消费者的需求。同时,在所选定的目标市场上,企业还可以更清楚地认识和分析各个竞争者的优势和不足,扬长避短,有针对性地开展经营活动。

3. 市场细分有利于提高企业的经济效益

企业进行市场细分后,可根据企业自身的条件,选择恰当的目标市场,避免在整体市场上分散使用力量,使企业有限的"人、财、物"资源集中使用于一个或几个细分市场,形成局部市场优势,从而产生节约经营费用、提高经济效益的效果。

4. 市场细分有利于提高社会效益

在市场细分的基础上,企业可以不断发现和利用市场上客观存在的各种未被满足或未被充分满足的需要,从而促使企业热心开发新产品。这样,企业产品的花色品种就会日益丰富繁多,从而既丰富了人们的物质文化生活,也推动了社会效益的提高。

【同步案例 4-1】 零食消费男女有别,细分市场有潜力

为了解儿童对零食的消费情况,架起食品生产商与市场沟通的桥梁,北京一家调查公司对北京、上海、广州、成都、西安五大消费先导城市的儿童零食消费市场进行了一次调查。调查以街头拦截访问方式进行,调查对象为0~12岁儿童的家长和7~12岁的儿童。调查结果如下:

(1)女孩偏爱果冻和水果,男孩偏爱饮料和膨化食品。

男孩、女孩对零食消费表现出不同程度的偏爱。调查显示:女孩爱吃果冻和水果的比例均比男孩高出8个百分点左右,对于冰激凌、巧克力和面包的喜爱率也分别高出男孩5.2~6.8个百分点;男孩更偏爱饮料和膨化食品,喜爱率比女孩分别高出近3个百分点和1个百分点。

(2)9岁以下儿童喜爱吃饼干和饮料,10岁以上儿童偏爱巧克力和膨化食品。

对五个城市有独立回答能力的7~12岁儿童的调查显示,不同年龄的儿童对零食的偏好也有所不同:年龄小的儿童爱吃饼干和饮料,年龄大的儿童爱吃巧克力和膨化食品。调查还显示,在爱吃饼干和饮料的儿童中,7~9岁比10~12岁的儿童均多出9个百分点以上;在爱吃巧克力和膨化食品的儿童中,10~12岁比7~9岁的儿童分别多出7个和5个百分点以上。

(3)零食消费中果冻独占鳌头。

①城市儿童对果冻有特别的偏好。果冻食品以其新鲜的口味、科学的营养成分及细腻爽滑的口感,成为城市儿童最喜爱吃的零食。调查显示,六成以上的儿童爱吃果冻;其次是水果,占57.2%;最后是饮料,占51.7%。

②经常购买果冻的儿童家长每年在果冻上的花费超过百元。五个城市中,经常购买果冻的家

长一年用于果冻的花费大约为105.9元。分城市看,广州和成都的家长一年在果冻上的开销较高,分别达到174.1元和170.7元,居于前两位;北京和上海的家长花费分别为66.3元和56元,分列第三、第四位;相比之下,西安的儿童家长一年花费在果冻上的开销最低,仅为22.3元。

③一批果冻品牌已确立市场地位。"喜之郎"以其强大的广告攻势及优良的品质不仅赢得了孩子们的喜欢,也赢得了家长们的心。本次调查显示,"喜之郎"在儿童家长中的综合知名度最高,提及率达到90%;"乐百氏"和"旺旺"的提及率也超过五成,分别为66.2%和53.9%;"徐福记"和"波力"的提及率分别为42.8%和35.2%,分列第四、第五位。

思考:对城市儿童零食消费市场中男女孩消费品种和比例进行调查,与市场细分有何关系?在企业营销过程中,这种调查有何用处?为什么?

二、市场细分的层次

根据细分程度的不同,企业可以采取大众市场营销、细分市场营销、补缺市场营销和微市场营销(如图4—1所示)。

大众市场营销 → 细分市场营销 → 补缺市场营销 → 微市场营销
无市场细分　　　　　　　　　　　　　　　　　　完全市场细分

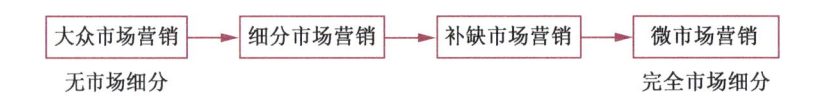

图4—1　市场细分的层次

(一)大众市场营销

大众市场营销(mass marketing),即企业不对市场进行细分,以整个市场中的共性部分作为目标,对所有顾客采用同一种方法大批量生产、分销和促销同一种产品。大众营销战略的主要优势是,由于大量营销,品种少、批量大,可降低生产成本和经营成本,提高利润率。随着消费者需求日益多样化和分销渠道增加,商家发现已经很难用一种产品或营销方案去迎合多样的购买群体,他们纷纷从大众营销转移到细分市场营销。

(二)细分市场营销

采用细分市场营销(segment marketing)的企业将整个市场划分为几个较大的细分市场,然后为其中的一个或几个子市场提供相应的产品和服务,制定相应的营销策略。这一层次的细分市场由一个市场中有较大区别的购买者群体组成。虽然购买者需要、购买力、购买态度、购买习惯并非完全相同,但企业不会将产品或服务按每个顾客的要求来定做,而是试图将构成市场的某些大细分市场分离出来。属于同一细分市场的购买者,他们的需要被认为十分相似。例如,许多汽车公司就根据不同消费者的收入和年龄组合来细分市场。与大众市场营销相比,细分市场营销能够使企业更有效地开展营销活动。

(三)补缺市场营销

通常来说,细分市场是整个市场中较大的易识别群体,而补缺市场营销(niche marketing)则将细分市场划分为亚细分市场,关注那些需求没有得到满足的小市场。细分市场较大且通常吸引不少竞争者,而补缺市场较小且吸引少数竞争者。补缺市场营销人员可以充分了解该市场消费者的需求,以至于他们愿意支付更高的价格。利用补缺市场营销,小公司能将有限的资源集中在大竞争者忽略的补缺市场上,进而获得丰厚利润和发展。

(四)微市场营销

微市场营销(micro marketing)是指企业根据特定个人和特定地区的需求制定产品和营销策略,包括本地化营销和个性化营销。本地化营销(local marketing)是指根据当地顾客群的需求来制订产品和营销计划。例如,书店往往依据不同的聚居区地理位置,有所侧重地供应各种不同类型的图书。个性化营销(individual marketing)是市场细分的极限层次,也可称为"定制营销"或"一对一营销",即根据单个消费者的需求和偏好来调整产品和营销方案。随着科学技术的发展,特别是数据库、互联网等技术的不断发展,企业可以考虑实行个性化营销。

三、市场细分的原则和标准

(一)市场细分的原则

1. 可衡量性

可衡量性是指企业对细分市场的购买力、市场需求和市场规模能够进行数量化的准确评估,并可以获取有关顾客的具体资料。而有些细分标准不易获取,或令人捉摸不定,难以衡量和测算,企业不能将其作为细分标准。

2. 可进入性

可进入性是指企业细分出来的市场是通过营销努力能够进入的市场。企业首先要具备进入这些市场的资源和实力;其次,企业能够通过适当的媒体把产品信息传递给顾客;最后,企业的产品能够通过一定的渠道抵达该市场。

3. 可营利性

可营利性是指细分出来的市场要有足够的市场容量,使企业能够获得目标利润。如果市场容量太小、分得过细,则产品销量和盈利都得不到保证,就不能作为细分标准。当然,市场容量不仅要考虑现实的购买力,还要考虑未来的购买潜力,这样的细分市场才有发展前途。

【拓展阅读4-1】 福特汽车公司的侏儒特制汽车构想

福特汽车公司为了更好地满足特殊消费者的需求,在20世纪50年代打算专门为1.2米以下的侏儒生产特制汽车,这需要特殊的产品设计、不同的生产线及组装设备,导致成本剧增。通过市场调研与细分后,发现这一汽车细分市场的需求极其有限,人数较少,盈利前景暗淡,最终放弃了这一构想。

4. 相对稳定性

相对稳定性是指细分出来的市场必须在一定时期内保持相对稳定,以便企业制定长期的营销策略,有效地开拓并占领该目标市场,以获取预期收益。若细分市场变化过快,将会增加企业的经营风险。因此,目标市场要能保证企业在相当长的一个时期经营稳定,避免目标市场变动过快给企业带来风险和损失,保证企业取得长期稳定的利润。

5. 反应的差异性

反应的差异性是指不同的细分市场在观念上能被区别,并且对企业采用的不同营销组合因素和方案有不同的反应。例如,在已婚和未婚的妇女中,对香水的反应基本相同,这样的细分就不应该继续下去。

(二)市场细分的标准

消费者市场细分的标准主要分为四大类:地理细分、人口细分、心理细分、行为细分。各类细分标准见表4-1。

表4-1　　　　　　　　　　消费者市场细分的标准

细分标准	具体变量
地理细分	国家、地区、城市、乡村、城市规模、人口密度、气候、地理地貌等

续表

细分标准	具体变量
人口细分	年龄、性别、家庭规模、家庭收入、文化水平、职业、宗教信仰、国籍、民族、家庭生命周期等
心理细分	消费者的个性、购买动机、价值取向、生活方式、社会阶层等
行为细分	消费者购买动机,购买状况,使用习惯,对品牌的忠诚程度,对质量、广告和服务的信赖程度等

1. 地理细分

所谓地理细分,是指按照消费者所处的地理位置或自然环境来划分市场,其具体变量包括国家、地区、城市、乡村、城市规模、人口密度、气候、地理地貌等。处在同一地理条件下的消费者,他们的需求有一定的相似性,对企业的产品、价格、分销、促销等营销措施也会产生类似的反应。地理标准的具体变量包括国别、气候、城乡、地理位置、交通环境等。处于不同地理环境下的消费者,对于同一类产品往往形成不同的消费习惯和偏好,具有不同的需求特点,企业可以采取不同的营销措施与策略与之相适应。

2. 人口细分

所谓人口细分,是指按照人口统计因素来划分市场,其具体变量包括年龄、性别、家庭规模、家庭收入、文化水平、职业、宗教信仰、国籍、民族、家庭生命周期等。例如,玩具市场可以用年龄和性别来加以细分。从年龄的角度来说,1岁以下的婴儿喜欢颜色鲜艳、能够活动的玩具,3～4岁的儿童则比较喜欢有一定挑战性的智力玩具。从性别的角度来说,男宝宝对玩具车、玩具枪比较感兴趣,而女宝宝则对布娃娃之类的玩具更感兴趣。性别细分尤其适用于服装市场和化妆品市场。最近,男士化妆品产业发展迅猛,许多以前主要生产女士化妆品的企业成功地拓展了男士产品线。例如,国货老品牌百雀羚就推出了一系列男士产品,市场反响良好。

【拓展阅读 4-2】 化妆品细分市场

对于化妆品市场,可以采用细分市场的方法找出市场空白点。日本资生堂公司曾对日本女性化妆品市场做过深入的调查,按照年龄把她们分为以下四类:第一类,15～17岁的女性。她们正当花季,讲究打扮,追求时髦,对化妆品的需求意识较为强烈,但购买的往往是单一的化妆品。第二类,18～24岁的女性。她们对化妆品也非常关心,消费积极,而且只要看到合心意的产品,即使价格昂贵也在所不惜。第三类,25～34岁的女性。他们大多数已婚,对化妆品的使用已经成为一种日常习惯。第四类,34岁以上的女性。她们对化妆品的需求比较朴素,而且比较单一。根据这样的细分结果,资生堂公司便有针对性地推出不同的产品。结果,市场效益大大超过了同行。

3. 心理细分

所谓心理细分,是指按照消费者的心理特征来细分市场,通常可以考虑以下因素:社会阶层、生活方式和性格特点等。心理标准的典型细分见表 4-2。

表 4-2　　　　　　　　　　　　　心理标准的典型细分

标　准	典型细分
社会阶层	白领、蓝领、金领
生活方式	事业型、朴素型、时髦型、知识型、娱乐型等
性格特点	外向型或内向型、理智型或冲动型、积极型或保守型

4. 行为细分

所谓行为细分,是指用购买行为作为细分市场的标准,通常可以考虑以下因素:购买时机、寻求利益、使用状况、使用频率、品牌忠诚度。此外,消费者对价格、服务、广告等营销因素的敏感度都可以作为企业进行市场细分的标准。

【做中学 4—1】 可口可乐为了细分市场,曾将其产品口味分成"一般的"和"加料的";后者又分成"苹果口味""香草口味"和"樱桃口味";这三种口味的产品再分别细分成"健怡可乐"和"传统可乐"。

可口可乐对其产品是否需要如此细分?为什么?运用市场细分的理论进行回答。

分析:可口可乐对其产品没有必要进行如此细分。这是因为,过分地细分市场,进行繁复的选择,容易造成消费者的困扰,其结果可能得不偿失。例如,很可能会出现这种情况:顾客要老板卖他一瓶可乐。老板问:"要百事可乐还是可口可乐?"顾客说:"可口可乐。"老板又问:"一般的还是加料的?"顾客说:"加料的。"老板又问:"是香草的、苹果的还是樱桃的?"顾客说:"樱桃的。"老板又问:"是健怡可乐还是传统可乐?"消费者不耐烦地说:"干脆给我一瓶百事可乐算了!"

四、市场细分的程序和方法

(一)市场细分的程序

1. 正确选择市场范围

企业在确定经营目标之后,必须开展深入细致的调查研究,分析市场消费需求的动向,确定市场经营范围。要注意,市场范围既不宜过大,也不宜过小,企业应考虑自己的资源和能力。

2. 列出市场范围内潜在顾客的需求状况

企业对市场范围内潜在顾客的需求,要尽可能全面地罗列归类,以便针对消费需求的差异性,决定实行何种细分市场的变数组合,为市场细分提供可靠的依据。

3. 进行初步细分

企业通过分析不同消费者的需求,找出消费者需求类型的地区分布、人口特征、购买行为、消费心理、个性特点等方面的情况,结合营销决策者的营销经验,进行初步的市场细分。

4. 对初步细分的市场加以筛选

价廉物美可能对所有消费者都很重要,但这类共同的因素对企业细分市场并不重要;而对畅销的紧俏产品,企业又不可能及时投产,所以也不足取。所以,企业应当对初步细分的市场加以筛选,找出最能发挥自身优势的细分市场。

5. 为细分市场定名

根据各个细分市场消费者的主要特征,用形象化的方法,为各个可能存在的细分市场确定名称。

6. 分析市场营销机会

一要分析市场整体和每个子市场的竞争情况,确定对它们的营销组合方案;二要根据市场研究和需求潜力估计,确定市场整体和每个子市场的营销收入和费用情况;三要估计潜在利润量,作为最后选定目标市场和制定营销策略的依据。

7. 根据细分结果选定目标市场

如果分析细分市场后,发现市场情况不理想,那么企业要主动放弃这一市场;如果认为市场营销机会多,需求和潜在利润量令人满意,那么企业可选定该细分市场作为企业的目标市场。

(二)市场细分的方法

1. 单一标准法

所谓单一标准法,是指根据影响消费者需求的某一要素进行市场细分的方法。如按年龄对所有消费者进行划分,每个年龄段的消费者群体即为一个细分市场。

2. 综合标准法

所谓综合标准法,是指根据影响消费者需求的两个或两个以上要素进行市场细分的方法。其核心是并列多因素分析,各因素之间并无先后顺序和重要与否的区别。例如,服装可按年龄(老、中、青)、收入(高、中、低)、性别(男、女)等要素进行综合细分。

3. 系列标准法

所谓系列标准法,是指根据影响消费者需求的各种要素,按照一定的顺序由少到多、由粗到细、由简至繁进行细分的方法。例如,鞋的消费市场可以细分为城市与农村市场,城市市场又可以细分为男性与女性市场,女性市场又可以细分为老年、中年、青年、少儿市场,中年市场又可以细分为高收入、中收入、低收入市场,等等。

【拓展阅读 4-3】"市场细分表"的设计步骤与分析程序

"市场细分表"要根据市场细分理论以及市场细分的标准、原则和方法,联系具体市场或有关项目资料进行设计。

1. "市场细分表"的设计步骤

"市场细分表"的设计制作主要有三个步骤:

(1)确定整体市场的范围。即依据项目开发需要,针对自己所进入的市场情况来确定整体市场的范围。

(2)确定市场细分标准。即根据具体项目要求,选择一定的细分标准来设计"市场细分表"。一般来说,消费者市场常用的细分标准有区域、性别、年龄、职业、收入、使用情况、品牌偏好等。

(3)制作"市场细分表"。即根据所确定的市场细分标准,制作"细分表格",填入有关数据和市场资料。

2. "市场细分表"的分析程序

对"市场细分表"的分析可依照如下程序进行:

(1)在"市场细分表"上展示由整体市场划分出来的若干细分市场,并辨识这些细分市场。

(2)依据"市场细分表"所展示的细分市场进行初选,并对初选的细分市场进行标号命名。

(3)根据市场需求状况和企业营销实力现状,正确选择企业准备进入的细分市场,并分析选择的理由。对初选细分市场的分析,可以从"市场规模""市场成长性""营利性""风险性"等方面着手。

(4)细分市场选择的数量一般根据企业的营销目标与营销实力来确定,中小企业选择细分市场不宜目标太多、范围太大。

任务二 目标市场选择

一、目标市场的概念

所谓目标市场,是指企业在细分市场的基础上,根据自身条件,为实现企业经营目标,决定进入的特定细分市场,也就是企业准备投其所好、为之服务的顾客群体。

市场细分与选择目标市场既有联系,又有区别:市场细分是按一定的标准划分不同消费群体的过程;而选择目标市场则是根据自身条件,选择一个或一个以上细分市场作为企业营销对象的过程。市场细分是选择目标市场的前提和基础;选择目标市场则是市场细分的目的和归宿。

二、目标市场应该具备的条件

(一)细分市场的规模和发展前景

选定的目标市场必须具有一定规模和发展潜力,才能保证企业获得预期利润。因此,是否具备适度规模成为企业考核细分市场的首要问题,但"适度规模"是一个相对的概念。大公司通常重视销量大的细分市场,忽视销量小的细分市场;反之,小公司则较多选择那些看起来不太具有吸引力的小市场,因为在这样的市场中,竞争者较少,企业也具备充分提供服务的能力。细分市场发展通常是一个预测指标,企业一般都想扩大销售额和增加利润,但竞争对手会迅速抢占正在发展的细分市场,使本企业利润减少。要估计细分市场的规模和发展前景,企业必须做好有关数据的收集分析工作。

(二)细分市场的长期吸引力

有的细分市场可能具备理想的规模和发展前景,但从盈利的角度来看,则未必有吸引力。迈克·波特认为有五种力量决定一个细分市场的长期内在吸引力,企业应就这五种力量对长期盈利的影响做出评估,如图4—2所示。如果企业在其中某些方面受到很大的威胁,则该细分市场也是缺乏吸引力的。

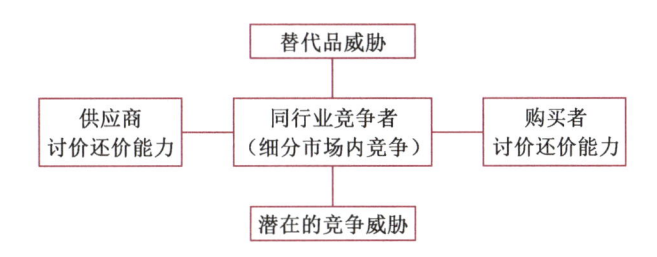

图4—2 细分市场结构吸引力五种力量分析

(三)企业的目标和资源

即使某个细分市场具有一定规模和发展特征,并且其组织结构也有吸引力,企业仍需将其本身的目标和资源与其所在细分市场的情况结合在一起考虑。某些细分市场虽然有较大吸引力,但不符合企业的长远目标,因此不得不放弃。这是因为,这些细分市场本身可能具有吸引力,但是它们不能推动企业实现自己的目标,甚至会分散企业的精力,使之无法实现主要目标。

即使这个细分市场符合企业的目标,企业也必须考虑本企业是否具备在该细分市场取胜所必需的技术和资源。无论哪个细分市场,要在其中取得成功,必须具备某些条件。如果在某个细分市场中,企业在某个或某些方面缺乏必要的能力,并且无法获得必要的能力,也要放弃这个细分市场。即使企业具备必要的能力,也还不够。如果企业确实能在该细分市场取得成功,它也需要发展其优势,以压倒竞争对手;如果企业无法在市场或细分市场创造某种形式的优势地位,它就不应贸然进入。

三、目标市场选择

经过评估,企业将决定进入哪些细分市场,即选择自己的目标市场。在选择目标市场时,有以下五种目标市场选择模式可供参考(如图4—3所示)。

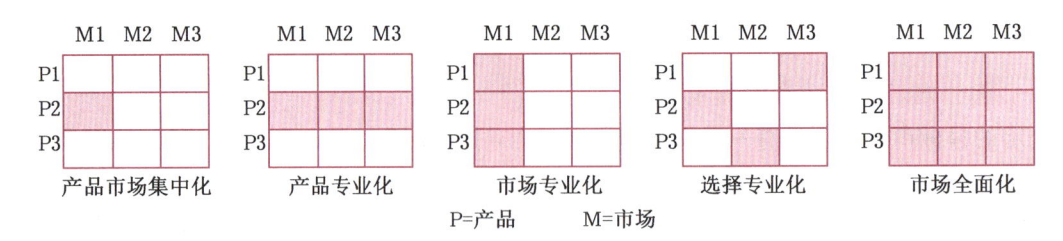

图 4—3　五种目标市场选择模式

（一）产品市场集中化

产品市场集中化是指企业只选取一个细分市场，只生产一类产品，供应给一类顾客群。选择产品市场集中化模式一般基于以下考虑：企业具备在该细分市场专业化经营的优势；限于资金能力，只能经营一个细分市场；该细分市场中没有竞争对手；准备以此为出发点，取得成功后向更多的细分市场扩展。

（二）产品专业化

产品专业化是指为各类顾客同时供应某种产品。如电脑生产商只生产电脑产品，可以同时向家庭、机关、学校、银行、企业等各类用户销售。其优点是：企业专注于某一种或某一类产品的生产，有利于形成和发展技术上的优势，在该产品领域树立形象。其缺点是：当该产品领域被一种全新的技术所代替时，该产品的销售量有大幅度下降的危险。由于该市场的顾客类型较多，营销风险会小得多。

（三）市场专业化

市场专业化是指企业为同一类顾客提供不同种类的产品。企业生产满足某一类顾客群体的需要，专门生产这类消费者需要的各类产品。例如，某工程机械公司专门向建筑业用户供应推土机、打桩机、起重机、水泥搅拌机等建筑工程中所需要的机械设备。由于经营的产品类型众多，因此能有效地分散经营风险。但由于集中于某一类顾客，当这类顾客由于某种原因需求下降时，企业也会遇到收益下降的风险。

（四）选择专业化

选择专业化是指企业有选择地进入几个不同的细分市场，为不同的顾客群提供不同种类的产品，以满足不同的顾客群体的需要。这些细分市场之间较少或基本不存在联系，具有良好的盈利潜力和结构吸引力，且符合企业的经营目标。其优点是：可以有效地分散经营风险，即使某个细分市场盈利不佳，企业仍可在其他细分市场取得盈利。选择专业化模式的企业应具有较强的资源优势和营销实力。

（五）市场全面化

市场全面化是指企业为所有顾客群提供他们需要的所有产品。只有实力雄厚的大型企业才能选用市场全面化模式，这种市场模式由于面广量大，能够收到良好的营销效果。例如，丰田汽车公司在全球汽车市场，以及海尔公司在中国家电市场，均采取市场全面化的目标市场模式。

四、目标市场策略

企业对目标市场的选择需要考虑采取何种市场营销策略进入，直至占领该目标市场。一般来说，企业有三种目标市场策略可以选择（如图 4—4 所示）。

```
市场营销策略 ──无差异性营销策略──> 整体市场

市场营销策略1 ──────────> 细分市场1
市场营销策略2 ──────────> 细分市场2
市场营销策略3 ──────────> 细分市场3
            差异性营销策略

                          细分市场1
市场营销策略 ──集中营销策略──> 细分市场2
                          细分市场3
```

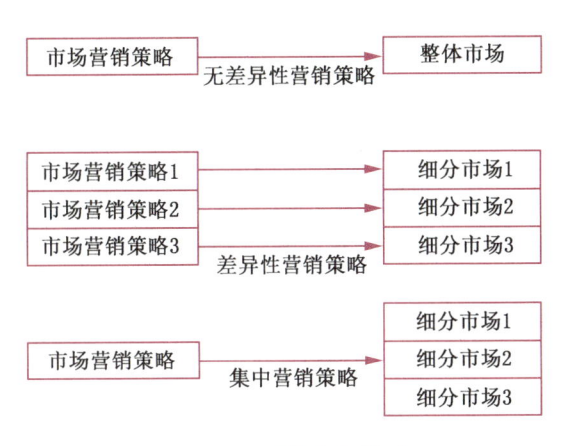

图 4—4　目标市场策略

（一）无差异性营销策略

无差异性营销策略是指企业以整体市场作为自己的目标市场，根据整体市场上绝大多数顾客的需要，生产一种产品和制定一种市场营销组合，以满足绝大多数顾客的需要。

其优点包括：有利于标准化和大规模生产，有利于降低单位产品的成本费用，获得较好的规模效益；因为只涉及一种产品，产品容易标准化，能够大批量地生产和储运，可以节省产品生产、储存、运输、广告宣传等费用；不搞市场细分，也就相应减少了市场调查、制定多种市场营销组合策略所要消耗的费用。

其缺点包括：不能满足消费者需求的多样性；不能满足其他较小的细分市场的消费者需求；不能适应多变的市场形势。

无差异性营销策略适用于消费者的挑选性不大、需求弹性较小的基本生活资料和主要工业原料，如棉花、粮食、油料、煤炭、工业用糖等。对于一个企业来说，该营销策略一般不宜长期采用。

（二）差异性营销策略

差异性营销策略是指企业以整体市场上的各个子市场作为自己的目标市场，根据各个子市场的不同需要，提供不同的产品，制定不同的市场营销组合，以满足各个子市场的不同需要。

其优点包括：可满足不同消费者群体，拓展企业的市场空间；能增强企业对目标市场的渗透力和控制力，从而增强竞争能力。

其缺点包括：增加企业经营成本和管理难度，影响企业产销数量和利润规模。

差异性营销策略适用于大多数异质的产品。采用差异性营销的企业一般是大企业，小企业通常不会采用。随着产品品种的增多、分销渠道的多样化，以及市场调查和广告宣传活动的扩大与复杂化，生产成本和各种费用必然大幅度增加，需要大量的资源作为依托。

【拓展阅读 4—4】　发型的差异

美国某服装企业，按照生活方式把妇女分成三种类型：时髦型、男子气型、朴素型。时髦型妇女喜欢把自己打扮得华贵艳丽、引人注目；男子气型妇女喜欢打扮得超凡脱俗、卓尔不群；朴素型妇女购买服装讲求经济实惠、价格适中。公司根据不同类型妇女的不同偏好，有针对性地设计出不同风格的服装，使产品对各类消费者都具有吸引力。

【同步案例 4—2】　标准搅局

甲、乙两家公司生产的矿泉壶，除把手设计不一样之外，基本区别不大。因此，双方的销售人员尽管都十分努力，却难分高下。此时，甲公司营销部经理经过冥思苦想，终于想出"产品没有差异，要制造差异"的方法:他雇用 15 名某大学新闻学院的学生,以做环保市场问卷调查的名义,在乙公司的促销现场进行调查。

问题一:您知道哪个品牌的矿泉壶是纯天然材料做成的吗?被调查对象一般说不知道,这些学生接着就说了一句——是甲公司的矿泉壶。

问题二:您知道矿泉壶原材料的国际环保标准是什么吗?得到的答复还是"不知道"。调查人员马上就补上一句——甲矿泉壶就达到了这个标准。

这时,一个事先雇好的"托儿"提着一个早就准备好的乙公司的矿泉壶经过,学生们立马就叫起来:"您看见了吗?那个矿泉壶在流黑水。"

思考:甲公司营销人员想出的营销方法如何?其行为符合企业营销伦理要求吗?

(三)集中营销策略

集中营销策略是指企业以整体市场上的某一个子市场作为目标市场,根据子市场的需要,集中力量生产一种产品和制定一种市场营销组合,以满足子市场的需要。

其优点包括:资源集中,能更好地满足细分市场的顾客需求,使小企业能更好地参与竞争。企业集中所有资源在子市场,节省了营销费用,将会获得较高的投资回报。由于目标市场相对集中,因此便于企业深入调查研究,及时把握信息,做出适应市场变化的决策。

其缺点包括:风险较大。由于企业的所有资源集中在一个或几个特定的市场,一旦市场情况突变,企业将陷入困境,甚至可能会被逐出市场。

集中营销策略着眼于某一类顾客的需求,适用于资源有限的中小企业。

五、影响目标市场选择的因素

(一)企业的资源

企业的资源是指生产、技术、销售、管理等力量的总和。如果企业资金雄厚,销售、管理力量较强,可以选择无差异性营销策略和差异性营销策略;反之,如果企业能力有限,无力兼顾整体市场,宜选择集中营销策略。

(二)产品的属性

产品在性能、特点等方面的差异程度是不同的,有的差异大、有的差异小。如食盐、食糖、大米等产品的差异性很小,可视为"同质"产品,对于同质产品,可以实行无差异性营销策略;反之,如化妆品、服装、家具等产品的差异性较大,可视为"异质"产品,对异质产品,宜采用差异性营销策略或集中营销策略。

(三)市场差异性的大小

市场差异性的大小主要是指市场是否"同质"。如果市场上所有顾客在同一时期偏好相同,市场需求就会表现为没有多大差异,对营销刺激的反应也相近。如 20 世纪六七十年代,男士服装基本上就是统一的中山装,这样的市场为"同质市场",一般宜实行无差异性营销策略;反之,如果市场需求差异较大,宜采用差异性营销策略或集中营销策略。

(四)产品生命周期

对处于产品生命周期不同阶段的产品来说,需要考虑采取不同的目标市场策略。产品处于投入期或成长期时,可采用无差异性营销策略,以扩大市场规模,提高市场占有率。产品进入成长期或成熟期时,市场竞争激烈,可改用差异性营销策略,以开拓新市场、开发新产品,增强企业的竞争力。产品进入衰退期时,企业应采用集中营销策略,缩短战线、缩小市场、延长产品的生命周期。

(五)竞争对手的目标市场策略

企业采用何种目标市场策略,往往要视竞争对手所采取的目标市场策略而定。一般来说,企业的目标市场策略要与竞争对手有所区别,甚至反其道而行之。实力强大的竞争对手采取无差异性营销策略时,其他企业要想把产品打进市场,企业应采用差异性营销策略;如仍采用无差异性营销策略,就很难成功。如果企业面对的竞争对手较弱,也可采取与之"对着干"的策略,凭借实力击败竞争对手。当然,这些只是一般原则,并没有固定不变的模式,营销者在实践中应根据市场的具体情况和竞争对手的力量对比,采取适合自己的目标市场策略。

任务三 市场定位

一、市场定位的概念

所谓市场定位,是指企业根据所选目标市场的竞争情况,即竞争者现有产品在市场上所处的位置,针对消费者对产品某些特征或属性的重视程度,凭借自身优势为本企业产品塑造与众不同、个性鲜明的形象,并把这种形象生动有效地传递给消费者,从而确定该产品在市场上所处的位置。

企业产品的市场定位是否准确,直接关系到营销过程的成败。企业市场定位的核心内容是设计和塑造产品的特色或形象。面对千差万别的市场需求,企业的产品应力求具备独特的个性,通过设计、生产具有个性的产品,在消费者心中树立起独具特色的市场形象。这种市场形象可以从多个方面显现出来,诸如:产品的实体,可表现为不同的形状、性能、颜色、构造、重量等;产品的价格和质量,可表现为优质优价、质优价廉、低质低价或质价适中等;产品的风格,可表现为典雅、富贵、豪华、朴素、恬淡、浓烈等;产品的档次,可表现为高、中、低档等。以汽车为例,德国的"奔驰"定位于"豪华""舒适",日本的"丰田"定位于"经济""可靠"。

二、市场定位的步骤

(一)分析影响企业定位的因素

1. 目标顾客对产品的评价标准

企业要明确目标顾客对该产品的各种属性的重视程度,这是市场定位的基础。顾客最为重视的或尚未满足的利益需求,可能是产品实体上的某个特性,也可能是价格、质量以及顾客的某种心理行为因素,还可能是多种因素的集合。

2. 竞争者的情况

企业在进行市场定位时,还应该了解竞争对手的产品特点、在顾客心目中的形象,估测其成本和经营情况,判断其市场定位及竞争优势。

3. 企业的竞争优势

企业的竞争优势一般表现为两种:一是在同等条件下比竞争者价格更低,从而具有价格优势;二是可以提供更具特色的产品,更好地满足顾客需求,从而具有产品特色优势。企业产品的特色优势可以体现为服务质量、销售渠道、市场知名度、经营理念、企业文化等。

(二)确定本企业产品的个性和形象

企业通过对顾客利益进行分析,以及与竞争者在产品、成本、促销、服务等方面的对比,结合企业的竞争优势,选择合适的定位策略,塑造出本企业产品与众不同的、鲜明的个性和形象,从而进行恰当的市场定位。

(三)准确传播企业产品的市场定位

企业在确定了市场定位策略之后,必须全力以赴进行市场定位的广告宣传,将产品的市场定位准确地传播给目标顾客和公众,并使这种定位与顾客的需求和追求的利益相吻合,以达到刺激顾客需求、促进产品销售和提升品牌形象的目的。

【同步案例 4-3】 不与大店争抢热门,乐为市场拾遗补阙

某市南方照相馆根据自身是小型店的特点,不是一味地去争那些利润大的热门服务项目,而是开辟一些被人忽视的"化妆套照""婚礼录像"等服务项目,为市场拾遗补阙,赢得社会各界的好评,连续两年经济效益居全市同行业中小型企业之首。

该店通过市场调查,发现要求照艺术套照的消费者有很多,而市内一般照相馆均认为这种套照程序多、利润低,不愿经营。于是他们瞄准这一"空挡",投资 3 万多元,开设了豪华影楼,在全市首家推出"艺术套照"服务。这种套照一次照 4 张相,每套仅收 10 元。这一新的服务项目一推出,立即受到了各个层次消费者的欢迎,"套照"开办 5 个月来,该店的这项服务共接待顾客 2 000 多人次。这家照相馆的经理说:"化妆套照虽然利润低,但它的社会效果好。我店全盘业务这样红火,套照帮了我们大忙。"这家店随后又在全市首家推出了配合"婚纱照"的婚礼摄影像服务和儿童系列照等服务项目,这些新的服务与"化妆套照"相得益彰,使该店知名度日益扩大。

思考: 某市南方照相馆是怎样通过市场细分确定市场定位的?其营销运作获得了哪些好处?

三、市场定位的策略和方法

(一)市场定位策略

1. 挑战定位策略

挑战定位策略也称作迎强定位策略,是指企业把市场位置定在竞争者的附近,与在市场上占支配地位的最强竞争对手"对着干",实现"取而代之"目的的市场定位策略。这是一种"明知山有虎,偏向虎山行"的市场定位策略,它意味着要与目前市场上占据支配地位的最强竞争对手一比高低,显示了企业知难而上、志在必得的自信心。企业采用这种定位策略,必须具备以下条件:①要有足够的市场潜量;②本企业具有比竞争对手更丰富的资源和更强的营销能力;③本企业能够向目标市场提供更好的商品和服务。

2. 领先定位策略

所谓领先定位策略,是指企业选择的目标市场尚未被竞争者发现,企业率先进入市场、抢先占领市场的定位策略。企业采用这种定位策略,必须具备以下几个条件:①该市场符合消费发展趋势,具有强大的市场潜力;②本企业具备领先进入的条件和能力;③进入的市场必须有利于创造企业的营销特色;④提高市场占有率,使本企业的销售额在未来市场的份额中占 40% 左右。

3. 跟随定位策略

所谓跟随定位策略,是指企业发现,尽管竞争者充斥目标市场,但该目标市场的需求还有很大潜力,企业应跟随竞争者挤入目标市场的定位策略。企业采用这种定位策略,必须具备下列条件:①目标市场还有很大的需求潜力;②目标市场未被竞争者完全垄断;③企业具备挤入市场的条件和与竞争对手"平分秋色"的营销能力。

4. 补缺定位策略

补缺定位策略也称作避强定位策略,是指企业把自己的市场位置定在竞争者没有注意和占领的市场"空白"或"空隙"上的定位策略。这是一种避开较强竞争对手的市场定位策略,它不像迎强定位策略那样锋芒毕露、咄咄逼人,而是显得较为平和、宽厚,既避开了强有力的竞争对手,又给人们留下温和的印象。采用这种定位策略,能够较快地在市场上站稳脚跟,以风格迥异的企业产品形象面对消费者。避强定位策略由于避开了竞争对手,减少了市场风险,因而成功率较高,常为多数企业所采用。

企业采用这种市场定位策略,必须具备以下条件:①本企业有满足这个市场所需要的货源;②该市场有足够数量的潜在购买者;③企业具有进入该市场的特殊条件和技能;④经营必须盈利。

5. 调整定位策略

所谓调整定位策略,是指根据市场变化的情况对企业原有的市场定位进行调整的定位策略。当目标市场发生下列变化时,就必须考虑调整原定位的方向:①经过一段时间的市场实践,发现原有的市场定位不准确,产品打不开销路,市场反应差;②竞争者的销售额上升,使企业的市场占有率下降,企业出现困境;③企业产品在市场上推出后,获得了意想不到的成功,有更多的消费者对产品提出更高的要求;④新的消费趋势出现和消费者群体的形成,使本企业销售的商品失去吸引力;⑤本企业的经营战略和策略做了重大调整等。

企业的市场定位是一个动态过程。企业应当根据新的环境、新的需求、新的企业战略等变化,不断调整自身的市场定位。

(二)市场定位方法

1. 特色定位

特色定位即根据具体产品的特色进行定位。例如,宝洁公司的洗发系列品牌:①飘柔,定位于使消费者头发更为柔顺;②海飞丝,定位于使消费者的头屑去无踪;③潘婷,定位于给消费者头发增加营养。

2. 利益定位

利益定位是根据产品提供的利益进行定位。利益包括多个方面,如价格、耐用性、质量、服务情况、优越程度等。例如,沃尔沃汽车定位为安全与耐用;小米手机定位为性价比高。

3. 使用定位

使用定位是根据使用者的类型(生活方式、个性、性格、价值观)和特定使用场合、特定使用时间进行定位。

4. 对抗定位

对抗定位通常宣称比竞争对手的产品更优越,是一种势均力敌、"对着干"的定位方式。例如,有A、B、C、D四个品牌的冰激凌,它们各自的定位是这样的:A品牌,我的冰激凌味道更好;B品牌,我的冰激凌品种更多;C品牌,我的冰激凌中纯牛奶更多;D品牌,我的冰激凌价格更低。

5. 比附定位

这是以竞争者产品为参照物,依附竞争者定位的方法。例如,当耐克运动鞋、安踏运动鞋、阿迪达斯运动鞋摆在一起销售时,消费者就会认为,安踏运动鞋和名牌鞋摆在一起,应该也是名牌。

6. 类别定位

在消费者心目中,该产品成为某类产品的代言品类。例如,去头屑——海飞丝;饮料——可口可乐;操作系统——微软;儿童钙奶——乐百氏。

【拓展阅读 4—5】 薇诺娜在化妆品市场是如何定位的?

在 2018 年"双十一"当天,薇诺娜这个大多数人不了解的品牌,全渠道销售超 4 亿元,天猫销售额突破 2 亿元,单品特护霜售出 85 万支,跻身天猫美妆榜 TOP9。

一直以来,药妆是国际品牌的天下,薇诺娜脱颖而出的原因究竟在哪里呢?

在化妆品市场细分趋势更加明显的当下,消费者对具有预防或辅助治疗肌肤问题的药妆有了更高的期待。薇诺娜品牌创始人清晰地看到了敏感肌人群的市场需求,发现了市场。薇诺娜从一开始就精准定位,针对敏感肌肤进行产品研发。

2008 年,经过全国多家三甲医院皮肤科临床观察,薇诺娜首次出现在第四届中

传统工艺融入
现代元素
秘鲁银器
走向国际市场

国皮肤科医师年会上,那时候薇诺娜还并不为大众所熟知。另外,薇诺娜还与中科院昆明植物研究所合作,挖掘到适合敏感肌用户的两种成分:马齿苋和青刺果。为了确保产品的安全性,薇诺娜与北京大学第一医院、复旦大学华山医院等54家国内著名三甲医院进行合作,开展多中心、大规模的产品效果观察,然后再进入市场。

应当指出,实行市场定位策略离不开产品的差异化。产品差异化是有意识地在类似产品之间造成区别的一种策略,这是达到市场定位目标的必不可少的手段。如果没有产品差异化,其同一目标市场上的产品就无法区分,除了从商标和生产厂家来识别产品外,消费者无从认识其各种产品的不同,企业的市场定位也就成了一句空话。

【学中做4—1】 你认为,为什么苹果手机越贵,反而卖得越好?

分析:根据STP理论法则[市场细分(Segmenting Market)、目标市场选择(Targeting Market)以及品牌定位(Positioning Market)],苹果公司是针对具有敏锐设计审美、想要脱颖而出、生活富裕的高端受众人群的独特市场定位。为此,苹果手机在系统生态、硬件、软件、设计等方面都有其特有的优势;从技术力、创新力、品牌力等方面,一直在着力打造与众不同的特色,在目标消费群体中树立起独一无二的高端品牌形象。

应知考核

一、单项选择题

1. 市场细分是20世纪50年代中期由美国市场营销学家( )提出的。
   A. 基恩·凯洛西尔　　B. 鲍敦　　　　　C. 温德尔·史密斯　　D. 菲利普·科特勒
2. ( )差异的存在是市场细分的客观依据。
   A. 产品　　　　　　B. 价格　　　　　C. 需求　　　　　　　D. 促销
3. 某工程机械公司专门向建筑业用户供应推土机、打桩机、起重机、水泥搅拌机等建筑工程中所需要的机械设备,这是一种( )策略。
   A. 产品市场集中化　B. 市场专业化　　C. 市场全面化　　　　D. 产品专业化
4. 采用( )的模式的企业应具有较强的资源和营销实力。
   A. 产品市场集中化　B. 市场专业化　　C. 产品专业化　　　　D. 市场全面化
5. 采用无差异性营销策略的最大优点是( )。
   A. 市场占有率高　　B. 成本的经济性　C. 市场适应性强　　　D. 需求满足程度高
6. 集中营销策略尤其适用于( )。
   A. 跨国公司　　　　B. 大型企业　　　C. 中小型企业　　　　D. ABC均可
7. 同质性较高的产品,宜采用( )营销策略。
   A. 产品专业化　　　　　　　　　　　B. 市场专业化
   C. 无差异性　　　　　　　　　　　　D. 差异性
8. 企业细分出来的市场是通过营销努力能够进入的市场,这是市场细分的( )原则。
   A. 可衡量性　　　　B. 可进入性　　　C. 可营利性　　　　　D. 可区分性
9. ( )定位策略,是对销路少、市场反应差的产品进行二次定位。
   A. 挑战　　　　　　B. 领先　　　　　C. 补缺　　　　　　　D. 调整
10. "雀巢咖啡,味道好极了"是根据( )进行定位。
    A. 产品特色　　　　B. 产品利益和功能　C. 使用者类型　　　D. 竞争需要

二、多项选择题

1. 市场细分的原则包括（　　）。
   A. 可控制性　　　　B. 可进入性　　　　C. 反应差异性　　　　D. 可衡量性
2. 产品专业化意味着（　　）。
   A. 企业为各类顾客同时供应某种产品
   B. 有助于企业形成和发展其生产和技术上的优势
   C. 企业专注于某一种或某一类产品的生产，有利于形成和发展技术上的优势
   D. 当该产品领域被一种全新的技术所代替时，该产品销售量有大幅度下降的危险
3. 无差异性营销策略（　　）。
   A. 有利于标准化和大规模生产　　　　B. 不进行市场细分
   C. 满足各个子市场的不同需要　　　　D. 满足绝大多数顾客的需要
4. 企业采用差异性营销策略（　　）。
   A. 一般只适合于小企业　　　　B. 要进行市场细分
   C. 能有效提高产品的竞争力　　　　D. 拓展企业的市场空间
5. 企业在市场定位过程中（　　）。
   A. 明确目标顾客对该产品的各种属性的重视程度
   B. 了解竞争对手的产品特点
   C. 具有价格优势
   D. 对顾客利益进行分析

三、判断题

1. 市场细分的客观依据是现实及潜在顾客对某种产品需求的差异性。　　　　（　　）
2. 市场细分的目的是确定目标市场。　　　　（　　）
3. 心理细分可以考虑以下因素：购买时机、寻求利益、使用状况、使用频率、品牌忠诚度。（　　）
4. "明知山有虎，偏向虎山行"体现了领先定位策略。　　　　（　　）
5. 企业市场定位的核心内容是设计和塑造产品的特色或形象。　　　　（　　）

四、简述题

1. 如何理解市场细分化和产品差异化？
2. 如何理解市场细分与目标市场选择之间的关系？
3. 为什么说企业产品的市场定位是否准确会直接关系到营销过程的成败？
4. 简述市场细分的程序。
5. 简述市场定位方法。

应会考核

■ 观念应用

【背景资料】

如何让"美丽"起死回生？

"美丽"化妆品公司由王教授一手创办，主要生产和销售四种产品："美丽"祛痘霜1型（56元）、"美丽"祛痘霜2型（56元）、"美丽"疤痕修复霜（58元）、"美丽"祛痘洗面奶（26元）。由于王教授常

年在学校教学,比较熟悉学校的消费环境,加之大学生聚集度高,且正是产品的需求者,因此他决定以该市高校为"桥头堡",走学校辐射社会的路线。

尽管市场上祛痘的产品并不少,而且行业中存在如姗拉娜等强势品牌。但是,对于大学生这个细分市场来说,还鲜有企业精耕细作。于是,"美丽"把握先机,广告先行,顺利铺货,进入市场的"登陆战"告捷。紧接着投放大量广告,兼施新品促销,产品知名度大大提升。第一个月的战绩令王教授大喜过望,该大学区区万余人,营业额竟高达1 400元。兴奋之余,决定继续加大广告投放,提高终端回访频率,加强客情联络。而第二个月却令其大跌眼镜,营业额竟下降到800元。考虑到第一批尝试购买者及产品的消费周期,王教授并不焦急。但接下来的几个月营业额始终徘徊在四五百元,有一个月甚至下降到百元以下,即使产品大幅降价,也于事无补。最终,"美丽"只好悄悄撤出该大学市场。

【考核要求】

"美丽"为什么会兵败某大学市场?如果现在请你出任"美丽"化妆品公司的营销经理,你认为"美丽"应采取什么营销措施才能起死回生?

■ 技能应用

"今年过节不收礼,收礼只收脑白金"

脑白金是一种保健品,怎么让脑白金明显区别于其他保健品,在众多的同类产品中脱颖而出、一枝独秀,是制造商在进行产品促销策划时首要考虑的因素。

在人们的日常生活中,睡眠问题一直是困扰中老年人的难题,因失眠而睡眠不足的人比比皆是。有资料统计,国内至少有70%的妇女存在睡眠不足的现象,90%的老年人经常睡不好觉,可见,"睡眠"市场何等之大。因此,脑白金首先将其产品功能定位在"睡眠"市场,应该说是十分准确的。然而,在红桃K携"补血"、三株口服液携"调理肠胃"概念创造了中国保健品市场的高峰之后,在保健品行业信誉跌入谷底之时,显然,脑白金单靠一个"睡眠"概念是不可能迅速崛起的。

然而,在现实中,作为单一品种的保健品,脑白金却在极短的时间内就迅速启动了市场,并登上中国保健品行业"盟主"的宝座,创下了多年来保健品行业难得的销售奇迹。

【技能要求】

请问:脑白金成功的奥妙何在?如果由你来进行营销运作,你将怎样进行?

■ 案例分析

【分析情境】

江崎公司为什么能够成功挤进"劳特"独霸的泡泡糖市场?

日本泡泡糖市场年销售额约为740亿日元,其中大部分为"劳特"所垄断。可谓江山唯"劳特"独坐,其他企业再想挤进泡泡糖市场谈何容易。但是,江崎糖业公司对此并不畏惧。该公司成立了市场开发部,专门研究霸主"劳特"产品的不足,寻找市场的缝隙。经过周密的调查分析,终于发现"劳特"的四点不足:第一,以成年人为对象的目标市场正在扩大,而"劳特"却仍旧把重点放在儿童泡泡糖市场上。第二,"劳特"产品主要是果味型泡泡糖,而现在消费者的需求正在多样化。第三,"劳特"多年来一直生产单调的条板状泡泡糖,缺乏新型式样。第四,"劳特"产品价格为110日元,顾客购买时需多掏10日元的硬币,往往感到不便。通过分析,江崎糖业公司决定以成人泡泡糖市场为目标市场,并制定了相应的市场策略。不久,该公司便推出功能性泡泡糖四大产品:司机用的泡泡糖,使用高浓度薄荷和天然牛黄,以强烈的刺激性味道消除司机的困倦;交际用泡泡糖,可清洁口腔,祛除口臭;体育用泡泡糖,内含多种维生素,有益于消除疲劳;轻松性泡泡糖,通过添加叶绿素,可以改变人的不良情绪。该公司还精心设计了产品的包装和造型,价格定为50日元和100日元两种,避免了找零钱的麻烦。功能性泡泡糖问世后,像飓风一样席卷了全日本。江崎公司不仅挤进了由"劳特"独霸的泡泡糖市场,而且当年就占领了25%的市场份额。

【分析要求】

1. 江崎公司为什么能够成功地挤进由"劳特"独霸的泡泡糖市场?

2. 江崎公司运用的是什么样的目标市场策略和市场定位策略?

3. 如果江崎公司现在准备进入我国泡泡糖市场,其在日本成功进行营销运作的方法和策略可否复制到我国?你有何建议?

项目实训

【实训项目】

目标市场细分

【实训目标】

通过实训,学生能够正确进行市场细分、确定目标市场、进行市场定位。

【实训内容】

1. 学生到超市、商场了解宝洁公司的洗发、护发产品以及化妆品的市场细分、目标市场情况。

2. 小组分析模拟公司所经营的产品,研究"谁是你的顾客"。分析你的顾客的购买行为,找准目标市场,实施市场定位,并写出"模拟公司目标市场分析报告"。

【实训要求】

1. 在市场细分的基础上,明确模拟公司的目标市场。描述模拟公司目标顾客的特点,如年龄、性别、收入、文化水平、职业、家庭情况、社会阶层、生活方式等。

2. 评估模拟公司的目标市场。

3. 确定模拟公司的市场定位方法和定位策略。

4. 确定模拟公司市场定位的传播方式。

5. 写出"模拟公司目标市场分析报告",并用课件向全班汇报。

6. 将实训报告填写完整。

"目标市场细分"实训报告		
项目实训班级:	项目小组:	项目组成员:
实训时间: 年 月 日	实训地点:	实训成绩:
实训目的:		
实训步骤:		
实训结果:		
实训感言:		
不足与今后改进:		
项目组长评定签字:		项目指导教师评定签字:

项目五　市场营销竞争战略

● **知识目标**

　　理解：竞争者分析的基本步骤。
　　熟知：市场竞争战略。
　　掌握：竞争者位势战略和战略合作。

● **技能目标**

　　能够对竞争者进行分析，并在此基础上具备分析市场竞争战略的能力。能够对不同的竞争战略者有针对性地选择和制定不同的市场营销竞争策略；能够准确定位企业在市场竞争中所处的地位及凸显本企业的竞争优势，准确进行竞争定位。

● **素质目标**

　　运用所学的市场营销竞争战略知识研究相关事例，培养和提高学生在特定业务情境中分析问题与决策设计的能力；结合行业规范或标准，运用知识分析行为的善恶，强化学生的职业道德素质；奉行协同竞争理念，有效识别、监控、分析竞争者的行为，开展良性竞争。

● **思政目标**

　　具备营销人员的法律意识和职业道德，合法竞争、有序竞争，维护市场秩序；树立中国制造的大局观，培养企业家精神、工匠精神和质量意识；增强民族企业的担当意识和社会责任；深刻理解爱国、法治、平等、富强、文明、和谐的社会主义核心价值观。

● **项目引例**

永辉生鲜的竞争优势

　　永辉超市是国内生鲜超市龙头企业，依靠其"直营＋直采"的独特模式，与同业相比，在生鲜自营、供应链管理、品类管理、后台系统方面形成差异化优势，具有难以模仿的核心竞争力，成功实现跨区域广泛布局。

　　永辉超市生鲜销售占总销售比例在40%以上，而一般超市的生鲜销售占比为10%～30%。永辉超市将生鲜作为战略产品来经营。生鲜产品因具有需求面广、购买频率高等特点，是超市集聚客流的最佳武器。永辉凭借生鲜领先这一"杀手锏",依托"直采为主的采购体系＋自营为主的盈利模式"以及强大的买手团队、标准化的门店管理、优化的信息系统等供应链环节,实现差异化竞争和跨区域扩张。生鲜品类的供应链管理与其他品类相比难度较大,且不同生鲜产品的管理技术存在差异,永辉超市具有先发优势,并经过长期不断的资金投入和经验积累,同行模仿难度较大。

● 引例讨论

从永辉生鲜的案例中,你学到了什么?

● 引例导学

公司是零售行业兼备电商转型、供应链整合和成长能力的稀缺标的。面对电商竞争加剧,公司应加速战略转型、深耕供应链能力,我们看好公司未来在供应链建设、电商转型、物流建设等多方面的协同发展。

● 知识精讲

任务一　竞争者分析

企业的生命在于竞争,在商品经济条件下,任何企业在目标市场进行营销活动时,不可避免地会遇到竞争对手的挑战,同时也可能自身就是竞争行列的新加入者,或是试图改变市场地位而开展竞争攻势的老企业。竞争者分析的基本步骤如图5－1所示。

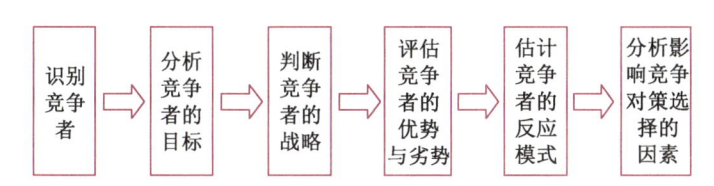

图5－1　竞争者分析的基本步骤

一、识别竞争者

企业面临的竞争对手虽然有很多,但归纳起来,主要有以下五类:

(一)同行业中的直接竞争者

在同一行业中,总有几家值得关注的竞争对手。如果在同一行业竞争的对手越来越多,表明该行业的竞争日益激烈,如果企业的利润在逐渐降低,那么企业应该考虑是否还留在这个行业,未来是否还有发展前景。如果行业中自己的竞争对手很少,市场还远没有开发完,那么企业可以放心地发展,其未来成长的空间还很大。

(二)潜在进入者

当某一行业前景乐观、有利可图时,会引来新的竞争企业,使该行业增加新的生产能力,并要求重新瓜分市场份额和主要资源。潜在进入者能否进入某行业,并对该行业造成威胁,取决于进入障碍和现有企业的反击强度。另外,某些多元化经营的大型企业还经常利用其资源优势从一个行业侵入另一个行业。这类竞争者最让人捉摸不透,企业应避免与其产生正面冲突,可以采取与他们合作的方式,实现双赢;也可寻找自己的特色,抓住固定消费群,避免竞争冲击。

(三)替代品企业

与某一产品具有相同功能、能满足同一需求的不同性质的其他产品,属于替代品。随着科学技术的发展,替代品将越来越多,某一行业的所有企业都将面临与生产替代品的其他行业的企业进行竞争。

(四)供应商

供应商是企业从事生产经营活动所需的各种资源、配件等的提供者。供应商往往通过提高价格或降低质量等手段,向产业链的下游企业施加压力,以此来获得尽可能多的行业利润。因此,企业应该与供应商建立良好的关系,保持长期合作;密切关注供应商市场的变化,多备几个供应商,以免因一个供应商的问题而影响运营。

(五)顾客

顾客是企业的服务对象,也是企业的竞争对手,因为顾客在购买产品的时候,常常会和企业进行讨价还价。所以,企业在进行产品营销时,应该注意了解消费者的动机。

总之,只有在充分了解竞争对手的情况下,企业才会制定出更为有效的竞争策略。同时,在了解竞争对手时,学习它的优点,规避它的教训,这样企业才会发展得更快、更好。

二、分析竞争者的目标

竞争者的最终目标当然是追逐利润,但是每个企业对长期利润和短期利润的重视程度不同,对利润满意水平的看法不同。有的企业追求利润"最大化"目标,不达目的决不罢休。有的企业追求利润"满足"目标,达到预期水平后,就不会再付出更多努力。企业的战略目标多种多样,如获利能力、市场占有率、现金流量、成本降低、技术领先、服务领先等,每个企业都有不同的侧重点和目标组合。

了解竞争者的战略目标及其组合,了解竞争者对目前盈利的可能性、市场占有率的增长、资金流动、技术领先、服务领先和其他目标所给予的重要性权数,可以判断他们对不同竞争行为的反应。了解竞争者进入新的产品细分市场的目标,若发现竞争者开拓了一个新的细分市场,这对企业来说可能是一个发展机遇;若发现竞争者开始进入本企业经营的细分市场,这意味着企业将面临新的竞争与挑战。对于这些市场竞争动态,企业若了如指掌,就可以争取主动、有备无患。

三、判断竞争者的战略

竞争对手会采取什么样的竞争战略,可以通过迈克尔·波特提出的成本领先战略、差异化战略、集中化战略三种基本竞争战略来判断。企业通常采取上述竞争战略中的某一个。实力雄厚的企业可能既采用低成本战略,又采取差异化战略,不过企业最关心的是那些处在同一行业采用同一战略的企业群体,它们是最直接的竞争者。

四、评估竞争者的优势与劣势

竞争者的优势与劣势通常体现在以下几个方面:

(一)产品

竞争者产品在市场上的地位、产品的适销性,以及产品系列的宽度与深度。

(二)销售渠道

竞争者销售渠道的广度与深度;销售渠道的效率与实力;销售渠道的服务能力。

(三)市场营销

竞争者市场营销组合的水平;市场调研与新产品开发的能力;销售队伍的培训与技能。

(四)生产与经营

由规模经济、经验曲线、设备状况等因素所决定的生产规模与生产成本水平;设施与设备的技术先进性与灵活性；专利与专有技术；生产能力的扩展；质量控制与成本控制；区位优势；员工状况；原材料的来源与成本；纵向整合程度。

（五）研发能力

竞争企业内部在产品、工艺、基础研究、仿制等方面所具有的研究与开发能力；研究与开发人员在创造性、可靠性、简化能力等方面的素质和技能。

（六）资金实力

竞争企业的资金结构、筹资能力、现金流量、资信度、财务比率、财务管理能力。

（七）组织

竞争企业组织成员价值观的一致性与目标的明确性；组织结构与企业策略的一致性；组织结构与信息传递的有效性；组织对环境因素变化的适应性与反应程度；组织成员的素质。

（八）管理能力

竞争企业管理者的领导素质、激励能力与协调能力；管理者的专业知识；管理决策的灵活性、适应性、前瞻性。

五、估计竞争者的反应模式

下面仅从竞争者心理状态的角度，列举一些常见的反应模式。

（一）从容不迫型竞争者

一个竞争者对某一特定竞争者的行动没有迅速反应或反应不强烈。这可能是因为：竞争者实力强大、底气十足、沉着应对；或竞争者对市场竞争措施重视不够，未能及时捕捉到市场竞争变化的信息；或竞争者财力有限，顺其自然。企业应调查清楚导致竞争者从容不迫的原因。

（二）选择型竞争者

竞争者会根据带给自己的威胁大小而选择从某个方面进行反击。例如，大多数竞争企业对降价这样的价格竞争措施总是反应敏锐，倾向于做出强烈的反应，力求在第一时间采取报复措施进行反击，而对改善服务、增加广告、改进产品、强化促销等非价格竞争措施则不大在意，认为不构成对自己的直接威胁。

（三）凶狠型竞争者

竞争企业对市场竞争因素的变化十分敏感，一旦受到来自竞争对手的挑战，就会迅速做出强烈的市场反应，进行激烈的报复和反击，势必将挑战自己的竞争者置于死地而后快。这种报复措施往往是全面的、致命的，甚至是不计后果的，不达目的决不罢休。这些反应强烈的竞争者通常是市场上的领先者，具有某些竞争优势。一般企业轻易不敢或不愿挑战其在市场上的权威，尽量避免与其展开直接的正面交锋。

（四）随机型竞争者

企业对市场竞争做出的反应通常是随机的，往往不按规则出牌，使人感到不可捉摸。例如，随机型竞争者在某些时候可能对市场竞争的变化做出反应，也可能不做出反应；他们既可能迅速做出反应，也可能反应迟缓；其反应既可能是剧烈的，也可能是柔和的。

六、分析影响竞争对策选择的因素

（一）竞争者的强弱

攻击弱竞争者，在提高市场占有率的每个百分点方面所耗费的资金和时间较少，但能力提高和利润增加也较少。攻击强竞争者，可以提高自己的生产、管理和促销能力，更大幅度地提高市场占有率和利润水平。

(二)竞争者与本企业的相似程度

多数企业重视同近竞争者对抗并力图摧毁对方,但是竞争胜利可能招来更难对付的竞争者。

(三)竞争者表现的好坏

根据竞争者的表现好坏,选择相互关系(攻击或结盟)。"好"竞争者的特点是:遵守行业规则;对行业增长潜力提出切合实际的设想;按照成本合理定价;喜爱健全的行业,把自己限制在行业的某一部分或某一细分市场中;推动他人降低成本,加强差异化;接受为他们的市场份额和利润规定的大致界限。"坏"竞争者的特点是:违反行业规则,靠花钱而不是努力去扩大市场份额;敢于冒大风险;生产能力过剩但仍然继续投资。总之,他们打破了行业平衡。企业应支持好的竞争者,攻击坏的竞争者。

任务二　市场竞争战略

迈克尔·波特在其1980年出版的《竞争战略》一书中提出三种基本竞争战略,即成本领先战略、差异化战略和集中化战略(如图5—2所示)。

	成本优势	行业优势
行业范围	成本领先战略	差异化战略
细分范围	集中化战略	

图5—2　竞争战略关系

一、成本领先战略

(一)成本领先战略的实施条件

成本领先战略又称低成本战略,即企业的全部成本低于竞争对手的成本,甚至是在同行业中最低的成本。这一战略要求企业在提供相同的产品或服务时,加强成本控制,在研发、生产、营销等领域把成本最小化,使成本明显低于行业平均水平或主要竞争对手,从而赢得更高的市场占有率或更高的利润,成为行业中的成本领先者,如图5—3所示。

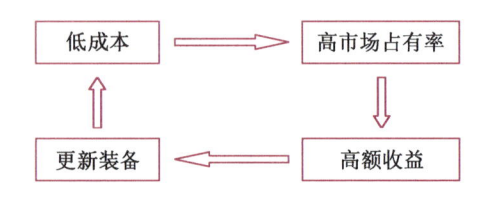

图5—3　低成本的良性循环

实现成本领先战略需要一整套具体政策:经营单位要有高效率的设备;积极降低经验成本;紧缩成本开支和控制间接费用;降低研究与开发、服务、销售力量、广告等方面的成本。要达到这些目的,必须在成本控制上进行大量的管理工作。为了与竞争对手相抗衡,企业在质量、服务及其他方面的管理也不容忽视,但降低产品成本则是贯穿整个战略的主线。

(二)成本领先战略的益处

企业处于低成本地位,可以抵挡住现有竞争对手的对抗,即竞争对手在竞争中不能获得利润、只能保本的情况下,企业仍能获利;面对强有力的购买商要求降低产品价格的压力,处于低成本地位的企业进行交易时握有更大的主动权,可以抵御购买商讨价还价的能力;当强有力的供应商抬高企业所需资源的价格时,处于低成本地位的企业有更大的灵活性来突破困境;企业已经建立起的巨大的生产规模和成本优势,使欲加入该行业的新进入者望而却步,形成进入障碍;在与替代品竞争时,低成本的企业往往比本行业中的其他企业处于更有利的地位。

(三)成本领先战略的风险

生产技术的变化或新技术的出现可能使得过去的设备投资或产品学习经验变成无效用的资源;行业中新加入者通过模仿、总结前人经验或购买更先进的生产设备,以更低的成本起点参与竞争,后来居上,这时,企业就会丧失成本领先地位;采用成本领先战略的企业,其力量集中于如何降低产品成本,从而使它们丧失了预见产品的市场变化的能力;企业可能发现所生产的产品即使价格低廉,也不为顾客所欣赏和需要,这是成本领先战略的最危险之处;受通货膨胀的影响,生产投入成本升高,降低了产品成本—价格优势,从而不能与采用其他竞争战略的企业相竞争。

二、差异化战略

(一)差异化战略的实施条件

差异化战略是指企业使自己的产品或服务区别于竞争对手的产品或服务,创造出与众不同的东西。一般来说,企业可在下列几个方面实行差异化战略:产品设计或商标形象的差异化、产品技术的差异化、顾客服务的差异化、销售分配渠道的差异化等。

企业实行差异化战略得投入一定的成本费用,一般来说,其产品成本会超过竞争对手的成本。但是,如果差异化价格与竞争对手的平均价格的差额大于这一成本差额,企业还是会比竞争对手获得更多的利润。应当强调的是,产品或服务差异化战略并非是指企业可忽视成本因素,只不过这时主要战略目标不是低成本而已。

(二)差异化战略的益处

建立起顾客对产品或服务的认识和信赖,降低顾客对产品或服务的价格发生变化时的敏感程度,为企业在同行业竞争中形成一个隔离地带,避免竞争对手的侵害;顾客对商标的信赖和忠实形成了强有力的行业进入障碍,如果行业中新的加入者参与竞争,它必须扭转顾客对原产品的信赖和克服原产品的独特性的影响,这就增加了新加入者进入该行业的难度;差异化战略产生的高边际收益增强了企业对付供应商讨价还价的能力;企业通过差异化战略,使得购买商缺乏可与之比较的产品选择,降低购买商对价格的敏感度,同时,通过产品差异化,使购买商具有较高的转换成本,使其依赖于企业,这些都可削弱购买商的讨价还价能力;企业通过差异化战略建立起顾客对本产品的信赖,使得替代产品无法在性能上与之竞争。

(三)差异化战略的风险

实行差异化战略的企业,其生产成本可能很高。因为它要增加设计和研究费用,选用高档原材料等,如果采取差异化战略的产品成本与追求成本领先战略的竞争者的产品成本差距过大,可能会使得购买者宁愿牺牲差异化产品的性能、质量、服务和形象,而去追求降低采购成本;购买者变得更加精明,他们降低了对产品或服务差异化的要求;随着企业所处行业的发展进入成熟期,差异产品的优点很可能被竞争对手所模仿,从而削弱产品的优势,而这时如果企业不能推出新的差异化,那么由于价格较高而处于劣势,产品差异化优势又不明显,企业就会陷入非常困难的境地。

三、集中化战略

(一)集中化战略的实施条件

集中化战略是集中服务一个特殊的市场补缺,而这个补缺可能是以地理位置、顾客的形态或产品线的区隔作为定义的。集中化战略的目的是很好地服务于某一特定的目标,它的关键在于能够比竞争对手提供更为有效和效率更高的服务。企业能够在特殊的和独特的细分市场上通过集中化成本领先或者集中化差异化战略为顾客创造价值。瑞典的宜家家居就是采用集中化成本领先战略的典范,低成本战略贯穿在企业活动的每一个方面,同时提供了对顾客极具吸引力的服务,如独特的家具设计、店内的儿童游乐场、供顾客使用的轮椅、延长营业时间等。

中国家电企业美的获批收购德国库卡公司

集中化战略对于实力不强、资源有限的企业有着特别重要的意义。它使这些企业避开在广泛的整体市场上与强大的竞争对手展开正面竞争,而集中资源于自己最具优势或竞争对手最薄弱的部分,营造自己的竞争优势壁垒,从而获得在一个狭窄市场上的竞争优势地位和成功。

【同步案例5-1】 联合利华的集中化战略

20世纪90年代,联合利华在品牌最多的时候曾达到近2 000个,分属于4个行业的13个类别。1996年,尼尔·费茨杰拉德出任联合利华的CEO。尼尔·费茨杰拉德上任后即着手改变一切,关工厂、砍岗位、减员工,把过时的老品牌一笔勾销。与此同时,他又通过280亿美元的收购买进大批新品牌,使联合利华的品牌队伍焕然一新。1998年,联合利华以80亿美元出售其特殊化学业务部分,使业务更加集中。

案例精析5-1

1999年,联合利华提出了新的全球战略,即"增长之路",包括与消费者再联系、集中优势品牌、探寻新的销售模式和分销方式、建立世界级的供应链、业务结构简单明了、构筑良好的企业文化。集中战略主要体现在行业、产品类别和品牌三个方面。从全球角度看,它采取集中品牌战略,压缩品牌数量,将公司的品牌由2 000个压缩到400个,并保证一线品牌的增长率;从本土化战略看,它力求在发展全球品牌的同时,保护和发展本土品牌。联合利华销售额的75%来自2 000个品牌中的400个,这400个品牌的年增长率约为4.6%,有很高的利润。如果集中精力发展这400个品牌,必然对公司业务的增长有很大的益处。联合利华压缩品牌规模是根据80/20规律,即企业销售额的80%通常是由20%的商品创造的,这是一条"黄金法则"。

思考: 在中国,联合利华实施集中化战略的具体表现是什么?

(二)集中化战略的益处

集中化战略便于集中使用整个企业的力量和资源,更好地服务于某一特定的目标;将目标集中于特定的部分市场,企业可以更好地调查研究与产品有关的技术、市场、顾客以及竞争对手等各方面的情况,做到"知彼";战略目标集中明确,经济成果易于评价,战略管理过程也容易控制,从而带来管理上的简便。

根据中、小型企业在规模、资源等方面所固有的一些特点,以及集中化战略的特性,可以说,集中化战略对中小型企业来说可能是比较适宜的战略。

(三)集中化战略的风险

由于企业将全部力量和资源都投入到一种产品或服务或一个特定的市场,当顾客偏好发生变化、技术出现创新或有新的替代品出现时,就会发现这部分市场对产品或服务的需求下降,企业就会受到很大的冲击;在整个行业内竞争的企业可能认为由执行集中化战略的企业所服务的细分市场很有吸引力,从而竞争者打入企业选定的部分市场,并且采取优于企业的更集中化的战略;狭窄的竞争性细分市场中的顾客需求可能会与一般顾客的需求趋同,其优势被削弱或消除。

成本领先战略、差异化战略和集中化战略这三种战略是根据产品、市场的不同组合而形成的(见表 5－1)。企业可根据自己生产经营的情况,选择所要采用的竞争战略。

表 5－1　　　　　　　　　　　　　　　竞争战略组合

	成本领先战略	差异化战略	集中化战略
产品差异化	低 (主要来自价格)	高 (主要来自特殊性)	由低到高 (来自价格或特殊性)
市场细分化	低 (大市场)	高 (众多细分市场)	低 (一个或一些细分市场)

【学中做 5－1】 "三只松鼠"是近年来发展较快的网络零食品牌,从提升内在竞争能力到引领外部市场,都取得了令人瞩目的成绩。在 2024 年年货节期间,通过综合电商、短视频电商、社群团购等多个渠道,实现了线上线下的热销,"三只松鼠"的坚果礼盒销售量和销售额均创下新高。你认为"三只松鼠"的竞争战略是什么?

分析:"三只松鼠"在年货节期间的表现,不仅展现了公司在节日销售旺季的强劲市场竞争力,也反映了其在供应链管理、全渠道布局及产品多元化战略上的成熟和前瞻性。公司推进的"一品一链"战略,在全品类和全渠道的基础上实现更强的竞争力,这一战略的实施,有助于公司在市场中占据更有利的位置。

任务三　竞争者位势战略

一、市场领导者战略

处于市场领导者地位的企业,往往有着行业内比较大的市场占有率,在产品价格变动、新产品开发、市场覆盖率的变化、销售方式的选择等许多方面起着相对支配或者领先的作用。同时,树大招风,领导者企业面临着来自众多其他企业的竞争和威胁。因此,市场领导者企业必须保持高度警惕并采取适当的竞争策略,以维护自己的竞争优势。

一般而言,市场领导者企业要维护竞争优势有以下三种竞争策略(如图 5－4 所示)。

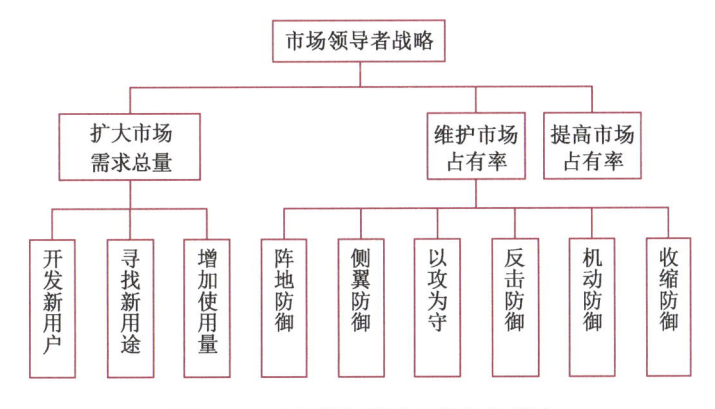

图 5－4　市场领导者的三种竞争策略

（一）扩大市场需求总量

市场领导者企业可以通过三个途径达到扩大市场需求总量的目的：

1. 开发新用户

每类产品都有吸引新使用者的潜能。消费者可能因目前不知道此项产品，或因其价格不当，或因无法提供某种性能、型号而拒绝购买该产品。企业可以针对不同情况采取措施，解决潜在购买问题，将其转化为新的实际购买者。企业可以从三种群体中寻找新使用者。例如，当香水还只为一部分女性所使用时，一个香水企业可以说服那些不使用香水的女性也使用香水（市场渗透策略），或说服男性开始使用香水（新市场策略），或销售香水至其他国家（地理扩张策略）。

2. 寻找新用途

即发现并推广现有产品的新用途。事实上，在更多情况下，不是企业发现产品的新用途，而是使用者自己将产品拿作他用。比如，凡士林当初只不过用作机器润滑剂，然而数年内使用者便发现了此产品的数种用途，包括用作护肤软膏、药膏和发蜡等。所以说，企业的主要任务是借助定期调查与询问，及时了解用户对本企业产品的使用方法有哪些，并从中得到启示。有关研究证实，大部分产品新用途开发的构思来自使用者，而非来自企业的研究开发实验室。

3. 增加使用量

即说服人们在每个场合使用较多的产品。企业可以采取以下几种手段来增加使用量：提高使用频率；增加每次使用量；增加使用场合。例如，法国米其林轮胎公司过去一直在设法鼓励汽车拥有者每年驾驶更多的里程，以增加轮胎更换次数。它们构想的一个方法就是，以三星系统来评价法国境内的旅馆，并且出版一本关于旅游指南的书，书中报道大多数好的旅馆皆在法国南部，这样使得许多巴黎人愿意到法国南部去度周末。

（二）维护市场占有率

在市场领导者企业面临的竞争对手中，总会有一个或几个实力相对雄厚者。防止和抵御其他企业的强攻，维护自己现有的市场占有率，是领导者企业守住阵地的有效竞争策略。

市场领导者企业可以通过两个途径达到维护市场占有率的目的：

（1）进攻措施。即在降低成本、提高销售效益、产品创新、提高服务水平等方面争取能始终处于行业领先地位，同时针对竞争对手的薄弱环节主动出击。

（2）防御措施。即根据竞争的实际情况，在企业现有阵地周围建立不同防线。例如，构筑重点在于保护企业目前的市场和产品的防线；构筑不仅能防御企业目前的阵地，还扩展到新的市场阵地，作为企业未来新的防御和进攻中心的防线等。

【拓展阅读 5—1】 杜邦公司不断开发尼龙的新用途

杜邦公司就是通过不断开发尼龙的新用途而实现市场扩张的。每当杜邦公司的尼龙变成一个成熟阶段的产品时，某些新用途又会被发现。

尼龙首先用于制作降落伞的合成纤维，然后作为制作女袜的主要原料，后来作为制作服装的原料，再后来又成为生产汽车轮胎、沙发椅套、地毯的原料。每一种新用途都使该产品进入新的生命周期，这一切都归功于杜邦公司为发现产品新用途而不断进行的研究与开发。

（三）提高市场占有率

市场占有率与投资报酬率密切相关。一般来说，企业的市场占有率越高，其投资收益率相应就越大。许多企业把市场占有率作为自己的营销目标，领导者企业可以根据经济规模的优势，降低成本，提高市场占有率。

市场领导者企业在采用扩大市场占有率的竞争策略时，必须注意三个问题：引起反垄断的可能性；为提高市场占有率所付出的成本；采用何种营销组合策略。

二、市场挑战者战略

处于市场挑战者地位的企业，一般都具有相当的规模和实力，在竞争策略上有相当强的主动性，它们随时可以向市场领导者企业或其他企业发动进攻。然而，对于市场挑战者企业来说，盲目的进攻是愚蠢甚至有害的，要使自己的挑战获得成功，必须明确企业营销目标和挑战对象，然后选择适当的进攻策略。

（一）确定挑战目标

明确企业的竞争对手和主攻方向，是市场挑战者企业获得成功的基础。一般有三种挑战目标可供市场挑战者企业选择：向处于领导者地位的企业挑战，意在夺取其市场份额和产品优势；向与自己实力相当的企业挑战，意在扩展自身市场份额以改变市场地位；进攻力量薄弱的小企业，意在夺取其市场份额或进行兼并，扩充自身实力。

（二）选择挑战竞争策略

市场挑战者企业发起挑战是一种主动的攻击行为，进攻方向及具体运用的营销策略是经过认真选择的。

1. 正面进攻

当市场挑战者企业的实力明显高于对方企业时，可以采用正面或全面进攻的策略。例如，经营与竞争对手相同的产品，进行价格竞争，或者采用势均力敌的促销措施等。这是集中全力向对手主要市场阵地发动攻击的策略，进攻的是对手的强项而不是弱点，胜负取决于双方力量的对比。

2. 迂回进攻

如果竞争对手的实力较强，正面的防御阵线非常严密，市场挑战者企业可以采用迂回进攻的策略。例如，选择竞争对手忽视的细分市场进攻，或者选择竞争对手产品销售薄弱地区、服务较差的地区进攻。这是集中自己的优势力量攻击对手弱点的策略，成功的可能性更大。

3. 游击进攻

如果挑战者企业暂时规模较小、力量较弱，可以采用游击进攻的策略，根据自己的力量针对竞争对手的不同侧面，展开小规模、时断时续的攻势。例如，进行有选择、有限度的降价，采用突然的强度促销措施，与中间商联合行动等，达到打击对手士气、争取消费者的目标。这是以小型、间断性的攻击手段逐渐削弱对手的实力，以占据长久立足点的策略。

三、市场追随者战略

一个市场追随者必须知道怎样才能保持现有顾客以及如何争取新顾客加入，以便获得满意的市场份额。市场追随者也是市场挑战者的打击目标，一定要保持成本和产品质量及服务的优势。一般而言，市场追随者企业有三种可供选择的跟随策略：

（一）紧密追随

市场追随者企业在进行营销活动的所有市场范围内，都尽可能仿效市场领导者企业，以借助先行者的优势打开市场，并跟着获得一定的份额。但是要注意，所谓的紧密追随并不等于直接干扰市场领导者企业，那样的话会遭到被追随者的报复。如1999年，蒙牛企业刚成立，实力较弱。在2000年时，蒙牛在呼和浩特市的路牌广告上写的是"蒙牛乳业，创内蒙古乳业第二品牌"。

（二）保持距离追随

市场追随者企业在营销策略的主要方面紧跟市场领导者企业，比如选择同样的目标市场、提供类似的产品、紧随其价格水平、模仿其分销渠道等；在企业营销策略的其他方面，则发展自己的特色,争取和领导者企业保持一定的差异。

(三)有选择追随

市场追随者企业根据自身的具体条件,部分地仿效市场领导者企业,择优追随,同时在其他方面自行其是、坚持独创。例如,主动地细分和集中市场、有效地研究和开发等,尽量在别的企业想不到或者做不到的地方去争取一席之地。这类跟随者有可能发展成为挑战者。

四、市场补缺者战略

(一)补缺市场的特征

理想的补缺市场具备以下特征:①具有一定的规模和购买力,能够盈利;②具备发展潜力;③强大的企业对这一市场一般不感兴趣;④本企业具备向这一市场提供优质产品和服务的资源及能力;⑤企业在顾客中建立了良好的声誉,能够抵御竞争者入侵。

【做中学5-1】 维珍集团(Virgin Group)是英国多家使用维珍作为品牌名称的企业所组成的集团,由著名的英国商人理查德·布兰森爵士创办。从1970年到现在,维珍集团成为英国最大的私人企业,旗下拥有200多家大小公司,涉及航空、金融、铁路、唱片、婚纱,俨然半个国民生产部门。

思考:维珍集团是如何利用利基市场进行营销的?

分析:利基市场营销是指,企业通过调查研究发现适合资源条件的市场利基,进而在该细分市场上开展营销活动,以树立竞争优势并获取经济利益。国内有的学者也把利基市场营销称作"缝隙市场营销"或"补缺营销"。维珍集团不想捡别人剩下的东西吃,只能找到"利基市场",只能创新。维珍正是通过不断地进入和不断地创造属于自己的市场,才得以保持持续的增长。维珍集团运用利基市场营销的特点:①有明确的或潜在的市场需要;②该市场必须是空白的或被竞争对手所忽略;③需求必须足够大,以保证小企业可以获利;④小企业所掌握的资源必须能与该市场的需求相适应,保证小企业可以及时、有效地为其潜在顾客提供满意的商品或服务。因此,将所有产品和服务的目标客户群都锁定在"不循规蹈矩的、反叛的年轻人"身上,如维珍移动采用横向、纵向市场并重的策略。

(二)补缺市场的类型

1. 自然补缺市场

为了追求规模经济效应,很多大企业一般采用少品种、大批量的生产方式,这自然为中小企业留下了很多大企业难以涉及的"夹缝地带",这些"夹缝地带"即为自然补缺市场。例如,格兰仕在1992年选择家用微波炉为单一业务,1995年成为中国微波炉市场占有率第一。

2. 协作补缺市场

对于生产复杂产品的大企业来说,不可能使每一道工序都达到规模经济性的要求。大企业为了谋求利润最大化或节约成本、避免"大而全"生产体制的弊端而与外部企业进行协作,这种协作关系为中小企业提供了空间。

3. 专利补缺市场

拥有专利发明的中小企业,可以运用知识产权来防止大企业利用自己的专利技术、向自己的产品市场渗透,从而在法律制度的保护下形成有利于中小企业成长的专利补缺市场。

4. 潜在补缺市场

现实中,常有一些只得到局部满足或正在孕育、即将形成的社会需求,这就构成了潜在的市场需求空间。

5. 替代补缺市场

它是指那些竞争对手尚未准备充分、尚未适应、竞争力较弱的市场,消费者的需求没有得到很好的满足的市场机会。

(三)市场补缺者竞争战略的选择

市场补缺者发展的关键是实现专业化,主要途径有:

(1)最终用户专业化。企业可以专门为某一类型的最终用户提供服务。例如,航空食品公司专门为民航公司生产提供给飞机乘客的航空食品。

(2)垂直专业化。企业可以专门为处于生产与分销循环周期的某些垂直层次提供服务。例如,铸件厂专门生产铸件,铝制品厂专门生产铝锭和铝制部件。

(3)顾客规模专业化。企业可以专门为某一规模(大、中、小)的顾客群服务。市场补缺者专门为大公司不重视的小规模顾客群服务。

(4)特殊顾客专业化。企业可以专门向一个或几个大客户销售产品。许多企业只向一家大企业提供其全部产品。

(5)地理市场专业化。企业只在某一地点、地区或范围内经营业务。

(6)产品或产品线专业化。企业只经营某一种产品或某一类产品线。例如,某企业专门生产不同花色品种的尼龙丝袜,某造纸厂专门生产水泥包装纸。

(7)产品特色专业化。企业专门经营某一种类型的产品或者产品特色。例如,某书店专门经营"古旧"图书,某企业专门出租儿童玩具。

(8)客户订单专业化。企业专门按客户订单生产特制产品。

(9)质量—价格专业化。企业只在市场的底层或上层经营。例如,惠普公司只在优质高价的微型电脑市场上经营。

(10)服务专业化。企业向大众提供一种或数种其他公司所没有的服务。例如,某家庭服务公司专门提供上门疏通管道服务。

(11)销售渠道专业化。企业只为某类销售渠道提供服务。例如,某软饮料公司决定只生产大容器包装的软饮料,并且只在加油站销售。

任务四　战略合作

一、战略合作

战略合作是指企业双方或多方为了自身的生存和发展而进行整体性、长远性、基本性的谋划,并在合作期间实现共赢的一种合作方式。一个企业若是所有商业功能都自己做,并不见得是最有效的方法,即使企业拥有完成某一特定任务的资源,同行中的另一家企业也许更适合完成该项任务,仅仅因为后者在同行中的相对位置为其提供了更好的定位。战略合作能有效地分担风险,让企业更有利于在竞争激烈的环境中生存。例如,20世纪90年代中期,格兰仕与欧美国家和日本的三大跨国公司合作,结成战略联盟。格兰仕不花钱就将其微波炉制造工厂全部搬到格兰仕工业区,双方按照协议实现优势互补、互惠互利,合作生产微波炉关键配件。战略联盟使双方在国际市场实现了双赢,这种双赢的合作方式吸引了200多家跨国公司来与格兰仕结成战略联盟。

二、战略合作的优点

(一)提高企业的知名度

战略合作可以提高企业的知名度,为企业树立实力强大的外部形象,更加有效地吸引消费者和顾客，增加产品销售量，扩大市场占有率。

（二）获得协同效应

战略合作可以获得协同效应，即"1+1＞2"，实现组织间的信息、资源共享，充分利用现有的生产要素和资源，优化资源配置，节省成本费用，扩大经营规模，更好地获取规模经济效益。在"合作"内部，分工与协作有利于各企业间优势互补，可以形成更有效的专业化分工，发挥规模效益，使产品整体成本降低，从而使"合作"企业实现各自的"低成本"和"专业化"的发展战略。

（三）减少不必要的浪费性竞争

战略合作可以减少合作企业间不必要的浪费性竞争，维持稳定的竞争格局和态势，并且把着眼于短期的对抗性竞争转化为长期的合作式竞争，使企业在快速变化的市场环境中获取长远的竞争优势。

（四）降低和缓解经营风险

战略合作可以降低和缓解合作企业的经营风险。现代市场竞争日趋复杂，市场瞬息万变，企业面临的经营风险不断增大。合作企业通过信息沟通、优势互补和风险分摊，提高了成功率，降低了风险损失。

（五）加快企业技术创新步伐

战略合作可以加快企业技术创新步伐。随着知识经济的发展，科技已成为决定竞争能力的关键变量之一。在技术资产贬值速度加快、技术创新的平均投入水平大幅上升的今天，技术创新面临着更高的技术和资金要求，这些已超出了单个企业的能力范围，因此通过联合各企业的技术资金优势，可以加快技术创新的步伐。

（六）突破市场进入障碍

战略合作可以有效地突破市场进入障碍。企业不仅可以利用合作伙伴的管理经验和营销渠道快速进入当地市场，而且可以通过合资、特许经营等方式消除地方和他国政府的法规限制。

（七）提高核心能力

在实行"合作博弈"的竞争战略时，培养竞争对手不但可以提高自己的核心能力，还是一种"占位策略"，可以遏制竞争对手的扩张意图。战略合作的龙头还可以利用品牌优势，形成领导价。

麦当劳拟出售
亚洲地区
2 800家门店

三、合作战略的分类

（一）共谋战略

共谋战略指的是同一行业的数个企业为了谋取高于正常经济利润的收益而采取共同协议产出和定价决策的行为。它的意义在于，通过共同协议限定行业的产量，以使产品价格高于相互竞争状态时的价格，从而使共谋企业共同获得高于正常水平的收益。

（二）战略合作

战略合作的方式多种多样，既包括从事类似活动的联合，也包括从事互补性活动的合作；既包括强强联合，也包括强弱联合。合作形式可以是签订合约的方式，也可以是组建新型组织的方式，或者是兼而有之。其在范围、形式和时间跨度等方面是多种多样的：既有同上、下游跨国公司的合作，也有同价值链以外跨国公司的合作；既有在研究开发领域的合作，也有在生产和营销领域的合作；既有战略联盟、合资企业等高级形式，也有合作加工、合作营销等普通形式；既有长期合作，也有短期合作。

美元升值影响
美跨国企业

(三)虚拟经营

"虚拟"是计算机术语中的一个常用词,引用到企业管理中,实质上就是直接用外部力量整合外部资源的一种策略。例如,20世纪70年代末,耐克的鞋子为了顺利进入国际市场,在爱尔兰设厂而进入欧洲市场并以此躲过高关税,在日本联合设厂而打入日本市场。

应知考核

一、单项选择题

1. 占有最大的市场份额,在价格变化、新产品开发、分销渠道建设和促销战略等方面对本行业其他企业起着领导作用的企业被称为（　　）。
   A. 市场领导者　　B. 市场挑战者　　C. 市场追随者　　D. 市场补缺者

2. 麦当劳知道肯德基是其主要竞争者,可口可乐知道其最大竞争者是百事可乐,这体现了（　　）。
   A. 分析竞争者的目标　　　　B. 判断竞争者的战略
   C. 估计竞争者的反应模式　　D. 识别竞争者

3. 树大招风,领导者企业面临的众多其他企业的竞争威胁是（　　）。
   A. 市场领导者　　B. 市场挑战者　　C. 市场追随者　　D. 市场补缺者

4. 市场追随者企业在进行营销活动的所有市场范围内,都尽可能（　　）。
   A. 攻击市场领导者　　　　B. 向市场领导者挑战
   C. 仿效市场领导者　　　　D. 不做出任何竞争反应

5. 企业要制定正确的竞争战略和策略,就应深入了解（　　）。
   A. 技术创新　　B. 消费需求　　C. 竞争者　　D. 自己的特长

6. 竞争企业对市场竞争因素的变化十分敏感,一旦受到来自竞争对手的挑战,就会迅速做出强烈的市场反应,是指（　　）。
   A. 从容不迫型竞争者　　　　B. 选择型竞争者
   C. 凶狠型竞争者　　　　　　D. 随机型竞争者

7. 不属于市场领导者扩大市场总需求的途径是（　　）。
   A. 开发新用户　　B. 寻找新用途　　C. 增加使用量　　D. 进攻措施

8. 战略合作可以获得协同效应,即（　　）。
   A. 1+1＞2　　B. 1+1＝2　　C. 1+1＜2　　D. 1+1≠2

9. 市场挑战者集中优势力量攻击对手的弱点,这种策略是（　　）。
   A. 正面进攻　　B. 迂回进攻　　C. 包围进攻　　D. 游击进攻

10. 某企业精心服务于某些细小分布市场而不是与主要企业竞争,只是通过专业化经营占据有利的市场位置,该企业被看作（　　）。
    A. 市场领导者　　B. 市场追随者　　C. 市场挑战者　　D. 市场补缺者

二、多项选择题

1. 市场领导者为保持自己的领导地位,可供选择的策略有（　　）。
   A. 提高竞争能力　　　　B. 扩大市场需求总量
   C. 维护市场占有率　　　D. 提高市场占有率

2. 市场追随者企业可供选择的跟随策略有（　　）。

A. 紧密追随　　　　B. 保持距离追随　　　C. 有选择追随　　　D. 有紧有松追随

3. 补缺市场的类型有(　　)。
A. 自然补缺市场　　B. 协作补缺市场　　C. 专利补缺市场　　D. 替代补缺市场

4. 战略合作的优点有(　　)。
A. 提高企业的知名度　　　　　　　B. 获得协同效应
C. 加快企业技术创新步伐　　　　　D. 提高核心能力

5. 波特的市场竞争战略包括(　　)。
A. 价格领先战略　　B. 成本领先战略　　C. 差别化战略　　D. 集中化战略

三、判断题

1. 顾客是企业的服务对象,也是企业的竞争对手。　　　　　　　　　　　　　　(　　)
2. 战略的差别仅仅表现在目标市场上。　　　　　　　　　　　　　　　　　　(　　)
3. 企业应支持好的竞争者,攻击坏的竞争者。　　　　　　　　　　　　　　　(　　)
4. 差异化战略产生的高边际收益降低了企业对付供应商讨价还价的能力。　　(　　)
5. 游击进攻是集中全力向对手的主要市场阵地发动攻击的策略。　　　　　　(　　)

四、简述题

1. 市场领导者可采用的市场竞争战略有哪些?
2. 市场挑战者可采用哪些进攻战略?
3. 市场跟随者可分为哪些类型?
4. 理想的补缺市场具备哪些特征?
5. 市场跟随者与市场补缺者有什么异同?其战略要点有什么异同?

应会考核

■ 观念应用
【背景资料】

山居小栈的经营策略

山居小栈位于某著名的风景区边缘,旁边是国道,每年有大批旅游者通过这条国道来到这个风景名胜区游览。罗生两年前买下山居小栈时是充满信心的,作为一个经验丰富的旅游者,他认为游客真正需要的是朴实但方便的房间——舒适的床、标准的盥洗设备以及免费的有线电视,像公共游泳池等没有收益的花哨设施是不必要的。而且他认为,重要的不是提供的服务,而是管理。但是在不断接到顾客抱怨后,他还是增设了简单的免费早餐。然而,经营情况比他预料的要糟,两年来的入住率仅维持在55%左右,而当地的旅游局统计数字表明这一带旅店的平均入住率为68%。毋庸置疑,竞争很激烈,除了许多高档的饭店宾馆外,还有很多家庭式的小旅社参与竞争。其实,罗生对这些情况并非一无所知,但是他觉得高档宾馆太昂贵,而家庭式旅社则很不正规,像山居小栈这样既具有规范化服务特点又价格低廉的民宿应该很有市场。但是,他现在感觉事情并不是他想的这么简单。最近又传来旅游局决定在本地兴建更多大型宾馆的风声,罗生越来越发觉处境不利,甚至决定退出市场。这时他得到一大笔亲属赠予的遗产,这笔资金使他犹豫起来。也许这是个让山居小栈起死回生的机会呢?他开始认真研究所处的市场环境。

从一开始罗生就避免与提供全套服务的度假酒店直接竞争,他采取的方式就是削减"不必要的服务项目",这使得山居小栈的房价比它们要低40%,住过的客人都觉得物有所值,但是很多游客还是转了一圈后去别家投宿了。罗生对近期旅游局发布的对当地游客的调查结果很感兴趣:①68%的游客是不带孩子的年轻或年老夫妇;②40%的游客两个月前就预定好了房间并制订旅行计划;③66%的游客在当地停留超过三天,并且住同一家旅店;④78%的游客认为,旅馆的休闲娱乐设施对他们的选择很重要;⑤38%的游客是第一次来此地游览。

得到上述资料后,罗生反复思量,到底要不要退出市场?是拿这笔钱来养老,还是继续经营?如果继续经营的话,是一如既往,还是改变山居小栈的经营策略?

【考核要求】
1. 导致山居小栈经营不理想的主要原因是什么?
2. 你认为山居小栈的发展前景如何?
3. 如何改变山居小栈现在的不利局面?山居小栈的经营策略应该是什么?

■ 技能应用

智勤手机的成本领先战略

智勤公司成立于2010年,是一家研究开发智能手机的企业。智勤公司从创立之初就做了大量的市场调研,发现智能手机市场上国内中低端品牌与国际高端品牌的技术差距正在逐步缩小,消费者更多地关注产品价格,价格竞争开始成为市场竞争的主要手段。在此基础上,智勤公司对消费者的年龄进行了细分,将目标市场消费者的年龄定位在25至35岁之间,这个阶段的年轻人经济上相对独立,普遍处于事业的发展期,并且个性张扬、勇于尝试,对于新鲜事物的接受程度比其他年龄段的人更高。

为了适应目标顾客对价格敏感的特点,智勤手机以其"高性价比"走入大众视线。为了降低智勤手机的成本和价格,智勤公司采取了以下措施:

(1)开创了官网直销预订购买的发售方式,减少了昂贵的渠道成本,使智勤手机生产出来之后,不必通过中间商就可以到达消费者手中。

(2)在营销推广方面,智勤公司没有使用传统的广告营销手段,而是根据消费者的不同类型,分别在智勤官网、QQ空间、智勤论坛、微信平台等渠道进行智勤手机的出售和智勤品牌的推广,在很大程度上采用粉丝营销、口碑营销的方式,有效降低了推广费用。

(3)采用低价预订式抢购模式。这种先预定再生产的方式使智勤公司的库存基本为零,大大减少了生产运营成本。

(4)智勤手机定价只有国际高端品牌手机的1/3,而其硬件成本要占到其定价的2/3以上。为了既保证高性价比又不降低手机的产品质量,智勤公司为手机"瘦身",把不需要的硬件去掉,把不需要的功能替换掉,简化框架结构设计,使用低成本的注塑材质工艺等。

(5)将手机硬件的研发和制造外包给其他公司,提高了生产率,大大减小了智勤成立之初的资金压力。

(6)实现规模经济,2011—2015年智勤手机的销售量高速增长,进而为智勤手机通过规模经济降低成本和价格奠定了基础。

【技能要求】
请简要分析智勤手机实施成本领先战略的条件。

■ 案例分析
【分析情境】

百事可乐与可口可乐

世界上第一瓶可口可乐于1886年诞生于美国,距今已有113年的历史。这种神奇的饮料以它不可抗拒的魅力征服了全世界数以亿计的消费者,成为"世界饮料之王",甚至享有"饮料日不落帝国"的赞誉。但是,就在可口可乐如日中天之时,竟然有另外一家同样高举"可乐"大旗、敢于向其挑战的企业。它宣称要成为"全世界顾客最喜欢的公司",并且在与可口可乐的交锋中越战越强,最终形成分庭抗礼之势,这就是百事可乐公司。

百事可乐为了与可口可乐形成鲜明的对比,其商标设计彰显了独特的特色和定位。可口可乐选用的是红色,在鲜红的底色上印着白色的斯宾塞体草书"Coca-Cola"字样,白色在红底的衬托下,有一种悠然的跳动之态,草书则给人以连贯、流线和飘逸之感。红白相间,用色传统,显得古朴、典雅而又不失活力。

百事可乐则选择了蓝白色,在纯白的底色上是近似于中国行书的蓝色字体"Pepsi Cola",蓝字在白底的衬托下十分醒目,呈活跃、进取之态。众所周知,蓝色是精致、创新和年轻的标志,高科技行业的排头兵 IBM 公司就选用蓝色为公司的主色调,被称为"蓝色巨人",百事可乐的颜色与它的公司形象和定位达到了完美的统一。

由于饮料行业的激烈竞争,为了规避风险,百事可乐从 20 世纪 60 年代起就试图打破单一的业务种类,迅速发展其他行业,它先后将肯德基、必胜客和特科贝尔墨西哥餐厅收归麾下。

另外,百事可乐在中国广州成立百事亚洲饮料有限公司,并购了天府可乐公司和北冰洋饮料公司,成立了重庆百事天府饮料有限公司和北京百事北冰洋饮料有限公司,对新进入者设置了更为有效的壁垒。

【分析要求】

1. 在与可口可乐的竞争中,百事可乐采取了何种战略?
2. 百事可乐在哪些方面取得了战略优势?

项目实训

【实训项目】

市场营销竞争战略

【实训目标】

通过实训,学生能够正确认知市场竞争战略、竞争者位势战略及合作战略。

【实训内容】

1. 找到你所了解的相关市场,分析它们之间是如何竞争的(比如手机市场、餐饮市场、化妆品市场等)。
2. 分析你所了解的相关市场竞争者的战略是什么、占据什么位势。
3. 模拟某一个企业参与市场竞争或者合作战略,写出"模拟公司市场竞争战略报告"。

【实训要求】

1. 将学生分成若干组,每组 7 人,每组设组长 1 名,负责组织本组成员的实训,由组长将企业的调查结果书面写成报告,并总结。
2. 考核和评价采用报告资料展示与学生讨论相结合的方式。
3. 评分采用学生和老师共同评价的方式。
4. 将实训报告填写完整。

"市场营销竞争战略"实训报告		
项目实训班级：	项目小组：	项目组成员：
实训时间：　　年　　月　　日	实训地点：	实训成绩：
实训目的：		
实训步骤：		
实训结果：		
实训感言：		
不足与今后改进：		
项目组长评定签字：		项目指导教师评定签字：

项目六　产品策略

● **知识目标**

　　理解：产品的整体概念；新产品的概念和分类；包装的概念和功能。
　　熟知：产品组合及其策略；新产品开发的意义和要求、原则、方向和方式。
　　掌握：新产品开发程序和创新策略；包装策略；品牌策略；产品生命周期策略。

● **技能目标**

　　能够运用产品组合策略、品牌决策、包装策略及产品生命周期理论来指导实践；能够识别产品生命周期各阶段，可以制定相应的营销策略；能够运用品牌策略进行品牌营销策划；树立市场导向的理念和意识，解释营销产品问题和营销策略运作。

● **素质目标**

　　运用所学的产品策略知识研究相关事例，培养和提高学生在特定业务情境中分析问题与决策设计的能力；结合行业规范或标准，运用知识分析行为的善恶，强化学生的职业道德素质；以社会责任营销理念，设计开发产品，提升服务意识，创新品牌价值。

● **思政目标**

　　培养学生文化自信和人文精神，将精益求精和追求卓越品质的"工匠精神"渗透到营销工作中；树立产品质量关，创造国货品牌，推动中国产品向中国品牌转变；培养学生积极创新，开拓进取的精神，提升国货在世界市场上的竞争力，从而提升民族自豪感与自信心。

● **项目引例**

"巴克斯"酒为何能独领市场风骚

　　在10万客商激战郑州的全国秋季糖酒交易会上，没想到名不见经传的长沙泰丰食品酒类公司推出的"巴克斯"酒能独领风骚。每天订货量达1万多件，最后因货源吃紧，不得不限制订货数量。"巴克斯"酒何以在中原大地如此走俏呢？

　　酒的芬芳伴随着中华民族几千年的沧桑历史，酒的风采、酒的诗韵、酒的故事无不飘逸着馥郁的芳香……几年前，不善饮酒的彭普生在长沙做起了酒生意，创办泰丰酒类食品公司，自任总经理，生意一度做得非常红火。可在经营中他发现，自己公司所经销的各种白酒，不少内在质量并不差，就因为包装差、酒名不好听、牌子不响亮,所以顾客不问津。他暗自下决心,同生产厂家联营,从提高包装质量入手,创造一个响亮的牌子。

于是,他挑选出几十种白酒,请专家品尝和权威部门鉴定,从中筛选出一种因包装差而影响销路的优质白酒为酒源,投资50万元帮助厂家改善生产条件,进一步提高质量,创出一种新酒。为酒取个什么名字呢?他想到国外酒神巴克斯。据说古希腊人和罗马人每月至少举行一次酒神节,一连三日酒宴狂欢。中国虽然没有一个名正言顺的酒神,却有众多的"神酒",如古代的琼花露、白玉膏,现代的茅台、五粮液……彭经理突发奇想,何不借它山之石,给中国酒取个洋名字呢?"巴克斯"酒就这样诞生了。

接着,他改进包装。为防止假冒,专门定做了异型磨砂瓶,在湖南首家使用,花钱精心设计制作了商标,别出心裁地研制出独特的新型防盗瓶盖,开瓶后即无法复原,并给每瓶酒编号,建立档案,以便顾客查对。还配有专人查处假冒伪劣产品,发现制盖厂给别人制造相同的防盗瓶盖,立即予以制止,并办理了内外包装及大小三种酒瓶的专利。

改进包装后的"巴克斯"酒,质量100%合格,投放市场后不仅畅销省内,而且走俏广东、江西、四川、北京等地市场。北京一位消费者来信说,"巴克斯"酒确实与众不同,绵软香甜,回味长久,瓶贴的设计和外包装的造型也都很美观、醒目。商标是产品的"脸",有了好的内外质量,群众自然就会认"脸"购货。

- **引例讨论**

"巴克斯"酒为何能独领市场风骚?我们能够从中得到何种启示?

- **引例导学**

"巴克斯"酒之所以能够在激烈的市场竞争中独领风骚,是因为其善于运用产品策略。我们从中得到的启示是:在市场经济条件下,企业必须善于运用产品策略,营销的产品不仅质量要好,而且必须在商品的取名、商标、包装上下功夫,使商品的品牌、包装发挥宣传和推销产品的功能。

那么,如何才能正确运用产品策略,确保企业营销目标的实现呢?

- **知识精讲**

任务一　整体产品

一、产品的整体概念

(一)产品的概念

产品是指提供给市场的、能满足人们需要的任何东西,既可以是有形的物品,也可以是无形的服务。有形实物主要包括产品实体及其品质、特色、式样、品牌和包装等;无形服务包括可以给消费者带来附加利益和心理上的满足感及信任感的售前、售中、售后服务,以及产品形象、企业声誉等。此外,思想、主意、计谋等由于其同样能够满足我们的某种需要或欲望,因此也是产品。

【拓展阅读6-1】　原始生活方式的魅力

日本一偏僻村寨,交通很不方便,村里很穷,没有什么特产。为使村子富起来,村里的人请一位营销大师做顾问。这位营销大师心想,要使村子富起来,必须想办法使之商品化。他在冥思苦想的过程中,突然灵机一动:如今在物质文明中生活的现代人,厌倦了大城市的喧嚣,对"原始"生活有尝试的兴趣,因而说服村里的人筑屋而居。很快有消息传开,许多城里人争相来观光,体会原始方式的意境。该村寨很快就富裕起来。

(二)产品的层次结构

产品的层次结构包括核心产品、有形产品、期望产品、附加产品和潜在产品,如图 6—1 所示。

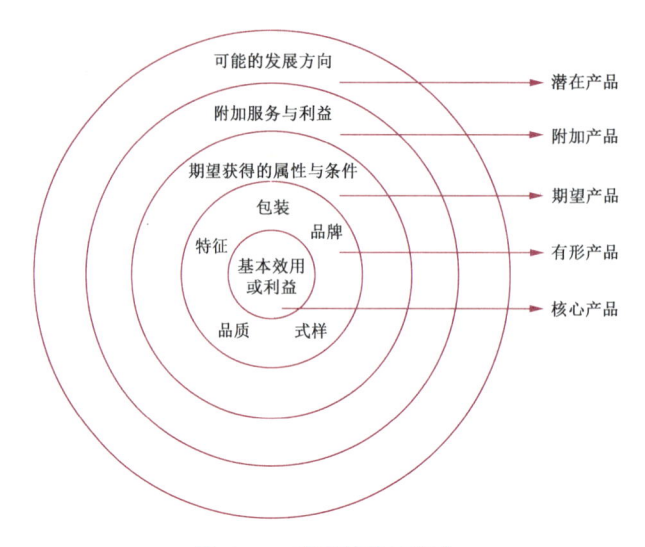

图 6—1　产品的整体概念

1. 核心产品

核心产品是指顾客购买产品时所追求的效用或利益,是顾客真正要买的东西。它是产品的整体概念中最基本、最重要的部分。顾客购买某种产品,并不仅仅是为了占有该产品,而是要通过该产品来获得某方面利益的满足。例如,消费者购买空调是为了调节室内温度以达到舒适的需要。一个企业只有抓住核心产品,不断更新有形产品,才能避免被市场淘汰。

2. 有形产品

有形产品是核心产品得以实现的形式,又称为形式产品,由产品的品质、特征、品牌、式样、包装等有形因素构成。例如,购买的有形产品是空调的品牌、特点、颜色、外观形状等。顾客在购买过程中,除了追求产品的基本效用外,最直观的就是看产品的形式,企业要努力完善产品形式来满足顾客的需要。

3. 期望产品

期望产品即购买者在购买产品时期望获得的与该产品密切相关的一组属性和条件。例如,顾客购买空调,都希望空调能更省电、更方便、制冷或制热功效更强等。如果企业提供的产品能更好地满足顾客的期望,将获得顾客更大的满意度和忠诚度。

4. 附加产品

附加产品又称延伸产品,是指消费者购买产品时,随同产品获得的所有附加服务与利益的总和,它包括运送、安装、培训、维修等服务。例如,顾客购买空调时,可以获得送货上门、安装调试以及质量保证等服务。在竞争日益激烈的市场中,附加产品有利于企业获得顾客的青睐。企业想发展,就要着眼于比竞争者提供更多的附加产品。

5. 潜在产品

潜在产品包括该产品在将来可能出现的附加部分和改变部分。潜在产品指出了现有产品将来可能的发展方向。例如,现在的变频空调就是由原先的定速空调发展过来的,而随着对空调余热回收的研究,又出现了三位一体机(空调制冷、制热和热水)。

(三)产品的整体概念

以上五个层次一起构成产品的整体概念,只有理解产品的整体概念,才能真正贯彻以顾客为中心的现代营销理念。这一概念充分体现了以消费者为中心的现代营销观念要求。在现代条件下，企业如果没有产品的整体概念，就不能说是以消费者为中心，企业营销要想取得成功也是不可能的。

【拓展阅读6—2】　奔驰汽车公司的整体产品观念

奔驰汽车公司认识到，提供给顾客的产品不仅是一个交通工具，还应包括顾客拥有汽车的心理感受以及汽车的质量、造型、功能与维修服务等，以整体产品来满足顾客的多方面要求，创新出160个品种、3 700多个型号，覆盖了从小轿车到255吨的大型载重车，并建立了遍布全国各个大中城市的推销网与服务站。

【做中学6—1】　日本的资生堂是一家生产化妆品的著名企业，然而其负责人却说，本公司推销的不是化妆品，而是美丽。

这位负责人的观点是否正确？为什么？请运用产品整体概念理论进行分析，说明自己的理解与看法。

分析：第一，产品的整体概念包括核心产品、形式产品和附加产品三个层次，只有深刻理解这一点，才能在经营中把以消费者为中心的现代营销观念落到实处。第二，该负责人深谙核心产品应用的奥妙，揭示了消费者购买化妆品的核心利益就是为了美丽。在商品促销中，只有抓住消费者购买产品的核心利益进行宣传，才能取得良好的效果。

【同步案例6—1】　同样是咖啡，销售价格天壤之别

有人曾对咖啡做过销售试验，发现如下有趣的现象：当咖啡被当作普通的产品售卖时，一杯可卖5元；当咖啡被包装为精美商品时，一杯可以卖到一二十元；当其加入了服务，在咖啡店出售时，一杯要几十元至一百元；但如果能让喝咖啡成为一种香醇与美好的体验，则一杯可卖到上百元甚至是几百元。

案例精析6-1

思考：同样是咖啡，当销售方式发生变化时，其价格为什么会有如此大的差别？它说明了什么？

二、产品组合及其策略

（一）产品组合的概念

所谓产品组合，是指一个企业向市场提供的其生产或经营的全部产品的构成方式，亦即全部产品的结构。通常，产品组合由若干产品线组成，每条产品线又包含了若干个产品项目，每个产品项目又有若干个品牌、包装和服务。

所谓产品线，是指同一产品种类中密切相关的一组产品，又称产品系列或产品类别。所谓产品项目，就是指在同一产品线或产品系列下不同型号、规格、款式、质地、颜色的产品。

动漫视频

产品组合

产品组合包括三个变数：产品组合的广度、深度和关联度。①产品组合决策，就是企业对其产品组合在广度、深度及关联度等方面的选择。②产品组合的广度，是指一个企业所拥有的产品线的多少，多则为宽、少则为窄。产品组合的深度，是指企业每条产品线中的产品项目的数量。③产品组合的关联度，是指各条产品线在最终使用、生产条件、分销渠道或其他方面的相关联的程度。

（二）产品组合的优化方法

由于市场需求和竞争形势的不断变化，企业无论采用何种类型的产品组合策略，都不可能是一成不变的。企业需要经常分析各个产品系列的利润率、销售增长率和市场占有率，判断各种产品的需求发展趋势，以便采取恰当的营销策略。因此，产品组合的优化方法，实质上是一个如何有效分配企业现有资源和合理确定营销方向、调整产品结构、确定企业营销重点的方法问题。介绍产品组合的优化方法之一为四象限评价法。

所谓四象限评价法,又称波士顿矩阵法,是指根据产品的市场占有率与销售增长率的对比关系来描绘企业各种产品的特点和前景,分析确定企业产品所处市场地位的一种形象评价方法。其具体步骤是:

1. 以横轴表示市场占有率、以纵轴表示销售增长率作图

所谓市场占有率,是指一定时期内企业某种产品的销售量占同一市场同类产品销售总量的比重。其计算公式如下:

$$市场占有率=(企业某种产品的销售量/市场上该产品的销售总量)\times 100\% \quad (6.1)$$

【做中学 6-2】 某市果汁饮料全年销售量为 10 000 箱,其中某企业的果汁饮料销售量为 800 箱,该企业的市场占有率为多少?

解:该企业的市场占有率=800÷10 000×100%=8%

答:该企业的市场占有率为 8%。

在其他条件不变的情况下,市场占有率越高,企业销售量就越大,可能实现的利润就会越多,投资收益率也相应提高。此外,市场占有率的高低还影响着企业的形象和知名度。因此,提高市场占有率,是企业的重要战略目标之一。

所谓销售增长率,是指计划期产品销售增加额与基期产品销售额的比率。其计算公式如下:

$$销售增长率=[(计划期销售额-基期销售额)/基期销售额]\times 100\% \quad (6.2)$$

【做中学 6-3】 某市某企业 2022 年的果汁饮料销售额为 10 000 元,2023 年的果汁饮料计划销售额为 12 000 元,该企业 2023 年的销售增长率为多少?

解:该企业 2023 年的销售增长率=(12 000-10 000)÷10 000×100%=20%

答:该企业 2023 年的销售增长率为 20%。

如果产品的价格、生产成本、营销费用等条件不变,计划期销售额增加了,则企业的利润也会增加。但是,有时销售额的增加是以降低价格或提高营销费用为代价的,从而导致利润无法增加。所以,企业不能片面地追求高销售增长率,应全面考虑使企业有利可图的销售增长率。

2. 确定评价标准

企业可根据以往的产品销售统计资料确定市场占有率和销售增长率的一个百分比作为区分高低的评价标准,将坐标图划分为四个象限。例如,以市场占有率 10%、销售增长率 10% 为界就可划分为四个象限,如图 6-2 波士顿矩阵所示。

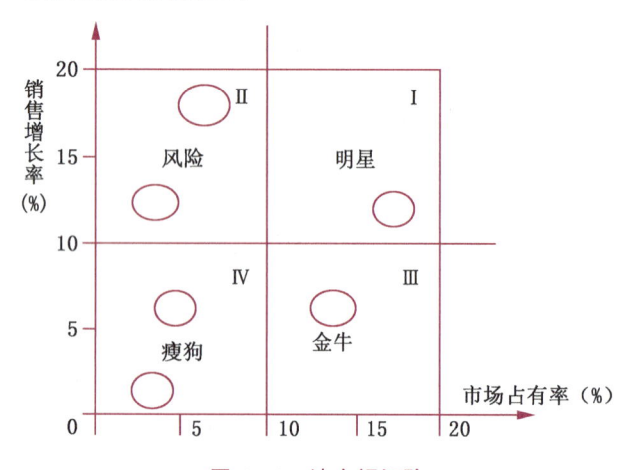

图 6-2 波士顿矩阵

3. 根据每种产品的不同数据在图上描点

处于第Ⅰ象限的产品,不仅销售增长率高,而且市场占有率也高,这类产品代表着企业的希望,所以称之为明星产品。处于第Ⅱ象限的产品,销售增长率高,但市场占有率低,意味着这是新产品,企业在扩大市场的过程中,必然要冒一定的风险,所以称之为风险产品。处于第Ⅲ象限的产品,销售增长率不高,但市场占有率很高,产品销售快,资金周转快,给企业带来了丰厚的利润,所以称之为金牛产品。处于第Ⅳ象限的产品,销售增长率不高,市场占有率也很低,这类产品往往是进入衰退期的亏本或仅能保本的产品,所以称之为瘦狗产品。

4. 观察分析

(1)各象限中的产品位置并不是固定不变的,会因各种原因不断向其他象限转移。例如,风险产品就有两种转移可能:一是通过大力扶持转为明星产品;二是条件太差或经扶持但成效不显著,转变为瘦狗产品。就明星产品而言,也有两种转移可能:一是转为金牛产品;二是由于某种特殊原因(技术改进不及时、营销决策失误等)而转为瘦狗产品。对于金牛产品,一般力求维持现状。

(2)分析资金来源与投向。金牛产品是企业的支柱,可为企业提供大量资金,而风险产品则需要大力扶持,才有可能变为明星产品。如果企业的全部产品都分布在第Ⅳ象限内,表明没有资金来源,长此下去,企业可能陷入破产的境地。如果企业的全部产品都分布在第Ⅲ象限内,表面看盈利很高,资金充足,但由于缺少后继产品,企业的长期生存将受到威胁。如果企业全部产品分布在Ⅱ、Ⅲ、Ⅳ象限内,很明显缺少明星产品,说明企业在市场上的地位和名誉不佳,长期利益堪忧。

5. 决策

企业应采取的决策主要是:①确定需要大力支持的风险产品;②金牛产品销售提供的资金,主要应流向风险产品中极有前途且需要大力扶持的产品;③对已衰退的金牛产品和没有前途的风险产品采取收缩措施;④对瘦狗产品一般采取淘汰策略。

(三)产品组合策略

所谓产品组合策略,就是指企业根据市场状况、自身资源条件和竞争态势对产品组合的广度、深度和关联度进行不同的组合。一般可供选择的产品组合策略有:

1. 扩大产品组合策略

扩大产品组合策略包括拓宽产品组合的宽度和延伸产品组合的深度。拓宽产品组合的宽度是指增加企业的产品线,扩大经营范围,这样有助于企业分散风险;延伸产品组合的深度是在原有产品线的基础上增加新的产品项目,这有利于企业占领更多的细分市场,提高竞争力。企业在产品成长期常常运用这一策略。

2. 缩减产品组合策略

企业为了避免"战线"太长、分散精力,减少不必要的投资,降低成本,使利益最大化,就必须削减那些效益差的产品线和产品项目。该策略有利于企业集中优势发展利好产品,使企业经营专业化。但是,缩减产品组合策略过于集中,也会增加企业的市场风险。衰退期的产品常使用这一策略。

3. 产品线延伸

产品线延伸是指企业根据自己的需要或者市场的需求,改变全部或部分产品的市场定位,对产品线内的产品项目进行延伸,具体有向上延伸、向下延伸和双向延伸三种方式。

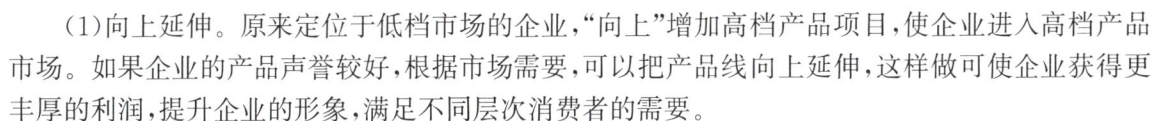

(1)向上延伸。原来定位于低档市场的企业,"向上"增加高档产品项目,使企业进入高档产品市场。如果企业的产品声誉较好,根据市场需要,可以把产品线向上延伸,这样做可使企业获得更丰厚的利润,提升企业的形象,满足不同层次消费者的需要。

(2)向下延伸。企业将原来定位于高档市场的产品项目,"向下"增加低档产品项目,拓展低端市场。如果企业要扩大市场占有率,可以把产品线向下延伸,推出低档产品,这样可以利用高档品牌的声誉,吸引消费者。但是要注意,不要因为增加低档产品而影响原来高档产品的形象和声誉。

(3)双向延伸。原来定位于中档市场的企业,同时朝上、下两个方向增加产品项目,全面出击,既增加高档产品,又增加低档产品。企业要巩固自己的市场地位,只有在能力和条件允许的情况下才可以使用该策略,因为这种策略会增大投资规模。

【提示】无论采用向下延伸、向上延伸还是双向延伸策略,都存在一定的风险。这是因为,在高档产品线中推出低档产品,容易损坏高档产品甚至企业的形象;而在中低档产品线中推出高档产品,则难以树立高档产品的独特形象;而双向延伸则二者缺点可能兼而有之。

任务二　新产品开发

一、新产品的概念和分类

(一)新产品的概念

从市场营销学的角度看,新产品并不一定就是新发明的产品,它与科技开发意义上的新产品含义不完全相同。这里的"新"是相对的,新发明创造的产品毫无疑问是新产品,而对市场现有的产品有所改进,采用了本企业品牌的也是新产品,在企业现有产品系列中增加新的品种也可认为是新产品等。它是从"产品整体概念"的角度出发,只要其中有任何一部分内容进行创新或改革,都可视为新产品。因此,市场营销学认为,凡是企业向市场提供过去没有生产过或经营过,能满足顾客某种新需求的产品就称作新产品。这个新产品的定义只是针对企业而言,对市场而言可能并不是新产品。

(二)新产品的分类

1. 全新型新产品

所谓全新型新产品,是指应用科技成果,运用新技术、新工艺和新材料制造的市场上前所未有的产品。同时,它往往要求顾客培养新的消费观、新的消费方式。例如,电话、汽车、飞机、计算机、激光唱片等产品刚投入市场时,都属于全新产品。这类新产品的出现从理论到应用、从实验室到批量生产,不仅要经历很长的时间,而且要耗费大量的人力、物力和财力,所以这类产品开发难度大、成功率低。据调查,新产品中全新产品只占10%。

2. 换代型新产品

所谓换代型新产品,是指在原有产品基础上,部分采用新技术、新材料和新结构研制的,在性能上有显著提高的产品。例如,电视机从黑白电视机到彩色电视机,再到液晶电视机;电子计算机从最初的电子管,经历了晶体管、集成电器、大规模集成电路几个阶段,发展到现在的人工智能电脑;空调从单冷空调到冷暖空调,再到变频空调等。相对于开发全新型新产品而言,开发换代型新产品要容易些,而且能取得较好的效果。随着科技的迅速发展,产品更新换代的速度正在加快。

3. 改进型新产品

所谓改进型新产品,是指采用各种改进技术,对原有产品的结构、性能、款式及包装等进行改良之后生产出来的产品。例如,由单一用途的收音机、录音机发展而成的,集收、录、放多用途为一体的收音机,装有水哨的水壶等。一般而言,改进后的产品性能更优良、结构更合理、精度更高、功能更齐全,或特征更突出。

4. 仿制型新产品

所谓仿制型新产品,是指企业仿照市场上已有的产品而生产出来的新产品。例如,市场上出现的新品牌的电视机、手机等大多是模仿已有产品生产的;各种时装,虽然用途上没有改变,但在面料、款式、颜色上作了少许的改变。目前我国很多新产品属于仿制型新产品之列。不过,企业在仿制时应充分注意产品侵权问题。

5. 重新定位新产品

所谓重新定位新产品,是指对现有产品开发出新的用途,或者为现有产品寻找新的消费群,使其畅销起来。

【拓展阅读6—3】 速溶咖啡

速溶咖啡产生于20世纪初期的美国,在上市之初,速溶咖啡制造商麦斯威尔咖啡的决策层认为,速溶咖啡与传统的手磨咖啡相比,能让美国的家庭主妇们从烦琐的咖啡制作中解脱出来,省时省力。因此,他们决定向美国的家庭主妇展开宣传攻势,大力宣扬速溶咖啡省时省力的基本特点。但市场反应平平,没有达到推广目的。

他们百思不得其解,经过深入调查分析,终于找到了失败的原因。当时,在美国家庭主妇的观念里,制作咖啡的烦琐过程被视为一个勤快家庭主妇的标志,购买速溶咖啡图的是省时省力,会被人们认为这是一个懒惰的家庭主妇,难怪速溶咖啡不被她们接受。了解这一微妙的消费心理之后,他们调整了新产品定位,转而诉求速溶咖啡的醇香美味,并邀请当时的总统罗斯福为之做广告,在罗斯福总统那句"滴滴香浓,意犹未尽"的感召下,美国的家庭主妇争相品尝速溶咖啡的醇香美味,从此速溶咖啡进入美国的千家万户。

以上几种新产品尽管"新"的角度和程度不同,科技含量相差悬殊,但都有一个共同特点,即消费者在使用时,认为它与同类产品相比具有特色,能带来新的利益和获得更多的满足。

【做中学6—4】 5G手机、变频空调、智能机器人、在素色脸盆上增加颜色图案、在烧水壶上加装鸣叫器、经营自然科学图书的书店准备经营社会科学图书。

上述产品哪些是新产品?是什么类型的新产品?为什么?运用新产品的理论和依据进行回答。

分析:首先,对上述产品进行辨别判断,说明哪些是新产品、是什么类型的新产品;然后,运用新产品的理论和依据说明理由。

二、新产品开发的意义和要求

(一)新产品开发的意义

1. 满足需要

人们的生活需要不仅是多方面的,而且是不断发展和变化的,为了适应人们多样化的消费需求,企业必须不断开发新产品。

2. 提高经济效益

为了减少现有产品进入衰退期给企业造成的损失,巩固市场份额,保持或提高企业的盈利水平,企业必须未雨绸缪,开发新产品。

3. 充分利用资源

开发新产品是充分利用企业现有资源的最有效方法。

4. 增强竞争实力

随着科学技术的不断发展和人民生活水平的提高,产品的生命周期有日渐缩短的趋势。只有不断开发、创新、改进,增强企业的技术储备,才能提高企业的适应能力,成为竞争的强者。

（二）新产品开发的要求

1. 要有市场

新产品的开发必须适销对路，具有一定的销量，这是新产品开发成功的保证。因此，必须进行市场调研，充分了解市场需求，准确测定市场需求量，按消费者要求开发新产品，这样才能保证新产品有一定的市场容量，有市场生命力。

2. 要有特色

所谓特色，就是开发的新产品要具有独创性，能为消费者提供新的利益。

3. 要有效益

新产品开发必须考虑能给企业带来多少经济利益。因此，在开发新产品之前，必须进行可行性分析和经济效益分析，要尽可能挖掘原有的生产能力，综合利用资源，努力降低成本，实现经济效益的最大化。

4. 要有能力

企业开发新产品必须具有一定的实力，特别是技术力量和销售力量，一定要量力而行。

【拓展阅读6—4】 从市场缝隙中创造市场、开发新产品

每到夏季，衣服的洗涤就成了不少人的难题，因为夏天衣服要经常换，甚至一天换两次，但换洗数量很小，衣服又薄，用一般的洗衣机洗既费水、费电还费时，而用惯了洗衣机的人又不愿意用手洗。海尔人正是看到了消费者的这个难题，开发出中国第一台"即时洗"洗衣机——"小小神童"。它以内衣、外衣分开洗，夏天衣服即时洗的独特优点，开创了人们即时洗衣的新时尚，创造了新生活。这种微型洗衣机外形尺寸不到普通全自动洗衣机的1/3，洗涤1.5千克衣物的水、电用量相当于全自动洗衣机的1/3。由于其省水、省电、省时，有的还带有消毒功能，夏天用得放心，特别适宜夏日洗衣，从而风靡市场，颇受消费者欢迎。

海尔自推出第一款小小神童洗衣机以来，已对其进行了30余次技术升级，并从第1代走到了现在的第18代，出口到欧洲、亚洲、美洲、非洲的近百个国家和地区，受到了世界范围内消费者的普遍欢迎。

三、新产品开发的原则、方向和方式

（一）新产品开发的原则

1. 以正确的新产品研制战略为指导

企业应按照市场需要，认真研究企业的实际情况，确定正确的新产品开发战略。做到开发研制一批、更新换代一批、保留提高一批、限制淘汰一批，保证新产品开发顺利进行。

2. 符合社会需要

企业开发新产品必须在国家宏观计划的指导下，以社会经济发展的需要为基本出发点，密切注意国内外市场的需求动向，迅速开发适销对路的产品，以满足社会需要。

3. 符合国家技术、经济政策

企业开发新产品要符合国家的能源政策、环境保护法和产品安全卫生标准等。

4. 坚持技术上的适宜性和经济上的合理性

技术上的适宜性是指新产品开发要与企业的技术能力和消费者的需求相适应。经济上的合理性是指以最少的费用，实现新产品开发的技术目标，使新产品开发获得最大的社会效益和经济效益。

5. 需提高"三化"水平

通用化、标准化、系列化是新产品开发的重要原则之一。"三化"水平越高，就越有利于产品的制造、使用和维修,也有利于消费者购买和使用。

(二)新产品开发的方向

1. 多能化

所谓多能化,就是要想方设法使产品从单一功能向多功能、多用途方向发展,要在产品原有结构的基础上,增加产品的新用途,做到一机多用、一物多用,方便用户,如多功能手表、组合音响等。

2. 微型化

所谓微型化,就是指产品的性能不变,但体积要小、重量要轻,便于移动,方便使用。

3. 节能化

节能型产品有两个主要方向:一是产品在使用中能比原来减少能耗和物耗,省电、省煤、省油、省水等;二是开发利用新能源的产品,如利用太阳能、风能、地热能、潮汐能等。

4. 简易化

所谓简易化,是指产品结构和使用方法既要简单,又要便利,使消费者易于掌握使用。产品简单化还有利于减少产品零部件的种类、型号,使之系列化、通用化。

5. 合理化和美化

所谓合理化和美化,是指把产品的实用性和艺术美结合起来,使产品既满足实用的要求,又是一件造型优美的工艺品。

6. 智能化

所谓智能化,是指在开发新产品中选用微电子等技术,实现产品使用的自动控制,赋予其智能功能,如电脑控制的洗衣机。

(三)新产品开发的方式

1. 独立开发

所谓独立开发,是指企业依靠自己的科研能力和技术力量,独立进行新产品开发的全部工作。优点是:这种方式能够结合企业的特点,形成自己的产品系列,一旦开发成功,能使企业在某一方面具有领先地位,从而给企业带来高速发展的机会。缺点是:这种开发方式往往需要投入大量的人力、物力、财力,风险比较大,因此一般适用于技术、经济力量比较雄厚的企业。

2. 协作开发

所谓协作开发,是指企业与科研机构、高等院校、社会上有关专家或其他单位联合进行新产品开发。优点是:这种开发方式充分利用社会科研的力量,使科研成果很快转化为商品,弥补了企业科研、技术的不足,而且成本也比较低,因此这种开发方式深受各类企业的青睐。缺点是:协调关系难度相对较大。

3. 技术引进

所谓技术引进,是指企业引进国外或地区外的成熟技术进行新产品开发,或直接引进设备生产新产品。优点是:采用这种方式,企业可以节省研究费用,缩短开发时间,能够较快地掌握产品制造技术,及时生产出新产品并投放市场,风险较小,成功率较高。因此,在企业科研、技术能力有限的情况下,技术引进是一种有效的开发方式。不过在引进技术前,必须充分掌握市场和科技情报,对所要引进技术的成熟程度、先进性、适应性以及经济性进行充分论证,以免造成不必要的损失。

4. 独立开发与技术引进相结合

这是指企业在引进别人先进技术的基础上,结合自身专长开发新产品。优点是:这种方式既可以加快消化吸收别人的先进技术,又能不断创新;不仅时间省、投资少、风险小,而且可使产品更具特色和吸引力,有利于促进企业技术水平和经济效益的提高。

四、新产品开发程序

(一)搜集新产品构思

所谓新产品构思,是指对新产品的基本轮廓结构的设想或创意。它是新产品开发的基础与起点,一个好的构思,往往等于新产品开发成功了一半;而一个成功的新产品,首先来自有创见性的构思。新产品构思的主要来源有消费者、销售人员、科技情报资料、竞争产品、中间商、科学家、企业职工等。据统计,新产品构思来自企业外部的约占60%,出自企业内部的约占40%。为了集思广益、广开思路,应鼓励人们把各种设想、联想,乃至空想、幻想都及时地、无保留地发表出来,以便从中发现闪光之处。

(二)进行筛选

所谓筛选,是指对所有方案,按一定评价标准进行审核分析,剔除与本企业发展目标和长远利益不相一致,或本企业资源条件尚不具备的新产品构思的过程。新产品构思筛选的具体标准因企业而异,但在此过程中,企业一般要考虑以下方面:

(1)市场成功的条件。如产品的潜在市场、产品的竞争程度,以及前途估计、经济效益估计等。

(2)企业内部条件。如企业的人、财、物,以及企业科研人员和工人的技术素质能否与这种产品的开发相适应等。

(3)销售条件。如企业现有的销售人员和销售组织结构能否适合这种产品的销售要求。

(4)利润收益条件。如产品的获利水平如何、对企业原有产品的影响等。

(三)形成新产品概念

所谓新产品概念,是指已经成型的产品构思,即以文字、图案或模型等形式将产品的功能、特性、质量、包装、名称和品牌等内容清晰地描绘出来,使之在顾客心目中形成一个比较具体、清晰、明确的产品形象。新产品的构思仅仅是一种创意或想法,而顾客所要买的是一件实实在在的产品,而非产品的创意。所以必须将创意变成一个清楚的"产品概念",并能够将其进一步发展成为有商品价值的实质产品。

【做中学6—5】 某企业打算生产一种有特殊口味、使用简单方便、即冲即饮的营养奶制品。为了将其转化为产品概念,提出了以下一些思考:①目标顾客是儿童、成人、病人还是老人?②使用者从产品中得到的主要益处是营养、方便、美味、提神还是健身?③适合在早餐、午餐、晚餐还是夜宵时饮用?

请根据上述问题,帮助该企业形成新产品概念。

分析:根据上述资料,可以形成多种新产品概念。诸如:新产品概念一——"课间餐饮料",为中小学生在课间快速获取丰富的营养而制作;新产品概念二——"健康补品",供老年人夜间就餐前饮用;新产品概念三——"可口快餐饮料",供成年人午餐时饮用。

(四)进行经济分析

所谓经济分析,是指从财务方面对新产品的开发进行分析,看其能否给企业带来经济效益。主要从预计销售量、成本、利润、投资收益率等方面展开分析。

(五)进行新产品的研制与鉴定

在经济分析的基础上,如果认为可行,就必须将新产品概念转化成实体产品;也就是说,要进行新产品的研制。研制包括产品设计、样品试制、功能测试和专家鉴定等步骤。当这些测试和鉴定都通过时,只有经过有关部门的批准,新产品才可进行试销。

(六)初拟市场营销战略

所谓初拟市场营销战略,是指企业在进行新产品的研制与鉴定的同时,必须制订把新产品引入市场的营销战略初步计划,并在以后的各开发阶段逐步完善。营销战略一般包括三个部分:第一部分描述目标市场的规模和结构、顾客的购买行为、产品的市场定位以及短期的销售量、市场占有率及利润目标等;第二部分概述产品的预期价格、分销渠道及第二年的营销预算;第三部分预计今后长期的销售额和投资收益率,以及制订不同时期的市场营销组合策略等。

(七)进行试销

所谓试销,是指将产品投放到有代表性的市场进行销售,以了解消费者对新产品的反应和意见,如新产品的目标市场情况,新产品在设计、包装方面给消费者的感觉,新产品的营销方案是否合理,新产品的销售趋势如何等。当发现新产品具有严重缺陷时,可及时中止开发,避免企业遭受更大的损失。

不过,并非所有新产品上市都要进行试销。是否需要进行试销,取决于产品开发者对该产品的信心,以及顾客对产品的选择程度。如果企业在产品概念及研制阶段已经通过各种方式搜集了顾客对该产品的意见和建议,对产品做出改进,或者顾客对该产品的选择性小,就可以不必进行试销,而直接向市场推出。此外,对一些价格比较昂贵,并且非大量销售的工艺品,通常也不进行市场试销。

(八)批量上市

如果新产品试销成功,即可进行批量生产,投入市场。这是新产品开发的最后一个程序。自此,新产品也就进入了商业化阶段。

这时,需着重考虑以下四个问题:何时推出新产品?何地推出新产品?向谁推出新产品?如何推出新产品?

五、新产品开发的创新策略

(一)挖掘产品功能策略

所谓挖掘产品功能策略,是指通过赋予老产品新的功能、新的用途,使老产品获得新生而重占市场。

(二)挖掘顾客需求策略

顾客需求主要有两种:一种是眼前的现实需求,另一种是潜在的需求。企业在开发新产品时,应该把力量放在捕捉、挖掘顾客潜在需求方面,并能善于以生产促消费,主动为自己创造新市场。

(三)开发边缘产品策略

所谓开发边缘产品策略,是指开发跨行业的多功能产品策略,如以纸代替布的纸桌布、既可书写又可计时的电子笔等。

(四)利用别人优势的开发策略

所谓利用别人优势的开发策略,是指善于利用别人的优势(花钱购买),为发展本企业的新产品服务。

(五)满足好奇心的开发策略

所谓满足好奇心的开发策略,是指针对一般人都有好奇心的特点,开发既能满足人们的好奇心理又具有一定使用价值的产品的方法。

【同步案例6—2】 可口可乐公司新配方的失败

1985年4月,可口可乐公司面对百事可乐的有力竞争,在怀疑"永远的配方能否维持永远的可口可乐"的情况下,决定放弃它的传统配方,推出更甜、口感更柔的新配方饮料,并起名为新可乐。尽管口味测试表明了可乐饮用者偏爱带甜味的新可乐配方,但市场调研者没有估计到消费者对可口可乐的感情。新可乐的诞生引来无数愤怒的来信、正式抗议甚至法律威胁,都要求保留"真正的东西"。最后,新可乐在传统可乐偏好的压力下垮台了。由于数百万名可乐爱好者的强烈抗议和大规模"叛逃",77 天后,可口可乐公司不得不恢复原配方。

思考:可口可乐公司推出新可乐配方的依据是什么?是否妥当?新可乐配方的失败说明了什么?你有什么办法让新可乐配方起死回生吗?

任务三　包装策略

一、包装的概念和功能

(一)包装的概念

一般来讲,商品包装应该包括商标或品牌、形状、颜色、图案和材料等要素。商标或品牌是包装中最主要的构成要素,在包装整体上占据突出位置。形状是包装中不可缺少的组合要素,适当的包装形状不仅有利于商品的储运和陈列,而且有利于商品的销售。颜色是包装中对销售最具刺激作用的构成要素,如果色调组合能突出商品的特性,则不仅能够加强品牌特征,而且对顾客有较强的吸引力。图案在包装中起着广告宣传的作用,也是包装中不可缺少的组合要素。包装材料不仅影响包装成本,而且影响商品的市场竞争力。选择适宜的材料是商品包装的一项重要工作。此外,标签也是包装的一部分,它是打印在包装上或随包装一起出售的信息。

人们常用"三分人才,七分打扮"来形容穿衣打扮对于人的重要性。商品包装就是商品的衣裳,包装作为产品整体概念中的一个重要组成部分,其重要性远远超出了保护商品的容器本身。包装已成为企业开展市场营销、刺激消费需要、有效进行市场竞争的重要手段。

【做中学 6-6】　西方国家对消费者购买行为的研究显示,有 60% 的人在购买商品时,是受到包装、装潢的吸引才决定购买的。据英国市场调查公司报道,去超级市场购物的妇女,受精美包装品牌的吸引,其所购物品通常超过出门时打算购买数量的 45%。资料表明,美国超级市场的顾客,平均每人在陈列 63 000 种商品的店里逗留 27 分钟;也就是说,每个人浏览每种商品的平均时间为 1/4 秒。

为什么说商品包装是商品的"沉默推销员"?每个人浏览每种商品的平均时间为 1/4 秒意味什么?

分析:首先,从包装在现代市场营销活动中的重要作用入手展开分析,说明商品包装是商品"沉默推销员"的理由。然后,运用包装策略理论说明,每个人在超市浏览每种商品的平均时间为 1/4 秒意味着什么。

(二)包装的功能

1. 保护商品

保护商品是包装最基本的功能。良好的包装可使产品在存储、运输、销售和使用过程中不发生破损、震动、挤压、风吹、日晒、雨淋和虫蛀等。

2. 方便使用

某些商品根据正常使用时的用量进行适当包装,能起到方便使用和指导消费的作用。例如,瓶装酒以 500 毫升或 250 毫升装,味精以 25 克、50 克装就适用于家庭。有些包装上还说明商品的用法、用量或注意事项。

3. 增加产品附加值

尽管产品的内在质量是增强市场竞争力的基础,但优良的包装不仅可以使其与好的产品质量相得益彰，而且可以使产品增值。例如，苏州的檀香扇在香港市场上的售价原为65元，由于改用成本为5元的锦盒包装，售价提高到165元且销售量大幅度增长。

4. 美化商品，促进销售

好的包装是一个"无声的推销员"。样式、图案、色彩俱佳的包装设计不仅可以吸引消费者注意，而且可以给消费者带来美好的艺术享受，引起消费者的购买欲望，从而促进商品的销售。

二、包装的设计

（一）包装的设计内容

1. 包装材料的选择

一要考虑方便用户使用；二要考虑节省包装费用；三要考虑外观装饰符合人们的审美情趣；四要考虑包装材料的选用有利于环保。

2. 包装标签的设计

包装标签是指附着或系挂在商品销售包装上的文字、图形、雕刻及印制说明。其设计一般包括：制造者或销售者的名称和地址，商品的名称、商标、成分和品质特点、数量、使用方法及用量、编号、储存注意事项、质检号、生产日期和有效期等内容。

3. 包装标志的设计

包装标志是指在运输包装外部印制的图形、文字、数字及其组合，主要有运输标志、指示性标志、警告性标志三种。

（二）包装的设计原则

1. 安全

包装材料的选择及包装物的制作必须适合产品的物理、化学和生物性能，以保证产品不损坏、不丢失、不变质、不变形、不渗漏、不对环境安全构成威胁。

2. 适用

在保证产品安全的前提下，应尽可能缩小包装体积，以利于节省包装材料和运输、储存费用，并便于运输、保管、陈列、携带和使用。

3. 美观大方，突出特色

美观大方的包装能给人以美的享受，具有比较强的艺术感染力，从而成为激发顾客购买欲望的一种诱因。同时，包装还应突出产品个性，运用包装的外形或色彩表现产品的特点和风格，以增强对顾客的吸引力。

4. 造型别致、图案生动、色彩协调

包装形状除了追求利于储运、陈列和产品销售外，还要新颖别致，造型、颜色、图案必须体现现代人的审美情趣、思维方式和消费心理，对顾客有吸引力。

5. 包装与产品价值和质量水平相匹配

既要避免"金玉其外，败絮其中"，又要避免"一流商品，二流包装"。经验告诉我们，包装不宜超过商品本身价值的15%～20%。若包装在商品价值中所占的比重过高，就容易让消费者产生名不副实之感，从而难以接受；反之，贵重商品自然也需要高档包装来烘托其高贵品质，借以提高商品的身价。

6. 尊重消费者的宗教信仰和风俗习惯

在包装设计中，必须尊重不同国家和地区的宗教信仰和风俗习惯，切忌出现有损消费者宗教情感、引起消费者忌讳的颜色、图案和文字。

7. 符合法律规定

在包装设计中，必须严格依法行事，并兼顾社会利益。例如，按法律规定在包装上标明企业名称及地址;对食品、化妆品等与用户身体健康密切相关的产品,应标明生产日期和保质期等;兼顾社会利益,努力减轻消费者负担,节约社会资源,禁止使用有害的包装材料,实施绿色包装策略;有利于社会主义精神文明建设等。

【同步案例6-3】 沃尔玛启动"包装瘦身"计划

2007年年初,全球零售业巨头沃尔玛启动"包装瘦身"计划。该计划出台了具体的"7R指标",即从去掉多余包装、减少空间、重新使用、材料可回收、使用再生资源、节支包装、节约相关阅读材料7个方面改进包装。公司总裁兼首席执行官表示,沃尔玛将与供货商携手努力,在2013年前减少5%的包装。这项努力相当于每年减少21.3万辆卡车在公路上行驶,每年节约32.4万吨煤或6 700万加仑柴油。有消息称,这个计划还将帮助沃尔玛节约34亿美元的开支。

案例精析6-3

思考:沃尔玛启动"包装瘦身"计划出于什么目的?沃尔玛启动的"包装瘦身"计划符合企业营销伦理要求吗?

三、包装策略

(一)类似包装策略

类似包装又称产品线包装,是指企业所生产的各种不同产品,在包装上采用共同或相似的图形、色彩或其他共同的特征,便于消费者发现是同一家企业的产品。类似包装策略有利于提高企业的整体声誉、扩大影响、带动新产品的上市、促进销售、节省包装设计费用。

(二)分类包装策略

企业依据产品的不同档次、用途、营销对象等采用不同的包装,如高档包装和低档包装、豪华包装和简易包装、儿童包装等。分类包装有利于消费者辨别产品的档次、品质和用途等方面的不同,不足之处是增加了包装的设计成本。

(三)组合包装策略

组合包装策略是指将相关的商品组合装在同一包装物中一起销售。例如,把茶壶、茶杯、茶盘、茶碟包装在一起进行销售。它便于顾客配套购买商品,同时扩大产品销售。

(四)再使用包装策略

再使用包装策略是指包装物除了能包装商品外,在商品用完后还可以用作其他用途,这样可以使消费者获得额外的使用价值,诱导消费者购买。例如,饼干的铁罐盒可以用来储存生活中的一些用品等。

(五)附赠品包装策略

附赠品包装策略是指在商品包装物内附赠给购买者一定的物品或奖券,借以吸引顾客购买。附赠品包装的形式多种多样,比如一些啤酒的瓶盖上就设有兑奖券附赠;又如超市在节日促销时,很多商品附赠样品或其他赠品,有的则是附赠抽奖券等。

(六)更换包装策略

更换包装策略是指对原商品包装进行改进或更换,重新投入市场的策略。原商品声誉下降,更换包装可以重塑形象;一些商品想改变原有价格,简单的办法就是更换原商品的包装。改变包装等同于产品创新,能够促进销售;采用新的包装材料、形式、技术,显示现有产品的特点,既可以体现消费潮流,又能够节省包装成本。

除了上述策略以外,还有不同容量包装策略、礼品式包装策略、知识(如猜谜语)包装策略、情趣式包装策略、性别式包装策略等。

【同步案例 6—4】 买椟还珠

成语"买椟还珠"是指楚国有人到郑国卖珠宝,用上好的木料做了一只盒子,还给盒子熏上桂椒的芳香,缀上珠玉、翡翠,画上鲜艳的玫瑰。结果有人出高价买了盒子,而将盒子里的珍珠还给了卖珠宝的人。

思考:人们常用"买椟还珠"这个成语比喻那些舍本逐末、取舍失当的人。在现代条件下,如果运用市场营销原理看待这一现象,"买椟还珠"说明了什么问题?

案例精析6-4

任务四　品牌策略

一、品牌与商标

(一)品牌

所谓品牌,是指制造商或经销商给自己产品规定的商业名称。它可以用文字、符号或图案单独或组合表示出来。品牌的基本功能是把不同企业的产品区别开来,防止发生混淆,便于销售。

品牌是一个集合概念,包括品牌名称和品牌标志两部分。品牌名称是指品牌中可以用言语称呼的部分,也称"品名",如"耐克""长虹""海尔""康师傅"等。品牌标志也称品标,是指品牌中可以被认出、易于记忆,但不能用言语称呼的部分,通常由图案、符号或特殊颜色等构成。

(二)商标

我国习惯上把品牌称为商标,然而品牌和商标是有区别的。品牌是一个市场概念,而商标则是一个法律概念。所谓商标,是指经过国家权威机构依照法定程序注册登记后受法律保护的品牌。经注册登记后的商标有"R"标记或"注册商标"字样,商标注册人享有专用权,受法律保护。品牌与商标既有区别,又有联系:品牌无须办理注册,商标必须办理注册;商标是受法律保护的品牌,属于企业的知识产权,构成企业无形资产的一部分。

商标先行
品牌驱动

(三)名牌

所谓名牌,是指消费者认可和信赖的知名品牌。大家公认的好品牌就是名牌。名牌之所以能得到大家的公认,是因为其往往标志着悠久的历史和雄厚的实力,体现了上乘的品质和良好的信誉,表现出精湛的工艺或典雅的风格,具有广泛的知名度、较高的美誉度、强烈的示范效应和推动技术进步的作用。名牌集鲜明的品牌个性、稳定过硬的质量、新颖独特的设计、周密友善的服务于一体,因而能赢得广大消费者的认可。

(四)商标权的维护

商标权的维护包括以下几个方面:

(1)及时办理商标注册手续,确保自己的利益得到法律保护。

(2)严格按照核准注册的文字和图形使用注册商标,避免给商标侵权和假冒行为提供可乘之机。

(3)在转让注册商标时,一定要考虑使用者的技术水平和信誉,注意维护商标的声誉。

(4)加强对商标的宣传,对商标侵权行为及时提起异议和诉讼。

(5)加强对商标的管理,建立商标档案。

(五)品牌的作用

品牌具有如下作用:

(1)从消费者角度看品牌,一是可以帮助消费者识别和购买商品;二是便于消费者对产品质量进行监督,有效维护自身的利益。

(2)从销售者角度看品牌,一是产品竞争的有力武器;二是有助于产品促销;三是注册商标受法律保护;四是有助于监督、提高产品质量;五是企业宝贵的无形资产。

(3)从社会角度看品牌,一是公众监督的重要手段;二是加强社会的创新精神;三是保护企业间的竞争,促使整个社会经济健康发展。

【同步案例6-5】 商标的价值

某年,国外有关机构对一些世界名牌的价值作了估计:"可口可乐"价值359.5亿美元,"万宝路"价值330.45亿美元,"雀巢"价值115.49亿美元,"柯达"价值100.2亿美元……

上海一家无线电厂生产的收录机,卖给日本某公司,每台仅37元人民币,但这种收录机一经贴上日本公司的商标,便可卖到560元人民币以上。

思考: 同样的商品,一旦贴上著名商标,其身价就立马暴涨,这种现象说明了什么?我们从中能得到什么启示?

二、品牌决策

(一)品牌化决策

产品是否采用品牌,是品牌决策的第一个问题。基于产品的特征和生产者为降低成本的考虑,有些产品可能不采用品牌,如未经加工的原料(棉花、矿砂)。但是,品牌资产的价值空间让很多企业不得不考虑采用品牌。

(二)品牌归属决策

企业确定采用品牌之后,就要考虑品牌归属的问题。品牌归属有以下几种选择:

(1)自有品牌。生产者使用本企业品牌,这是很多企业普遍的做法。

(2)中间商品牌。生产者把商品卖给中间商,使用中间商品牌。一些大型零售商会对自有品牌商品进行营销。例如,沃尔玛自有品牌商品占其总销售收入的25%,这些品牌包括惠宜食品、白云卫生纸等。

(3)混合品牌。生产者的产品部分使用自己的品牌、部分使用中间商的品牌,这样既保持本企业的品牌特色,又扩大了销路。

(三)品牌统分决策

1. 统一品牌策略

它是指企业所有的产品统一使用一个品牌的策略。这是企业实施品牌延伸战略的结果,企业将其营销成功的品牌延伸到新开发推广的产品上。有许多企业通过实施这种战略获得了成功。例如,美国通用电气公司的产品都统一使用"GE"品牌,此外,松下、飞利浦、长虹都是实施统一品牌策略的成功代表。

这种策略具有节省品牌设计费用、减少推广花费、降低企业营销成本的优点,并有助于新产品利用已有品牌迅速打开市场。但是,统一品牌策略也存在极大的经营风险,多种产品使用同一品牌,如果其中一种产品在市场上出现问题,就可能殃及池鱼,甚至危及整个品牌的所有产品。

2. 个别品牌策略

它是指企业不同产品分别采用不同品牌的策略。例如,上海家化联合股份有限公司分别采用"美加净""高夫""六神""佰草集"等商标,把不同的产品区别开来。

这种策略的好处是,能较好地避免统一品牌策略蕴含的潜在风险,个别品牌出现问题时不会连累其他产品,而且市场覆盖面较大,能满足不同顾客的需要。但是,企业的品牌多了,不仅品牌建设费用高,而且难以管理。

3. 企业名称加个别品牌策略

它是指企业不同产品分别使用不同品牌,各个产品的品牌前面冠以企业名称。

生产者在产品上既使用个别品牌,又标上企业名称或标志,这种方式既可以使产品各具特色,又充分享有企业声誉。例如,美国通用汽车公司在其不同档次的汽车上使用了不同的品牌,但同时都标上企业名称和标志,通用汽车旗下拥有雪佛兰、别克、凯迪拉克、欧宝等品牌。

4. 分类品牌策略

它是指企业对不同类别产品采用不同的品牌。该策略把需求具有明显差异的产品区别开来,以免互相干扰。例如,海信科龙电器股份有限公司生产的冰箱以"容声"作为品牌,空调的品牌则是"科龙"。再如美国的西尔斯公司,它的家用电器、妇女服饰、家居用品就分别使用了不同的品牌。

(四)多品牌决策

多品牌决策,即企业对同一种产品使用两个或两个以上相互竞争的品牌。例如,宝洁公司生产的洗发水产品就设计了"海飞丝""潘婷""飘柔""沙宣"等品牌,并取得了令人瞩目的成效。

多个品牌相互竞争,可以激发企业活力,提高企业的经济效益;多品牌策略可使产品在进入国际市场时,解决文化和宗教差异对品牌的抵触问题,有助于产品适应不同市场的需要;多个品牌相互竞争,可以提高企业产品的总体销量,扩大企业的市场占有率。但是,多品牌策略也使得企业资源过于分散,并且带来了各品牌营销费用的大幅提升等问题;尤其是对我国的企业来说,驾驭多个品牌的难度比较大。

(五)品牌延伸决策

品牌延伸决策是指将一个现有的品牌名称使用到一个新的产品上。有许多企业实施这种策略获得了成功。例如,"娃哈哈"在儿童营养液获得成功后,将"娃哈哈"这一品牌延伸到乳酸饮料、碳酸饮料、八宝粥、矿泉水等产品上,很快就被市场认可,获利丰厚。

品牌延伸一方面在新产品上实现了品牌资产的转移,另一方面还能节省企业的营销成本。新产品利用已有品牌能很快得到消费者的认同,迅速打开市场,因而成为企业的现实选择。但是,品牌延伸也存在一定的经营风险,新产品的失败可能损害原有品牌的形象;如果把高档品牌使用在低档产品上,也可能损害原品牌的高品质形象。

(六)品牌重新定位决策

品牌重新定位有以下几种决策模式:

1. 更新形象策略

更新形象策略就是指品牌表现形式不断创新,以适应消费者心理的变化,从而在消费者心目中形成新的品牌印象。从百事可乐的历史来看,百事可乐已换过12个标志,是可口可乐的2倍多。最近一次改标是2008年花巨资改的笑脸标志。百事可乐的标志逐渐完善,越来越青春化、年轻化,这与它的销售对象有关,说明百事可乐的标志是随时代的变化而变化的。

2. 定位修正策略

企业会因外在或内在的环境变化,调整或改变自己的目标市场,自然也会引起品牌定位的修正。

【拓展阅读6—5】 百雀羚的产品定位

百雀羚的产品定位一直是"草本护肤",新一轮升级版的产品定位最终被表述为:为年轻女性做草本类的天然配方护肤品,产品功能专注于保湿。新的产品定位带着"草本"和"保湿"这两个关键词。

百雀羚找设计师重新为草本系列做包装设计,提升质感。包装材质从塑料瓶变成玻璃瓶,并使用亚克力的复合双层盖,这样就保证了百雀羚出现在终端市场上的时候,很容易让消费者一眼就辨识出来。百雀羚的广告宣传覆盖了主流App开机广告、机场展示牌、重要纸媒整版广告等。同时,百雀羚几乎尝试了所有与年轻人有关的社交网络营销方式：微博互动、直播、热点营销，甚至在聚集了大量年轻人的二次元视频网站开设官方账号。百雀羚尝试自产营销内容，产出了《四美不开心》《过年不开心》等搞笑视频。

【同步案例6－6】 名牌战略是红豆集团稳步发展的关键

江苏无锡红豆集团1983年以8台棉毛车和6 500元贷款起家，经过十多年的顽强拼搏，已发展成为我国服装行业生产规模最大、品种系列最全的专业服装生产企业。红豆牌服装成为中国服装十大名牌之一。

红豆集团在这样短的时间里能以惊人的速度发展，并创出名牌，不仅因为它实施了全面的质量管理，还得力于名牌战略。

为了实施名牌战略、确保名牌一枝独秀，红豆集团非常注重商标保护。1995年，当一位澳大利亚客商在红豆集团说出将在澳大利亚注册"红豆"商标的图谋时，红豆集团董事长周耀庭当即告诉他：不要白费心思了，"红豆"已在澳大利亚注册。这位客商对这家中国企业的商标意识惊讶不已，随即打消了抢注念头。殊不知，自1992年开始，红豆集团就开了我国企业之先河，第一个设立了由7人组成的商标科，这支队伍的首要任务就是负责在国际、国内进行商标注册。迄今为止，他们已花费100多万元，先后在54个国家和地区申请了注册。1996年2月，一场商标纠纷案经国家工商总局商标评审委员会裁定：天津旅游工艺品厂申请的"思豆"商标，与红豆集团先已注册的保护性商标"相思豆"相近，构成侵权，最终判红豆集团胜诉。原来，红豆集团为了保护其商标不被冒用、混用、借用，早已把与"红豆"形似、音同、意近的"江豆""豇豆""相思豆"等统统作了保护性注册。最近，红豆集团选定一只新产品商标，取名"赤兔马"，接着便一同把"红马""赤色马""红兔马""亦兔马""赤兔马"等都作了保护性注册。这就有效防止了少数企业鱼目混珠、靠近名牌找商标的行为发生。红豆人自豪地宣称："不管将来中国服装市场是几分天下，红豆都能占其一。"

思考：为什么红豆人宣称"不管将来中国服装市场是几分天下，红豆都能占其一"？红豆集团的发展说明了什么？我们可以从中获得哪些启迪？

【同步案例6－7】 连任两届央视"标王"的产品走向没落

秦池曾以6 660万元中标央视黄金广告段成为"标王"，由此一夜成名，其白酒也身价倍增。中标后两个月，秦池的销售收入达2.18亿元，实现利税6 800万元，相当于秦池酒厂建厂以来的总和。

第二年，秦池以3.2亿元的天价再次成为"标王"。当年秦池实现销售收入9.8亿元，利税2.2亿元。

第三年年初，一则关于"秦池白酒是用川酒勾兑"的系列新闻报道，彻底把秦池从"标王"的宝座上拉了下来。

据了解，秦池在蝉联"标王"后不足两个月，北京《经济参考报》的4名记者便开始了对秦池的暗访。一个从未被公众知晓的事实终于浮出了水面：秦池的原酒生产能力只有3 000吨左右，它从四川邛崃收购了大量散酒，再加上他们本厂的原酒、酒精，勾兑成低度酒，然后以"秦池古酒""秦池特曲"等品牌销往全国市场。记者们还发现，秦池的罐装线基本是手工操作，每条线周围都有十多个操作工，酒瓶的内盖是专门由一个人用木榔头敲进去的……

这篇报道迅速传播到全国各地，并被国内多家报刊转载，秦池从此一蹶不振。7月，一家酒瓶帽的供应商指控秦池酒厂拖欠300万元货款，法院判决秦池败诉，并裁定拍卖"秦池"注册商标。令人啼笑皆非的是，几亿元打造的商标却只以几百万元的价格抵债。

思考：一个连任两届央视"标王"的产品为何走向没落？秦池的行为符合社会主义企业营销伦理要求吗？

【学中做6-1】 "元气森林"是近些年饮料行业的绝对"黑马"，年轻人、白领及学生群体成为其消费的主力军。"元气森林"一直在随着市场更新换代，不断契合年轻人的真正需求。你认为"元气森林"品牌是如何抓住年轻人的心的？

分析：目前中国的肥胖人群在不断增长，每个年龄段都有减脂瘦身的需求，随着"健康中国合理膳食行动"的特别提出，"元气森林"把握住这次机遇，在品牌成立初期，通过充分的市场调研，用"0糖、0脂、0卡"迅速收获消费者的喜爱，通过"由外而内"的方法与消费者产生共鸣。品牌定位的根本是要为消费者提供一种竞争对手无法提供的独特利益，这种独特的利益是基于品牌所依托的产品本身的属性所决定的，要与产品本身的特点相契合。如果脱离了产品的特点与使用价值的品牌定位，对消费者而言只能是空中楼阁。

任务五　产品生命周期策略

一、产品生命周期的概念

所谓产品生命周期，是指产品从投放市场到被市场淘汰退出市场的整个过程。一个产品的市场历程就像人的生命历程一样，要经历出生、成长、成熟、衰老等阶段，典型的产品生命周期一般分成导入期（引入期）、成长期、成熟期和衰退期四个阶段。

产品生命周期由需要与技术决定，通常以产品销量和利润的变化为标志，分为四个阶段：导入期、成长期、成熟期、衰退期，一般表现为一条"S"形的曲线，称为产品生命周期曲线。S形的产品生命周期曲线适用于一般产品的生命周期描述，是最典型的表现形态。该过程如图6-3所示。

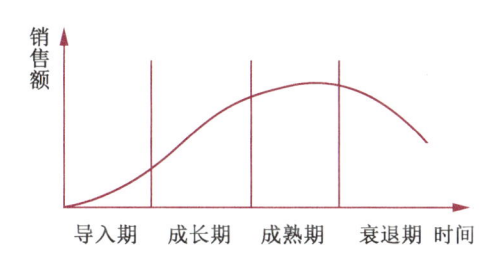

图6-3　产品生命周期曲线图

【提示】 并非所有产品都要依次经过导入期、成长期、成熟期和衰退期这四个阶段。有些产品一上市就很快进入成长期，没有经过导入期的缓慢增长过程；有些产品没有成长期，从导入期直接进入成熟期；有些流行产品犹如昙花一现，很快就退出市场。

二、产品生命周期各阶段特点及营销策略

（一）导入期的特点与营销策略

1. 导入期的特点

导入期的特点包括：①销量小。产品刚上市，只有极少数求新者购买，多数消费者对产品未认

知、不接受,所以销量十分有限。②成本高。这时产品的销量很小,促销和宣传的推广费用又大,单个产品分摊的成本高,销售额增长缓慢,企业利润少甚至亏损。③竞争少,生产者少。竞争尚未真正开始,所以这时的竞争者较少,甚至没有竞争者。④未建立理想的营销渠道。中间商对新产品销售前景不明,心存顾虑,不愿经营。

【拓展阅读6-6】 惠普成为全球领先技术公司的秘诀

惠普公司董事长兼CEO费奥瑞纳女士2004年说,惠普为了成为全球领先的技术公司,一切工作紧紧围绕创新,每年投入40亿美元用于研发,两年前每天产生3项专利,一年前每天产生5项专利,而现在每天产生11项专利。

"快"而持续的创新,使惠普公司的激光打印机、喷墨打印机、磁盘存储设备、Unix服务器、Windows服务器、Linux服务器、笔记本计算机等均位居全球市场份额之首,掌上计算机、桌面PC均居全球市场份额第二位。

2. 导入期的营销策略

对于导入期的产品,企业的重点是宣传介绍产品的性能、用途、质量,努力提高新产品的知名度,快速打开市场、提高销量、增加销售额、建立分销网络、占有一定的市场,尽快进入成长期。导入期的营销策略以价格和促销两个因素相互组合,可以形成以下四种策略(如图6-4所示)。

图6-4 "促销-价格"组合策略

(1)快速掠取策略。又称为高价格、高促销策略,是指以高价格和高促销推出新产品的策略。高价格是为了获取高额毛利,高促销的目的是快速占领市场。这一策略的适用条件包括:产品有自己的特色、具有吸引力,但其知名度不高;潜在市场容量大,消费者愿意出高价;企业面临潜在竞争者的威胁,要尽快树立品牌。

(2)缓慢掠取策略。又称为高价格、低促销策略,是指以高价格和低促销推出新产品的策略。其目的在于减少促销费用,获取高额毛利。这一策略的适用条件包括:产品独特、新颖,并有一定的知名度;需求的价格弹性小;顾客了解并愿意高价购买该产品;竞争威胁比较小。

(3)快速渗透策略。又称为低价格、高促销策略,是指用低价格和高促销推出新产品的策略。其目的是通过强大的促销攻势,以低价格争取更多的消费者,从而达到最大的市场占有率。这一策略的适用条件包括:产品扩大产量能有效降低成本;市场规模大;消费者不了解该产品;需求的价格弹性大,大多数购买者注重价格;市场竞争激烈。

(4)缓慢渗透策略。又称为低价格、低促销策略,是指用低价格和低促销推出新产品的策略。低价格是为了刺激购买,低促销是为了减少费用。这一策略的适用条件包括:市场规模大;消费者了解该产品;消费者对价格较敏感;市场竞争比较激烈。

(二)成长期的特点与营销策略

1. 成长期的特点

这一阶段,顾客对该产品已经熟悉,消费习惯已经形成。产品在市场上打开了销路,销售量迅速上升。这一阶段的主要任务是：保持销售量增长，树立品牌。该阶段的特点有：①销售量和利润增长迅速；②产量大，单个产品分摊的成本大幅度下降；③竞争者陆续跟进，同类产品不断涌现，市场竞争日益激烈；④越来越多的中间商加入经销产品，渠道不断拓展。

2. 成长期的营销策略

在这一阶段，企业营销策略的核心是尽可能延长产品成长期，保持较快的增长率和市场占有率。可以采取的策略有：①适应市场需求，改进质量，赋予产品新特性，改变款式，修正缺陷，使产品优于同类产品，以对抗竞争产品；②开辟新市场，发展新的分销网络，扩大销售；③广告宣传的重点是突出品牌，树立企业的良好形象，培养顾客的品牌偏爱；④适时降价，增加销量，限制竞争者加入。

（三）成熟期的特点与营销策略

1. 成熟期的特点

成熟期的产品在市场上已经达到饱和状态，销量达到顶峰后逐步呈下降趋势。其特点有：①销量仍在增长，但趋于平稳；②市场需求饱和，销量和利润达到最高点后，两者增长缓慢，企业利润开始下降；③行业产能过剩，产品质量和价格都趋同，竞争最为激烈。

2. 成熟期的营销策略

（1）改进市场。开发新的目标市场，寻求新顾客。其方式有：一是发展产品的新用途，用于其他领域，吸引新老顾客使用该产品，从而延长产品的生命周期；二是开辟新市场，将产品投放到其他尚未进入的市场。例如，强生公司将婴儿爽身粉、婴儿润肤露等婴儿护肤用品扩展到成年人市场，从而扩大了市场范围，提高了销量和利润。

（2）改进产品。改进现有产品的特性，以满足消费者的不同需要，使销量获得回升。企业可以从产品的特性、质量、包装、样式等方面进行改革。例如，吉列剃须刀从"安全剃须刀"到"不锈钢剃须刀""双层剃须刀""三层剃须刀"，不断改进，延长了其生命周期。

（3）改进营销组合。对产品、价格、渠道和促销四个要素进行调整，改变营销组合中各要素的先后次序和轻重缓急，促使销售额回升，延长产品成熟期。例如，用低价吸引消费者购买，整合销售渠道，加大广告和促销力度，从而增加销量等。

（四）衰退期的特点和营销策略

1. 衰退期的特点

衰退期的产品已经不能适应市场需求，销售量不断下降，最终被市场淘汰。其主要原因是，出现了更新的产品，消费者对该种产品已不感兴趣或者是过度竞争导致产品被淘汰。该阶段的主要特点有：①市场需求减少，销量和利润快速下降；②更新的产品进入市场，竞争异常激烈，价格被压到极低的水平；③无利可图甚至亏损，更多的竞争者退出了市场。

2. 衰退期的营销策略

（1）继续策略。沿用过去的策略，仍按照原来的细分市场，使用相同的分销渠道、定价和促销方式，直到这种产品完全退出市场为止。

（2）集中策略。把企业的资源和能力集中使用在最有利的细分市场和分销渠道上，从中获取利润。这样有利于企业缩短产品退出市场的时间，同时又能为企业创造更多的利润。

（3）收缩策略。放弃无希望的顾客群体，大幅度降低促销水平，尽量减少促销费用，以增加利润。

（4）放弃策略。企业停止生产衰退期的产品，退出市场，转向生产其他产品。既可以当机立断停产，也可以逐步放弃。如果继续生产该产品会给企业造成更大的损失，则应当立即放弃；如果马上放弃会给企业造成更大的损失，则应逐步放弃。

产品生命周期各阶段的特点和营销策略分别归纳在表6-1和表6-2中。

表6—1　　　　　　　　　　　　产品生命周期各阶段的特点

特点＼阶段	导入期	成长期	成熟期	衰退期
销售量	低销售量	快速增长	销量高峰	销量下降
单位成本	高	平均水平	低	低
利润	微小或亏损	利润上升	高利润	利润下降
购买者	创新采用者	早期采用者	大众	滞后者
竞争者	较少	渐多	最多且相对稳定	减少

表6—2　　　　　　　　　　　产品生命周期各阶段的营销策略

策略＼阶段	导入期	成长期	成熟期	衰退期
策略重心	扩张市场	渗透市场	保持市场占有率	削减产品支出，获取最大收益
营销目的	提高知名度，争取试用	追求最大市场占有率	保持市场占有率，争取利润最大化	减少支出，妥善处理超龄产品，加快产品更新换代
产品策略	有限的产品类型	提高质量，增加款式	产品多样化、差异化	逐步淘汰弱势产品、项目
价格策略	撇脂定价或渗透定价	适当调价	竞争性价格	降价
渠道策略	努力吸引批发商和零售商	选择有利的分销渠道	充分利用并扩大分销网络	排除不合适、效率差的渠道
促销策略	大力促销以吸引试用	适当减少促销	大力促销以保住经销商和消费者	降价到最低水平

【同步案例6—8】 日本黑白电视机成功延长生命周期

20世纪70年代后期，12英寸黑白电视机在日本已处于产品生命周期的尾声，即将被市场淘汰。然而，此时正逢中国改革开放，放松了对耐用消费品进口的限制，很多欧美企业由于对中国市场潜力估计不足，认为中国消费者的购买能力低而持观望态度。而日本的日立、夏普、东芝等企业经过认真分析，认为这是一个千载难逢的好机会，于是紧锣密鼓地组织生产，在保持原有生产线基本要素不变的前提下，根据中国市场特点，对产品和营销组合按中国市场的特点和消费习惯进行了适当调整，在很短的时间内就将适合中国制式、线路的电视机大量投放中国市场，成功地延长了黑白电视机这种产品的生命周期。

案例精析6-8

思考： 日本黑白电视机采取哪些方法成功地延长了生命周期？我们能从中获得哪些启示？

▼ 应知考核

一、单项选择题

1. 核心产品实质上是顾客购买时所追求的（　　）。
   A. 服务　　　　B. 质量　　　　C. 效用或利益　　　　D. 款式
2. 产品组合的深度是指企业每条产品线中（　　）的数目。

A. 产品项目　　　B. 产品线　　　C. 产品数目　　　D. 产品品牌

3. 产品生命周期是由（　　）决定的。
A. 企业与市场　　B. 需要与技术　　C. 质量与价格　　D. 促销与服务

4. 处于市场不景气或原料、能源供应紧张时期，（　　）产品线反而能使总利润上升。
A. 增加　　　　　B. 扩大　　　　　C. 延伸　　　　　D. 缩减

5. 所谓产品线双向延伸，就是原定位于中档产品市场的企业取得了市场优势后，向产品线的（　　）两个方向延伸。
A. 前后　　　　　B. 左右　　　　　C. 上下　　　　　D. 以上都不对

6. 相对于 iPhone 14 而言，iPhone 15 属于（　　）。
A. 全新型产品　　B. 换代型产品　　C. 改进型产品　　D. 仿制型产品

7. 企业在产品成长期常常运用（　　）策略。
A. 扩大产品组合　　　　　　　　B. 缩减产品组合
C. 向上延伸　　　　　　　　　　D. 双向延伸

8. 美国桂格麦片公司成功地推出桂格超脆麦片后，又利用这个品牌及其图样特征，推出雪糕、运动衫等新产品。该公司采取的策略是（　　）。
A. 品牌化决策　　B. 品牌延伸决策　　C. 品牌归属决策　　D. 品牌重新定位决策

9. 产品用过后，包装物本身还可作为其他用途使用的包装策略是（　　）。
A. 相关包装策略　　B. 再使用包装策略　　C. 差异包装策略　　D. 相似包装策略

10. 顾客对产品不是很了解，销售额增长缓慢，企业没有利润甚至是亏损，这属于生命周期的（　　）。
A. 导入期　　　　B. 成长期　　　　C. 成熟期　　　　D. 衰退期

二、多项选择题

1. 企业采用统一品牌策略的优点，包括（　　）。
A. 节省品牌设计费用　　　　　　B. 减少推广花费
C. 降低企业营销成本　　　　　　D. 有助于新产品利用已有品牌迅速打开市场

2. 产品组合包括的变数是（　　）。
A. 适应度　　　　B. 广度　　　　　C. 深度　　　　　D. 关联度

3. 快速渗透策略，即企业以（　　）推出新产品。
A. 低价格　　　　B. 高促销　　　　C. 低促销　　　　D. 高价格

4. 对于衰退阶段的产品，可供选择的营销策略是（　　）。
A. 集中策略　　　B. 继续策略　　　C. 收缩策略　　　D. 放弃策略

5. 产品包装的作用是（　　）。
A. 美化产品　　　B. 促进销售　　　C. 增加产品价值　　D. 保护产品

三、判断题

1. 有形产品是产品的整体概念中最基本、最重要的部分。（　　）
2. 在现代条件下，企业如果没有产品整体概念，企业营销要想取得成功也是有可能的。（　　）
3. 所谓产品线，是指同一产品种类中密切相关的一组产品，又称产品系列或产品类别。（　　）
4. 生产者把商品卖给中间商，使用中间商品牌。（　　）

5. 成熟期的营销策略,就是价格和促销两个因素相互组合。（　　）

四、简述题

1. 产品组合策略有哪些?
2. 新产品开发一般要经过哪些程序?
3. 如何理解产品的整体概念?
4. 有人说:"品牌,就是商标。"这句话对吗? 为什么?
5. 简述产品生命周期各阶段的特点及应采取的营销策略。

应会考核

■ 观念应用
【背景资料】

牙膏的市场营销

目前牙膏市场的集中诉求是防蛀、清新口气、预疾、固齿,而且针对牙齿、牙龈的各种功能都已被众多品牌分解得淋漓尽致。某集团公司曾向市场推出名为"高力嘉"的牙膏,这是一种在航天技术支撑下,融合中草药物功能和氟钙配方于一体的全效性牙膏,也是少有的货真价实的产品。然而,该产品上市后,销售一直不理想。

消费者调查结果显示:几乎所有的被调查者都认为,其目前使用的牙膏功能诉求比较适合自己的牙齿状况,但很多人觉得效果并不理想。为什么消费者会觉得效果不理想? 原因很简单:以高露洁为首的外资品牌以氟、钙为主要成分,主要针对口腔中硬的部分——牙齿——做文章,突出宣传其防蛀、固齿和美白功效。而两面针、草本等国内品牌以中草药为主要成分,针对口腔中软的部分——牙龈——做文章,突出宣传其消炎、止痛、去火的功效。

【考核要求】

现假定该集团公司问计于你,请你运用所学的市场营销知识对这种牙膏展开分析,谈谈你的看法。

■ 技能应用

市场占有率和销售增率的计算

2022年,某市宏大商场共销售电视机3 000台,销售额为1 000万元;2023年的电视机计划销售额为1 200万元。通过调查,得知该市2022年电视机全年销售量为10万台。

【技能要求】

请问:宏大商场经营的电视机在该市的市场占有率是多少? 宏大商场经营的电视机2023年的销售增长率是多少?

■ 案例分析

【分析情境】

产品换衣裳,身价不一样

在湖南省益阳味蛋厂的产品陈列室里,陈列着造型别致、制工精巧的各式皮蛋包装:有的像散花仙女手中的花篮,有的如江上渔姑腰间的鱼篓,有的似寿仙葫芦,有的如民间腰鼓,还有的像金砖、玉钵,姿态各异,栩栩如生。一种松花皮蛋产品,包装竟有17种之多。

以前,这个厂只重视产品质量,忽视了包装更新,尽管产品获得了中国首届食品博览会银奖,但包装一直式样单调,难以激起顾客的购买热情,顾客称其为"俏妹子穿大布衣——内优外劣"。该厂后来狠抓包装的更新改造,从满足各种顾客的需要出发,先后设计出 48 种式样。他们设计了一种"四时吉祥"的四方形手提式包装,每件 40 枚。沈阳市禽蛋公司批发部曾有两名采购员来湖南,准备调进一批皮蛋,先后跑了 10 多个县市的 30 多家工厂,都没找到合意的产品。当他们返回沈阳途经武汉时,在商店发现了该厂"四时吉祥"包装(东北人把"四"作为最吉利的数字)的产品,当即赶到益阳,一次就购货 5.2 万元,并与该厂签订了长期业务合同。

一次,该厂经理出差到广东,发现广东人喜欢"8"(与"发财"的"发"谐音),出门办事也选择逢 8 的日期,赶紧设计了一种金砖形状的 8 枚包装,并印上"恭喜发财"4 个烫金大字。然后,将 5 万盒这种包装的产品运到深圳试销,刚一上市就被抢购一空。目前,广东、湖南两省已有 13 家单位与该厂签订了 70 多万元的销售合同。

多种式样的包装,赢得了市场。目前,该厂的产品已畅销 17 个省市。

【分析要求】
1. "产品换衣裳,身价不一样"说明了什么?
2. 益阳味蛋厂营销成功的原因是什么?我们可从中获得哪些有益的启示?
3. 结合我国商品包装的历史与现状,谈谈如何运用包装策略为企业促销服务。

项目实训

【实训项目】
产品策略

【实训目标】
通过实训,学生能够运用整体产品概念、产品生命周期理论、新产品开发理论,以及产品品牌、产品包装理论及技能进行产品决策,制定产品策略。

【实训内容】
1. 单项技能操作训练

按是否耐用,将下列商品和服务进行分类:电视机、牙膏、电冰箱、汽车、肥皂、洗衣粉、微波炉、烟酒、大米。

2. 综合技能操作训练

(1)学生自由组合成一个模拟公司,每个小组为所成立的模拟公司开发新产品(这个新产品可以是全新产品,也可以是改进新产品、换代新产品、地域性新产品,还可以是仿制的新品牌产品)。

(2)小组成员探讨公司新产品构思的来源。

(3)小组成员探讨公司新产品整体概念的层次。

(4)为新产品设计品牌名称、标志。

(5)模拟公司小组成员用实物、模型、图片或多媒体(PPT)的形式向全班同学介绍新产品。

【实训要求】
1. 由学生自由组合成 4~6 人为一组的研究型学习小组,并确定负责人。
2. 从本地市场上选择 2~3 个大家熟悉的产品类型作为实训的样本。
3. 将实训报告填写完整。

"产品策略"实训报告

项目实训班级：	项目小组：	项目组成员：
实训时间： 年 月 日	实训地点：	实训成绩：

实训目的：

实训步骤：

实训结果：

实训感言：

不足与今后改进：

项目组长评定签字：　　　　　　　　　　　　　　　项目指导教师评定签字：

项目七　定价策略

- **知识目标**

　　理解：影响定价的因素。
　　熟知：常用的定价策略。
　　掌握：常用的定价方法。

- **技能目标**

　　能够运用不同定价方法制定产品价格；具备对影响定价因素的分析能力，以及运用定价方法和定价策略对产品进行定价的能力；具有分析和比较定价方法与定价策略的优缺点及适用性的能力，选择最优的定价方法和定价策略，当环境条件、营销目标发生变化时，能够适时对产品价格进行调整。

- **素质目标**

　　运用所学的定价策略知识研究相关事例，培养和提高学生在特定业务情境中分析问题与决策设计的能力；结合行业规范或标准，运用知识分析行为的善恶，强化学生的职业道德素质；善于根据市场环境变化，制定有利可图的价格策略，正确平衡道德和利润最大化的关系，树立利用正当的价格手段参与竞争的职业操守。

- **思政目标**

　　能够结合案例、资料分析及项目实训等环节，树立诚信意识和法律意识，理解"人无信不立，商不信不兴""有所为，有所不为"，必须把握法律底线，关注法律法规政策；正确认识新形势下定价工作对稳定我国经济和社会发展的重要意义。

- **项目引例**

手表定价，各有高招

　　某年春，全国百货钟表订货会在山东省济南市召开。当时，全国市场上机械手表已经滞销，连续三次降价，销路仍不见好转。行家估计，手表市场萎缩已成定局。因此，很多手表厂担心这次订货会会使手表"大放血"甩卖。上海是全国钟表行业的"大哥"，各地厂家都盯着上海，探听上海会不会降价。得到的回答是："不降，不降，阿拉上海表降价要市委批，侬放心。"大家听说上海不降价，都放心挂出了自己的老牌价。

订货会开了两天,商家在会上转来转去,只看样品、问价格,却不订货,厂家直发愁。大家还没愁完,第三天一早,就被这样一条消息弄蒙了:"所有上海表降价30%以上。"有的上海表降价一半。各厂家的销售科长们纷纷打电话回厂请示。厂长不敢拍板,又是开会研究,又是请示报告。待研究、请示完毕,几天又过去了,上海人已把生意做完了。各厂纷纷叫"惨",都责怪上海表厂不够"义气",但已无法挽回败势。

订货会后,各厂纷纷寻求对策。青岛厂家认为,此时跟着降价,实在不是时候,因为顾客会认为便宜没好货。他们算了一笔账:青岛生产的"铁锚"牌手表,每块原价80元,如果降价,一块表最多赚1~2元,要将100多万块表卖出去实在太难;如果不降,每块表可赚30多元,售出6万~7万块表,基本上能将100万元的利润拿回。他们选择了后者,有意在电视上做了不降价的广告,效果不错;其他很多厂家步了上海厂家的后尘,结果大亏。如重庆钟表公司,一年就亏损600多万元。

与此同时,深圳的"天霸"表更是大爆冷门:每块表从124元上涨到185元。他们的策略是不断在样式上求新,在质量上求精,价格不断上涨。他们以地毯式轰炸进行广告宣传,不仅在国内消费者中树立了良好的产品形象,而且将手表销往澳大利亚等国。那一年,"天霸"表究竟赚了多少,只有他们自己清楚,反正从市场上看,"天霸"表是相当走俏的。

- **引例讨论**

这场手表价格战说明了什么?我们能够从中得到何种启示?

- **引例导学**

这场手表价格战可以说是几家欢喜几家愁,它充分说明在激烈的市场竞争中,必须善于运用定价策略。我们可从中得到如下启示:第一,兵不厌诈。在激烈的市场竞争中,只讲江湖义气而没有防范准备和应变措施是必然要吃亏的。第二,要灵活运用价格策略。这是确保在激烈的市场竞争中立于不败之地的重要条件。第三,不要跟风。认真解剖自己,扬长避短,不跟风降价,青岛厂的应对策略值得借鉴。第四,在质量、样式上求新。在竞争手段上,不仅要重视产品的价格竞争,更要重视产品的非价格竞争,深圳"天霸"表的应对策略也值得借鉴。

手表价格战的案例表明,对定价策略的理解与把握不同,运用于实战时,会有天壤之别。

- **知识精讲**

任务一 影响定价的因素

企业作为独立的商品生产者和经营者,可以自主决定商品的价格,但是,这并不意味着企业可以随心所欲地制定价格。价格的制定要考虑各种内部和外部因素的影响。企业内部因素包括企业的定价目标、营销组合策略和产品成本等;外部因素包括市场需求、竞争状况和其他因素。

一、企业的定价目标

(一)以维持企业生存为定价目标

企业出现经营不善、产品大量积压、资金周转不灵的情况,只能以维持生存、避免破产为定价目标。这种情况下,定价应尽量偏低,以迅速减少存货,收回现金。这时,价格可以低于总成本。这是企业处于不利地位时的一种暂时的定价目标。

(二)以获取最大利润为定价目标

获取最大利润是企业从事经营活动的愿望。以获取最大利润为定价目标,并不等于给产品制定一个最高价格。如果定价过高，消费者承受不了，产品销路受阻，反而不能实现预期利润，各种替代产品和竞争者乘机进入，就会使企业失去有利的地位。企业的最大利润取决于合理的价格所产生的市场需求和销售规模。

（三）以扩大市场占有率为定价目标

市场占有率又称市场份额，是企业某种产品的销售量（额）占同一时期市场上同类产品销售量（额）的百分比。企业通过制定较低的价格吸引消费者，从而扩大销售量和市场占有率。

（四）以适应价格竞争为定价目标

价格竞争是市场竞争的重要方面。处于激烈竞争市场中的企业常常以适应价格竞争为定价目标。

当企业试图通过定价去应对竞争时，为对抗竞争对手，常常采用低价作为竞争手段。例如，洋快餐华莱士在价格上长期走平价优惠路线，以低于肯德基、麦当劳的价格进入市场，在市场上占有了一席之地。

（五）以争取产品质量领先为定价目标

企业的目标是以高质量的产品占领市场，这就需要实行"优质优价"策略，以高价来保证高质量产品的研发成本和生产成本。采取这种定价目标的企业，其产品一般都在消费者心目中享有一定声誉，可利用消费者的求名心理，制定一个较高的产品价格。

二、产品成本

（一）固定成本

固定成本是指在一定的生产规模范围内不随产量或销量的变动而变动的成本，如差旅费、折旧费、租金等。

单位固定成本是固定成本总额除以产量或销量，所以它的数值往往与产量或销量呈反比例关系。

（二）变动成本

变动成本是指随产量或销售量的变动而变动的成本。变动成本往往是产品的直接成本，如原材料、燃料、辅助材料、生产工人工资、水电费等。

单位变动成本是总变动成本与产量或销量的商，如果总变动成本与产销量呈正比例关系，那么单位变动成本在一定范围内会是一个常量。

（三）总成本

总成本是固定成本与变动成本之和。一般情况下，产品的价格要能够弥补其总成本。当产量为零时，总成本等于未开工时的固定成本。

平均总成本是总成本与总产量之比，是单位产品所包含的成本。

（四）边际成本

边际成本是指在一定的产量上，再增加一个产品的生产所增加的成本。由于生产者所关心的是找到一个能获得最大利润的产量，故对产量变动所发生的新增成本比对平均成本更为重视。企业可根据边际成本等于边际收益的原则来确定获取最大收益的产量。

三、市场需求

（一）供求关系

对于一般产品，在其他因素不变的情况下，产品的供给量随价格的上升而增加，随价格的下降而减少。

价格也会影响市场需求。一般情况下,市场需求和价格呈反方向变动。价格提高,市场需求就会减少;价格降低,市场需求就会增加。但是也有例外情况,如名牌手表提价后,其销售量却有可能增加,因为消费者认为较高的价格代表更好或更理想的手表。

(二)需求的价格弹性

需求的价格弹性,简称需求弹性,是指因价格变动而引起的需求量变化的程度。需求弹性的大小用需求弹性系数来表示:

需求弹性系数＝需求量变动的百分比÷价格变动的百分比

即:

$$E_d=(\Delta Q/Q)/(\Delta P/P)$$

上式中:E_d 表示需求弹性系数;Q 表示产品的需求量;P 表示产品的价格;ΔQ 表示需求量变动值;ΔP 表示价格变动值。

需求弹性系数表示价格每变动1%,会引起需求量变动的百分数。由于价格和需求量一般呈相反方向变动,需求弹性系数为负数。在应用时,取其绝对值。需求弹性系数有以下三种情况:

1. $E_d>1$

需求弹性大,表示价格变动会引起需求量的大幅度变化。这类产品如果价格变动为1%,那么需求变动将超过1%。在这种情况下,需求量变动的比率大于价格变动的比率。奢侈品,如汽车、珠宝、国外旅游等属于这种情况。价格下降时,需求量(销售量)增加的幅度大于价格下降的幅度,企业采取低价销售较有利。这个结论可以解释"薄利多销"这类现象。

2. $E_d<1$

需求弹性小,表示价格变动会引起需求量微小的变化。这类产品如果价格变动1%,那么需求变动会小于1%。在这种情况下,需求量变动的比率小于价格变动的比率。生活必需品,如粮食、蔬菜等属于这种情况。对其定价时,较高水平的价格往往会增加盈利,低价对需求量刺激的效果不强,薄利并不能多销。这个结论可以解释"谷贱伤农"。

3. $E_d=1$

需求为单位弹性,表示价格变动引起需求量相同幅度的变动,是等比例变动,对需求量不会产生较大的影响。这类产品如果价格变动1%,那么需求变动也为1%,即价格变动幅度与需求量变动幅度大小一致、方向相反,总收入不变。企业不宜采用价格手段进行竞争。这类产品无论提价或降价,销售额都不会有明显变化。

四、市场竞争状况

市场竞争是影响企业定价不可忽视的因素。企业无论规模大小,对于竞争者的价格都很敏感。在竞争激烈的市场上,企业必然会考虑市场竞争状况,竞争者的价格可以作为参照物。企业定价时,必须充分了解竞争者的产品价格,如果产品类似,那么价格也就大体接近。一般来说,质优则价优,低质则应低价。

五、企业的营销组合策略

价格是反映产品市场定位的主要因素,价格决定了产品的目标市场及消费者。由于价格是营销组合的因素之一,所以,定价策略需要与产品的整体设计、分销和促销策略相匹配,形成一个协调的营销组合。其他营销组合因素的决策,要与定价策略相一致。许多日本企业通常是先制定价格策略,然后根据价格策略制定其他的营销组合策略。

六、顾客心理

（一）预期心理

所谓预期心理，是指顾客对未来一段时间内市场产品供求及价格变化趋势做出预测判断而产生的一种心理。根据供求规律，价格上涨一般会抑制需求，而价格下跌则会刺激需求。然而，现实生活中往往出现相反的现象：价格越涨，购买者越多；价格越跌，购买者越少。这就是所谓的"买涨不买跌"的消费现象。当产品价格上涨时，顾客预期价格可能还会进一步上涨，于是争相购买；而当产品价格下跌时，顾客预期价格可能还会继续下降，于是持币待购，期待价格进一步降低后再购买。

（二）认知价值

所谓认知价值，是指顾客在心理上对产品价值做出的估计和认同。顾客在购买产品时，往往将价格与自己内心形成的认知价值相比较，将一种产品的认知价值同另一种产品的认知价值相比较，如果认为价格合理、物有所值，就会购买；如果企业的产品价格高于顾客的认知价值，顾客就会认为定价太高；如果企业的产品价格低于顾客的认知价值，顾客又可能对产品的质量产生疑虑，也不愿意购买。所以，企业在制定价格时必须考虑顾客的心理因素，把握顾客的认知价值，借以制定出合适的价格，以达到促进产品销售的目的。

【同步案例 7－1】 随你给多少

美国有个叫罗西的人，经营着一个家庭餐馆。餐馆菜单上的菜单无标价，广告牌上有"随你给多少"五个字。他规定："让顾客根据饭菜和服务的满意程度自定价格，给多给少，悉听尊便；若不满意，也可分文不付。"罗西的这一绝招，使好奇的食客们闻风而至，罗西餐馆顿时顾客爆满，应接不暇，收入大增。许多食客心甘情愿地付出比实际价格高得多的价款。虽然难免有个别无赖之徒和饕餮之客，但对餐厅的整体经营却影响不大，最终使他腰缠万贯。

案例精析7－1

思考： 罗西的家庭餐馆为什么敢承诺"随你给多少"，他不怕亏本吗？

除此之外，企业定价时还必须考虑其他因素，如政府的有关政策法规、国内外的经济形势等。

任务二　定价方法

一、成本导向定价法

所谓成本导向定价法，是指以企业的生产或经营成本作为制定价格依据的定价方法。按照定价成本的性质不同，成本导向定价法又可分为以下几种：

（一）成本加成定价法

所谓成本加成定价法，是指企业以产品单位销售成本为基础，加上一定的预期利润而形成产品价格的方法。其计算公式为：

$$单位产品价格 = 单位销售成本 \times (1 + 综合加成率)$$

【做中学 7－1】 某企业生产一种皮包，单位销售成本为 100 元，企业规定的综合加成率为 25%，求该皮包的销售价格。

解： 皮包的销售价格 $= 100 \times (1 + 25\%) = 125$（元）

答： 按成本加成定价法，该皮包的销售价格应确定为 125 元。

采用这种方法定价的关键是综合加成率的确定。如考虑不周，产品定价太高或太低都可能给企业造成不应有的损失。其优点是计算简便。在正常情况下，可以保证企业获得正常利润。缺点是，只考虑了产品本身的成本和预期利润，忽视了产品的社会价值、供求和竞争情况。用这种方法计算出来的价格，很可能不为消费者所接受，或缺乏市场竞争力。

（二）盈亏平衡定价法

所谓盈亏平衡定价法，是指企业根据盈亏平衡点原理进行定价的方法。盈亏平衡点又称保本点，是指在一定的价格水平下，企业的销售收入刚好与同期发生的费用额相等，收支相抵、不盈不亏时的销售量，或一定销量的前提下，使收支平衡的价格。其计算公式为：

单位产品保本价格＝固定总成本÷预计销售量＋变动成本

产品保本销售量＝固定总成本÷（销售价格－变动成本）

【做中学 7－2】 某企业经营的女式皮鞋应分摊固定成本为 4 万元，每双女式皮鞋进价为 200 元，销售费用和税金为 20 元，即每双女式皮鞋变动成本为 220 元。若企业每年预期销量为 1 000 双，每双女式皮鞋售价定为多少时企业才能保本？如果该企业采取与竞争者同样的价格 300 元出售，其收支相抵、不盈不亏时的销售量为多少？

解：女式皮鞋保本价格＝（40 000÷1 000）＋220＝260（元）

300 元出售时的保本销售量＝40 000÷（300－220）＝500（双）

答：按盈亏平衡定价法，每双女式皮鞋售价应定为 260 元时，企业才能保本。如果每双女式皮鞋售价 300 元，则只需出售 500 双就能保本。

可见，这种定价方法比较简单。在市场不景气的情况下，采用这种方法比较适用，因为保本经营比停业的损失要小，而且企业有较灵活的回旋余地。运用这种定价方法的关键是，必须正确预测市场销售量。

（三）目标利润定价法

所谓目标利润定价法，是指企业以投资额为基础，加上投资希望达到的目标利润进行定价的方法。其计算公式为：

单位产品价格＝（固定总成本＋目标利润）÷预计销售量＋单位变动成本

【做中学 7－3】 如果上例中该企业希望达到的目标利润为 2 万元，那么每双女式皮鞋售价定为多少时，企业才能实现目标利润？

解：女式皮鞋目标利润价格＝（40 000＋20 000）÷1 000＋220＝280（元）

答：按目标利润定价法，当每双女式皮鞋定价为 280 元时，企业就能实现 2 万元的目标利润。

目标利润定价法的优点是，能保证企业按期收回投资，并能获得预期利润，计算也较方便。其缺点是，由于产品价格是根据预计产量推算的，因此并不能保证销量也同步达到预期目标。所以，企业必须在综合考虑自身实力、产品特点和市场供求等方面的因素后，才能确定价格。这样制定出来的价格，才有可能达到预期的目标利润。

（四）边际贡献定价法

所谓边际贡献定价法，又称变动成本定价法，是指企业以变动成本为基础，加上预期的边际贡献确定价格的定价方法。其计算公式为：

产品价格＝单位变动成本＋边际贡献

边际贡献＝产品单价－产品单位变动成本

边际贡献的作用是补偿固定成本。当产量达到盈亏平衡点时，说明固定成本补偿完毕，企业做到了收支平衡。可见，只要边际贡献大于零，每多出售一件产品，就能对固定成本有所补偿。在市场竞争激烈、企业订货不足、存在剩余生产能力时，可以考虑采用边际贡献定价法。

【做中学 7—4】 某企业生产电冰箱的能力为每年 1 万台,固定成本为 300 万元,单位变动成本为 1 300 元,产品原售价为 2 000 元。目前订货只有 8 000 台,某外商提出订购 2 000 台,但其出价最高只有 1 500 元。问这笔订货是否可以接受?

解:从表面看,单位产品总成本为 1 600 元(3 000 000÷10 000+1 300),外商出价 1 500 元,每台要亏损 100 元。但进一步分析会发现:每台变动成本为 1 300 元,每多销售一台的边际贡献为 200 元(1 500−1 300)。如果接受这笔订货,可获边际贡献 40 万元(200×2 000÷10 000)。固定成本 300 万元总是要支出的,而且分配到了已订货的 8 000 台中。这个企业由于生产能力有闲置,因此,如果接受这笔订货,不仅不亏本,反而可以增加利润 40 万元,或者说可以增加 40 万元补偿固定成本。

答:由于该企业订货不足,存在剩余生产能力,按边际贡献原则分析,接受这笔订货是有利可图的。

边际贡献定价法一般适用于以下情况:一是当市场上产品供过于求,企业产品滞销积压时,如坚持以总成本为基础定价出售,往往难以为市场接受,其结果不仅不能补偿固定成本,连变动成本也无法收回。此时以边际贡献为基础定价,可大大降低售价,以应对短期价格竞争。二是当企业订货不足、生产能力过剩时,与其让厂房和机器设备闲置,不如利用低于总成本但高于变动成本的低价来扩大销售,借以补偿固定成本,减少亏损。

二、需求导向定价法

所谓需求导向定价法,是指以企业顾客需求和可能接受的价格作为定价依据的定价方法。这种方法虽然不能完全排除成本因素,但成本不是产品定价的基本出发点。其具体方法有:

(一)价值定价法

所谓价值定价法,是指企业根据消费者对商品的理解认识程度和需求程度来决定价格的定价方法。这种方法认为:一种商品的价格、质量、服务水平等,在消费者心目中都有特定的位置。只有当商品价格与消费者的认识水平大体一致时,消费者才会接受这种价格。因此,企业要在市场上推出一种新产品,应首先从产品的功能、款式、质量、服务和广告宣传等方面为产品树立一个完整形象,并估计出消费者对这种产品的认识程度和需求程度,即理解价值,以此制定出产品的初始价格,然后估算这个初始价格水平下的销售量、成本和盈利,最后确定实际价格。可见,理解价值定价法的关键,是企业要对消费者理解的相对价值有一个正确的估计和判断。

【做中学 7—5】 美国一家生产猪皮便鞋的公司,在生产一种名叫"安静的小狗"牌便鞋时,首先将 100 双这种便鞋送给 100 位顾客试穿。试穿 8 周后,公司通知顾客说:"公司准备收回鞋子,不过你想留下也行,但每双须付 5 美元。"

思考:该公司是不是真的要收回那 5 美元的鞋子?为什么?

分析:(1)该公司并不是真的要收回那 5 美元的鞋子。"醉翁之意不在酒",其目的是弄清消费者对这种鞋子的理解程度和需求程度,看其在心理上是否愿意接受这个价格。如果大多数顾客愿意留下,说明顾客欢迎这种鞋子,并且愿意支付每双 5 美元或更高一点的价格;如果大多数顾客不愿意留下,则说明顾客不欢迎这种鞋子,或觉得价格太高。

(2)企业制定价格,不能闭门造车,必须深入市场调查,对消费者理解的相对价值有一个正确的估计和判断。这样,制定出来的价格才能得到消费者在心理上的认可,从而顺利实现其开拓市场、占领市场的目的。

(二)反向定价法

所谓反向定价法,是指企业根据产品的市场需求状况,通过价格预测和试销、评估,先确定消费者可以接受和理解的零售价格,然后逆向倒推批发价格和出厂价格的定价方法。这种方法不是以实际成本为主要依据,而是以市场需求为定价出发点,力求使价格为顾客所接受。

(三)需求差异定价法

所谓需求差异定价法,是指企业以销售对象、销售地点、销售时间等条件变化所产生的需求差异(尤其是需求强度差异)作为定价基本依据的定价方法。在实际生活中,不仅不同的消费者对同一产品的需求有差异,而且同一消费者在不同的时间、不同的地点对同一产品的需求强度也不相同,甚至有很大差异。因此,按需求差异定价法制定的价格,并不与产品成本和质量的差异程度成比例,而是以消费者需求的差异为标准。

应用需求差异定价法,应具备以下条件:①市场能够根据消费者需求强度的不同加以细分,而且需求差异较为明显;②细分后的市场之间无法相互流通,即低价市场的消费者不可能向高价市场的消费者转手倒卖产品或劳务;③在高价市场中用低价竞争的可能性不大,企业能够垄断其所生产经营的产品和劳务;④市场细分后所增加的管理费用应小于实行需求差异定价所得到的额外收入;⑤不会因价格差异而引起消费者的反感。

(四)比较定价法

所谓比较定价法,是指企业以对产品需求弹性的研究和市场营销调研结果确定产品价格的定价方法。一般认为,产品价格高,获利就多;价格低,获利就少。其实未必。如果根据市场需求情况,实行薄利多销,在销量增加的情况下,仍然可以获得较多利润。

在实际营销活动中,究竟是采用厚利少销还是实行薄利多销,可通过对价格需求弹性的研究与市场营销调研来决定。需求弹性强的产品,可采用降价的办法;需求弹性弱的产品,可采用提价的办法。通过比较其利润大小,判断哪种价格更为合适。

三、竞争导向定价法

所谓竞争导向定价法,是指企业以市场上竞争对手的价格作为制定其同类产品价格的主要依据的方法。这种方法适用于市场竞争激烈、供求变化不大的产品。它具有在价格上排斥对手、扩大市场占有率、迫使企业在竞争中努力推广新技术的优点。其具体方法有以下几种:

(一)通行价格定价法

通行价格定价法也叫随行就市定价法,是指企业将其产品价格与同行业产品的现行市场价格水平保持一致的定价方法。企业在营销中采用通行价格定价法,既容易被消费者所接受,也能与竞争对手"和平共处",还能给企业带来合理的利润。因此,这是一种较为流行的定价方法,主要适用于企业难以对消费者和竞争者的反应做出准确估计,不易为产品另行定价。

(二)竞争价格定价法

所谓竞争价格定价法,是指企业根据其产品的实际情况及与竞争对手产品的差异状况来确定价格的定价方法。这是一种主动竞争的定价方法,一般为实力雄厚或产品独具特色的企业所采用。

其定价的步骤为:首先,将市场上竞争产品价格与企业估算价格进行比较,分为高于、等于、低于三个价格层次;其次,将本企业产品的性能、质量、成本、产量等与竞争企业进行比较,分析造成价格差异的原因;再次,根据以上综合指标确定本企业产品的特色、优势及市场地位,并在此基础上,按企业定价目标,确定产品价格;最后,跟踪竞争产品的价格变化,及时分析原因,相应调整本企业的产品价格。

(三)投标定价法

所谓投标定价法,是指买方引导卖方通过竞争成交的定价方法。本方法一般由买方(招标人)发出招标公告,卖方(投标人)竞争投标,密封递价,招标人从中择优选定。企业参加投标的目的是中标,所以它的报价应低于竞争对手的报价。一般而言,报价高,利润大,中标机会就小,如果因价高而导致不能中标,则利润为零;反之,报价低,中标机会大,但利润小,其机会成本可能要大于其他投资方向。因此,报价时不仅要考虑实现企业目标利润,也要结合竞争状况考虑中标概率。一般来说,投标报价时,应预测对手的报价,计算本企业的费用和预期利润,然后提出自己的报价。投标定价法主要适用于提供成套设备、承包建筑施工、设计工程项目、开发矿产资源或大宗商品订货。

任务三 定价策略

一、新产品定价策略

新产品定价策略有撇脂定价策略、渗透定价策略、满意定价策略。

(一)撇脂定价策略

撇脂定价策略是指在新产品上市初期制定较高的价格,以便在较短时间内获得最大利润的一种定价策略。

采用撇脂定价策略的条件是:①新产品有显著的优点,能使消费者"一见倾心";②产品的需求价格弹性较小;③类似仿制品少,竞争对手在短期内不易进入该市场。

采用撇脂定价策略的优点是:①新产品刚刚上市,竞争者还没有进入,利用顾客求新的心理,以较高价格刺激消费,开拓早期市场;②由于价格较高,因而可以在短期内取得较大利润;③定价较高,在竞争者大量进入市场时,可以主动降价,增强竞争能力,同时也符合顾客期望价格下降的心理。

采用撇脂定价策略的缺点是:①由于定价过高,高价难以扩大市场占有率;②高价厚利会吸引众多的竞争者,加速市场竞争。

【同步案例7—2】 雷诺公司的高价策略

第二次世界大战结束时,美国雷诺公司趁当时世界上第一颗原子弹爆炸的新闻热潮,从阿根廷引进美国人从未见过的圆珠笔生产技术,取了时兴的名字——原子笔,并通过各种宣传为之披上了种种神秘外衣,作为圣诞礼物迅速投放市场。当时,生产圆珠笔的成本仅50美分,而卖给零售商的价格高达10美元,零售卖给顾客的价格又高达20美元。尽管价格如此高昂,但圆珠笔由于奇特、新颖和高贵的特点而风靡美国,在市场上十分畅销。等到这种商品的神秘外衣被不断揭开,身价一落千丈时,雷诺公司的老板已带着快要撑破的钱包去经营更新的商品去了。

思考:美国雷诺公司运用的是什么定价策略?有何优点?其行为符合营销伦理规范吗?

(二)渗透定价策略

渗透定价策略是指在新产品上市初期制定较低的价格,以便打开和占领市场的一种策略。

采用渗透定价策略的条件是:①产品的市场规模较大,存在着强大的市场潜力;②产品的需求价格弹性较大,稍微降低价格,需求量会大大增加,通过大批量生产能降低生产成本。

采用渗透定价策略的优点是:①低价能迅速打开新产品的销路,提高产品的市场份额,通过提高销售量来获得企业利润;②低价低利对阻止竞争对手的介入有很大的屏障作用。

采用渗透定价策略的缺点是：①投资的回收期较长、见效慢；②一旦渗透失利，企业就会一败涂地。

【同步案例 7－3】　太麦克斯韦公司崛起之谜

美国太麦克斯韦公司原是一家生产军用计时器的小公司，第二次世界大战后军火生意越来越难做，1950 年其开始涉足手表制造业。但是，当时的手表市场竞争十分激烈，像他们这种小公司要想在竞争激烈的手表市场上抢到一杯羹，确非易事。他们运用的定价策略是不断以低价向市场推出自己的新产品。1963 年，该公司首次生产电子手表，以 30 美元推向市场，仅为当时同类产品价格的一半。20 世纪 70 年代初，世界主要手表制造商推出 1 000 美元以上的豪华型石英手表；1972 年，日本、瑞士和其他手表厂的石英表也以 400 美元或更高价格推出。该公司 1972 年 4 月上市的石英表，售价仅 125 美元，低廉的价格成为其迅速崛起的法宝。据说，美国市场上每出售 2 块手表，就有 1 块是该公司的手表。

案例精析7-3

思考： 太麦克斯韦公司运用的是什么定价策略？其优点是什么？有何启示？

（三）满意定价策略

所谓满意定价策略，是指企业为产品制定不高不低的价格，既能对消费者产生一定的吸引力，又能使企业在弥补成本后还有盈利，使企业和消费者双方都感到满意的定价策略。

采用满意定价策略的优点是：①适中的价格被认为是合情合理的，能较快被市场接受，消费者也比较满意；②可以避免不必要的竞争；③价格在弥补成本后还有盈利，使生产经营者也能收回投资，为企业对产品进一步改进并稳步调价奠定了基础。

采用满意定价策略的缺点是：将产品消极地推向市场，企业往往难以灵活适应瞬息万变的市场。

二、折扣定价策略

常见的折扣定价有以下几种形式：

（一）数量折扣

数量折扣是指企业给大量购买产品的顾客价格方面的优惠。购买量越大，折扣越大，以鼓励顾客大量购买产品。这是运用较广的一种折扣定价策略。数量折扣又分为以下两种形式：

1. 累计折扣

累计折扣是指在一定时期内，购买产品累计达到一定数量所给予的价格折扣。采取这种策略，可以鼓励顾客经常购买本企业的产品，稳定顾客，建立与顾客的长期关系。这种策略在批发及零售业中经常采用。

2. 非累计折扣

非累计折扣是指每次购买达到一定数量或一定金额就给予价格折扣。采取这种策略，可以鼓励顾客大量购买产品，从而增加利润。例如，一次购买产品 50 个单位以下，单价 20 元；购买 50～100 个单位，单价 18 元；购买 100 个单位以上，单价 16 元。

（二）现金折扣

企业为了加速资金周转，在价格方面给现金付款或提前付款的顾客一定的优惠。例如，某企业规定，提前 10 天付款的顾客，可享受 1% 的价格优惠；提前 20 天付款的顾客，可享受 2% 的价格优惠。运用现金折扣策略，可以有效地促使顾客提前付款，从而盘活资金，减少企业的利息和风险。

（三）季节折扣

季节折扣是指企业为鼓励买主提早采购或在淡季采购而给予的一种价格折让。企业采用季节折扣策略,可以促使中间商提早进货,消费者提前购买,减少过季商品库存,加速资金周转。例如,冬季购买电风扇、夏季购买电暖炉等都可给予一定的价格折扣。

(四)交易折扣

交易折扣又称功能性折扣,是生产企业根据中间商在商品流通中的不同功用给予的价格折扣。

三、心理定价策略

所谓心理定价策略,是指企业根据消费者的心理特点,迎合消费者的某些心理需要,以激发顾客的购买动机,引发顾客购买行为而采取的定价策略。常用的心理定价策略主要有以下几种:

(一)尾数定价策略

所谓尾数定价策略,是指企业在制定产品价格时,采取以零头结尾,而不以整数结尾的定价策略。大多数消费者在购买一般日用消费品时,往往乐于接受尾数价格,如0.99元、9.97元等。消费者会认为这种价格经过精确计算,购买不会吃亏,从而增加对产品的亲切感和信任感。同时,价格虽离整数仅差几分钱,但给人一种低一位数的感觉,符合消费者求廉的心理愿望。尾数价格策略有利于扩大商品销售,但这种方法对熟悉市场情况的消费者作用不大,且给计价、收款带来麻烦。这种策略通常适用于基本生活用品。

(二)整数定价策略

所谓整数定价策略,是指企业在定价时有意将产品价格定为整数而不要零头的定价策略,如电视机1 000元/台、汽车98 000元/辆等。由于人们常有"一分价钱,一分货"的心理,因此采用这种定价方式能使人们产生"产品档次高"的印象,提高商品身价,反而有利于商品销售。一般来说,耐用消费品、礼品、高档商品、消费者不太了解或对质量较为重视的产品,均可采用此种定价策略。

(三)声望定价策略

所谓声望定价策略,是指企业对有较高声誉的名牌高档商品以及在名店销售的产品,有意把商品价格定得较高,以满足顾客崇尚名牌心理的定价策略。不少高级名牌产品和稀缺产品,如豪华轿车、高档手表、名牌时装、名人字画、珠宝古董等,在消费者心目中享有较好的声望。购买这些产品的人,往往不在乎产品价格,而关心产品能否显示其身份和地位、满足其炫耀心理,价格越高,心理满足的程度也就越大。因此,对于此类产品,把价格定得高一些,反而有利于商品销售。当然,采取声望定价策略,一是必须质价相符,不能随意欺骗消费者;二是价格不能高得离谱,以免失去消费者的信任。

【拓展阅读7—1】 "巴厘克"服装

"巴厘克"是印度尼西亚久负盛名的传统服装。某印度尼西亚服装厂设计师经过革新,在服装设计中使精美与典雅、娟秀与华丽并存,到日本展销,日本社会名流应邀光顾,却无人问津。调查发现,原因是定价太低,贵妇们认为低价使她们脸上无光。其后,设计师改进了设计,第二年又争取到日本展销,质量并无大变化,价格也比上次高出3倍,却被抢购一空。调查发现,日本妇女认为,价格昂贵又久负盛名,一定货真价实,购买这种服装能显示自己的身份和地位,因而争相购买。

(四)习惯定价策略

许多日用消费品,由于经常使用,因此在长期的市场交换过程中已经形成了为消费者所熟知的价格,这就是习惯价格。对于这类消费者已经熟知的价格,企业在定价时必须充分考虑消费者的习惯倾向,采用习惯定价策略。此类商品的价格不宜轻易变动,这是因为:降低价格,可能会引起是否货真价实的怀疑;提高价格,又可能引起"涨价"的社会反响,会使消费者产生不满情绪,导致购买的转移。企业不得不提价时,应向消费者加强宣传、讲清理由,避免负面影响;或采用某种变通手段(如改换包装或品牌等措施),达到减少消费者抵触心理的目的。同时,企业还要想方设法引导消费者逐步形成新的习惯价格。

(五)招徕定价策略

所谓招徕定价策略,是指企业利用消费者的求廉心理和投机心理,以较低的价格(特价)吸引消费者,以达到连带销售其他商品目的的定价策略。其目的是,通过优惠极少数商品来推销绝大多数商品。采用这种策略,虽然几种低价产品不赚钱,甚至亏本,但从总的经济效益看,由于低价产品带动了其他产品的销售,企业还是有利可图的。节日期间的优惠酬宾、换季"大甩卖"等,就属于这类情况。企业实行这种定价方法时,要注意是否具备以下条件:①"特价品"必须是大多数顾客熟悉、日常生活必需、购买频率较高的商品;②"特价品"的数量必须适宜,不能太多,也不能太少,因为太多会降低利润,太少会使顾客失望,甚至会产生不信任感;③降价应有吸引力;④降价应有时间限制;⑤特价品要经常变换;⑥经营的规模要大,否则不能达到营销目的。

(六)分级定价策略

在定价时,把同类商品分为几个等级和档次,不同等级和档次的商品,其价格有所不同。这种定价策略能使消费者产生货真价实、按质论价的感觉,因而容易被消费者所接受。采用这种定价策略,等级和档次的划分要适当,级差不能太大或太小,否则,起不到应有的分级效果。

四、组合定价策略

所谓组合定价策略,是指企业在各产品大类、选择品、补充品、副产品、产品系列之间进行价格的合理组合安排,借以实现经营目的的定价策略。本策略主要包括以下几个方面:

(一)产品大类定价策略

当企业生产的系列产品存在需求和成本的内在关联性时,为了充分发挥这种内在关联性的积极效应,就可以采用产品大类定价策略。按照这种策略定价时,要确定三种价格:①要确定某种产品的最低价格,以其作为产品大类的领袖价格,借以吸引消费者购买产品大类中的其他产品;②要确定产品大类中某种商品的最高价格,使其在产品大类中充当品牌质量代表和收回投资的角色;③产品大类中的其他产品也要分别依据其在产品大类中的角色不同而制定不同的价格。在这种策略中,营销者的任务就是认知产品大类中各种产品的质量差别,使其价格差别合理化。

【拓展阅读7-2】 某洗衣机厂洗衣机的定价

某洗衣机厂生产三种型号的洗衣机:A型是普及型的单缸洗衣机,成本为150元,售价为180元;B型是带有甩干装置的双缸洗衣机,成本为200元,售价为400元;C型是全自动洗衣机,成本为400元,售价为850元。该洗衣机厂后面两种型号的洗衣机,其较高的售价所反映的不仅是更多的生产成本,而且是更高的顾客需求强度。

(二)选择产品定价策略

在本策略中,企业在提供主要产品的同时,还会附带提供一些可供选择的产品,如汽车用户可以订购电子开窗控制器、扫雾器和减光器等。

(三)补充产品定价策略

在本策略中,制造商为主要产品制定较低的价格以吸引顾客,为附属产品制定较高的价格以获得利润,比如剃须刀与剃须刀片、照相机与胶卷。

(四)分部定价策略

在本策略中,企业经常收取一笔固定费用,再加上可变的使用费。例如,游乐园一般先收门票费,玩超过规定的游乐项目须再交费。

(五)副产品定价策略

在生产加工肉类、石油产品和其他化工产品的过程中,经常有副产品。如果副产品价值很低、处理费用昂贵,就会影响到主产品的定价。企业确定的价格必须能够弥补副产品的处理费用。如果副产品对某一顾客群有价值,就应该按其价值定价。

(六)产品系列定价策略

在本策略中,企业经常以某一价格出售一组产品,这组产品的价格低于单独购买其中每一产品的费用总和。

【做中学 7-6】 肯德基的汉堡包18元一个,购买套餐时其价格只有18元,如果加上定期派发的优惠券,购买一个汉堡包实际付出的价格只有14元。"实惠看得见,心动到永远。"可是如果你单买汉堡包,18元就是18元,即便是17.5元也不可以。这就是美国的快餐价格文化,也是肯德基带给中国的经营价格文化。

思考:肯德基汉堡包的这种价格战术奥妙何在?请运用所学理论进行分析,说明自己的看法。

分析:其价格战术的奥妙在于利用消费者求廉的心理,给消费者造成购买套餐实惠划算的假象,从而达到捆绑营销的目的。利用价格优惠推销套餐,利用价格歧视限制单买,借以造成整体业绩蒸蒸日上的良好局面,这种做法堪称产品系列定价策略的成功运用。

五、差别定价策略

差别定价策略是指在给产品定价时,根据消费者不同的需求强度、不同的购买力、不同的购买地点和不同的购买时间等因素,采取不同的价格。

(一)价格因顾客而异

对不同的消费者,可以采用不同的价格。例如,对老客户和新客户采用不同的价格,对老客户给予一定的优惠;同一产品卖给批发商、零售商或消费者时采用不同的价格等。

(二)价格因产品式样而异

同一产品,由于式样不同,虽然成本相同,价格也可以不同。

(三)价格因时间而异

例如,旅游宾馆、饭店在旅游旺季和淡季的收费标准不同;打电话在不同时间(白天、夜晚、节假日、平日等)的收费标准不同等。

(四)价格因地点而异

例如,同一地区或城市的影剧院、运动场、球场、游乐场等因地点或位置的不同,价格也不同。

六、价格调整策略

(一)价格调整的原因

1. 企业降价的原因

(1)减少库存资金占用。为了满足企业对资金的迫切需求,尽快回笼资金,企业经常会将积压的存货进行降价处理。每当季节更替时,服装企业常常会降价处理服装。

(2)行业及企业的生产能力过剩,形成了供大于求的市场局面。当产品的利润过大,吸引大量厂商进入市场时,会使供给大量增加。另外,如果产品进入衰退期,替代品的出现会使得消费者的需求减少。为了收回产品线的投资或是延缓产品进入衰退期,企业会通过降低价格来刺激消费者的需求。

(3)应对价格挑战,保持市场份额。企业在竞争对手降价或者新加入者增多的强大压力下,会以降价方式来维持和扩大市场份额。例如,在中国的彩电市场上,当"长虹"率先将彩电价格下降30%时,"康佳""TCL""海信"等企业为了保护市场份额,不得不采取降价措施,从而引发了中国彩电市场的价格大战。

(4)成本优势。企业由于某些生产及管理技术的革新而降低了成本,获得了成本优势。为了利用这一优势扩大销售额及市场份额,企业会主动降低价格。

(5)宏观政治、法律、经济环境的影响。政府为了保护消费者,控制某个行业的利润,会通过政策和法令限制这个行业的利润率,从而导致该行业中产品价格的下调。例如,国家出台一系列的措施抑制高房价。

2. 企业提价的原因

(1)成本上涨。成本上涨的原因可能来自企业内部,如企业生产及管理问题导致总成本增加;也可能发生在整个行业中,如行业的原材料价格、工资费用上涨。

(2)通货膨胀。由于通货膨胀,货币贬值,使得产品的市场价格低于其价值,迫使企业不得不通过涨价的形式来减少因货币贬值造成的损失。

(3)产品供不应求。企业碰到产品供不应求的情况时,就可能提价,这不但能平衡供需,还能使企业获得高额利润。

(4)改进产品。企业为了补偿改进产品过程中支付的费用和显示其产品的高品质而提高产品价格。

(5)竞争策略的需要。有的企业涨价,并非出于前几个原因,而是由于竞争策略的需要。以产品的高价格来显示产品的高品质。

(二)价格调整的方式

1. 调低价格的方式

(1)增加附加产品。在价格不变的情况下,企业实行送货上门,或免费安装、调试、维修和提供技术培训等。

(2)改进产品的性能,提高产品的质量。在价格不变的情况下,这实际上等于降低了产品的价格。

(3)实行价格折扣,如数量折扣、现金折扣、津贴等。

(4)营业推广。在其他条件不变的情况下,给购买商品的顾客馈赠礼品,如玩具、工艺品等。赠送礼品的费用应从商品价格中补偿,这实际上也等于降低了商品的价格。

2. 调高价格的方式

(1)公开真实成本。这是指企业通过公共关系、广告宣传等方式,把产品的各项成本上涨情况真实地告诉消费者,获得消费者的理解。

(2)提高产品质量。为了减少顾客因涨价而感受到的压力,企业在产品质量上应多努力,使消费者认识到,企业在提供更好的产品,索取高价是应该的。

(3)增加产品分量。在涨价的同时,增加产品供应分量,使顾客感到,产品分量增加了,价格自然要上涨。

(4)价格不变,但减少产品的附加服务或对原来免费的服务收取服务费。

(三)价格调整的反应

1. 购买者对价格变动的反应

(1)消费者对某种产品降价可能的反应:①产品可能有质量问题或是因为过时、过期而将被淘汰;②企业遇到财务困难,很可能会停产,产品的售后服务可能会受到影响;③竞争激烈了,价格可能会进一步下降;④产品成本降低了。

(2)消费者对某种产品提价可能的理解:①产品供不应求,价格可能会继续上涨;②提价意味着产品质量的改进;③企业想获得更高的利润;④各种产品价格都在上涨,提价很正常。

2. 竞争者对价格变动的反应

对企业的降价行为,竞争者可能认为:①企业企图扩大市场份额;②企业希望通过降价,刺激需求;③企业经营不善,想改善销售状况;④企业可能有替代产品上市。

(四)价格调整的幅度

一定范围内的价格变动是可以被消费者接受的。提价幅度超过可接受价格的上限,则会引起消费者的不满,使他们产生抵触情绪而不愿购买企业的产品;降价幅度低于下限,则会导致消费者的种种疑惑,也会对实际购买行为产生抑制作用。

【提示】在产品知名度提高、收入增加、通货膨胀等条件下,消费者可接受价格的上限会提高;在收入减少、价格连续下跌、通货紧缩等情况下,消费者可接受价格的下限会降低。

【学中做7-1】 对于直接涨价,消费者常常会有什么样的反应?如果产生这样的反应,企业该如何应对?你认为在什么情况下,企业涨价,消费者不会产生这些反应?

分析:一定范围内的涨价是可以被消费者接受的。一旦提价幅度超过可接受价格的上限,则会引起消费者的不满,使他们产生抵触情绪而不愿购买企业产品。此时,企业应注意采取一些提价的技巧,比如公开真实成本、提高产品质量、增加产品含量、附送赠品或优惠。如果各种商品价格都在上涨、产品供不应求,或者企业通过技术革新,提高了产品质量、改进了产品性能、增加了产品功能等,消费者会认为提价很正常。

应知考核

一、单项选择题

1. 需求弹性大,表示价格变动会引起需求量的大幅度变化,出现的结果是( )。
   A. $E_d > 1$　　　　B. $E_d < 1$　　　　C. $E_d = 1$　　　　D. $E_d = 0$

2. 对在夏季购买电暖炉的顾客给予的折扣是( )。
   A. 数量折扣　　　B. 现金折扣　　　C. 季节折扣　　　D. 交易折扣

3. 企业为购货时就付清货款的顾客进行的一种减价行为,称为( )。
   A. 数量折扣　　　B. 季节折扣　　　C. 现金折扣　　　D. 交易折扣

4. 美的公司推出一种新产品时,定价总是比同类产品的定价低。公司在销售的第一年,可能获利很小,但很快就把产品打入了市场,第二年、第三年便会因大量销售产品而获利。其采用的是( )策略。
   A. 渗透定价　　　B. 理解价值定价　　　C. 撇脂定价　　　D. 弹性定价

5. 顾客购买某种商品100件以下,其单价为100元;购买100件以上,单价为90元。这种折扣属于( )。
   A. 现金折扣　　　B. 季节折扣　　　C. 业务折扣　　　D. 数量折扣

6. 某五金店对水龙头制定了三种价格:80元、180元、380元。在消费者心目中形成低、中、高三个档次,人们在购买时就会根据自己的消费水平选择不同档次的水龙头。这属于( )策略。
   A. 声望定价　　　B. 招徕定价　　　C. 分级定价　　　D. 习惯定价

7. 华联超市在周末对馒头、面包等食品降价亏本出售,以带动其他产品的销售。这种定价方法属于(   )。
   A. 声望定价   B. 招徕定价   C. 尾数定价   D. 习惯定价
8. 很多卡拉OK厅在下午场的消费价格仅仅是夜晚场消费价格的一半。这种定价策略属于(   )。
   A. 成本加成策略   B. 差别定价策略   C. 心理定价策略   D. 组合定价策略
9. 雕牌洗衣粉标价4.90元,给人以便宜的感觉,认为不到5元就能买到,其实它比5元只少了0.1元。这种定价方法属于(   )。
   A. 声望定价   B. 招徕定价   C. 尾数定价   D. 分级定价
10. 企业的某产品提价10%,该产品销量降低20%,则该产品的需求弹性是(   )。
    A. 1   B. -2 C. 0   D. $-\dfrac{1}{2}$

二、多项选择题

1. 心理定价策略包括(   )。
   A. 尾数定价策略   B. 整数定价策略   C. 声望定价策略   D. 招徕定价策略
2. 可以采用差别定价策略的有(   )。
   A. 同种产品对不同的消费者   B. 同种茶叶在不同时间
   C. 同种皮鞋不同颜色   D. 同种产品在不同地点
3. 企业定价导向主要有(   )。
   A. 成本导向   B. 需求导向   C. 效益导向   D. 竞争导向
4. 企业提高商品价格的原因可能是(   )。
   A. 成本下降   B. 通货膨胀   C. 产品供过于求   D. 竞争策略的需要
5. 价格折扣主要有(   )等类型。
   A. 现金折扣   B. 数量折扣   C. 交易折扣   D. 季节折扣

三、判断题

1. 企业内部因素包括企业的定价目标、营销组合策略和产品成本、市场需求等。   (   )
2. $E_d>1$,这个结论可以解释"谷贱伤农"。   (   )
3. 目标利润定价法的关键是必须正确预测市场销售量。   (   )
4. 需求弹性强的产品,可采用提价的办法;需求弹性弱的产品,可采用降价的办法。   (   )
5. 在产品知名度提高、收入增加、通货膨胀等条件下,消费者可接受价格的上限会提高。   (   )

四、简述题

1. 影响产品定价的因素有哪些?
2. 企业的定价目标主要有哪些?
3. 当市场竞争激烈、企业订货不足、存在剩余生产能力时,为什么可以考虑采用边际贡献定价法?其他情况下难道就不行吗?
4. 为什么会出现"价格越涨,购买者越多;价格越跌,购买者越少"的现象?
5. 简述边际贡献定价的原理。

应会考核

■ 观念应用

【背景资料】

如何完成推销任务？

某日,一名推销员与一家金属量具厂洽谈一笔金额不小的业务。这家量具厂经营十分不景气,有一半工人不能上班,每月只领50元的生活费。但推销员与厂长谈判时,厂长说:"你这业务尽管很大,却根本没有利润;也就是说,我做完这笔业务等于白干。而且目前我们的业务很满,要完成你这笔业务得加班,还得支付加班工资,这样我们不仅不盈利,可能还会亏损。"这样的业务在这个城市只有这个厂能完成,按照惯例计算这笔业务基本没有利润。

【考核要求】

面对这种局面,你认为推销员应采取什么方法才能说服厂长完成推销任务?

■ 技能应用

按摩器的订货能否接受？

某企业生产健身器的能力为每年1 500台,固定成本为40万元,单位变动成本为800元,产品原售价为每台1 600元;生产按摩器的能力为每年1 000台,固定成本为10万元,单位变动成本为400元,产品原售价为每台600元。目前该企业的健身器和按摩器已分别落实订货1 000台。此时一外商前来洽谈生意,拟订购健身器400台、按摩器200台,但坚持健身器每台按1 000元付款,按摩器每台按450元付款。

【技能要求】

请问:这笔订货是否可以接受?

■ 案例分析

【分析情境】

巧妙定价出奇效

泰国曼谷有一家专门经营儿童玩具的商店,有一次购进了造型极为相似的两种小鹿玩具,一种是日本生产,另一种是中国生产,标价都是3.9元一只。出人意料的是,两种造型可爱的小鹿就是卖不动,店员们认为定价太高,纷纷建议老板降价促销。可是,精明的老板经过一番思考,不仅没有采纳大家降价促销的建议,反而做出将中国生产小鹿的售价提高到5.6元的决定,并让店员们把它与日本生产的3.9元小鹿放在一起卖。光顾这家商店的顾客看到两种相似的小鹿,价格相差如此悬殊,就忍不住询问原因。此时,售货员按老板的安排,告诉顾客:价格不同是因为产地不同、进货渠道不同,其实质量并没有什么区别。经过仔细比较,顾客发现两种小鹿玩具确实差不多,自然觉得买日本生产的就特别合算,产生一种买了便宜、得了实惠的心理。不出半个月,日本产的小鹿就卖光了。这时,老板又让售货员把中国生产的小鹿玩具标上"原价5.6元,现价3.9元",减价出售。光顾这家商店的顾客看到减价,又以为买了便宜、得了实惠。这次减价出售活动也成为人们茶余饭后津津乐道的话题,其广而告之的效果可想而知。不久,这些中国生产的小鹿也卖光了。

【分析要求】

1. 泰国曼谷这家儿童玩具商店的老板运用的是什么定价策略?
2. 为什么其定价策略能够产生如此神奇的效果?其营销取得成功的根本原因是什么?
3. 结合我国市场商品价格现状,谈谈如何运用定价策略为企业促销服务。

项目实训

【实训项目】

定价策略

【实训目标】

1. 通过实训,学生能够运用相应的定价策略和方法为产品定价。

2. 通过实训,学生深入生活,了解市场上的商品价格及成本,学会理性消费。

3. 让学生在实践中学会表达、学会沟通,全面提高学生素质。

【实训内容】

为模拟公司新开发的产品制定价格。模拟公司新开发的产品有以下几种:速冻水饺、薯片、护手霜、服装、牛奶等(选择其中一种)。

【实训要求】

1. 将学生分成若干组,每5人一组,设组长一名,组织本组成员进行实训。

2. 学生调查产品的竞争品牌及其价格。

3. 学生阐述他们定价的依据。

4. 学生阐述他们的定价方法和策略。

5. 各组将定价分析制成幻灯片,并推荐一名组员汇报本组作业。

6. 同学点评,然后教师讲评,完善实训PPT。

7. 将实训报告填写完整。

"定价策略"实训报告		
项目实训班级:	项目小组:	项目组成员:
实训时间: 年 月 日	实训地点:	实训成绩:
实训目的:		
实训步骤:		
实训结果:		
实训感言:		
不足与今后改进:		
项目组长评定签字:		项目指导教师评定签字:

项目八　分销渠道策略

- **知识目标**

  理解：分销渠道的概念、职能；分销渠道的类型。
  熟知：影响分销渠道选择的因素。
  掌握：分销渠道的选择策略、分销渠道设计的步骤、分销渠道管理。

- **技能目标**

  具备对分销渠道进行选择和制定策略的能力；能够对不同类型企业运用分销渠道策略进行渠道方案设计；能够对分销策略的运用进行实践操作。

- **素质目标**

  运用所学的分销渠道策略知识研究相关事例，培养和提高学生在特定业务情境中分析问题与决策设计的能力；结合行业规范或标准，运用知识分析行为的善恶，强化学生的职业道德素质；善于在大数据和互联网时代，设计和管理企业的渠道策略；树立遵守渠道管理规范的职业操守。

- **思政目标**

  从事渠道开发工作中应坚守的科学价值观和道德观，正确认识新形势下销售渠道创新对于我国国民经济发展的重要意义。明确分销渠道设计和分销渠道管理等方面的技巧，促使学生正确认识营销伦理等可持续发展观念，明确"胜也渠道，败也渠道"的内涵。

- **项目引例**

渠道调整酿成悲剧

经过激烈的价格战，家电行业进入微利时代。这一时期，在大厂家和强势终端的共同挤压下，中小家电厂家的日子愈发艰难。

怎样降低成本和获取更多利润，就成了家电行业亟须解决的问题。曾为本土家电厂家建功立业的自建渠道，则成了它们"不能承受之重"，渠道变革遂提上日程。

乐华彩电扮演了彩电渠道变革的急先锋。乐华渠道改革的核心是全面推行"代理制"。为了完成从渠道自营制到代理制的根本转变，乐华首先对企业结构进行调整，继而开始了急风暴雨式的渠道革命。

乐华一口气砍掉了旗下30多家分公司和办事处，同时对其选定的代理商提出严格要求："现款拿货"。从理论上分析，全面推行代理制后，厂家可以集中精力搞研发、搞品牌，代理商则做渠道、分销、售后服务，现款现货可使厂家提高现金流转速度，还能够节省一大笔自营渠道的运营支出，可谓益处多多。

然而，是否有经销商愿意加盟呢？对代理商来说，他们没有了厂家的终端和市场支持，风险和压力大增。这样，代理制能否推行下去，就取决于企业的品牌和实力。而作为二线彩电品牌，乐华彩电并不具备吸引经销商的足够实力和品牌资源。

从公开的资料来看，乐华也估计到了这种情况。乐华在调整渠道前预想：可以借助国内新出现的强力家电连锁终端进行销售，继而争取专业代理商加盟。在这种思路下，乐华匆匆砍掉了自建渠道，从全国各大商场、超市撤柜，并大量裁撤售后服务人员。

乐华的渠道激进调整措施很快让自己尝到了苦果。知名家电连锁终端主要集中在一线和二线城市。在这些城市，乐华彩电因为不具备品牌实力、对消费者吸引力不强，因此其销售额直线下降。另外，乐华彩电因为大量裁撤售后服务人员，致使正常的售后服务不能提供。以广州为例，广州消费者协会最多的时候一周能接到消费者40多个对乐华彩电的投诉。

销量锐减切断了乐华彩电的现金流，售后问题则直接打击了消费者和终端商对乐华彩电的信心。11月，曾被乐华彩电寄予厚望的连锁家电销售商对乐华彩电丧失信心，北京国美率先对乐华撤柜。由此，乐华彩电无力回天，从5月到11月的半年内，乐华彩电就轰然坍塌。

- **引例讨论**

乐华彩电的渠道调整是不是一时心血来潮？其调整为什么会酿成悲剧？

- **引例导学**

乐华彩电进行渠道调整，并不是一时心血来潮，而是为市场残酷竞争形势所迫，从主观愿望看无可非议。其调整之所以会酿成悲剧，原因有三：一是对市场特别是经销商、代理商的情况把握不准，一厢情愿；二是纸上谈兵，调整方案脱离实际，无法推行；三是渠道调整过猛，没有过度缓冲，企业内外都难以适应。

由引例可见，企业要想实现经营目标，除了应根据目标市场的要求提供消费者所需的产品、制定合理的价格以外，还必须正确运用分销渠道策略，借以"在适当的时间和地点、以适当的方式"将产品提供给"适当的消费者"。因此，能否正确运用分销渠道策略，就成为事关营销成败的又一个重要问题。

- **知识精讲**

任务一 分销渠道选择

一、分销渠道的模式

（一）分销渠道的概念和职能

分销渠道也称作销售渠道，是指某种产品在从制造商向消费者转移的过程中，取得这种产品所有权或帮助所有权转移的所有企业和个人。这个过程由一系列的市场中介机构或个人组成。分销渠道的起点是生产者，终点是消费者或用户，中间环节有各类批发商、零售商、代理商和经纪人。

分销渠道具有以下几方面职能：

(1)分销职能。承担商品流通职能，这是分销渠道的基本职能。

(2)传播职能。将企业、商品和品牌信息向广大消费者群体传播。分销渠道承担着广告、人员推销以及促销等营销传播职能，成为与消费者沟通的主体，使企业能够保持形象与个性的一致性，实现企业、商品、品牌与消费者之间的有效沟通，最终实现营销目标。

(3)信息采集职能。分销渠道联系着消费者，是企业采集顾客信息、市场行情信息、竞争信息和消费结构变动信息的可行渠道。

(4)服务职能。企业可通过渠道网点，为消费者提供面对面的咨询、体验和服务，使消费者感受到企业的关怀，进而产生好感和信赖。

(5)形象展现职能。分销渠道既是商品销售的渠道，也是展示商品的场所，可以在一定程度上展示品牌的形象。

(二)分销渠道模式

产品的消费目的与购买特点具有差异性，由此形成消费品市场分销渠道和产业市场分销渠道两种基本模式。每一种基本模式又包括不同的分销渠道具体模式。在产品从制造商向消费者转移的过程中，任何一个对产品拥有所有权或负有推销责任的机构，都称为一个渠道层次。渠道层次的多少决定了渠道的具体模式。

消费品市场分销渠道和产业市场分销渠道分别如图8-1和图8-2所示。

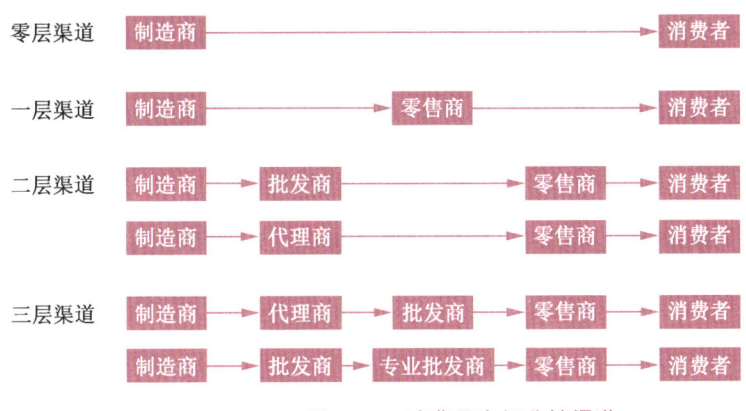

图8-1 消费品市场分销渠道

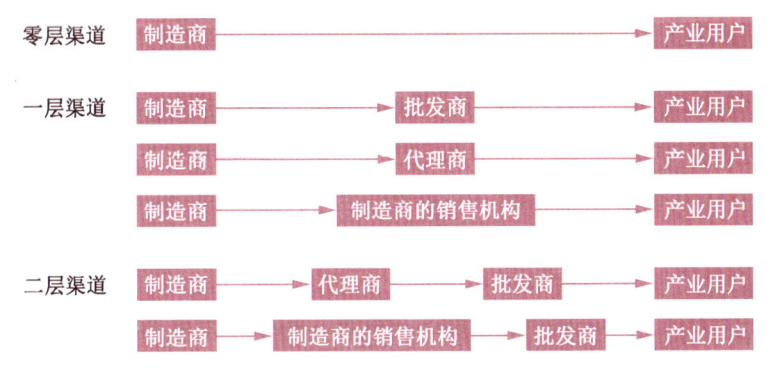

图8-2 产业市场分销渠道

零层渠道通常称为直接分销渠道。所谓直接分销渠道，是指产品在从制造商流向最终消费者的过程中不经过任何中间商转手的分销渠道，亦即"制造商→消费者"和"制造商→产业用户"。

一层渠道含有一个营销中介机构。在消费者市场中，这个中介机构通常是零售商；在产业市场中，这个中介机构通常是销售代理商或经纪人。因此，一层渠道可图示为"制造商→零售商→消费者"和"制造商→代理商→产业用户"。

二层渠道含有两个营销中介机构。在消费者市场，通常是批发商和零售商；在产业市场，则通常是销售代理商和批发商。二层渠道可图示为"制造商→批发商→零售商→消费者"和"制造商→代理商→批发商→产业用户"。

三层渠道含有三个营销中介机构。通常有一个专业批发商处于批发商和零售商之间，该专业批发商从批发商进货，再卖给无法从批发商进货的零售商。三层渠道可图示为"制造商→批发商→专业批发商→零售商→消费者"。

更高层次的分销渠道比较少见。

(三)分销渠道的类型

1. 根据分销渠道中是否有中间商，可将渠道分为直接渠道与间接渠道

直接渠道是指产品从生产者流向最终消费者的过程中不经过任何中间商转手，直接把产品销售给消费者。直接渠道是工业品分销的主要方式；在消费品市场，直接渠道也有逐步扩大的趋势。

间接渠道是指生产者通过若干中间商环节（如批发商、零售商、经销商或代理商），把产品传送到消费者手中。间接渠道是消费品分销的主要方式，有些工业品也采用间接渠道。

【拓展阅读 8—1】 铜师傅的第一桶金

铜师傅的创始人俞光，仅靠一个非刚需的低频消费品在2017年就实现营业收入2.5亿元。淘宝网上"铜师傅旗舰店"里的每一件作品，在工艺制作上都力求精益求精。俞光坚持只做线上渠道，总经理却提出了反对意见，他认为传统工艺品就应该在实体店卖，这样才能更好地服务传统工艺品的消费群体。俞光对此并不认同。一方面，线上有成本优势，相比其他品类，铜工艺品对门店面积有一定要求，面临的资金压力会更大。另一方面，铜工艺品本就是小众市场，如果开实体店，几乎只能锁定当地的爱好者，消费人群易受到局限；相反，线上流量集中，凭借产品和价格优势，互联网能够为他们赚到第一桶金。

2. 根据产品经过流通环节的多少，可将渠道分为长渠道与短渠道

长渠道是指产品从生产者流向最终消费者或用户的过程中，所经过的环节多、层次多，分销渠道就长。一般销售量较大、销售范围广的产品宜采用长渠道。

短渠道是指产品从生产者流向最终消费者或用户的过程中，所经过的环节少、层次少，分销渠道就短。一般销售量较小、市场比较集中或技术复杂、价格较高的产品适用短渠道。

3. 根据每一个层次使用的中间商多少，可将渠道分为宽渠道和窄渠道

宽渠道是指生产者在某一区域目标市场上选择尽可能多的中间商来销售自己的产品。其优点是分销面广，消费者随时随地可以买到产品，促使中间商开展竞争，提高产品的销售效率。例如，日用消费品（洗衣粉、牙刷、牙膏、毛巾等）由多家批发商经销，又转卖给更多的零售商，能接触大量消费者，实现大批量销售。

窄渠道是指生产者在某一区域目标市场上只选择少数几个中间商来销售自己的产品。它一般适用于专业性强的产品或贵重耐用的消费品，由一家中间商统一包销，几家经销商经销。它使生产企业容易控制分销渠道，但是，市场分销面受到限制。

4. 根据制造商所采用的渠道类型多少，可将分销渠道分为单渠道和多渠道

单渠道是指制造商采用同一类型渠道分销企业的产品,即分销渠道比较单一。

多渠道是指制造商根据不同层次或地区消费者的情况,选用不同类型的分销渠道。

二、影响分销渠道选择的因素

(一)产品因素

(1)单位产品价值。单位价值高的产品宜采用短渠道;单位价值低的产品宜选择长渠道。

(2)体积和重量。体积和重量大的产品,需选择短渠道;反之,可以选择长渠道。

(3)技术性。产品的技术性越强,渠道应该越短,这样有利于生产商提供良好的售后服务和技术支持;而技术性不强的产品,可以采用较长的渠道。

(4)易腐性。易腐的产品应当选择短渠道;不易腐的产品可以选择长渠道。

(5)时尚性。时尚型产品宜采用短渠道,以加快进入市场的速度。

(6)标准化。产品标准化程度高,可以利用长而宽的渠道,因为标准化程度高的产品用户数量多,需要更多的中间商进行分销,以满足市场需求;标准化程度低的产品,尤其是定制产品,顾客数量少,可采取直接渠道。

(7)产品生命周期。产品的生命周期越短,越需要短渠道;反之,则采用长渠道。

(二)市场因素

(1)目标市场范围。目标市场范围越大,渠道相应越长。

(2)市场集中度,即消费者的集中程度。市场集中度高,可采取短而窄的渠道;市场集中度低,顾客分布较分散,则需要更多地发挥中间商的分销功能,尽可能选择长而宽的渠道。

(3)购买行为,即顾客习惯于何时、何地、以何种方式购买产品。顾客购买批量大,可选择短渠道;反之,选择长渠道。顾客购买频率高的产品,需要通过宽渠道、长渠道来进行分销;购买频率低的产品,可以选择短渠道。

(4)竞争者因素。如果产品具有较强的竞争力,可以选择与同类产品相同的分销渠道;反之,如果产品在同类产品中不具有竞争力,最好另辟蹊径,选择适合自己的分销渠道。

(5)购买的季节性。季节性强的产品,一般应充分发挥中间商的储运功能,以便均衡生产和及时供货,适合选用长渠道。

(三)企业自身因素

(1)企业自身的资源条件。企业规模大,经济实力强,对渠道模式就有更大的选择余地。生产商有足够的资金来支持市场调查、广告、推销人员和产品储运等方面的费用,可以选择直接渠道。企业实力弱,需要依靠中间商分销产品,就选择间接渠道。

(2)企业对渠道的控制力。如果生产商为了充分宣传本企业产品并有效控制产品的服务和零售价格等,希望对分销渠道进行高强度控制,且具有较强的渠道控制能力,就可选择短渠道、直接渠道。

(3)企业的管理水平。企业利用中间商的目的在于它们能够更加有效地推动产品广泛地进入目标市场。如果生产商在销售管理、储运安排、零售运作等方面缺乏商业工作经验,就可以选择较长的渠道;反之,可选择短渠道。

(四)经济效益因素

经济效益的高低与分销渠道的长短关系密切。一般来说,缩短渠道能够减少流通环节,加快产品流通,节约社会劳动,提高经济效益。企业的产品大多数可以通过不同的分销渠道销售,但企业需要比较和分析不同分销渠道的成本、收益,综合考虑渠道对企业经济效益的影响。

(五)中间商因素

各家中间商的实力与特点各不相同,在广告、运输、储存、信用、训练人员、送货频率等方面具有不同特点,从而影响制造商对分销渠道的选择。

(六)其他因素

商品销售渠道的选择除了受上述因素影响之外,还受其他一些因素影响,如交通运输条件、商品的购销政策、价格政策、有关的法令和条例(如国家规定有些产品专营,对某些产品进出口加以限制)等。对于这些产品,企业就没有选择分销渠道的权利。此外,传统的消费习惯、购买习惯、营销习惯等也会影响到分销渠道的选择。

【同步案例8-1】 枸杞滞销

河北省鹿县盛产枸杞,其产量占全国枸杞总产量的较大比重。但是有关部门就是不愿意收购,说是产大于销,没有销路。果真如此吗?调查发现,枸杞并不是没有销路,而是有很大的市场,问题是缺乏一个合适的销售途径。原来,人们生活水平提高了,枸杞不再是纯粹的中草药,还有其他用途,如作为滋补品、桌上佳肴、馈赠亲友的礼品等。

案例精析8-1

思考:具有诸多用途的枸杞,应该有很大的市场,为什么会滞销呢?请你为之出谋划策,运用市场营销原理谈谈你的想法。

三、分销渠道的选择策略

(一)直接渠道与间接渠道的选择

直接渠道与间接渠道的选择,其实就是是否采用中间商的决策。直接渠道没有中间商的介入。其优点表现在:商品销售及时;直接了解市场,便于产销沟通;提供售后服务;节省流通费用;有利于控制商品价格。其缺点表现在:制造商在产品销售上需要花费一定的物力、人力、财力,使销售范围受到较大限制,从而影响销售量。

间接渠道有中间商的介入。其优点表现在:可以使交易次数减少,节约流通领域的人力、物力、财力和流通时间,降低销售费用;可以使制造商集中精力搞好生产,而且可以扩大流通范围和产品销售。其缺点表现在:制造商和消费者不能直接沟通信息,制造商不易准确掌握消费者的需求,消费者也不易了解制造商供应情况和产品性能特点。

可见,直接渠道与间接渠道各有利弊,企业在选择时,必须对产品、市场、企业营销能力、控制渠道的要求、财务状况等方面进行综合分析。

(二)分销渠道长度的选择

分销渠道长度的选择,其实就是利用几个中间商的决策问题。长渠道有两个以上中间商的介入。其优点表现在:可以使制造商在产品销售中充分利用各类中间商的职能,发挥他们各自的优势,扩大销售,制造商本身也可以更好地集中精力搞好生产。其缺点表现在:流通费用增加,不利于减轻消费者的价格负担。短渠道则没有或只有一个中间商的介入。其优点表现在:可以使商品迅速到达消费者手中;能减少商品使用价值的损失,有利于开展售后服务;有利于节省费用开支,降低产品价格。其缺点表现在:制造商承担商业职能多,不利于集中精力搞好生产。

可见,长渠道与短渠道各有利弊,企业在选择时,应综合分析制造商、产品、中间商和竞争者的特点加以确定。

(三)分销渠道宽度的选择

分销渠道宽度的选择,其实就是选择几个同类中间商的决策问题。宽渠道有两个以上的同类中间商的介入。其优点表现在：通过多家中间商，分销广泛，可以迅速地把产品推入流通领域，使消费者随时随地买到需要的产品，促使中间商开展竞争，使制造商有一定的选择余地，提高产品的销售效率。其缺点表现在：由于每个层次的同类中间商较多，使得各个中间商推销某一商品不专一，不愿意花费更多的促销精力；制造商与中间商之间是一种松散关系，在遇到某些情况时关系容易僵化，不利于合作。窄渠道只有一个中间商的介入。其优点表现在：制造商与中间商容易合作，有利于制造商借助中间商的信誉和形象提高产品的销售能力。其缺点表现在：中间商要求折扣较大，制造商开拓市场费用一般较高。

可见，宽渠道与窄渠道各有利弊，制造商在选择时，可根据企业希望产品在目标市场上扩散范围的大小加以确定。对此，有三种可供选择的策略：

1. 普遍性分销策略

所谓普遍性分销策略，是指制造商在同一区域市场内各个层次的中间环节中，广泛选择尽可能多的中间商来推销其商品的销售策略。它适合于价格低廉、差异性不大的日用消费品，或生产资料中普遍使用的小工具等的销售。顾客购买这类商品的主要要求是购买方便。

普遍性分销策略的优点表现在：既可以让商品迅速进入流通领域，扩大市场覆盖面，也可以让消费者及时、就近和方便地购买商品，还可以在全国范围的广告中得到更大的反应，并为选择中间商提供更大的方便。其缺点表现在：经销商数目众多，制造商要花费较多的精力联系这些经销商，不易取得中间商的合作；中间商的专一性不强，不愿承担推销费用，从而增加制造商的促销费用。

2. 选择性分销策略

所谓选择性分销策略，是指制造商在同一区域市场内各个层次的中间环节中，选择少数中间商来推销其商品的销售策略。它一般适用于那些选择性较强的日用消费品、专业性较强的零配件，以及技术服务要求较高的商品经营。

选择性分销策略的优点表现在：由于中间商数目较少，制造商与中间商能密切配合，从而既能使制造商得到较大的销售面，提高渠道控制能力，也可以减少经销商之间的盲目竞争，提高商品的声誉，同时其成本也较低。其缺点表现在：经销商区域的最佳重叠程度不易确定。高市场重叠率方便顾客选购，但会在零售商之间造成一些冲突；低重叠率可增强经销商的忠诚度，但降低了顾客的方便性。

3. 专营性分销策略

所谓专营性分销策略，是指制造商在同一区域市场内某一层次的中间环节中，仅选择一家中间商来推销其商品，并规定该中间商不得再推销其他同类商品的销售策略。它一般适用于新产品、名牌产品以及有某种特殊性能和用途的产品。采用专营性分销策略，通常要求制造商和经营者签订书面协议来保证彼此之间的权利和义务，如规定制造商不得把同类商品委托给本区域内其他中间商经营，经销商不得经营其他制造商的同类产品等。

专营性分销策略的优点表现在：易于控制市场的销售价格和数量；能获得经销商的有效协作和支持；有利于带动其他新产品上市；经销商愿意花一定投资和精力开拓市场。其缺点表现在：过分依赖中间商，易受中间商支配，会因中间商选择不当或关系恶化而失去市场。

【做中学8—1】 耐克在六种不同类型的商店中销售其生产的运动鞋和运动衣：
- 体育用品专卖店，如高尔夫职业选手用品商店。
- 大众体育用品商店，供应许多不同样式的耐克。
- 百货商店，集中销售最新样式的耐克产品。
- 大型综合商场，仅销售折扣款式。
- 耐克产品零售商店，设在大城市中的耐克城，供应耐克的全部产品，重点是销售最新款式。

· 工厂的门市零售店，销售的大部分是二手货和存货。

思考：耐克采用的是什么分销渠道策略？如何看待其分销渠道策略？为什么？

分析：由耐克根据产品特点采取只在六种不同类型的商店中销售其生产的运动鞋和运动衣的分销渠道策略，可以分析出耐克采用的是选择性分销策略。从理论角度看，采取选择性分销策略，既能使制造商得到较大的销售面，提高渠道控制能力，也可以减少经销商之间的盲目竞争，提高商品的声誉，同时其成本也较低。从实际经营效果看，1976年，耐克公司年销售额仅为2 800万美元，1980年达到5亿美元，一举超过在美国领先多年的阿迪达斯公司。到1990年，耐克年销售额高达30亿美元，把老对手阿迪达斯远远地抛在后面，稳坐美国运动鞋的头把交椅。尽管耐克公司成功的因素有很多，但其分销渠道策略的正确运用，应该说功不可没。

以上三种分销策略应从不同企业、不同产品的实际情况出发，进行正确选择。制造商在选定分销渠道之后，一方面要注意在一定时期和一定地区范围内，保持渠道的相对稳定；另一方面应经常对经销商的经营情况和市场情况进行了解和分析。如果发现市场情况已发生变化，现有的分销渠道又不能适应市场的新情况，就应进行渠道的调整，以利于开拓商品的销售市场。

【拓展阅读8-2】 柯达与富士在分销渠道策略运用上的不同

柯达在中国市场的基本目标，是保持其在专业、医疗产品上的绝对优势，力争在民用产品上打败富士，以达到对中国市场的占领。在渠道策略上，柯达在多数产品上采用垂直型营销系统，其中较突出的特点是采用较短的销售渠道，即"设在中国的生产厂家→区域分销商→零售商"。柯达先后兼并了汕头公元胶卷厂和福建福达胶卷厂，从而直接在中国生产胶卷。这样，胶卷从出厂到最终消费者，经过的渠道很短。在渠道宽度上，柯达选择的经销商数量并不多，其特点是经销商专业化，不同类型的产品由不同专业公司代理。在民用产品零售点上，主要集中在两方面：一是柯达专卖店；二是百货大楼的摄影器材部。柯达在中国的很多大城市直接设立办事处，办事处市场部按不同产品设立不同产品部，负责所在区域的产品相关工作。柯达很多专卖店的位置选择在一个城市中的黄金地段。例如，在广州选择世贸中心、中信大厦、天河城，在深圳选择地王大厦等。此类专卖店由于外观华丽，给人以大公司的形象感。

富士在中国市场的主要目标，是保持胶卷上的领先优势，以此为基础扩大其他产品的市场占有率。就分销策略而言，富士在多数产品中也采用垂直型营销系统，但在销售渠道的长度上，富士与柯达明显不同，采用了较长的销售渠道，即"日本厂家→总代理→中国区域代理→主要城市代理→零售商"。富士在中国销售的产品，不像柯达那样由设在中国的厂家生产，其绝大多数是在日本生产的。在经销商的选择上，富士也与柯达不同。富士在中国的绝大部分工作，由总代理负责，自己不直接参与，与中国的经销商没有直接接触。富士的中国总代理——香港富士摄影器材有限公司，是其在中国内地、香港和澳门的独家经销，在中国北京、广州、上海和成都设有办事处，分别负责华北、华南、华东、华西地区的市场开拓等相关工作。当然，在民用产品零售点上，富士与柯达是一样的，即都集中于自己的专卖店和百货大楼的摄影器材部。

四、分销渠道设计的步骤

企业在设计分销渠道时，必须在理想的渠道和适合的渠道之间进行选择，找到更符合企业发展阶段的渠道形式。一般情况下，分销渠道的设计要经过分析消费者需求、建立渠道目标、确定可选择的渠道方案以及评估和选择等几个阶段，如图8-3所示。

（一）分析消费者对渠道服务的需要

设计分销渠道，首先必须分析消费者对产品的渠道偏好。了解消费者希望在哪里、怎样购买企

```
分析消费者的需要 → 确定渠道目标 → 确定可选择的渠道方案 → 评估和选择
```

图 8—3　分销渠道的设计

业的产品,以及消费者对渠道的服务内容和水平有怎样的要求。企业只有调查清楚这些问题,才能在渠道选择上更好地满足最终用户的需求。因此,企业在选择渠道时,应注意渠道在以下几个方面的表现情况:

(1)等待时间。顾客等待收到货物的时间。顾客一般较喜欢能快速交货的渠道。
(2)空间便利。渠道对顾客购买提供的便利情况。
(3)批量大小。它是指分销渠道每次能提供给顾客的产品数量。
(4)产品种类。顾客总是希望在便利的渠道中有更多产品选择的机会。

(二)确定渠道目标

一般来说,企业渠道设计的目标主要有以下几种:

(1)顺畅。顺畅是分销渠道设计最基本的要求,为了达到这一目标,一般应使渠道扁平化、沟通便利化。
(2)流量最大化。通过广布网点、提高铺货率,可最大化地增加流量。
(3)便利。为了使消费者感到便利,企业应使市场分散化,节约消费者的运输成本;同时,提供完备的售后服务,及时为顾客解决问题。

借力知名大卖场　海尔走进法国人家庭

(4)拓展市场。一般情况下,在进行市场开拓时,大部分企业更侧重于依赖中间商,借助中间商的网络销售产品,待拥有一定的市场份额和稳定的消费者群后,再建立自己的分销网络。
(5)提高市场占有率。在建立起合适的分销渠道后,应特别注重分销渠道的维护,从而逐步扩大市场份额。
(6)扩大品牌知名度。在维护老客户对品牌忠诚度的同时,进一步争取新顾客。
(7)分销成本最低化。在设计与选择分销渠道时,要考虑渠道的建设成本、维护成本、改进成本和最终收益。
(8)提高市场覆盖面积和密度。厂家为了实现这一目标,大多采用多家分销和密集分销形式。
(9)控制渠道。制造商可以通过提高自身的管理能力、融资能力,掌握一定的销售经验,建立品牌优势来掌握渠道主动权。
(10)渠道服务创新。例如,延长营业时间,提供主动上门服务,开展网上分销等。

(三)确定可选择的渠道方案

在明确渠道目标之后,企业就可确定各种可选择的渠道方案。渠道选择方案主要涉及三个基本问题:渠道成员的责任、中间商的类型以及中间商的数量。

(1)渠道成员的责任。制造商应明确渠道成员的参与条件和责任,包括制造商的承诺、中间商的区域权利及义务等。
(2)中间商的类型。企业应明确可实现渠道目标的中间商类型。这可参考同类产品经营者的渠道选择来选择中间商的类型。随着经济环境的变化和竞争的演变,企业会更多地选择更接近消费者的中间商类型(比如零售终端)。
(3)中间商的数量。不同的产品类型对中间商的数量要求差别较大。例如,信誉较好或从事选购品行业的企业一般会采用选择性分销的策略,在区域范围内只选择数量有限、不相互冲突的中间商。

(四)评估和选择主要渠道方案

在这个阶段,就要对制订的各种主要渠道方案进行评估和选择。评估各种方案的标准有三个:经济性、可控性和适应性。

1. 经济性

经济性是企业考虑最多的因素。企业都会在销售收入和费用水平之间进行权衡,寻求更适应企业发展阶段的方案。例如,企业无论是建立自己的销售团队还是借助代理商的力量拓展市场,其销售费用支出都会随着销售收入的增加而增加,但是增加的速度不同。借助代理商的力量开拓市场,企业前期的费用投入较低,随着销售收入的提高,由于经销商有其独立的利益诉求,企业的费用支出会增加得较快;如果组建自己的销售团队,企业的前期投入较大(人员费用、办公租金等),但随着收入的增加,销售费用支出增长的速度相对较慢。所以,很多企业在刚开拓一个市场时,往往会借助代理商的力量,但当市场达到一定规模时,就会在区域市场内建立销售办事处或分公司,如图8—4所示。

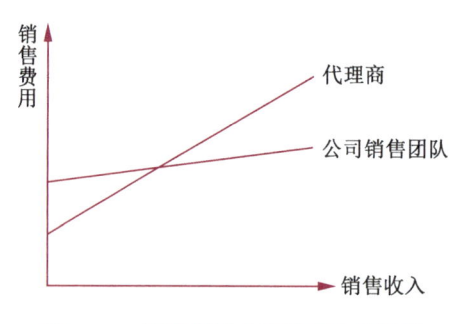

图8—4 两种渠道方案费用支出比较

2. 可控性

可控性要求评估企业对渠道的控制能力。独立的中间商有自身的利益诉求,在一定程度上与制造商存在利益冲突,可控性比较差,存在一定的市场风险。渠道越长,渠道的可控性就越差。所以,企业在选择渠道时,要进行各方面的利弊比较和综合分析。

3. 适应性

在评估各渠道选择方案时,企业还要考虑自身的应变能力,即能否适应市场及环境的变化。每种渠道方案都会因为某种固定期限的承诺而失去其弹性。例如,企业经常会与代理商签订一定期限(如3年)的合作协议,那么在固定期限内,即使出现更好的渠道方案,企业也不能轻易选用。

【学中做8—1】 根据新产品和老产品的不同市场特性,请分别设计不同的分销渠道。

分析:渠道类型的选择受产品生命周期的影响较大。一般而言,产品生命周期较短,应选择短渠道;反之,则选择长渠道。这是因为,新产品上市,企业总希望将产品迅速铺满市场,尽快与消费者见面;同时,产品生命周期短,意味着该产品较为流行,款式变化快。因此,对于新产品,短而宽的渠道是最佳选择,如零阶渠道或一阶渠道;而老产品则常常需要通过中间商来维持较为稳定的销量。

任务二 分销渠道管理

一、分销渠道成员分析

分销渠道成员构成中最基本的是中间商,主要包括批发商和零售商。

(一)批发商

所谓批发商,是指不直接服务于最终消费者和用户,而是为了转卖或实现商业用途而购买产品的机构和个人。它是连接制造商与零售商的中间环节,主要有商人批发商、经纪人和代理商、制造商销售分支机构等,如图8-5所示。

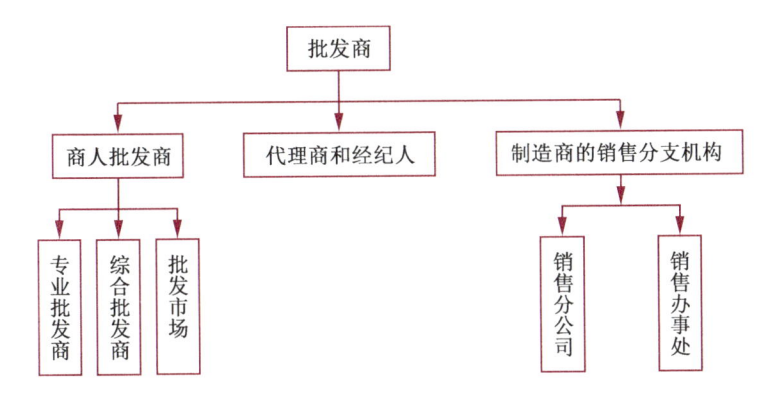

图8-5　批发商的构成

1. 商人批发商

商人批发商又称独立批发商,是指独立经营,拥有产品的所有权并承担相应风险,将产品卖给其他批发商、工业品用户、零售商的商业企业。它是批发商的最主要类型。

依照经营商品和业务内容的不同,可以把批发商细分为专业批发商、综合批发商和批发市场。专业批发商即专门经营某一类或某一种商品的批发商,如纺织品、文化用品、五金化工、家用电器、洗涤化妆品等;综合批发商即经营多类商品的批发商;批发市场是介于零售业和批发业之间的一种经营业态。之所以称后者为批发市场,是因为它以批发价格对商品进行批量交易。按其交易特点,我国习惯上将批发市场再分为产地批发市场、销地批发市场和集散地批发市场三种类型。

2. 代理商和经纪人

代理商是指接受生产者委托从事销售业务,但不拥有商品所有权的中间商;经纪人又称掮客,是指既不拥有产品所有权,又不控制产品实物价格及销售条件,只在买卖双方交易洽谈中起媒介作用的中间商。

3. 制造商的销售分支机构

制造商为了更有效地接近顾客,为顾客提供更好的服务,可通过设立销售分支机构,自行经营批发业务,以便及时了解市场信息、把握市场动向、扩大市场份额。其主要形式有销售分公司和销售办事处。

(二)零售商

零售商是指把商品直接销售给最终消费者,以供应给消费者个人或家庭消费的中间商。零售商处于商品流通的最终环节,其交易对象是最终消费者,交易结束后,商品脱离流通领域,进入消费领域。零售商的构成如图8-6所示。

1. 商店零售商

(1)百货商店。其特点是:经营范围广,商品类别多,花色品种齐全,能满足消费者多方面的购买需要。

(2)专业商店。其特点是:专门经营某一类商品,或专门经营具有连带性的几类商品,或专门为特殊消费对象经营特殊商品的商店,如钟表店、眼镜店、妇女用品商店、体育用品商店、文化用品商

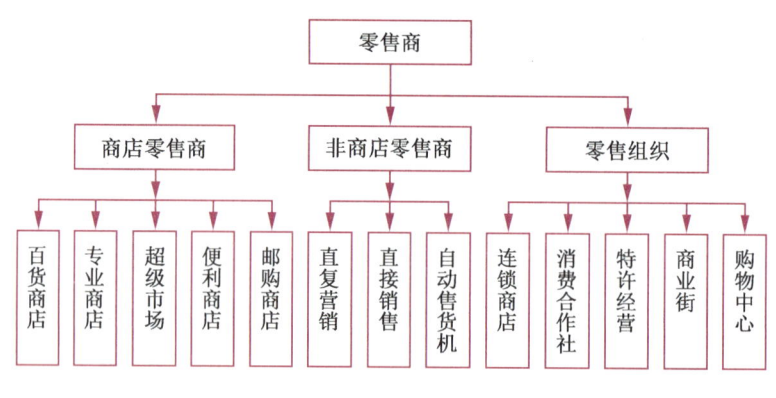

```
                        ┌─────────┐
                        │ 零售商  │
                        └────┬────┘
              ┌──────────────┼──────────────┐
         ┌────┴─────┐  ┌─────┴─────┐  ┌─────┴─────┐
         │商店零售商│  │非商店零售商│  │ 零售组织 │
         └──────────┘  └───────────┘  └───────────┘
```

图 8-6 零售商的构成

店等。

（3）超级市场。超级市场一般以主、副食及家庭日用商品为主要经营范围，采取敞开式售货、顾客自我服务方式，又称"自助商店"或"自选商店"。

（4）便利商店。便利商店一般以经营方便品、应急品等周转快的商品为主，如饮料、食品、日用杂品、报刊等，其商品品种有限。便利店具有营业时间长、服务好、就近方便等优点，所以受到消费者欢迎。

（5）邮购商店。邮购商店主要通过向消费者寄送商品目录来吸引顾客邮购商品。

2. 非商店零售商

（1）直复营销。所谓直复营销，就是使用一个或多个广告媒体，使之作用于任何一个购买者，并获取可度量的回复和交易的相互作用的营销系统。直复营销有很多种形式，主要包括直邮营销（邮购目录、直接邮寄信函、传单等）、电话营销、电视营销、网络营销、插页（杂志中的活页）、挨家挨户发传单等。研究数据显示：在直复营销人员获得的直接反应交易中，以来自直接邮寄和邮购目录者为最多，高达48%；来自电话营销的回应占7%；来自传单的为7%；来自杂志、报纸的仅为6%。

【做中学 8-2】 戴尔计算机公司1984年由迈克尔·戴尔创立，现已成为全球领先的计算机系统直销商，跻身业内主要制造商之列。所谓戴尔直销方式，是指戴尔公司通过互联网商务网站建立的一套与客户联系的渠道，由客户直接向戴尔发订单，订单中可以详细列出所需的配置，然后由戴尔"按单生产"。戴尔所称的"直销模式"实质上就是简化、消灭中间商。

思考：如何评价戴尔的销售方式？这种销售方式可以大量复制推广吗？为什么？

分析：从戴尔的经营效果看，其销售方式显然是成功的，值得学习借鉴。戴尔运营着全球最大规模的互联网商务网站，目前每个季度有超过4 000万人浏览。该网站销售额占公司总收益的40%～50%。然而，戴尔的这种销售方式是不可以大量复制推广的。这是因为：人们的消费需求多种多样，需求差别大，没有中间商的局面是难以想象的；产销分离，体现了诸多优越性，是历史进步。具体运用什么销售方式，应根据商品品种、消费对象、时间、地点和条件来确定。

（2）直接销售。所谓直接销售，是指通过销售人员直接向消费者销售的零售商业活动。它是由古老的沿街叫卖发展起来的，如今已成为较庞大的产业，主要有逐户销售、办公室销售、聚会销售等方式。此外，还有多层次营销，即直接销售的变形，其具体做法是：先招募独立的从业人员担任其产品的分销商，由其再招一些人员作为子分销商，并将产品卖给子分销商，子分销商又再招募其他人，以此类推，直到最后一层子分销商将产品卖给消费者。这种方式又称传销，俗称老鼠会。在我国，传销是严令禁止的，目前只允许一层传销，取名为直销，主要推销保健品和日化用品。

（3）自动售货机。自动售货机是一种全新的商业零售形式，20世纪70年代自日本和欧美发展起来，又称为24小时营业的微型超市。在日本，70%的罐装饮料是通过自动售货机售出的。可口可乐公司在全世界共有50万台饮料自动售货机。

3. 零售组织

（1）连锁商店和连锁超市。所谓连锁商店，是指由众多同行业的零售商店，按统一的原则形成一体，在同一商业形象下从事经营的一种零售组织形式。它们具有以下特点：统一采购，统一配货，有效减少运输费用、仓储费用，享有价格优势；统一规范、统一管理，有效降低管理费用；统一价格，统一服务标准，统一销售政策，方便购买，促销经济节约。连锁超市是连锁商店这种组织形式和超级市场的有机结合，既发挥了超级市场的特点，又发挥了连锁零售业的优势。

（2）消费合作社。所谓消费合作社，是指由居民区的消费者自愿入股成立，按消费者购货额分红的零售组织形式。通常其商品售价较低。

（3）特许经营。所谓特许经营，是指根据合同进行商业活动的一种组织形式、一种互利的合作关系。在这种组织中，一般由特许授予人按照合同要求、约束条件给予被授予人（加盟者）的一种权利，允许其使用特许人已开发的企业象征（如商标、商号）和经营技术、诀窍及其他产权；有关加盟者的承诺和义务责任问题、使用权的回报等都在合同中加以明确说明。特许经营是实现商业资本扩张的一种比较好的形式。特许人和加盟者在保持其独立性的同时，经过特许合作达到双方互利共赢的目的。

（4）商业街。商业街是指由众多不同规模、不同类别的商店有规律地排列组合的商品零售交易场所。近年来，不管是带状式商业街还是环型组团式商业街，均受到社会的格外关注。现代商业街是城市的窗口和标志，是城市竞争力的重要表现。

（5）购物中心。所谓购物中心，是指以一个或多个大的核心商店为中心，许多小的商店环绕其间，拥有庞大的停车场设施，顾客购物来去方便的商店群体零售组织形式。在这种组织形式中，通常先由房地产商或房地产商与大型零售商店合资开发一整套商业设施，然后租赁给其他零售商经营。其主要特征为：在一个屋檐下，容纳了众多各种类型的商店、快餐店、餐饮店，购物、美容、娱乐、健身、休闲等功能齐全，是一种超巨型的商业零售模式。

二、中间商的选择

（一）中间商的信誉、知名度和美誉度

中间商信誉的好坏、知名度的大小和美誉度的高低，直接关系到企业产品销量的大小。中间商的信誉越好，知名度越大，美誉度越高，商品销量就越大。因此，制造商应将信誉较好、知名度较大、美誉度较高的中间商作为自己的选择对象。

【同步案例8-2】 生意人中的吴老板

吴老板，四十多岁。几年来，他靠给厂家做代理，拖欠厂家货款，像吹气球一样发达了起来。厂家来催款，找人找不到，打手机关机，万一碰到了，吴老板反而理直气壮地说："咋了？谁说不给你钱了，排队！"你问排到啥时候，他说："你问我，我问谁去？等着吧。"好了，你等吧，一个月、两个月、一年、两年……直到你厂子倒闭。打官司，吧，他奉陪，并决战到底。他欠你十万元，你付出两个十万元终于把这官司打赢了，没想到法院强制执行时，他一把鼻涕一把泪地说："我没钱，真没钱啊！要房产？你去要吧，那是我老婆的——离婚了！要车？有两台，已经抵债了，抵给我老爸了！要货？行，你去仓库搬吧，不过冰箱、洗衣机、电饭锅都没了！"最后，他按两倍的进价推给你一堆过期的方便面和变质的饮料……

思考：生意人中有吴老板这种人吗？这种现象的存在说明了什么？万一碰上吴老板这种人，你该怎么办？

（二）中间商的实力

中间商的实力包括资金、人员素质、营业面积、仓储和运输能力等。一般来说，中间商的实力越强，销售成功的概率也就越大。因此，制造商应考虑选择实力较强的中间商。

（三）对企业产品的熟悉程度

所谓对企业产品的熟悉程度，是指中间商对企业产品的性能、用途、保养等方面知识的了解程度。中间商越熟悉制造商的产品，就越可能在经营中取得成功。在同等条件下，制造商应考虑使用对本企业产品熟悉程度较高的中间商。

（四）预期合作程度

中间商与制造商合作关系处理得好坏，直接影响企业产品的销售。中间商如能同生产企业密切合作，将会大大提高产品销量。制造商在挑选中间商时，应重视这一因素。

【同步案例8—3】"富迪"成功进入成都市场的奥妙

某年10月，投产仅3个月的上海"富迪"果汁饮料从东海之滨悄然降临成都。在众多同行因季节转换而从市场撤退、商家纷纷撤下饮料改换保健品之时，"富迪"趁机大举进入成都市场。

早在3月，他们就派出多名营销骨干，借参加"春季糖酒交易会"之机，对成都进行了一次深入的调查研究。他们经过分析发现：有一条完全可以取得稳固销量，且不受季节影响，又能对品牌号召力、产品形象有着重大影响的销售渠道，却没有任何品牌的果汁饮料在精耕细作。9月底，他们再度降临成都，对最初构想的渠道促销方案进行最后论证。10月5日，第一辆贴有"富迪"品牌大型海报、引人注目的广告车，开出了"富迪"经营部⋯⋯10月24日，在新落成的意大利比萨饼快餐厅，"富迪"和成都实验商场联合举行了一场别具特色的新闻发布会。十几家省市新闻单位人士和近百家餐饮业、娱乐业的老总们，在品尝了"富迪"饮料后不禁惊呼：成都饮料市场的真正挑战者终于来了！11月底，没做一次广告就在成都掀起一股热潮的"富迪"饮料，终于在成都电视台的"黄金海岸"频道露面。至此，"富迪"成都市场登陆计划得到完全实现。

思考："富迪"成功进入成都市场的奥妙何在？

三、中间商的激励

激励中间商的形式多种多样，通常分为直接激励方式和间接激励方式。所谓直接激励，是指制造商通过给予中间商物质的或金钱的奖励，肯定中间商在销售量和市场规范操作方面的成绩，借以充分调动中间商的积极性，更好地实现制造商的销售目标。目前，较为普遍的直接激励方法有返利和等级现金奖励两种。所谓间接激励，是指为了提高中间商的经营效率，制造商通过与中间商建立长期稳定的合作关系，甚至建立利益共享的企业战略联盟，不断帮助中间商加强销售管理，借以激发其销售积极性。常用的间接激励方法有提供适销对路的优质产品、给中间商提供广告费用补贴、随销售商品发送赠券或赠品以促进销售、帮助中间商改进经营管理、培训中间商的销售人员和管理人员、免费送货上门以减轻中间商的运输成本、给中间商提供资金支持、采取多种保护措施以减少中间商风险（如允许商品销售后付款，对不合格及残损商品予以退换，提供相应的维修、安装、使用服务）等。

制造商应避免激励过分与激励不足两种情况。所谓激励过分，是指制造商给予中间商的优惠条件超过了取得合作与努力水平所需的条件，造成销售量提高而利润量下降的后果。所谓激励不足,是指制造商给予中间商的条件过于苛刻,以致不能调动其努力推销的积极性,使销售量降低、利润量减少。

【拓展阅读8—3】 采取措施,刺激消费

某食品有限公司是一家以生产醋饮和果饮为主的食品生产厂家。为了避免春节市场缺货,在春节来临之前,公司采取了一系列占仓压货政策:

(1)对于在春节前20天内批量进货的经销商,一律给予10%的随车搭赠政策。

(2)与经销商签订书面协议,对于在春节前批量进货的二批商和零售商,一律给予每进10件"虞美人"苹果醋,均赠送名牌不粘锅一套的促销奖励政策。

(3)货箱内增设刮刮卡,刮刮卡形式新颖,有现金奖、礼品奖等多种奖项,100%中奖。

该公司通过这一系列的渠道利益再分配以及终端拉动措施,有效地刺激了各级销售渠道的购进积极性,并直接拉动了产品终端消费和购买,使其产品在春节期间无论是在流通渠道还是餐饮酒店终端都火了一把。

四、中间商的评估与调整

制造商除了选择和激励渠道成员外,还必须定期评估他们的绩效。如果某一渠道成员的绩效过低,达不到既定标准,必须找出造成这种状况的主要原因,并考虑可能的补救办法。当放弃或更换中间商将导致更坏的结果时,制造商可与中间商共同研究改进办法;如果更换业绩欠佳的中间商不至于出现太坏的结果,制造商应要求其在一定时期内改进经营,否则就终止与他的合作。

检测中间商的绩效主要有两种方法:

(1)将每一中间商当期的销售绩效与上期的绩效进行比较,并以整个群体的升降百分比作为评价标准。对低于该群体销售绩效平均水平的中间商,应加强调查分析,找出问题,采取相应的措施。对销售绩效好的中间商,则应帮助其总结经验,并给予相应鼓励。

(2)将各中间商的绩效与该地区的销售潜量分析所设立的配额相比较,亦即在销售期过后,根据中间商实际销售额与其潜在销售额的比率,将各中间商按先后名次进行排列。在排列名次时,不仅要看中间商各自销售水平的绝对值,还要考虑他们各自面临的各种可控因素的变化程度,考虑制造商的产品大类在各中间商的全部货色搭配中的相对重要程度。

在渠道管理过程中,有时由于情况变化,需要增加或减少渠道成员、局部修正某些渠道,或者全面修正分销渠道系统。这种调整属于重大决策,应慎重进行,通常应由企业的最高管理层做出。

【同步案例8—4】 利用总统销书

美国一出版商有一种滞销书迟迟不能脱手。他想了一个主意:送给总统一本,并三番五次去征求意见。忙于政务的总统不愿与他多纠缠,便回了一句:"这本书不错。"于是出版商便大做广告:"现有总统喜爱的书出售。"大多数人出于好奇,争相抢购,书被一抢而空。不久,这个出版商又有书卖不出去,又送了一本给总统,总统上过一次当,这次吸取教训想奚落他,就说:"这本书糟透了。"出版商又大做广告:"现有总统讨厌的书出售。"不少人出于好奇又争相购买。第三次,出版商将书送给总统,总统接受前两次的教训,便不做任何答复,出版商却乘机大做广告:"现有总统难以下结论的书,欲购从速。"结果书居然又被一抢而光。总统哭笑不得,出版商大发其财。

思考:这位出版商利用总统销书说明了什么?

应知考核

一、单项选择题

1. ( )是分销渠道的基本职能。
   A. 分销职能　　B. 传播职能　　C. 信息采集职能　　D. 服务职能
2. 选择几个同类中间商的决策问题,称为分销渠道的( )选择。
   A. 长度　　B. 宽度　　C. 深度　　D. 关联度
3. 批发商最主要的类型是( )。
   A. 商人代理商　　B. 商人批发商　　C. 经纪人　　D. 制造商销售办事处
4. ( )是消费品分销的主要方式。
   A. 直接渠道　　B. 间接渠道　　C. 长渠道　　D. 短渠道
5. 一般销售量较小、市场比较集中或产品本身技术复杂、价格较高的产品适用( )。
   A. 宽渠道　　B. 窄渠道　　C. 长渠道　　D. 短渠道
6. 顾客购买频率低的产品,可以选择( )。
   A. 宽渠道　　B. 窄渠道　　C. 长渠道　　D. 短渠道
7. ( )适合于价格低廉、差异性不大的日用消费品,或生产资料中普遍使用的小工具等的销售。
   A. 选择性分销策略　　B. 专营性分销策略　　C. 普遍性分销策略　　D. 以上都可
8. 制造商在挑选中间商时,应重视( )因素。
   A. 中间商的信誉、知名度和美誉度　　B. 中间商的实力
   C. 对企业产品的熟悉程度　　D. 预期合作程度
9. 分销渠道每次能提供给顾客的产品数量,是指( )。
   A. 等待时间　　B. 空间便利　　C. 批量大小　　D. 产品种类
10. 既发挥了超级市场的特点,又发挥了连锁零售业的优势的是( )。
    A. 消费合作社　　B. 特许经营　　C. 商业街　　D. 连锁超市

二、多项选择题

1. 企业在分销渠道选择中应考虑的因素包括( )。
   A. 产品因素　　B. 市场因素　　C. 企业本身因素　　D. 经济效益因素
2. 分销渠道的主要职能有( )。
   A. 分销职能　　B. 传播职能　　C. 信息采集职能　　D. 形象展现职能
3. 根据分销渠道中是否有中间商,将渠道划分为( )。
   A. 直接渠道　　B. 间接渠道　　C. 长渠道　　D. 短渠道
4. 渠道选择方案涉及的基本问题是( )。
   A. 渠道成员的责任　　B. 中间商的类型及数量
   C. 分析消费者对渠道服务的要求　　D. 确定渠道目标
5. 中间商的选择一般应考虑的因素主要有( )。
   A. 中间商的信誉、知名度和美誉度　　B. 中间商的实力
   C. 对企业产品的熟悉程度　　D. 预期合作程度

三、判断题

1. 分销渠道的起点是生产者，终点是消费者或用户。（ ）
2. 零层渠道通常称为间接分销渠道。（ ）
3. 分销渠道长度的选择，其实就是利用几个同类中间商的决策问题。（ ）
4. 评估各种方案的标准有三个：经济性、可控性和相关性。（ ）
5. 制造商的销售分支机构的主要形式有销售分公司和销售办事处。（ ）

四、简述题

1. 分销渠道有哪些类型？
2. 选择中间商应考虑哪些因素？
3. 影响分销渠道选择的主要因素有哪些？
4. 简述影响分销渠道选择的因素。
5. 简述激励中间商的形式。

应会考核

■ 观念应用

【背景资料】

分销渠道的选择

鸿运公司是一家专门生产核桃食品的小型企业，尽管产品质量比同类产品要好，但由于起步较晚，在销售渠道方面受制于人，因而在竞争非常激烈的食品领域经营非常吃力。为了改变这种受制于人的不利局面，鸿运公司曾想快速建立起自己的营销网络，然而，经过两年时间的实际运作，不但耗费了太大的资金和人力，而且远没有达到预期的成就，企业陷入进退两难的境地。

有人认为，鸿运公司作为一家小型企业，要想建立自己的销售渠道是非常艰难的。因为其经济实力有限；品牌影响也不大。但也有人认为，在激烈的消费品市场上要建立自己的销售渠道，尽管有一定的难度，但也不是没有可能……

【考核要求】

你赞同谁的观点，为什么？

■ 技能应用

规划分销渠道

无名小企业由于自己的产品或品牌缺乏一定的知名度，要想在激烈的消费品市场上争得一席之地，确实有一定的难度，但也不是没有可能。可采取先从渠道的规划做起，集中全部精力，扎扎实实地从一个网点到一个城市，再由一个城市到一个区域，由一两个区域，再图谋整个中国，从而逐步建立起属于自己的销售领地，这在企业的发展初期是比较现实的明智之举。

【技能要求】

请问：如何规划或建立起自己的销售渠道呢？

■ 案例分析

【分析情境】

这个新品牌为什么能够迅速打开市场局面？

白酒市场竞争之激烈，用"白热化"来形容一点也不为过。然而，某酒厂生产的"琼浆玉液"酒作为一个新品牌，却想迅速进入某市场。循规蹈矩，按常理运作，显然难以奏效，必须另辟蹊径才有可能奏效。因此,该酒厂营销部经理制定的营销方案,并不像大多数进入某市场的白酒品牌一样,从终端起步,硬拼竞争对手,而是充分利用渠道力量,结合终端铺货和促销技巧,活用渠道激励,迅速掌控当地白酒市场的"腰部",为品牌快速切入市场打下了良好的基础。

方法一:现金返利。"琼浆玉液"针对分销商直接控制的餐饮网点,推出由分销商执行的盒盖返利政策。过去,分销商只是针对批发和零售的客户,而"琼浆玉液"的盒盖返利政策极大地激发了分销成员的经营热情。

方法二:分级返利。针对分销商的销量大小,推行分级返利。分销商每完成一件产品的销售,将增加1%的额外利润。

方法三:堆箱促销。针对规模大、人流集中的分销成员,销售人员用堆箱、割箱来营造产品的热销局面,并在周末两天开展针对消费者的有奖游戏、有奖竞猜和有奖销售活动。

方法四:捆绑销售。联合当地市场最畅销的"燕京"啤酒经销商以及众多的燕京啤酒分销成员,达成销售网络共享、促销小姐共享、产品联合捆绑销售的意向,并在市内最大的10家餐饮终端推行这个活动。

"琼浆玉液"尽管是一个新品牌,名不见经传,然而,经过厂家的一番认真运作,迅速打开了市场局面。

【分析要求】
1. 作为一个名不见经传的新品牌,为什么能迅速打开市场局面?
2. 你觉得该酒厂营销部经理制定的营销渠道激励方案如何?为什么?
3. 如果这个方案由你来制定,你准备如何构思运作?为什么?

项目实训

【实训项目】
分销渠道策略
【实训目标】
1. 巩固所学的分销渠道知识。
2. 通过小组讨论,培养学生应用所学知识分析分销渠道、选择分销渠道的能力。
3. 通过小组讨论,让学生学会沟通与合作。
4. 通过角色扮演,培养学生渠道开发的意识。
【实训内容】
1. 小组讨论:模拟公司的产品是否准备同时开发线上线下渠道?为什么?
2. 小组讨论:模拟公司的产品准备采用什么样的分销渠道策略?
3. 采用角色扮演的方式,将模拟公司的产品推荐给经销商,在角色扮演中学会市场开发。
【实训要求】
1. 采用讨论法、角色扮演法。
2. 要结合产品特点、目前的市场情况分析模拟公司分销渠道。
3. 角色扮演过程中要能展示市场开发的场景,呈现市场开发的技巧。
4. 将实训报告填写完整。

"分销渠道策略"实训报告

项目实训班级：	项目小组：	项目组成员：
实训时间： 年 月 日	实训地点：	实训成绩：

实训目的：

实训步骤：

实训结果：

实训感言：

不足与今后改进：

项目组长评定签字：　　　　　　　　　　　　项目指导教师评定签字：

项目九　促销策略

● **知识目标**

　　理解：促销、人员推销、营业推广、广告、公共关系、网络促销的相关概念和作用、特点及原则。
　　熟知：促销方式、流程、组合；人员推销的基本形式；营业推广的形式。
　　掌握：人员推销的策略和技巧、程序；营业推广策略的制定与实施；广告促销决策；公共关系决策和策略；网络促销。

● **技能目标**

　　能够综合运用促销组合的知识剖析现实案例；能够运用人员推销、广告、营业推广、公共关系四种方式设计产品促销方案；具备常用的促销技巧制定企业的促销业务组合，灵活运用促销的各种形式，保证促销活动的顺利实施，从而实现良好的促销效果。

● **素质目标**

　　运用所学的促销策略知识研究相关事例，培养和提高学生在特定业务情境中分析问题与决策设计的能力；结合行业规范或标准，运用知识分析行为的善恶，强化学生的职业道德素质；善于应用各种手段，实现有效的促销，树立在促销的同时不侵犯消费者权益的职业操守。

● **思政目标**

　　树立诚信经营、合法竞争的理念，遵守相关法律法规，恪守社会公德和商业道德；继承中华民族的优良传统，树立正确的义利观；培养企业家精神的家国情怀，恪守社会主义核心价值观，自觉营造和谐的营商环境。

● **项目引例**

立普顿奶酪中有金币

　　立普顿是风行世界的立顿红茶的创始者。立普顿原本是个农夫，当他有了一点积蓄后，便开了一家小杂货店，贩卖各种食品。由于善于做各种心理宣传，小店逐渐建立起良好声誉，立普顿很快就成了食品批发商。

有一年圣诞节前,立普顿为了让自己代理的乳酪能够畅销,便依照欧美传统——"如果谁在圣诞节前后吃到的苹果中有一枚6便士的钱币,则表示他一年随时都吉利如意",想出了一个奇招:在每50块奶酪中选一块装进一枚一英镑金币,同时发出各种传单,加强宣传并扩大声势,招徕顾客。

许多人获悉后,在立普顿这种宣传及金币的诱惑下,纷纷涌进立普顿奶酪的经销店。但是,立普顿的促销手段很快受到同行的联合抵制,他们向有关方面控告立普顿的营销有赌博的嫌疑。

然而,聪明的立普顿并没有因为同行的抵制和警察的干预而退却,而是采取以退为进的方法,在各经销店门前贴了这样一则广告:"亲爱的顾客,感谢大家享用立普顿奶酪,如果发现其中含有金币,请将金币送回,谢谢您的合作。"

结果不出立普顿所料,顾客不但不退回金币,反而更加积极地购买奶酪。不久,警方认为这纯属娱乐活动,便不再加以干涉。可是立普顿的同行并不罢休,他们又以安全为理由,要求当局取缔立普顿奶酪的促销活动。

警方迫于压力,不得不再次介入调查。于是,立普顿奶酪又在报纸上刊登如下广告:"由于警方又有新的指令,故请各位消费者在食用立普顿奶酪时,注意里面的金币,不可匆忙食用,请小心谨慎,以免误吞金币造成危险。"

立普顿的这则广告表面上应付了警方及同行的抗议,实际上却是个更厉害的促销妙招,从而使其他同行在立普顿的妙招之下无力还手,眼睁睁地看着消费者从自己的经营圈中渐渐流失。

- **引例讨论**

"立普顿奶酪中有金币"这一促销活动策划如何?我们能够从中得到何种启示?

- **引例导学**

"立普顿奶酪中有金币"这一促销活动策划巧妙,一次活动、两次高潮,全方位地把活动的投资充分利用,强烈地吸引了消费者的关注,很好地达到了活动促销的目的。这种以退为进、巧妙提醒的策略,既堵住了同行和警察的嘴,又制造出更大、更多的新闻,使消费者在"奶酪中有金币"的声浪中,反而更加踊跃购买,让同行和警察都无可奈何。

启示:善于"制造新闻"是企业扩大知名度和美誉度、取得竞争胜利的重要手段。"制造新闻"能使组织积极主动地寻求扩大影响的机会,抓住时机,以激起新闻媒介采访、报道的兴趣。立普顿巧妙地利用这一公共关系手段,为促进商品销售做了一次效果显著的免费广告宣传。

由引例可见,买方市场的出现,不仅要求企业对消费者的现实需求和潜在需求进行调查分析,并在此基础上开发适销对路的产品,制定富有吸引力的价格,选择畅通的渠道,而且要求企业将最能激发消费者购买欲望的信息通过各种方式向目标市场进行传播与沟通;也就是说,企业必须善于组织促销活动。

- **知识精讲**

任务一 促销概述

一、促销的概念和作用

(一)促销的概念

促销是促进产品销售的简称,指企业通过一定的方式,将产品或服务的信息传递给消费者,使其了解并产生兴趣,最后促使其购买本企业产品的一系列活动。

从这个概念不难看出:①促销的本质是企业与消费者的信息沟通,这是促销工作的核心;②促销的目的是激发消费者的购买行为;③促销的方式多种多样。

(二)促销的作用

1. 传递商品信息

通过促销,消费者可以了解企业生产经营的商品品牌、功能、特点,以及给消费者带来的利益和好处等信息。

2. 提升竞争能力

在剧烈的市场竞争中,企业通过对商品的宣传,可以有效地提高商品品牌和企业的知名度,加深消费者对本企业商品的了解与印象,增强信赖感,从而提升企业的竞争能力。

3. 巩固市场地位

开展促销活动有利于树立健康、良好的企业形象,促使消费者对商品和企业产生好感,培养品牌忠诚者,巩固和扩大市场占有率。

4. 拓展市场

通过促销,能够引起消费者对商品的兴趣,诱发其需求,为开拓市场铺好道路。

在促销活动中,要遵守国家法规,讲究商业道德;以产品为核心,优化促销组合;讲究促销艺术,提高促销效果;实事求是,以理服人。

二、促销方式

促销一般分为人员推销和非人员推销两大类。人员推销是企业为了销售产品或服务,派出或委托推销人员直接向顾客进行介绍、推广、宣传、销售的一种活动;非人员推销是企业借助一定的媒介传递产品或服务等信息,激发顾客购买行为的一系列促销活动,包括广告、营业推广和公共关系等,如图9—1所示。

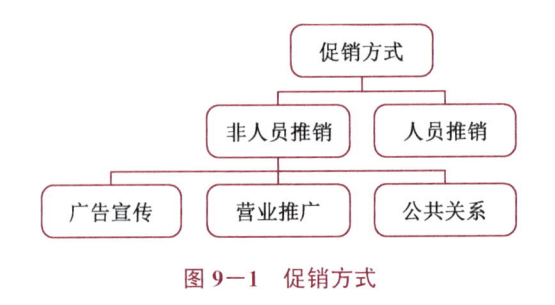

图9—1 促销方式

【拓展阅读9—1】 手表空投促销

20世纪60年代初期,日本西铁城钟表商为了开拓澳大利亚市场,提高西铁城手表的知名度,挖空心思想出了一条销售妙计:采用飞机空投方式,从高空中把手表扔下来,落到指定的广场,谁捡到便送给谁。消息一经传开,马上引起轰动。成千上万名观众早早地赶往指定地点,好奇地看着一只只金光闪闪的手表从天而降。当人们拾起这些手表时,惊奇地发现,表针还在"嘀嗒、嘀嗒"地走动,手表竟然完好无损,人们无不为其质量叹服。于是,西铁城手表一时间在澳大利亚名声大振,求购者络绎不绝。

三、促销流程

随着市场竞争的加剧,促销活动在营销中的地位越来越重要。为了确保促销活动顺利开展,达到促销的预定目的,促销活动必须按照一定的流程进行,如图9—2所示。

图 9-2 促销流程

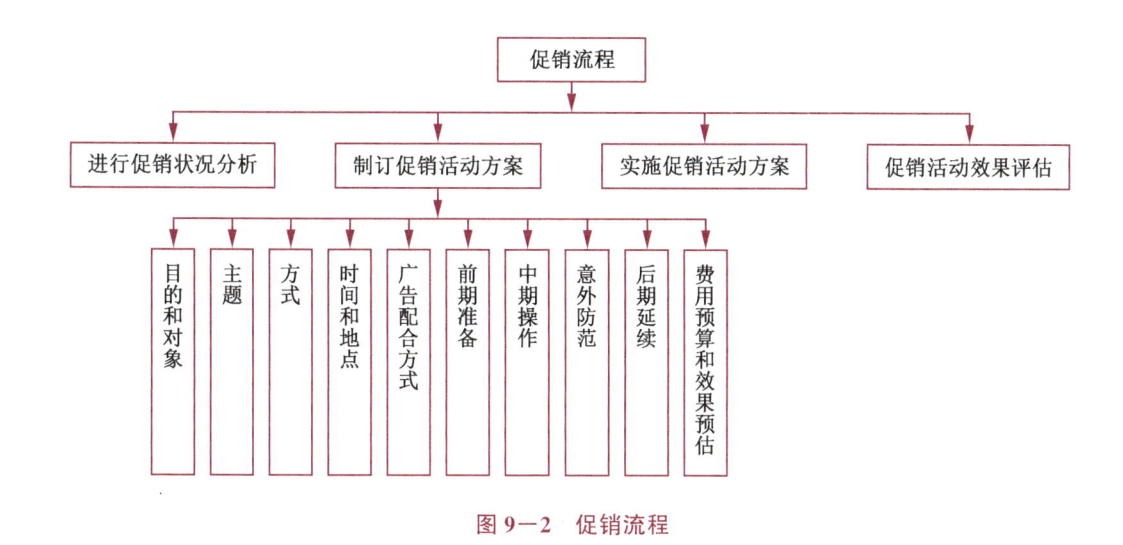

(一)进行促销状况分析

促销状况分析包括市场需求分析、竞争情况分析和实力分析等,这些分析的目的在于了解企业的营销环境,知己知彼,为企业促销活动的开展提供真实可靠的信息。

(二)制订促销活动方案

一份完善的促销活动方案大致包括以下内容:

(1)促销活动的目的和对象。是处理库存,还是提升销量?是为了打击竞争对手,还是促进新品上市?是节日促销,还是扩大品牌认知度及美誉度?只有目的明确,才能使促销活动有的放矢。促销活动针对的是目标市场的每一个人还是某一特定群体?活动控制在多大范围内?哪些人是促销的主要目标?哪些人是促销的次要目标?这些问题的正确答案是否明确,将直接影响促销的最终效果。

(2)促销活动的主题。促销活动的主题是促销活动方案的核心,其主要解决两个问题:一是确定活动主题;二是包装活动主题。选择什么样的促销主题,要考虑到活动的目标、竞争条件、环境及促销费用的预算和分配。促销活动的主题应该力求创新,使其活动具有震撼力和排他性。在确定了主题之后,要尽可能地淡化促销的商业目的,使促销活动更接近消费者,更能打动消费者。

(3)促销活动的方式。在开展方式上,促销活动要重点考虑以下两个方面:①确定伙伴。一是要考虑是否利用政府做平台,并拉上媒体做后盾;二是要考虑是否与经销商或其他厂家联手。与政府或媒体合作,有助于借势和造势;与经销商或其他厂家联合,可整合资源,降低费用及风险。②确定刺激程度。促销活动要想取得成功,就必须具有刺激力,刺激程度越高,促进销售的作用就越大。但是必须注意,这种刺激也存在边际效应,必须根据促销实践进行分析,并结合客观市场环境确定适当的刺激程度和相应的费用投入。

(4)促销活动的时间和地点。促销活动的时间和地点如果选择得当,就能事半功倍;选择不当,则事倍功半。因此,促销活动在时间安排上应尽量让消费者有空闲参与,在地点上应尽量让消费者方便,而且要事前与城管、工商等部门沟通好。促销活动发动的时机和地点很重要,持续时间也要深入分析。持续时间过短,消费者可能无法实现重复购买,企业应得利益难以实现;持续时间过长,又可能费用过高,达不到提高经济效益的目的。

(5)促销活动的广告配合方式。一个成功的促销活动,需要全方位的广告配合。选择什么样的广告创意及表现手法、利用什么样的媒介炒作,这些都意味着不同的受众抵达率和费用投入。

(6)促销活动的前期准备。促销活动的前期准备包括:①人员安排。要做到"人人有事做,事事有人管"。谁负责与政府、媒体沟通,谁负责文案写作,谁负责现场管理,谁负责礼品发放,谁负责顾客投诉等工作,都要有专人分管。只有注意细节管理,才能避免顾此失彼的现象发生。②物资准备。物资准备同样要事无巨细,大到车辆、小到螺丝钉,都要一一罗列出来,然后按单清点,以确保万无一失,否则容易导致现场的手忙脚乱。③试验方案。由于促销活动方案是在经验的基础上确定,因此须进行必要的试验来判断促销工具的选择是否正确、刺激程度是否合适、现有的途径是否理想等。

(7)促销活动的中期操作。中期操作主要是促销活动纪律和促销现场控制,这是促销方案得到完美执行的先决条件。在促销方案中,应对参与活动各方面的纪律做出细致的规定。促销现场控制主要是把各个环节安排得当,做到忙而不乱、有条有理。同时,在实施促销方案过程中,还应及时对促销范围、强度、额度和重点进行调整,保持对促销方案的控制。

(8)促销活动的意外防范。每次促销活动都有可能出现一些意外,比如政府部门的干预、消费者的投诉、天气突变导致户外促销活动无法继续等。在促销方案中,必须对各种可能出现的意外事件做好人力、物力和财力方面的准备。

(9)促销活动的后期延续。促销活动的后期延续主要是媒体宣传炒作,如对促销活动采取何种方式、在哪些媒体上宣传、怎样进行后续宣传等。

(10)促销活动的费用预算和效果预估。不仅要对促销活动费用的投入进行预算,而且对其可能达到的效果也要进行预测估计,以便做到心中有数。

【同步案例9-1】 免费摸奖促销惹麻烦

某商场推出一则促销广告:"即日起,在商场内举办摸球有奖销售活动,凡每天购买50元商品者可免费摸奖一次,多买多摸,当场兑现。"一位顾客得知这个宣传后,便专程到商场买了一台价格2 400元的空调,当晚到商场参加摸奖。商场促销广告规定:顾客如果摸到印有"9、6、9"数字的乒乓球,就可获得头等奖5 000元。然而,当这位顾客拿着乒乓球来兑奖时,商场门市部的负责人却以"6"和"9"形体相反为由,拒不承认。

案例精析9-1

后来,该顾客跑到消费者协会去投诉,商场最后还是给了这位顾客奖金5 000元,但由此企业形象却受到了很大影响,这位顾客从此再也不去那家商场购物了。同时,此事一传十、十传百……

思考:免费摸奖促销为什么会惹上麻烦?这一事件说明了什么问题?

(三)实施促销活动方案

促销方案实施的具体工作主要包括:明确促销活动的具体任务;实行责任管理制;做好方案实施情况的监督检查。在促销方案实施过程中,一方面要控制促销活动过程朝着目标前进,另一方面要及时反馈信息、修正方案。

(四)促销活动效果评估

评估目的在于将实际促销的结果与企业最初的目标进行比较,将实际成本与预算费用进行比较,以便发现问题、总结经验教训,为以后的促销活动提供改进的依据。

四、促销组合

(一)促销组合概念

动漫视频

促销手段多种多样,其各自所起的作用不尽相同。为了提高促销效果,需要将若干个促销手段组合在一起使用。所谓促销组合,是指对人员推销、营业推广、广告宣传和公共关系等促销方式进行有计划、有目的的综合运用,使各种促销活动互相配

促销组合

合、取长补短,最大限度地发挥整体效果,借以顺利实现企业目标。

促销组合是一种系统化的整体策略,体现了现代市场营销理论的核心思想——整体营销。四种基本促销方式或手段构成了这一整体策略的四个子系统,每个子系统又各包括一些可变因素,即具体的促销手段或工具。四种基本促销方式各有优缺点(见表9—1),既能单独使用,又能组合运用。但不论进行何种组合,最终目的都是促进销售。

表9—1　　　　　　　　　　　　　　促销方式比较

促销方式	优 点	缺 点
人员推销	双向信息沟通,说服力强,可当面促成交易,反馈及时	接触面窄,费用高
广告宣传	形象生动,接触面广,传播速度快,节省人工	单向信息传播,反馈不及时,不能立即成交,费用高
营业推广	手段多样化,刺激性强,可诱发消费者的冲动购买行为	接触面窄,有时需要降价出售,易引发顾客的怀疑心理,降价使利润减少
公共关系	易于提高企业的知名度和美誉度,影响范围广泛,公众信任度高	花费时间多,效果难以掌控

(二)促销组合策略

1. 推式策略

(1)推式策略的概念。所谓推式策略,是指企业以直接方式,运用人员推销手段,把产品推向分销渠道,最终推向消费者的一种方法。其作用路线为:企业推销员把产品推荐给批发商,再由批发商推荐给零售商,最后由零售商推荐给最终消费者。推式策略运用的前提是,企业与中间商对商品的市场前景一致看好,双方愿意合作。运用推式策略对企业来说风险较小、销售周期短、资金回收快,但同时需要中间商的理解与配合。

(2)推式策略的适用条件。传播对象比较集中,目标市场的区域范围较小;处于平销状态、市场趋于饱和的产品;品牌知名度较低的产品;投放市场已有较长时间的品牌;需求有较强选择性的产品(如化妆品);顾客购买容易疲软的产品;购买动机偏于理性的产品;需要较多使用知识的产品。

2. 拉式策略

(1)拉式策略的概念。所谓拉式策略,是指采用间接方式,通过广告、营业推广、公共关系等促销手段,向最终消费者展开强大的促销攻势,使之产生强烈的兴趣和购买欲望,向经销商询购这种商品,从而诱导中间商积极向制造商进货的一种方法。其中,广告的作用最大。其作用路线为:企业将消费者引向零售商,再将零售商引向批发商,最后将批发商引向生产企业。一些新产品上市时,中间商往往因过高估计市场风险而不愿经销,这时,企业只能先向消费者直接推销,然后引拉中间商经销。

(2)拉式策略的适用条件。目标市场范围较大、销售区域广泛的产品;销量正在迅速上升和初步打开销路的产品;品牌有较高知名度的产品;感情色彩较浓的产品;容易掌握使用方法的产品;选择性的产品;经常需要的产品。

(三)影响促销组合的因素

企业要进行正确、有效的促销组合,必须综合考虑以下因素:

1. 促销目标

企业促销包含很多具体目标,如提高企业及产品的知名度、使顾客了解本企业的产品并产生信任感、扩大产品销量和提高市场占有率等。相同的促销手段在实现不同的促销目标上,或不同的促销手段在实现同一促销目标上,其成本效益是大不相同的:广告和公共关系在提高企业知名度和声望方面,远远超过人员推销;在促进顾客对企业及产品的了解方面,广告和人员推销的成本效益最大;在促销订货方面,人员推销的成本效益最大,营业推广则起协调辅助作用。

2. 产品类型

顾客对于不同类型的产品具有不同的购买动机和购买行为,因此必须采用不同的促销组合策略。一般来说,消费品顾客多、分布广、购买频率高,其促销主要依靠广告,然后是营业推广、公共关系和人员推销;工业品每次的订货量相对较大,买主注重的是产品的技术、性能、售后服务、购买手续的复杂程度等,对他们的促销应以人员促销为主,其次才是广告宣传、营业推广和公共关系。

3. 市场性质

对不同的市场需求应采取不同的促销组合。首先,应考虑市场的地理位置和范围大小。规模小、距离近的本地市场,应以人员推销为主;在较大规模的市场(如全国市场)进行促销时,则应采用广告和公共关系宣传。其次,应考虑市场类型。消费品市场的买主多而分散,不可能由推销人员与消费者广泛接触,主要靠广告宣传介绍产品来吸引顾客;工业品市场的用户数量少而购买量大,应以人员推销为主。最后,应考虑市场上不同类型潜在顾客的数量。以工业品为例,矿山机械的买主潜在用户比较少,其促销应以人员推销为主;标准件的买主比较分散,购买次数多,其促销应以广告为主,辅之以人员推销。

4. 各种促销手段的特性

人员推销、广告、营业推广和公共关系都有各自的特性,其使用成本也各不相同。企业在选择某种促销组合方式之前,必须根据各种促销手段的特性全面衡量、综合考虑,使其能够产生"1+1>2"的效果。

5. 产品市场生命周期

在产品生命周期的各个阶段,企业的促销目标会不断调整,促销方式也要随之变换。在导入期,促销目标主要是建立产品的知晓度,促销方式应以广告为主、人员推销和营业推广为辅。在成长期,促销目标主要是建立产品的知名度,促销方式仍以广告为主,宣传的重点为商标和企业名称,在此基础上辅以人员推销和公关手段更相得益彰。在成熟期,市场竞争激烈,要用广告及时介绍产品的改进,同时配合使用营业推广来增加产品的销量。在衰退期,营业推广的作用更为重要,同时配合少量的广告来保持顾客的记忆。

6. 促销费用

不同的促销手段需要数额不等的促销费用。增加促销费用有利于扩大销售,但同时也增加了销售成本。因此,在考虑促销组合时,企业必须从自身能力出发。一般来说,财力比较雄厚的企业较少受到费用预算的制约,他们着重考虑的是如何达到促销效果的最大化。中小企业的财力有限,销售范围不广,应以人员推销为主,集中力量争取中间商,同时辅以必要的广告,借以刺激顾客的购买欲望。以较低的促销费用带来较高的促销利润,是判断促销费用使用是否合理的一般标准。

(四)促销组合的常用方法

1. 教育引导法

所谓教育引导法,是指通过介绍商品和劳务的原理、性能、使用方法等有关知识,使消费者感到商品和劳务能给自己带来利益和好处,产生强烈的购买愿望,进而达成交易的促销方法。

2. 新闻焦点法

所谓新闻焦点法,是指利用新闻媒体中报道的重大事件和新闻人物,或由企业制造新闻事件,将企业产品与新闻联系起来,使企业产品成为新闻的焦点,引起社会公众关注,让消费者对企业产品产生深刻印象,使之积极购买企业产品的促销方法。

3. 感性交流法

所谓感性交流法,是指注重人们之间的感性交流,通过利用人员促销或公共关系手段,对消费者晓之以理、动之以情,或者利用广告画面中的色彩、音乐、人物对白等手法,激发促销对象的购买意识或情感共鸣,从而达到促销目的,并保持对产品的忠诚和信赖的促销方法。

(五)促销组合的常用技巧

1. 事实论证

所谓事实论证,是指运用商品的使用效果或表现来解除消费者疑惑的促销技巧。这是最有说服力的技巧,如通过现场示范、时装表演、试用品尝以及广告中所拍摄的录像来证明等。

2. 依据论证

所谓依据论证,是指列举充分的证据证明商品质量特性,使消费者确信的促销技巧。例如,提供产品的商检证书、说明证书、药品医疗报告、奖励证书等。运用这种技巧时,所提供的依据一要真实可靠,二要权威性高,否则有假冒之嫌。

3. 说明论证

所谓说明论证,是指运用逻辑推理来论证商品和劳务的实用性和作用的促销技巧。这是一种常用的促销技巧。例如,老年食品推销,可从老年人生理机能逐步老化、营养不平衡、需要多种营养补充这一基本原理出发,列举推销产品中所包含的营养成分,借以论证该产品有益于老年人身体健康。

4. 对比分析

所谓对比分析,是指将本企业产品或劳务与同类产品从质量、款式、功能、价格、服务上进行对比,分析产品差异,突出证明本企业产品优良的推销技巧。这是一种行之有效的技巧,但运用时,一般不能指明对比产品的具体名称,以免引起纠纷。

【同步案例 9-2】 屡屡碰壁的促销活动

一家饲料企业原本效益很好,也没有做过促销,直至其他企业后来居上,这家企业才慌了,于是召开销售人员会议。销售人员没有不抱怨的:人家企业做得多好,农民买一包饲料就可以得到一件文化衫,经销商做大了,组织其去国外考察。这家企业经理心想,这不是很难,我们也做得到。

江南每年 6 月至 8 月是农忙时节,农户都忙着"双抢",养殖业是淡季。这位经理想,淡季一定要刺激农民,诱导农民购买。于是,该企业制作了很漂亮的文化衫。7 月底,销售人员又向老板抱怨:怎么这么晚才给市场发放促销品呢?别人早就做了。原来,竞争企业在 5 月底就将文化衫全部发放到位,农民在"双抢"时期根本没有时间去购买饲料。第二年,该企业很早就准备好了促销品,是质量很好的香皂,因为农忙时农民每天都要洗澡,香皂是他们的必需品。但结果与预想的大相径庭:经销商拒绝大量进货。销售人员从市场前沿发回报告,说经销商已经大量购进了竞争厂家的货,原因是该厂家开展了一个活动,承诺在市场淡季完成旺季 85% 销售额的经销商,可以参加企业的出国考察团。竞争厂家已经抢占了经销商的仓库和资金。

思考:这家企业的促销活动为什么会屡屡碰壁?错在哪里?如果请你做企业经理,你将采取什么方法解决这一促销难题?

任务二 人员推销

一、人员推销的概念

所谓人员推销,是指企业为了销售产品或服务,派出或委托推销人员直接向顾客介绍、推广、销售产品的一种活动。

二、人员推销的优缺点

（一）人员推销的优点

1. 选择性强

推销人员面对众多顾客时，可根据自己的经验选择其中最可能购买自己产品的潜在顾客，有针对性地拟订具体的销售方案、策略等，可以提高推销的成功率。

2. 灵活性强

推销人员在与顾客洽谈的过程中，可以观察顾客的反应，了解顾客真实的内心感受，消除顾客的疑虑，灵活地推荐符合顾客要求的产品，引导顾客购买。

3. 有利于信息的双向传播

一方面，推销人员通过展示、操作、说明产品，将产品信息传递给顾客；另一方面，顾客向推销人员提出自己对企业和产品的意见。推销人员将收集到的各种消费信息反馈给企业，方便企业了解消费者的愿望和要求，及时调整产品与服务。

4. 具有公关的作用，可以增强买卖双方关系

好的推销人员善于与顾客建立起超出单纯买卖关系的友谊和信任，为企业赢得一批忠诚顾客。

（二）人员推销的缺点

1. 人员推销所需费用高

采用人员推销方式，不仅要支付推销人员的工资，而且要支付开展推销工作所需的各种费用，所付工资和费用最终以成本的形式转移到商品上，使商品成本增加，价格也随之提高，竞争力被削弱。

2. 培养优秀的推销人员较为困难

由于推销人员素质的高低会直接影响人员推销的效果，因此，企业对推销人员的要求便越来越高。推销人员必须熟悉所售产品的功能、特点、价格、使用、维护等方面的知识。科技日新月异，产品更新换代越来越快，推销人员知识更新的时间也随之缩短，企业要在短期内培养优秀的推销人员就显得更为困难。

三、人员推销的任务

（一）挖掘和发现潜在顾客

人员推销的任务不仅仅是销售产品给现有顾客，更重要的是，通过对产品的宣传，挖掘潜在的需求，开拓新市场。

（二）推销产品

这是推销人员的首要工作，也是最基本的任务。推销人员通过接近消费者，给消费者介绍产品，回答消费者的各种提问，向消费者提供折扣、优惠、服务信息，从而达到诱导消费者购买产品的目的。

（三）传递、收集信息

推销人员在促销时，要及时给顾客提供各类促销信息，激发顾客的购买行为。顾客反馈的信息要收集给企业，为企业改进产品和营销手段提供依据。

（四）提供服务

无论是销售前、销售中还是销售后，推销人员都应积极主动地为顾客提供服务，及时解决其遇到的各种问题。

四、人员推销的基本形式

人员推销的形式总体上分为三种：上门推销、柜台推销、会议推销。

（一）上门推销

上门推销是指推销人员携带各种"推销工具"——产品样品、说明书、订货单等——直接登门拜访顾客，推销产品。这种推销方式能让推销人员积极主动地接近顾客，并能为顾客提供有效的服务。

（二）柜台推销

柜台推销也称门市推销，是企业在商场或超市设置固定的柜台，由营业员接待前来的顾客，给他们推荐商品。门市的营业员承担着推销商品的任务，是广义的推销人员。由于商场或超市里的商品品类齐全，顾客在这里几乎能找到自己需要的全部商品，他们也乐于享受这种逛街购物的乐趣。

（三）会议推销

会议推销是一种利用各种形式的会议向与会人员宣传产品、推销产品的活动。常见的会议形式有订货会、展销会、物资交流会、交易会等。通过会议推销，企业能将顾客集中起来，推销效果更好，成交额更大，接触到的顾客层面更广。

五、人员推销的基本策略和技巧

（一）人员推销的基本策略

1. 试探性策略

也称"刺激—反应"策略，是指推销人员在不了解顾客需求的情况下，运用刺激性较强的方式引发顾客购买行为的一种策略。推销人员必须提前设计好能让顾客产生兴趣、提起购买欲望的推销语言，对顾客进行试探并观察其反应，根据其反应采取进一步的推销措施。例如，推销人员可采取展示商品图片资料、说明书、样品和示范操作等措施来引起顾客的关注，排除顾客异议，诱发顾客购买动机，引导顾客购买商品。

2. 针对性策略

也称"配方—成交"策略，是指推销人员在已经了解顾客相关需求的情况下，有针对性地宣传和介绍商品的特点，培养顾客对商品的认同感，让顾客感到推销人员是设身处地地为自己考虑，从而产生强烈的信任感，顺利达成交易。

3. 诱导性策略

也称"诱发—满足"策略，是指推销人员运用能唤起顾客潜在需求的服务方法，引发顾客购买行为的一种策略。推销人员应该先告诉顾客，如果其购买了这件商品，将会得到什么利益，以此激起顾客迫切希望满足这种需求的强烈愿望；再不失时机地向顾客介绍该商品的具体效用，强调此商品刚好能满足顾客的需求。

（二）人员推销的技巧

1. 营造轻松、愉快的洽谈氛围

推销人员要为顾客营造轻松、愉快的洽谈氛围，首先得做好会面前的准备：得体的衣着和妆容能让顾客赏心悦目；礼貌的语言和稳重的举止能让顾客的信赖感倍增；虚心的请教和耐心的倾听能让顾客消除抱怨；主动的态度和敏捷的动作能让顾客的满意度提升。

2. 保持语言流畅

洽谈时，推销人员不要急于求成，应找到一个有效的切入点，巧妙地引入正题。例如，推销人员可以用请教或赞美顾客的方式,引导顾客讨论与所售商品相关的问题,尽可能让顾客感觉到他的观点受到重视并被认可,最后顾客与推销人员达成一致意见。推销人员说话时要打好腹稿,保持语句通顺、内容层次分明、有礼有节,能吸引顾客注意,引起顾客兴趣。

3. 排除障碍

在推销活动中,不可避免会遇到推销障碍。例如,顾客对商品定价不能接受,推销人员要用充分的理由具体说明商品价格与商品质量是如何匹配的,使顾客产生认同感。

六、人员推销的程序

因为推销人员工作时必须与顾客面对面交流,而且每次交流的时间都比较长,所以每天能接待的顾客数量并不多。为了提高每次促销的成功率,并在一定的工作时间内接触尽可能多的顾客,必须总结一套有效的工作程序(如图9—3所示)。

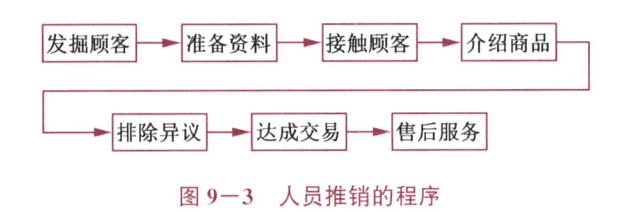

发掘顾客 → 准备资料 → 接触顾客 → 介绍商品 → 排除异议 → 达成交易 → 售后服务

图9—3 人员推销的程序

(一)发掘顾客

推销人员可以利用普遍寻访法、介绍寻访法、信息查询法等方法在选取的目标市场上发现新客户。

(二)准备资料

在开展推销活动前,推销人员要积极、主动地搜集目标市场、顾客、本企业商品和其他相关商品的资料,分析相关资料,为接触顾客做好准备。

(三)接触顾客

推销人员与顾客直接接触时,务必争取给顾客留下深刻、美好的印象。这时,得体的仪表和开场白显得尤为重要。

【做中学9—1】 一位中年妇女领着自己的女儿来到百货商店的旅游精品柜台。她们边走边看,柜台营业员看见后,微笑着主动打招呼:"您的女儿真高,上高中了吧?"中年妇女笑着说:"刚高中毕业,这不,才考上大学,带她来买双鞋。""您的女儿可真不错,多给您争气啊!将来一定大有出息,您就等着享福吧!您看您的女儿又高又苗条,这种款式的旅游鞋一定适合她。""真的?让我看看。"

这个营业员运用的是什么接近法?其成功接近说明了什么?

分析:这个营业员运用的是赞美接近法。其成功接近说明:第一,善于观察,及时发现顾客的闪光点,并给予真诚的赞美,这是推销成功的基础。因为每个人都渴望得到别人的重视与赞美,只是大多数人把这种需要隐藏在内心深处罢了。第二,赞美术的巧妙运用,能有效消除顾客防范推销的心理,在轻松愉悦的气氛中,顾客不知不觉就接受了营业员的推销。

(四)介绍商品

介绍商品是整个推销过程的中心环节。营销人员向顾客进行销售时,常用两种方法。第一种方法是AIDA公式:争取顾客的注意(attention)→引起顾客对产品的兴趣(interest)→激发顾客的购买欲望(desire)→促成交易行动(action)。第二种方法是FABV公式:描述产品的物理特征(features)→产品相对于同类竞争产品的优点(advantages)→产品能给顾客带来的利益(benefits)→产品的综合价值(value),包括物质的和非物质的价值。

【同步案例 9-3】 "煮熟的鸭子"飞了

美国汽车推销大王乔·吉拉德,因创造汽车推销最高纪录而被载入《吉尼斯世界纪录大全》。但吉拉德也曾因失礼于顾客而有过一次失败。一天,一位名人向他买车,吉拉德推荐了一种最好的车型给他,那人很满意。当顾客正要掏钱付款时,另一位销售人员跟他谈起昨天的篮球赛,吉拉德一边与同伴津津有味地说笑,一边伸手去接车款,不料顾客却突然变卦,转身而去。吉拉德为此懊恼不已,却百思不得其解。夜里11点,他终于忍不住给顾客打了一个电话,询问顾客突然改变主意的理由。顾客不高兴地在电话中告诉他:"今天下午,你根本没心思听我说话,就在签单前,我提到儿子即将进入密歇根大学念医科,我还提到他的学习成绩、运动能力以及将来的抱负。我以他为荣,而你却毫无反应,这就是原因。"吉拉德不记得这些事。他当时以为生意已经谈妥,大功告成,就和办公室另一位同事说起笑话,根本没注意倾听顾客在说什么。

思考:"煮熟的鸭子"为什么飞了?

(五)排除异议

推销人员在向顾客介绍商品时,顾客提出异议(反对意见)是非常普遍的现象。推销人员必须采取积极态度,正确地看待顾客的异议,并通过解释,将拒绝和怀疑变成顾客购买的理由。

(六)达成交易

顾客排除异议,接受了商品后,推销人员应趁热打铁,及时与顾客签订购销合同,实现销售。

(七)售后服务

商品售出后,并不代表推销人员就完成了销售工作。与顾客加强联系,做好售后服务工作,是培养顾客购买偏好的一种有效手段。售后服务是商品售出后企业为顾客提供的一系列服务,包括送货、安装、调试、维修、技术培训、上门服务等。给顾客提供良好的售后服务,不仅可以巩固现有的客户关系,而且通过老顾客的宣传,可以增加更多的新顾客。售后服务已经成为现代企业市场竞争的法宝。

【同步案例 9-4】 汽车推销员的"推销术"

某汽车销售公司一推销员特别善于察言观色,能准确揣摩顾客心理,使推销促成恰到好处,往往立竿见影。当顾客走进汽车样车陈列室后,如果顾客对正在展销的样车发生兴趣,推销员就会告诉顾客,已经有人想购买它了,促使顾客立即做出购买决策。如果顾客认为价格太高,希望便宜点,推销员就说,我的降价权限在多少以内,超过这个权限必须请示经理,在顾客等了10分钟后,出来告诉顾客:"老板本不想降价,但我已说服他同意了。"

思考:怎样看待这位汽车推销员的"推销术"?

任务三 营业推广

一、营业推广的概念

所谓营业推广,又称销售促进,是指企业在特定时间内,运用各种短期的刺激活动,直接、强烈、迅速地刺激特定对象,促使其立即做出反应,迅速大量地购买企业产品或服务的特别促销方式。

营业推广作为一种非人员促销手段,近年来的发展速度很快,尤其是在消费者市场,已成为一种有效的促销工具,使企业能够在短期内迅速扩大销售。

二、营业推广的特点

(一)非周期性

营业推广主要是为了某个即将到期的促销目标而开展的一种短期或临时促销活动,它的使用无周期性、无规律性。

(二)短期性

营业推广的重点是要吸引追求购买优惠的消费者,推广时间不宜开展太长,否则将失去吸引力。

(三)多样性

营业推广可采取的方式和手段多种多样,常见的有免费试用、购买折扣、优惠券、赠品、有奖销售、包装促销、竞赛等。

(四)见效快

只要营业推广能给予消费者、中间商、推销员足够的刺激,就能在短时间内使销售量剧增。

三、营业推广的形式

(一)面向消费者的营业推广形式

开展这种类型的营业推广,其主要目的为:第一,配合广告活动,鼓励老顾客继续使用;第二,促进新顾客购买试用;第三,培养竞争对手的顾客对本企业的偏爱行为。其具体形式有:

(1)赠送样品。企业在推出新产品时,为了促使消费者尽快地了解新产品的性能特点,经常采用向消费者赠送样品或免费试用样品的形式来吸引他们购买。样品赠送的方式主要有入户派送、购物场地散发、附在其他商品上赠送等。

(2)有奖销售。通过给予购买者一定奖励的办法来促进商品销售。由于购买者可能获得巨额奖励,因而能激起他们的购买欲望。常用方式有幸运抽奖、当场摸奖等。奖项可以是现金,也可以是实物。

(3)优惠券。在购买某种商品时,持优惠券可获得价格优惠,它免付一定金额的钱。优惠券可以邮寄、附在其他商品中,或在广告中附送。

(4)特惠包。在商品质量不变的前提下,向消费者提供比正常价格略低的商品。此法对刺激短期销售十分有效,很受长期使用该产品的消费者欢迎。具体做法有两种:一是采用单独特价包的形式,即单包商品降价销售;二是采用组合特价包的形式,即将两件或两件以上的商品组合在一起降价销售。

(5)产品现场陈列和现场演示。通过现场POP(销售点广告)和现场示范表演,向消费者介绍产品的特点、用途和使用方法等,在销售现场制造出浓厚的购买气氛,来刺激消费者的购买欲望。

(6)积分回报。消费者从特定的卖主那里购买商品时,可将购物金额兑换为相应的积分,当积分达到一定分值时,可从卖主那里获得现金或其他形式的回报。其作用在于,鼓励顾客重复购买,培养出一批忠诚顾客。

(7)消费者信贷和消费者之窗。前者通过赊销或分期付款、贷款等方式推销商品;后者通过组织消费者参加企业举办的商品、企业命名征文活动,商标、包装和广告设计征文活动,知识比赛活动等获取奖励,从而提升企业和产品的知名度。

(8)展销。通过交易会、展销会、博览会、业务洽谈会、订货会等销售现场,展销产品,吸引消费者,促成交易。

(9)俱乐部制和 VIP 卡制。俱乐部制是指顾客缴纳一定数额的会费给组织者,即可享受到多种价格优惠的促销方式。VIP 卡又叫贵宾卡,VIP 卡制是指购买达到一定数量的顾客可取得有优惠期限限制的贵宾卡(贵宾卡可分为钻石卡、金卡、银卡等多种级别),从而享受不同价格折扣或服务的促销方式。这两种方式都要求顾客先付出代价,然后才能得到优惠。

(10)咨询与服务。对于一些技术性强、操作较复杂的商品,为消费者提供咨询和服务,包括解答疑问、免费送货上门、安装、调试、维修、保养等方面的服务。

【拓展阅读 9—2】 "天天乐"果汁有奖销售

天乐公司为促进其新产品"天天乐"果汁销售,在果汁的塑料膜密封纸盒包装内,放进了一张印制精美的塑料卡片,平均每两盒果汁内只有一盒有卡片。卡片上的图案分为两类:一类是梁山 108 条好汉的人物像,另一类是"八仙过海"故事中的人物像。在 108 个人像中,有 8 个人的单人相是其他 100 个人像数量的 1/4,八仙单人像的数量又是梁山好汉 108 人单人像数量的 1/10。

凡购买"天天乐"果汁的消费者,可以按以下办法中的任何一种方法兑换奖品:

(1)凭任意 10 张梁山好汉单人像或 1 张八仙单人像,到购买果汁的商店兑换 1 盒天天乐果汁。

(2)凭 30 张不同的梁山好汉单人像或 3 张不同的八仙单人像,到购买果汁的商店兑换 1 本精美的笔记本和一支钢笔,或其他价值相当的商品。

(3)凭 60 张不同的梁山好汉单人像或 6 张不同的八仙单人像,到购买果汁的商店兑换 1 个书包和一本大汉语词典,或其他价值相当的商品。

(4)凭 90 张不同的梁山好汉单人像或 8 张不同的八仙单人像,到购买果汁的商店兑换 1 台收音机,或其他价值相当的商品。

(5)凭 108 张不同的梁山好汉单人像,到购买果汁的商店兑换 1 台单放机,或其他价值相当的商品。

(二)面向中间商的营业推广形式

开展这种类型的营业推广,其主要目的是取得中间商的支持与合作,鼓励中间商大批进货或代销,加速货款回笼。其具体形式有:

(1)购买折扣。为了鼓励中间商大量购买商品,当用户购买达到一定数量,或在大宗交易中及时付款时,可享受一定的价格优惠或现金折扣。购买数量越大,折扣越多。

(2)推广津贴。企业为了促使中间商购进企业产品并帮助企业推销产品,可以支付给中间商一定的推广津贴。这些津贴主要有广告津贴、陈列津贴、宣传津贴、展销津贴等。

(3)冠名广告。企业在其广告宣传中列出经销商的名称和地址,以便消费者前去购买。它不仅提高了经销商的销售量,而且提高了经销商的知名度。

(4)销售竞赛。根据各个中间商销售本企业产品的实绩,分别给优胜者以不同的奖励,如现金奖、实物奖、免费旅游、度假奖等,以起到激励的作用。

(5)提供赠品。向中间商提供附有企业名称的广告赠品,如货柜、容器、记事本、烟灰缸、圆珠笔等。

(6)派遣厂方信息员或代培销售人员。制造商这样做目的是提高中间商推销本企业产品的积极性和能力。

(7)扶持零售商。对零售商专柜的装潢予以资助,提供 POP 广告,以强化零售网络,促使销售额增加。

(8)向中间商提供业务和技术支持。对一些科技含量高的产品,要向中间商提供一些必要的技术支持,如为中间商进行技术培训、邀请中间商参加一些业务会议等。

(9)会议促销。通过召开各种规模和形式的订购会、供销会或产品说明会,借以衔接产销,吸引中间商或顾客直接经销或购买产品,节约时间和费用,是向中间商或顾客强化促销的好形式。

(三)面向销售人员的营业推广形式

开展这种类型的营业推广,其主要目的是调动推销人员的积极性,鼓励他们大力推销新产品,开拓新市场。其具体形式有:

(1)佣金和奖金。按销售额分等级计算佣金和奖金。

(2)销售竞赛。对竞赛优胜者授予荣誉称号,给予特别奖金和奖品。

(3)免费培训。推销员推销业绩达到一定规模,即可免费参加企业组织的各种培训,以进一步提高自身素质和推销技能。

(4)免费旅游。推销员推销业绩达到一定规模,即可参加企业组织的免费旅游。

四、营业推广方案的制订与实施

(一)营业推广方案的制订

1. 确定营业推广的目标

(1)针对消费者的营业推广目标包括:鼓励老顾客更多地使用本产品;争取新顾客试用本产品;争取其他品牌的使用者等。

(2)针对中间商的营业推广目标包括:鼓励中间商大量进货,维持较高的存货水平;吸引中间商经销新产品;对季节性较强的产品,鼓励他们在淡季进货;建立中间商的品牌偏好,形成固定的经销关系;争取新中间商的合作与支持等。

(3)针对推销人员的营业推广目标包括:鼓励他们大力推销新产品、开拓新市场,尽力寻找更多的潜在顾客;扩大积压产品或淡季商品的销售量。

2. 制订营业推广的具体方案

营业推广的具体方案一般应包含以下内容:

(1)营业推广的规模。在确定营业推广的规模时,要对企业的成本效益比进行分析,即对营业推广费用与销售额或利润额之间的关系进行分析。一般来说,较高的营业推广费用会刺激销售额快速增长,但当超过某一临界点时,销售额的增长速度会以递减的方式出现。所以,这个临界点就是最佳的营业推广规模。

(2)营业推广的对象。营业推广的对象必须加以限定。首先,营业推广的对象必须是企业潜在的消费者;其次,在采用有奖销售等方式进行营业推广时,应严格控制本企业职工或家属参加,以显示其公正性,避免给人留下弄虚作假、徇私舞弊的印象。

(3)营业推广的方式。营业推广的每一种方式都有其特有的适应性。例如,配合新产品上市的广告,可用赠送样品或现场表演的方式;在推销产品时,用优惠券或廉价包装更为适合。

(4)营业推广的途径。由于每种途径的送达率和成本率都不同,因而促销效果也有差别。例如,商品折价消息既可通过报纸,也可通过电视报道告知消费者。因此,必须确定通过什么途径贯彻营业推广方案。

(5)营业推广的时机。营业推广时机的选择要服从企业的促销计划,同时还应考虑市场所处的环境。当市场环境发生变化时,企业也可以安排临时的营业推广活动。另外,营业推广的时间长短也要适度:推广时间过短,其影响力可能还不足以波及大多数可能的购买者;推广时间过长,又会使人产生企业是否在推销过剩产品、是否变相降价等疑问。因此,一次推广的周期一般应与消费者的平均购买周期相符。

(6)营业推广的总预算。营业推广的总预算可以用两种方法来确定：一是以自下而上的方式，即根据对各项营业推广的具体活动所需费用进行测算，汇总形成总预算；二是以自上而下的方式，即按推广费用占整个促销总预算的比例确定。

(二)营业推广方案的实施

营业推广方案的实施要按计划进行。在计划中，除了对方案实施过程中的各阶段、各环节做出安排外，还要考虑前置时间和销售持续时间。所谓前置时间，是指实施计划之前所需要的准备时间，包括规划、设计、资料准备、销售现场陈列、购买赠品、存货的生产以及将其配送给零售商所需的时间；所谓销售持续时间，是指从优惠活动开始到销售工作基本结束的时间。

营业推广方案实施的具体工作包括：明确推广工作的具体任务；实行责任管理制；做好方案实施情况的监督检查。在实施过程中，一方面要控制活动过程朝目标前进，另一方面又要及时反馈信息、修正方案。

【同步案例 9-5】 买微波炉看世界杯

在备受瞩目的 2006 年世界杯即将到来的时候，美的微波炉面向广大消费者推出了名为"买微波炉看世界杯"的促销活动，并在全国各大电器销售卖场展开。在微波炉的销售淡季创造了淡季旺销的可喜局面。

案例精析9-5

活动规定：从 4 月 20 日起开始，凡在各大卖场购买美的"蒸汽紫微光"微波炉的消费者，均可得到一张"刮刮卡"，刮开奖区，即可凭借该卡当场兑奖。特等奖奖品为极具诱惑力的"世界杯门票"及往返德国机票，数目为 100 名。如果获奖者不方便前往德国，也可以直接兑换现金 5 000 元。除此之外，其他奖品也异常丰富：一等奖获得者可以得到"世界蒸霸"大礼包一份及当地足球彩票抽奖名额一份；二等奖为抽取足球彩票名额一份，有机会赢得巨额奖金；三等奖可以赢得各类实用的微波炉。

思考："买微波炉看世界杯"是什么促销方式？这场促销活动说明了什么？

五、营业推广的策略

(一)针对消费者的营业推广

企业往往以展示、赠送、奖励、价格等作为针对消费者的营业推广主题。

1. 以展示为主题的营业推广

(1)售点陈列。企业在货架、过道、橱窗、柜台、天花板等处设置海报、招牌、彩旗等陈列。

(2)展览推广。企业集中陈列一部分能显示自身特征与优势的商品，一边展出一边销售。

(3)现场示范。推销人员在销售现场实地解说，演示商品的功能特点，吸引众人关注，打消顾客疑虑。例如，促销蒸汽电熨斗的推销员可在销售现场演示如何方便快捷地将有褶皱的衣服熨烫平整。

2. 以赠送为主题的营业推广

(1)商品样品。这种推广方式是企业提供商品样品给消费者免费试用，使其能亲身感受到商品的效用，心甘情愿地购买商品。新商品上市时，采用商品样品推广是最有效的方法之一。例如，各种新款护肤品、化妆品上市时，多采用此方法。

(2)商品赠品。顾客成功购买商品后，可以获得一些赠品。赠品可以是与所购商品相同、相关的商品，也可以是与所购商品毫无联系的纪念品。

(3)商品赠券。顾客购买指定商品即可获得一定数量的交易赠券，当顾客积累足够多的赠券时，就可以换取指定商品。

3. 以奖励为主题的营业推广

（1）抽奖、摇奖。消费者购买指定商品后，即可获得相应的抽奖或摇奖的机会。例如，在超市消费满68元，即可抽奖1次，中奖者将获得5～20元不等的奖金。

（2）竞猜。让消费者预测某次比赛结果，并奖励预测正确者。例如，足球世界杯是很多人关注的赛事，比赛期间，让消费者猜测哪支球队将成为最后的赢家，能增添消费者购物的乐趣。

（3）有奖比赛。消费者参与企业组织的比赛，优胜者可获得实物、现金、证书、免费旅游等奖励。比赛内容要体现企业商品或服务的特征。例如，自行车厂可举行自行车比赛；体育用品店可举行投篮大赛；游戏开发商可举行游戏大赛；等等。这样既可以引起消费者关注，借机推广自己的品牌，又可以让消费者亲身体验商品带来的利益。

（4）现场兑奖。顾客购物后按消费额领取奖券，刮开奖券的"开奖区"，中奖者可现场领奖。

无论是以上哪种奖励方式，企业都应在销售现场摆放极富吸引力的奖品。这将大大刺激顾客的获奖欲望，聚集人气。

4. 以价格为主题的营业推广

（1）特价销售。企业不再维持商品的正常零售价，而是给予较大幅度的优惠，并将优惠金额体现在价格标签或商品包装上。例如，鞋子特价销售时，在原价格300元的标签上再添上一行"特价168元"的文字。

（2）打折促销。企业在节假日或销售淡季进行价格减让，维持一段时间后又恢复原价。这种营业推广方法是现今运用最普遍的方式之一。例如，棉衣在夏季以3折出售。

（3）会员卡、优惠券。持有企业发放的会员卡或优惠券的顾客在购物时可享受一定限度的减价优惠待遇。会员卡一般还同时具备积分功能，积累一定的分值即可换取相应的礼品。消费者为了增加分值而坚持在某处购物。另外，发放会员卡还能起到稳定消费者的作用。

（4）退款优惠。消费者购物后，可持购物小票、发票到原销售商店或生产企业退还商品，返还现金。例如，有的商店打出"十五天内，想退就退"的口号，只要消费者原封不动地退还商品，都可全额退款。这使顾客的权益得到了极大的保障，没有了后顾之忧。

（5）以旧换新。消费者用废旧商品换购同类的新商品，可享受一定的价格折扣。企业要求消费者提供的废旧商品一般有两种：一种是与新商品的类别、品牌均相同，如电器城推出以旧换新活动，顾客用旧款"美的"牌电饭锅换购一款价值300元的新款"美的"电高压锅，仅需加100元现金；另一种是与新商品类别相同、品牌不同，如电器城推出以旧换新活动，顾客用各种牌子的旧电视机换购一台价值1 500元的新款"创维"电视机，仅需加1 000元现金。

（二）针对推销人员的营业推广

1. 销售提成

企业从商品销售额中提取一定比例的款项，作为推销人员销售商品的报酬或奖励。例如，企业规定销售提成为10%，1名销售员卖出20 000元的商品，就意味着他可获得2 000元（20 000×10%）提成。

2. 销售红利

企业事先设定好推销人员的销售指标，超指标完成任务的推销人员可提取一定比例的红利。这可以鼓励推销人员努力提高销售业绩。例如，企业规定推销人员每个月要完成10 000元的销售任务，超出10 000元的部分可按10%提取红利。1名销售员1个月卖出20 000元的商品，就意味着他可获得1 000元[(20 000－10 000)×10%]的销售红利。

3. 销售比赛

在企业所雇的推销人员之间开展销售比赛,销售额领先的推销人员可得到奖励,借此调动销售人员的工作积极性。

4. 实施培训

企业根据推销人员的职位和薪资水平,确定培训目标,并有计划地开展培训,激发推销人员的工作热情。

(三)针对中间商的营业推广

1. 赠品

企业赠送各种广告品给中间商,如笔记本、圆珠笔、工艺品、环保购物袋、挂历等。中间商可借此转送给顾客,既讨好了顾客,又起到了宣传的作用。此方法可谓一举两得。

2. 销售折扣

为答谢长期合作、努力销售的中间商,企业会给予其一定的价格折扣。

3. 节日活动

邀请中间商参加招待会、免费旅游等活动,共同庆祝节日,从而增进友谊,加强合作。

4. 合作广告

为了共同开发市场,企业联合中间商一同出资进行广告宣传。

任务四　广告促销

一、广告促销的概念

广告一词来源于拉丁文,原意是"我要大喊大叫",用汉语解释就是"广而告之"。所谓广告促销,是指以营利为目的,通过支付一定的费用,借助一定的媒体,以各种说服的方式,把产品的有关信息公开地传递给目标顾客,以达到增加信任和扩大销售目的的促销手段。其基本要点包括:①以营利为目的;②必须支付一定的费用,无须支付费用的(如新闻稿)就不是广告;③必须借助一定的媒体,如电视、微信公众号、小程序、报纸、杂志等;④运用各种说服的方式;⑤具有明确的针对性——向广大目标顾客传递信息;⑥具有鲜明的目的性——增加信任和扩大销售。

二、广告促销的作用

(一)传递信息,沟通供需

在市场经济中,掌握了市场信息就掌握了市场的主动权,这既适用于企业,也适用于消费者。如果消费者掌握了必要的产品信息,就可以有效地利用自己有限的货币,获得最大的效用。而企业要想使自己的产品尽快地让人知道,必须借助于某种工具向消费者传递自己产品的信息。广告的基本职能就是把商品信息通过广告媒介传递给可能的买主,使其认识和了解商品的商标、性能、用途、生产厂家、购买地点、购买方法、价格等内容,起到沟通供需的作用。

(二)激发需求,扩大销售

消费者的需求一般处于潜在状态,这种需求并不能形成直接的购买行为。广告运用艺术手段,有针对性地向顾客介绍产品,诱导消费者的兴趣和情感,激发起消费者的购买欲望,使人们处于潜在状态的需求被唤醒而形成显现的需求,促成其购买行为的实现,起到扩大流通和促进销售的作用。

(三)介绍知识,指导消费

在浩瀚的商品世界中,商品的数量、种类之多,一个消费者是很难说清楚的。面对商店里琳琅满目的商品,消费者往往不知道买什么好。广告通过简明扼要、形象有趣和富有哲理的语言及图像,向消费者介绍产品的基本知识,使其了解产品的性能和结构,掌握产品的使用方法和保养方法,起到售前指导服务的作用。

(四)扩大企业影响,增强竞争能力

广告促销是企业开展市场竞争的重要手段。企业的产品进入市场,通过广告宣传产品的特色或介绍企业的质量保证和服务措施,必然影响用户对厂家和产品的态度,这无疑会扩大企业影响,提高企业和产品的知名度,从而提高企业的市场竞争力,为企业开拓市场、占领市场创造有利条件。

三、广告促销的原则

(一)真实性

广告的生命力就在于真实。任何广告只有实事求是地向消费者介绍商品和服务,准确地传递信息,才能获得消费者的信赖和认可,唤起社会需求,达到扩大企业产品销售的目的。如果广告内容失真,欺骗消费者,不仅会损害消费者的利益,同时也会使企业名誉扫地,甚至受到法律的制裁。

(二)思想性

广告不仅是传播消息、推介商品、促进商品销售的重要手段,也是传播社会主义精神文明的重要工具,内容健康的广告会引导人们奋进。企业在广告的制作和表述手法上,应该引导人们奋发向上、积极进取。企业必须认真贯彻党的方针政策,反映社会主义道德和时代特点,严格遵守社会主义法律法规和制度。

(三)艺术性

广告要达到促销目的,应当讲究艺术性,力求达到主题鲜明、布局合理、形式多样、生动活泼、色彩协调、健康美观的艺术效果,展示广告促销的真、善、美。为此,广告制作语言要生动有趣、幽默易懂,切忌简单抄袭和文字雷同;广告形式应灵活多样、不断翻新,切忌千篇一律、一成不变;广告图像应美观大方,富有想象力和吸引力;广告图文布局要合理,色彩要协调,以引起人们的注意,启发人们的联想,增进人们的情感,丰富人们的精神生活。

【做中学9-2】 广告一:今年20,明年18(某香皂的广告诉求)。

广告二:使用两次年轻10岁,使用8次彻底换个样(某护肤霜的广告诉求)。

运用广告促销的原则分析这两则广告,这样宣传妥当吗?

分析:该香皂的广告诉求属于适当的艺术夸张,并不违背真实性原则;该护肤霜的广告诉求属于滥用艺术夸张,其商品的功效不可能如此神奇,因而有违广告促销必须讲究真实性的要求。

(四)效益性

广告的制作与传播,要做好调查、预测和计划决策工作。广告促销要从市场需求出发,深入了解消费者购买的动机、购买力投向等,量力而行、综合预算、全面规划,力求以最小的预算费用,取得最好的促销效果。

【同步案例9-6】 两家酒楼的广告竞争

在古代,有两家酒楼是这样运用广告进行竞争的。一家酒楼在店门口贴出告示:"本店以信誉担保,出售的完全是陈年好酒,绝不掺水。"另一家酒楼在门口贴出告示:"本店素来崇尚诚实,出售的一概是掺水一成的陈年好酒。不愿掺水者请预先说明,但饮后醉倒,概与本店无关。"两家酒楼的竞争结果是,后者生意兴隆。

思考:这两家酒楼进行广告竞争的故事说明了什么?

【同步案例9—7】 恒源祥的雷人广告

以"恒源祥,鼠鼠鼠;恒源祥,牛牛牛……恒源祥,猪猪猪"让全国观众饱受折磨的2008年恒源祥春节广告,于2009年春节又卷土重来:"我属牛,牛牛牛;我属虎,虎虎虎……我属鼠,鼠鼠鼠。"在一分多钟的时间里,代表12生肖的演员依次登场,12生肖又被从头到尾说了一遍。由于内容台词重复无趣,听起来简直就是对耳朵的疲劳轰炸,此广告的受众实在痛苦、无奈、想撞墙,被评为"折磨人的广告",有人将其戏称为"春节第一雷"。

案例精析9-7

思考:恒源祥为什么要这样打广告?

四、广告促销决策

(一)确定广告目标

具体来说,广告的沟通目标可以分为告知、劝说和提示三大类。

1. 告知广告

告知广告是企业在新产品上市时采用的广告,目的是告诉受众产品或服务是什么。零售业者在推出新的促销策略时,会在当地报刊上刊发广告,向市场传递促销时间、地点、内容、形式等信息。

2. 劝说广告

劝说广告是企业在产品成长期时使用的广告,目的是让消费者建立对产品或服务的偏好、信任,并且购买。很多劝说广告采用了对比的形式来试图表现其产品的优越性。例如,蓝月亮洗衣液的广告中,通过衣物洗涤前后的对比来表现它的洗涤能力较佳。

3. 提示广告

提示广告是企业在产品成熟期采用的广告,目的是提示消费者购买该产品,而不至于遗忘。例如,耐克、可口可乐这类老牌公司每年都会用大量广告来唤醒消费者对它们的记忆。

(二)确定广告预算

1. 销售百分比法

销售百分比法是指企业按照销售量或者销售额的一定百分比来计算和决定企业的广告预算。销售百分比法让企业根据自己的资金承受能力来确定广告促销费用,使企业的收入和广告投入形成相对固定的比例,不至于盲目投入广告。这种方法的出发点是企业现实的或者可预期的收入,忽视了市场上可能出现的机会。

2. 量力而行法

量力而行法是指企业根据自身的资金能力来确定广告预算。实践中这种方法被广泛运用。对于资金实力有限的中小企业而言,这是降低投资风险、保证企业发展的方法。但是,这种方法没有考虑企业的销售目标,具有一定的片面性。

3. 竞争对等法

竞争对等法是指企业根据竞争对手的广告支出来决定本企业的支出,以保持竞争优势。实践中很多企业采用这种方法,因为竞争者的广告预算代表行业的集体智慧,这样做可以使企业少走弯路。但是,竞争对手的资源、优势、机会和目标不尽相同,这可能会忽视企业自身的实际情况。

4. 目标任务法

在确定广告预算时,主要考虑企业广告所要达到的目标。首先,明确广告目标,然后确定达到这一目标必须完成的任务,最后通过估算完成这些任务所需要的每项费用来决定广告预算。这一方法从销售目的出发,使企业管理者能够更加认真地研究广告投入、试用购买率和广告显露率之间的关系,使广告投入更加科学。

(三)提炼广告语

广告语又称广告词,是广告的标题,是一则广告的灵魂,也是诱惑读者的主要工具。美国的一项调查显示,看标题的人大约是看广告全文的人的 5 倍,可见广告标题的重要性。好的广告语符合传播的规律,简单易记,容易传播,能让消费者挂在嘴边。

(四)确定广告信息的表现形式

广告信息的表现形式常见的有如下九种:

1. 直陈式

在广告中直接说明产品的品牌、特点、用途、价格、生产者以及操作要领等。这种广告表现方式是最常见的。

2. 实证式

现身说法,展示产品使用后顾客的评价及获奖状况,从实际效果上证明产品的品质和价值。

3. 示范式

通过展示产品的操作过程以及使用后消费者获得的利益,来说明产品的功能和作用。例如,电视购物中破壁料理机的广告就是商品示范。

4. 明星式

聘请演艺界、体育界等社会名流作为产品形象代言人,利用明星效应宣传和推荐商品。

5. 悬念式

营造相关悬念,激发消费者的好奇心,引起社会的广泛关注,进而推出答案,给消费者留下深刻印象。

6. 生活场景式

通过消费者的某个生活场景来表现产品。如在小肥羊的广告中,大家一起吃火锅,很多双筷子伸进热气腾腾的锅里。广告语"我们很快就熟了"不仅说小肥羊熟了,而且表示朋友间也熟悉了,一语双关,让人会心一笑。

7. 幻境式

广告主要强调商品的用途,通过各种表现手法使消费者产生身临其境的感觉。比如"德芙"巧克力的广告,女主角吃下巧克力后,产生了置身于丝绸中的美妙幻觉,感到柔软舒适。消费者看后也会联想起自己吃"德芙"巧克力时的感受——仿佛有一段柔软的丝绸滑过喉咙。

8. 恐惧式

利用消费者恐惧不利于自身身心健康以及追求美好生活的心理,推广有利于身心健康的产品。

9. 解题式

介绍商品能为人们解决哪些实际问题和困难。例如,"莎普爱思"眼药水重点宣传它能预防白内障、飞蚊症等眼病。

广告信息的各种表现形式可以单独使用,也可以综合使用,以求达到最佳的宣传效果。

(五)选择广告媒体

不同的媒体有各自的特点,在媒体选择时要充分考虑以下因素:

1. 广告媒体的特点

(1)电视。电视是一种视听媒体,结合了动作、声音和特殊视觉效果,能带给观众不一样的视听感受。其优点有:形象生动,说服力强;覆盖面广,单位接触成本低;传播迅速,时空性强;直观真实,便于理解。其缺点有:制作难度大,费用高,播放时间短。

(2)报纸。报纸广告是以报纸为载体进行广告宣传的广告形式。其优点有:容易制作,成本低廉,信息量大,传播速度快,接受人群范围广泛且相对稳定,便于保存。其缺点有:版块多,内容杂,感染力差,读者的注意力容易分散。

（3）杂志。读者根据其喜好,选择阅读各类型杂志,如汽车爱好者看汽车杂志、电脑爱好者看电脑杂志、手机发烧友看手机杂志等。杂志中刊登的广告针对性强、保存方便,这是它突出的优点。其缺点有:接触面较窄,出刊间隔时间长,不能及时宣传。

（4）广播。广播只能收听声音,不能接收画面。其优点有:传播速度快,接受对象广泛,成本低廉,灵活性强。其缺点有:没有形成画面记忆,不易保存,收听时注意力不易集中。

（5）网络媒体。随着互联网技术的发展,网络媒体正日益成为与传统广告四大媒体（电视、报纸、广播、杂志）齐名的第五大媒体。网络商城、各大视频网站、搜索引擎、微信公众号和小程序、微博、论坛、企业官网上都会存在各种广告。其优点有:广告形式多样,交互性更强,成本更低,投放更为精准,传播面更广,传播更为灵活。其缺点有:时效短,可信度低,曝光率低,只有上网并打开特定网站的人才可能接触到广告。

（6）户外广告。户外广告包括广告牌、车身广告、霓虹灯广告、招贴画等。其优点有:内容简洁明了,引人注目,费用低。其缺点有:表现的内容有限,宣传区域小。

（7）邮寄广告。邮寄广告是将商品小样、说明书等邮寄给指定人群,以达到宣传效果。其优点有:接收对象明确,说服力强。其缺点有:接触面窄,不能明确邮件是否到达指定收件人。

2. 选择广告媒体应该考虑的因素

（1）广告目的。广告目的不同,广告媒体会有所不同。如果广告主想要引发消费者的快速行动,所使用的广告媒体可以是报纸或电视。如果广告主的目标是吸引消费者进店,所使用的广告媒体可以是橱窗广告或店面招牌广告。

（2）媒体的性质与传播效果。媒体传播范围不同,发行数量不一,会影响媒体受众人数;媒体社会地位高低,会影响广告的影响力和可信度,这些都会在一定程度上影响广告效果。

（3）媒体受众因素。选择广告媒体,要充分考虑媒体受众的职业、年龄、性别、文化水平、信仰、习惯、社会地位等,因为其生活习惯不同,经常接触的媒体也不同。

（4）媒体成本因素。广告商需要考虑广告资金预算和各种媒体的成本、媒体的覆盖范围和发行量。不同媒体,其价格不同;不同的版面或不同的时间段,媒体的收费标准也不同,应该选择高性价比的媒体,以实现广告收益最大化的目标。

（5）商品特性因素。广告产品特性与广告媒体选择密切相关。产品的性质如何、具有什么样的使用价值,都会对媒体的选择有影响。例如,价格便宜的日常消费品,由于其受众广泛,适宜使用电视媒体进行广告发布;一些专业性强、用户较少的产品,可以选择专业杂志等进行广告投放。

【同步案例9—8】　泰诺 VS 阿司匹林

1995年,著名止痛药、退烧药泰诺在中国生产上市时,是这样做广告的:"为千百万不应服用阿司匹林的人着想。"泰诺广告说:"如果您的胃容易不舒服,如果您有胃溃疡,如果您有哮喘、过敏或者缺铁性贫血,在服用阿司匹林之前应该请教一下医生。"泰诺广告接着说:"阿司匹林会刺激胃黏膜,引起哮喘或过敏反应,造成胃肠道隐性微量出血。"它最后说:"幸好还有泰诺……"这样一来,泰诺一举击败了老牌药品阿司匹林,成为首屈一指的名牌止痛药、退烧药。

案例精析9-8

思考:泰诺所做的产品广告如何?

任务五　公共关系

一、公共关系的概念

公共关系一词的英文为 Public Relations，简称 PR。所谓公共关系，是指企业运用各种信息传播手段，与内外公众进行双向信息流通，以塑造良好的企业形象，赢得公众的信任与支持，为企业的生存和发展创造良好环境的活动。

二、公共关系的类型

（一）宣传性公关

宣传性公关主要是利用各种传播媒介进行公关活动。其主要媒介如下：

(1) 将企业的重大活动、重要的政策以及各种新奇、创新的思路编写成新闻稿，借助电视、报纸、广播等新闻性强、可信度高的传播媒介发布新闻。

(2) 通过自制宣传手册、录像带、刊物等向公众进行宣传，从而达到提升企业形象、提高产品知名度的目的。

(3) 邀请新闻记者，举办记者招待会，发布企业信息，通过记者之笔传播企业重要的政策和产品信息，引起公众的注意。

(4) 策划公关广告：一是致意性广告，如向公众表示节日祝贺，对用户的惠顾表示感谢；二是倡导性广告，如倡议举办某种活动，或提倡某种新风；三是解释性广告，即就某一问题向公众解释，以消除误会，增进了解。

(5) 策划企业庆典或特殊纪念活动，营造热烈、祥和的气氛，显现企业蒸蒸日上的风貌，以树立公众对企业的信心和偏爱。

（二）交际性公关

交际性公关的目的是通过人与人的直接接触，使企业认识更多的公众，增进感情上的联络，让更多的公众了解企业，扩大企业关系网络，形成有利于企业发展的人际环境，为企业的生存发展提供更多的机遇。交际方式有团体式和个人式两种，其具体方法有：①企业自己主动安排社交活动，如召开茶话会、酒会、报告会、产品展示会、新闻发布会、座谈会、文艺活动、知识竞赛，举办郊游、互帮互助或共建活动，以及交换信息资料、定期互访、联合举办某些社会活动等，或用书信、电话等方法直接与公众联系；②参加他人组织的社交活动和公关活动，借此机会来认识、结交自己需要的公众。

（三）征询性公关

征询性公关以采集信息为主，目的是通过信息采集、舆论调查、民意测验等工作，加强双向沟通，了解社会舆论和民意，暗示组织意图，为组织经营管理决策提供咨询，使组织决策更加科学，使组织行为尽可能与社会的整体利益、市场的发展趋势以及公众意向统一起来，更加深刻地影响公众。其具体形式有民意测验、舆论调查、访问重要用户、建立信访制度、处理举报和投诉、对消费者实施有奖调查等。

（四）服务性公关

服务性公关以提供优质服务为主要手段，用实际行动实实在在地给消费者带来利益和好处，借以获取社会的了解与好评，树立企业的良好形象。其常用手段有消费教育、消费指导、免费咨询和安装、出访重点客户、售后服务、上门服务、设立热线服务电话等。

(五)社会性公关

社会性公关就是利用举办各种社会性、公益性、赞助性的社会活动,为企业塑造关心社会、关心社区、关爱别人的良好形象,从而融洽与公众的关系,使企业与公众之间更为亲切,扩大企业的社会影响,提高其社会声誉,赢得公众的支持。这种公关一般有三种形式:①利用企业庆典活动或重大节日开展群众喜闻乐见的活动,渲染气氛,活跃社区生活;②根据企业实力,赞助文化教育和社会各种福利事业,资助公共设施,抗震救灾,扶贫助弱,参与社区精神文明建设等,既能赢得良好口碑,又能树立注重社会责任的形象;③资助大众传播媒介,举办各种活动,开展社会文体活动,既能活跃文化生活,又能扩大企业的知名度、提高企业的美誉度。

(六)矫正性公关

当企业信誉和形象出现危机时,公关活动的主要任务是在查清事实的基础上,真心实意地向公众说明真相、澄清事实、讲清道理,通过妥善解决危机来争取公众谅解,以达到缓和矛盾、化解冲突的目的。这就是矫正性公关。

【做中学9-3】 2023年3月8日,大连某著名化妆品公司在推出新产品之际,为了建立长久的企业品牌形象,提高企业声誉,激发潜在消费,采取了向大连市女骑警赠送该品牌最新系列美容护肤品的促销手段。企业开展免费赠送活动后,名声大振,当地众多美容院开始经营该企业的新产品。

向女骑警赠送美容护肤品是什么公共关系策略?能起到什么促销效果?

分析:该公司向女骑警赠送美容护肤品属于社会性公共关系策略。从促销效果分析,由于大连女骑警一直是大连市的象征,在大连市有一定的影响力。该公司这一免费赠送活动的开展,必然立即引起多方媒体的重视,并给予相应的报道,为企业塑造了关心社会、关爱女骑警的良好形象。这种公共关系活动的开展,尽管不能立即产生广告宣传那么直接的促销效果,但由于既扩大了企业的知名度,又提高了企业的美誉度,因此其宣传促销效应是广告宣传所无法比拟的,将使企业走上可持续发展之路。

三、公共关系的决策

(一)确定公关目标

进行公共关系活动要有明确的目标。确定目标是公共关系活动取得良好效果的前提条件。企业的公关目标因企业面临的环境和任务的不同而不同。一般来说,企业的公关目标主要有以下几类:①在新产品、新技术的开发过程中,要让公众有足够的了解;②在开辟新市场之前,要在新市场所在地的公众中宣传组织的声誉;③在转产其他产品时,要树立组织的新形象,使之与新产品相适应;④参加社会公益活动,增进公众对组织的了解和好感;⑤开展社区公关,与组织所在地的公众沟通;⑥本组织的产品或服务在社会上造成不良影响后,要进行公共关系活动以挽回影响;⑦创造一个良好的消费环境,在公众中普及同本组织有关的产品或服务的消费方式;等等。

(二)确定公关对象

公关对象的选择就是公众的选择。公关对象取决于公关目标,不同的公关目标决定了公关传播对象的侧重点不同。如果公关目标是提高消费者对本企业的信任度,毫无疑问,公关活动应该重点根据消费者的权利和利益要求进行。如果企业与社区关系出现摩擦,那么公关活动就应该主要针对社区公众进行。选择公关对象要注意两点:一是侧重点是相对的。企业在针对某类对象进行公关活动时,不能忽视与其他公众的沟通;二是在某些时候(如企业出现重大危机等),企业必须加强与各类公关对象的沟通,以赢得各方面的理解和支持。

(三)选择公关方式

公共关系的方式是公共关系工作的方法系统。在不同的公关状态和公关目标下,企业必须选择不同的公关方式,以便有效地实现公共关系目标。一般来说,供企业选择的公关方式主要有战略性公关方式和策略性公关方式两类。

(1)战略性公关方式主要针对企业面临的不同环境和不同的公关任务,从整体上影响企业形象,包括建设性公关、维系性公关、进攻性公关、防御性公关、矫正性公关。

(2)策略性公关方式属于公共关系的业务类型,主要注重公共关系的策略技巧,包括宣传性公关、交际性公关、服务性公关、社会性公关、征询性公关。

(四)实施公关方案

实施公关方案,需要做好以下工作:

(1)做好实施前的准备。在实施任何公共关系活动之前,都要做好充分的准备,这是保证公共关系活动实施成功的关键。公关准备工作主要包括公关实施人员的培训、公关实施的资源配备等方面。

(2)消除沟通障碍,提高沟通的有效性。公关传播中存在着方案本身的目标障碍,如实施过程中语言、风俗习惯、观念和信仰的差异,传播时机不当,组织机构臃肿等多方面形成的沟通障碍,以及突发事件的干扰等影响因素。消除不良影响因素,是提高沟通效果的重要条件。

(3)加强公关实施中的控制。企业的公关实施如果没有有效的控制,就会产生偏差,从而影响公关目标的实现。公关实施中的控制主要包括对人力、物力、财力、时机、进程、质量、阶段性目标以及突发事件等方面的控制。公关实施中的控制一般是由制定控制标准、衡量实际绩效、将实际绩效与既定标准进行比较和采取纠偏措施这四个环节组成。

(五)评估公关效果

公共关系评估,就是根据特定的标准,对公共关系计划、实施及效果进行衡量、检查、评价和估计,以判断其成效。需要说明的是,公共关系评估并不是在公关实施后才评估公关效果,而是贯穿于整个公关活动之中。

四、公共关系的策略

(一)媒介事件

媒介事件是指企业专门为了让新闻媒体进行宣传报道而开展的公共关系活动。新闻媒体传播信息的速度又快又准,覆盖面广、影响力极大,很多西方国家把它视为除行政、立法、司法以外的"第四权力机构"。因此,企业借助新闻媒体宣传,能迅速提高知名度,使自己在众多竞争者中脱颖而出。

企业的公共关系人员要善于制造新闻事件,引起新闻界的关注。当然,制造新闻要用正当的手段,采取的行动既对自身有利,又能使社会和公众得到实惠。无中生有地捏造、夸大事实,往往会起到相反效果。

(二)专题活动

公共关系的专题活动是公共关系人员以商品促销为目标,运用创造性思维,精心策划和组织的主题鲜明的公关活动,希望引发轰动效应。

1. 专题活动策划应突出"新""奇""特"

企业利用新鲜、特别的手段引发人们的好奇心理,驱使消费者一探究竟,往往能造成较大的轰动效果。

2. 专题活动策划应重视名人效应

名人是在社会中享有极高知名度、受到公众崇拜与信任、具有很强影响力的人,比如明星、节目主持人、权威人士等。在公共关系活动中,企业常常邀请明星进行广告宣传、请专家做报告、开辟名人专栏、开通专家热线等。这些活动都巧妙地抓住了人们对名人的崇拜心理,有的放矢地开展公共关系活动,使企业知名度快速提升、产品销量迅速增长、名人效应得以彰显。

3. 专题活动策划应针对公众关注的热点

公众的视线往往停留在当前的热点问题上。寻找公众瞩目的焦点和话题,巧妙地利用它们,是策划工作的一项重要任务。

(三)公益活动

公益活动是企业最常用的公关方式之一。它是指企业不计报酬地用各种方式参与社会公益事业,比如捐资助学、赞助各类体育赛事、赞助社会福利院、给受灾地区捐款捐物、资助社区活动等。企业参与公益活动不应仅仅从自身的利益出发,而应树立起主人翁意识,从全人类的高度积极开展行动。公益活动应贯穿企业发展的始终,真正树立起热心公益、造福社会的良好形象,搞好企业同政府部门、社区及一般公众的关系。

(四)情感服务

情感服务是企业为公众提供各种实惠和优质服务,提升企业形象,以实际行动表明企业为公众服务的诚意,进而感动公众。这是一种服务性公共关系策略。在商品、价格、质量、服务内容大体相同的竞争环境下,企业打出"情感牌",往往能出奇制胜。

【学中做9—1】 某企业打算把营销部门与公共关系部门合并起来,由同一个副总经理来领导,这种做法从机构设置的角度考虑是否可取?

分析:可取。因为公共关系是企业营销管理活动的重要组成部分。首先,现代企业在进行营销活动的过程中,要求更多以市场营销为导向的公关活动,希望公关活动能有助于企业营销和改进营销。其次,各企业已经在组建市场营销公关团体,直接从事对企业或者产品的促销,以及品牌形象的树立和维护。因此,公共关系也服务于营销部门。所以,把营销部门与公共关系部门合并起来,由同一个副总经理来领导,这种做法从机构设置的角度考虑是可取的。

任务六 网络促销

一、网络促销的概念和特点

(一)网络促销的概念

网络促销是指利用现代化的网络技术向虚拟市场传递有关产品和服务的信息,以激发消费者的购买欲望,促使消费者做出购买行为的各种活动。

(二)网络促销的特点

1. 通过网络传递信息

网络促销是通过网络技术来传递产品和服务的存在、性能、功效及特征等信息。它建立在现代计算机与通信技术的基础之上,并且随着计算机和网络技术的不断改进而改进。

2. 在虚拟市场上运行

网络促销是在虚拟市场上运行的,这个虚拟市场就是互联网。互联网是一个媒体,是一个连接世界各国的大网络,它在虚拟的网络社会中聚集了广泛的人口,融合了多种文化。

3. 市场更加开放

互联网虚拟市场的出现将所有的企业,不论是大企业还是中小企业,都推向了一个统一的开放市场,传统的区域性市场的小圈子正逐步被打破。

二、网络促销的主要形式

网络促销是在网络上开展的促销活动,其形式主要有四种,即网络广告、网络站点推广、网络销售促进和关系营销。其中,网络广告和网络站点推广是网络促销的主要形式。

1. 网络广告

网络广告的类型有很多,根据形式的不同,可以分为旗帜广告、电子邮件广告、电子杂志广告、新闻组广告、公告栏广告等。

2. 网络站点推广

网络站点推广就是利用网络营销策略扩大站点的知名度,吸引网上流量访问网站,以起到宣传和推广企业以及企业产品的效果。网络站点推广主要有两种方法:一种是通过改进网站内容和服务,吸引用户访问,起到推广效果;另一种是通过网络广告宣传推广站点。前一种方法的费用较低,而且容易稳定顾客访问流量,但推广速度比较慢;后一种方法可以在短时间内扩大站点的知名度,但费用不菲。

3. 网络销售促进

网络销售促进就是企业利用可以直接销售的网络营销站点,采用一些销售促进方法,如价格折扣、有奖销售、拍卖销售等,宣传和推广产品。

4. 关系营销

关系营销就是通过互联网的交互功能吸引顾客与企业保持密切关系,培养忠诚顾客。

三、网络促销的实施

(一)创建网站

开展网络促销的第一步是创建一个网站,企业必须设计有吸引力的站点并寻找方法使顾客访问网站,在网站上逗留并且经常光顾。

1. 做好网站规划

网站规划的内容主要包括:明确网站建设的目的,拟定网站域名和名称,获得 IP 地址,确定网站建设内容,明确网站的技术解决方案,编制网站建设财务预算等。

2. 做好网站制作工作

一是做好网站设计工作,企业网站要简单实用,页面下载速度要快,易于导航和使用,提供搜索引擎或网站地图,联系信息方便多样,设计易于更新的工具,兼容多种浏览器,无错误链接,有良好的容错性能,可扩展性强,安全性能好;二是合理确定网站内容和形式,科学定位网站的 CI 形象,合理设计页面的视觉信息等。

(二)网站的管理与推广

1. 网站的管理

一是做好网站运行的管理,如对网站实施域名维护、网站空间测试、邮件系统测试、网站系统维护服务等方面的管理工作;二是做好网站内容的管理,如网站页面格式和版面要定期做一些调整或技术上的更新,定期更新页面信息,添加一些功能或信息,做好网站客户的管理,注意网站的安全,保证网站服务器、程序、信息、数据的安全。

2. 网站的推广

企业建立网站的目的是提高企业的知名度,拓展企业的销售渠道。要使网站成为企业创造利润的工具,企业还必须做好网站推广的工作,具体包括:①不断对企业的网站进行搜索引擎优化;②购买关键词排名;③利用博客推广企业网站;④利用群发软件推广企业网站。

此外,企业也可采用注册加入行业网站、邮件宣传、论坛留言、友情链接、互换广告、网站推广、分类网站信息发布等推广方式。

总之,对于大多数企业而言,网络促销是企业进入市场的一种新的方式。随着企业熟练地将电子商务融入日常战略和决策中去,网络促销将不断发展,并成为企业更快更有效地与顾客建立联系、提高销售业绩、交流企业和产品信息、提供产品和服务的一个强有力的工具。

应知考核

一、单项选择题

1. 促销的本质是企业与消费者的( )沟通,这是促销工作的核心。
   A. 服务　　　　　B. 资金　　　　　C. 信息　　　　　D. 商品
2. 在( )期,促销目标主要是建立产品的知名度,促销方式以广告为主。
   A. 导入　　　　　B. 成长　　　　　C. 成熟　　　　　D. 衰退
3. ( )在拉引策略运用中起的作用最大。
   A. 人员推销　　　B. 广告　　　　　C. 营业推广　　　D. 公共关系
4. ( )是在广告中直接说明产品的品牌、特点、用途、价格、生产者以及操作要领等。这种广告表现方式是最常见的。
   A. 示范式　　　　B. 明星式　　　　C. 直陈式　　　　D. 人格化
5. 合作广告是针对( )的营业推广活动。
   A. 中间商　　　　B. 消费者　　　　C. 竞争对手　　　D. 推销人员
6. ( )又称销售促进,是指企业为了在短期内迅速刺激消费者购买,促使中间商大量进货,推销员积极推销而采取的促销活动。
   A. 人员推销　　　B. 广告　　　　　C. 营业推广　　　D. 公共关系
7. 以旧换新是以( )为主题的营业推广。
   A. 展示　　　　　B. 价格　　　　　C. 赠送　　　　　D. 奖励
8. 售点陈列是以( )为主题的营业推广。
   A. 展示　　　　　B. 价格　　　　　C. 赠送　　　　　D. 奖励
9. ( )是指企业专门为了让新闻媒体进行宣传报道而开展的公共关系活动。
   A. 媒介事件　　　B. 专题活动　　　C. 公益活动　　　D. 情感服务
10. 正日益成为与传统广告四大媒体齐名的第五大媒体是( )。
    A. 网络媒体　　　B. 电视媒体　　　C. 户外广告媒体　D. 杂志媒体

二、多项选择题

1. 非人员推销是指企业借助一定的媒介传递产品或服务等信息,激发顾客购买行为的一系列促销活动,包括( )等。
   A. 人员推销　　　B. 广告　　　　　C. 营业推广　　　D. 公共关系
2. 企业促销组合策略分为( )两种。
   A. 横向策略　　　B. 纵向策略　　　C. 推动策略　　　D. 拉引策略
3. 营业推广的特点是( )。

A. 非常规性　　　　B. 短期性　　　　C. 多样性　　　　D. 见效快
4. 属于针对消费者的营业推广活动是(　　)。
A. 会员卡　　　　B. 打折促销　　　C. 商品赠品　　　D. 现场示范
5. 常见的公共关系策略有(　　)。
A. 媒介事件　　　B. 专题活动　　　C. 公益活动　　　D. 情感服务

三、判断题

1. 依据论证是最有说服力的技巧。　　　　　　　　　　　　　　　　　　　(　　)
2. 柜台推销这种推销方式能让推销人员积极主动地接近顾客,并能为顾客提供有效的服务。
 　　　　　　　　　　　　　　　　　　　　　　　　　　　　　　　　　(　　)
3. 销售百分比法没有考虑企业的销售目标,具有一定的片面性。　　　　　　(　　)
4. 营业推广的对象必须是企业潜在的消费者。　　　　　　　　　　　　　　(　　)
5. 公共关系策略是指企业根据自身形象和目标要求,规划公共关系的活动。　(　　)

四、简述题

1. 怎样理解"人叫人千声不语,货叫人点头自来"?
2. 怎样理解"酒香不怕巷子深"?
3. 简述营业推广方案的制订。
4. 简述广告促销决策的内容。
5. 简述公共关系决策的内容。

应会考核

■ 观念应用

【背景资料】

促销结束后的分析

促销活动结束后常见的有三种情况。第一种情况:假如企业在销售促进活动前占有6%原市场份额,活动期间上升至10%,活动结束后跌至5%,经过一段时间又回升至7%。第二种情况:假如企业在销售促进活动前占有6%原市场份额,企业产品的市场份额在销售促进期间上升至10%,活动结束后立即回跌至2%,经过一段时间后回升至6%。第三种情况:企业产品的市场份额在销售促进期间只上升了很少或没有改变,活动期一过就回落,并停留在比原来更低的水平上。

【考核要求】

三种情况各说明了什么?

■ 技能应用

怎样做一名推销员

一名推销员说:"一家酒店老板,我都记不清找了他多少次。第一次打他的手机,他正在开会。第二次打电话,听得出他在打麻将的'哗啦哗啦'声,他说:'没时间!'第三次打电话,他在酒桌上和客户'吮吮'碰杯:'你烦不烦啊!'第四次打电话,接电话的可能是他妻子,他妻子醋意大发:'你别纠缠起来没完好不好?'当她听出我是男士时,声音变得客气了:'对不起,你等会儿再打,他在蹲厕所呢。'第五次打电话,电话里'嘟——嘟——'两声,他没接就关机了。"

【技能要求】

碰上这种情况,如果你是这名推销员,你会怎么办?为什么?

■ 案例分析

【分析情境】

商店与顾客同庆生日扬美名

长沙友谊华侨公司于某年11月中旬开始进行店堂装修,装修后的店堂营业面积扩大了400多平方米,商品品种增加了200余种,并定于元旦重新开业。但开业之前,有一件事却使该公司总经理胡先生为难:焕然一新的"友华"怎样才能吸引更多的顾客呢?时间已到12月26日了,还没有想出什么新点子,胡经理开始焦急起来,连母亲70岁生日也顾不上了。深夜12点钟,他还无法入睡,随手翻起床头一本中国香港出版的《国外营销术》,突然看到一篇谈营销主体如何采用贴近顾客来促销的文章。在他的脑子里"贴近顾客"与"母亲生日"两者相撞,蓦地迸发出灵感的火花:能不能用"友华"的名义请长沙市区内在历年元旦这天出生的顾客到店里来过生日?一位顾客来过生日,陪着来的就会有两三位,甚至更多……

第二天上班,公司的其他职工听胡经理谈了这个主意后,都认为这是新招,可行。于是他们邀请乐华电子联合有限公司作为联办单位,并赶制了一批精巧的生日纪念卡和小礼品,接着又在报纸和电视上打出广告,邀请市内历年元旦出生的市民今年元旦趁"友华"重新开张之际,来店同庆生日和节日。

开业那天,过生日的顾客怀着兴奋的心情,手持身份证排队领取生日礼品。他们三五成群而来,吸引了不少过往行人。这边一人领礼品,其余亲友就逛商店去了。没过多久,店里挤得水泄不通。80岁高龄的曾老先生闻讯后,高兴地说:"我活了80岁,从来没有看到商店为顾客过生日的,今天看到了。"他特地打发60岁的儿子到店里代他庆贺生日,这位花甲老人进店代父亲领了生日纪念品后,又被琳琅满目的商品所吸引,看了这个柜台又看那个柜台,边看边买,出店时,大包小盒提了一大串。下午2点,一个男子手持医院证明来到店里,说他女儿当天上午10点才降生。胡经理代表公司向他表示祝贺,并向他的女儿赠送礼品。他激动地说:"你们给顾客带来了生日的乐趣,把'友华'的美好情意送到了顾客心里。"到下午5点,该店共发出生日礼品千余份,而商店的客流量已超过了20万人次,销售额达100万元,相当于过去同期平均销售额的十几倍,创该店历史上的最高纪录,为日后扩大销售奠定了良好的基础。

【分析要求】

1. "商店与顾客同庆生日扬美名"说明了什么?
2. 长沙友谊华侨公司营销成功的原因是什么?我们可从中获得哪些有益的启示?
3. 结合我国企业促销现状,谈谈如何运用促销策略以加快企业经营目标的实现。

项目实训

【实训项目】

促销策略

【实训目标】

1. 巩固所学的人员推销知识。
2. 通过这次推销,培养学生熟练运用推销技巧的能力。
3. 调动学生学习的积极性,突出学生的主体地位。

【实训内容】

1. 学生阅读并熟记产品介绍资料。

2. 模拟推销,进行销售实践。

【实训要求】

1. 教师事先准备手机、护肤品、饮料等各类产品的介绍资料,并发放给学生。

2. 全班学生每2人一组,分为多组。同组的两名学生分别扮演顾客和推销员。扮演顾客的同学同时担任评委,给推销员打分。

3. 两名学生互换角色模拟。

4. 教师现场指导,纠正学生的表现,选择表现较好的几组进行示范并点评。

5. 建议采用情景模拟法进行本实训。

6. 将实训报告填写完整。

"促销策略"实训报告

项目实训班级:	项目小组:	项目组成员:
实训时间:　　年　　月　　日	实训地点:	实训成绩:
实训目的:			
实训步骤:			
实训结果:			
实训感言:			
不足与今后改进:			
项目组长评定签字:		项目指导教师评定签字:	

项目十　市场营销管理

● **知识目标**

理解：市场营销部门的演变及其与其他部门的关系；营销组织形式的特点。
熟知：市场营销计划的概念；市场营销计划的内容和制订方法。
掌握：市场营销的控制过程；年度控制、盈利能力控制、效率控制、战略控制、市场营销审计的概念与方法。

● **技能目标**

能够结合市场营销管理过程中的计划、组织、控制进行营销活动，具备市场营销管理者应具备的基本管理能力和管理实践，并提高管理职业技能的创新管理技能。

● **素质目标**

运用所学的市场营销管理知识研究相关事例，培养和提高学生在特定业务情境中分析问题与决策设计的能力；结合行业规范或标准，运用知识分析行为的善恶，强化学生的职业道德素质；具有市场营销管理者应具有的职业道德和职业素养；树立正确的职业观和就业观，以及对职业有认识、有态度、有目标的追求。

● **思政目标**

明确社会主义核心价值观，价值观是文化的基石，也是市场营销管理的行为准则和指南；培养市场营销管理中的思想道德素质，思想道德素质也决定了企业的形象，引导正确的价值观和道德观，在今后的工作中不断磨练自己的意志和毅力，忠于职守，坚忍不拔，积极进取，勇于创新。

● **项目引例**

大龙锰业的成功

贵州红星发展大龙锰业有限公司是一家生产电解二氧化锰、为电池生产企业提供原料的上市公司。该公司 2002 年成立之后，在短短两年时间里，生产能力就位居全国第二，产品顺利进入南孚、双鹿以及日本松下等知名电池生产企业，产品供不应求，在高档无汞碱性电池原料市场的占有率位列全国第二。可谁又知道这家公司是由已破产关闭的贵州汞矿系统的大龙氯碱镁厂、贵汞铁路专用线、贵汞汽修厂组建而成的呢？它成功的秘密是什么？为什么它能在短时间内用 5 600 万元的注册资本,将年销售额迅速扩展到 3 亿元,利润达 5 000 万元以上？其最大的成功秘密就在于市场营销战略上的成功。该公司立足于市场,通过对市场的诊断分析,发现电池无汞化以及碱性电池需求的增长带来的对相关原材料的强劲需求,并诊断出市场缺口近 2 万吨,且市场需求以每年近 30% 的速度增长,于是公司迅速做出战略调整,抓住机遇,集中资金提高生产能力,其主导产品电解二氧化锰的生产能力从 1 万吨/年发展到 4 万吨/年。同时,公司着眼国际市场,提升企业战略高度,红星产品除南孚、双鹿、豹王等知名电池生产企业的占有率达 48% 外,日本松下与其签订了正式供货合同,需求超过 5 万吨的全球最大碱性电池生产企业美国金霸王公司也提出了不低于 1 万吨的采购需求。该公司市场营销战略的成功有力地推动了企业战略的实施,使其真正实现了以市场为导向、财务管理为龙头、企业文化建设为依托的企业发展战略,并取得了成功。

资料来源:佚名. 市场营销战略[EB/OL]. http://wiki.mbalib.com/wiki/市场营销战略[2018-06-26].

- **引例讨论**

通过本案,你如何理解市场营销计划？

- **引例导学**

市场营销计划不仅是企业部门计划中最重要的计划之一,而且是其他各种计划都要涉及的内容。市场营销活动是由一系列有组织的人员来进行的。市场营销的成功和市场营销计划的实现离不开有效的市场营销组织,因为市场营销的组织结构会影响营销人员的自主权限、沟通效果和合作程度。所以,加强市场营销组织的建设,制订和实施市场营销计划,评估和控制市场营销活动,是市场营销组织的重要任务。

- **知识精讲**

任务一　市场营销计划

一、市场营销计划的概念

市场营销计划在企业实际工作中,常常被称作市场营销策划,它是指企业有关营销活动方面的具体安排。对于专业的营销公司而言,营销计划也就是公司计划,对于其他经营领域的企业而言,营销计划是公司计划的一个组成部分。

营销计划涉及两个最基本的问题:第一,企业的营销目的是什么？第二,怎样才能实现这一营销目标？企业在进行营销活动之前,必须计划营销活动的目标及其实施手段。离开营销计划的活动是盲目且脱离实际的,即便完成了也将是混乱和低效率的。

二、企业市场营销计划的发展和演进

任何企业的市场营销计划都经历过或正在经历以下四个基本阶段中的一个阶段:

(一)无计划阶段

企业在营销管理中没有正式的计划。有的企业因为是新创办的,管理者忙于筹集资金、开发客户、购置设备和原材料、配置人员,所以难以有完整的时间考虑计划的制订,管理者通常全神贯注于日常的经营业务,以维持企业的生存与发展。有的企业的管理者没有认识到计划的重要作用,认为市场变化太快,计划往往落后于实际,没有用,因此一直没有建立正式的计划系统。

（二）年度计划阶段

管理者认识到制订计划的重要性之后，开始制订年度计划，方法主要有以下三种：

1. 自上而下的计划

由企业最高管理层为较低的管理部门建立目标和计划，由下属各部门、各单位贯彻执行。这种计划常用于类似军事化管理的组织中。

2. 自下而上的计划

由企业各基层单位先制订可实现的最佳目标和计划交给高层管理者审批，然后由各部门贯彻执行。让基层单位参与企业计划的制订，提高了它们的积极性和创造意识。

3. 上下结合的计划

高层管理者根据企业的整体发展要求确定企业年度目标，下达给下属各单位，各单位据此进行可行性论证和修正，或制订具体的计划，上交高层管理者批准后，就成为正式的年度计划。大多数企业采取这种计划方法。

（三）长期计划阶段

从年度计划的制订和实施中，企业最高管理者又进一步认识到，企业不仅要制订年度计划，更要高瞻远瞩，制订长期计划（如五年计划、十年计划）。年度计划是长期计划在每一年的具体化，实现各个年度计划就能保证长期计划的逐步实现。由于企业的环境是不断变化的，所以企业每年都要对长期计划进行适当修正。

（四）战略计划阶段

由于企业外部营销环境变幻莫测，企业需要发展能够抵抗各种环境冲击的业务组合，使各部门的计划工作相互配合，共同迎接冲击。战略计划就是研究在不断变化的环境中，应怎样努力提高企业的适应能力，并把握营销的良机。战略计划阶段是企业组织管理规模化、复杂化的一种必然的发展结果，战略计划是创新和理智行为的综合表现。

三、市场营销计划的内容

（一）企业中哪些计划涉及市场营销计划的内容

在企业的各种计划中，至少有以下八种计划与市场营销密切相关：

1. 公司计划

公司计划是企业业务的整体计划。它可以是年度计划，也可以是中长期计划。公司计划的内容包括公司任务、成长战略、业务组合决策、投资决策和现行目标。它不包括各个业务单位的活动细节。

2. 事业部计划

事业部计划类似于公司计划，它描述事业部计划的成长和盈利率。其内容包括营销、财务、制造和人事战略，在时间上有短期、中期或长期计划。在某些场合，事业部计划是事业部制订的所有个别计划的总和。

3. 产品线计划

产品线计划描述一条特定产品线的目标、战略和战术，由每一条产品线的经理负责拟订。

4. 产品计划

产品计划描述一个特定产品或产品种类的目标、战略和战术，由每一位产品经理负责拟订。

5. 品牌计划

品牌计划描述在一个产品种类中某特定品牌的目标、战略和战术，由每一位品牌经理负责这项计划的制订工作。

6. 市场计划

市场计划是发展一个特定的行业市场或地区市场并为它服务的计划。每一位市场经理都应拟订这种计划。与此密切相关的是为重要客户准备的顾客计划。

7. 产品(市场)计划

产品(市场)计划是在一个特定行业或地区市场营销一种特定产品或产品线的计划。例如,一个对某城市的房地产业推销贷款服务的银行计划。

8. 功能计划

功能计划是关于一项主要功能的计划,比如营销、制造、人力资源、财务或研究开发计划。它还描述在一个主要功能下的子功能计划,比如在营销计划下的广告计划、销售促进计划、人员推销计划和营销调研计划。

(二)营销计划包含的内容

营销计划包含的内容取决于高层管理者想从其下属经理处得到多少详细内容。大多数的营销计划,特别是产品和品牌计划,都包含下列内容:经营摘要、当前营销状况、机会和问题分析、目标、营销战略、行动方案、预计的损益表和控制手段。这些内容列于表10-1中。

表 10-1　　　　　　　　　　　　　　营销计划的内容

内　容	目　的
经营摘要	使高层管理者迅速了解计划内容而提供的简略概要
当前营销状况	提供与市场、产品、竞争、分配和宏观环境有关的背景数据
机会和问题分析	概述主要的机会和威胁、优势和劣势,以及在计划中必须处理的产品所面临的问题
目标	确定计划中想要达到的关于销售量、市场份额和利润等领域的目标
营销战略	描述为实现计划目标而采用的主要营销方法
行动方案	回答应该做什么、谁来做、什么时候做,以及需要多少成本等问题
预计的损益表	概述计划预期的财务收益情况
控制手段	说明将如何监控该计划

四、市场营销计划方法

市场营销计划方法包括目标利润计划法(target profit planning)和最大利润计划法(profit optimization planning)。

(一)目标利润计划法

目标利润计划法分为三步:

第一步,先预测产品下一年度市场规模总量,根据本企业当年的市场份额及市场增长计划,计算出企业下一年度的总销售量。然后,按当年的单位产品价格以及劳动力和原材料可能上涨的幅度,计算出下一年度的总销售收入。

第二步,估计下一年度的单位产品变动成本,计算出包括固定成本、利润和营销费用在内的贡献毛收益,用贡献毛收益减去固定成本及目标利润,余下的则为营销活动费用,即营销费用。

第三步,将营销预算分配到各项营销活动中。方法是:在当年分配比例的基础上,根据实际情况的变化进行调整,制订出下一年的分配方案。

(二)最大利润计划法

最大利润计划法要求管理人员确定销售量与营销组合各因素之间的关系,可利用销售反应函数(Sales Response Function)来表示这种关系。所谓销售反应函数,是指在一定时间内营销组合中一种或多种因素的变化与销售量变化之间的关系。企业管理者可用统计法、实验法或判断法来预测销售反应函数,将营销支出以外所有的费用从销售反应函数中扣除,得出毛利函数曲线。然后,计算出营销支出函数曲线,将营销支出函数曲线从毛利曲线中扣除,可得到净利函数曲线,净利函数曲线的最大值即为利润最大点。当函数值为正值时,其营销支出为合理值。

任务二　市场营销组织

一、市场营销组织的概念

市场营销组织是指企业内部涉及市场营销活动的各个职位及其结构。具体来讲,企业的市场营销组织,就是为了适应营销环境的变化、有效实现市场营销的战略目标,通过开展市场营销活动,对实现企业市场营销目标有关的业务进行合理分配,配备人员,划分职责权限,明确相互关系,协调企业各部门,形成企业整体营销功能的有机体系。

二、营销组织类型的演变

(一)简单的销售部门

20 世纪 20 年代以前,西方企业主并不重视市场营销,也没有营销部门这个概念,销售职能多由企业主本人或雇用一两个推销人员承担。20 世纪 20 年代后期,渐渐出现了简单的销售部门,由销售主管负责管理几个推销人员,并同时兼顾其他营销职能,如图 10-1 所示。

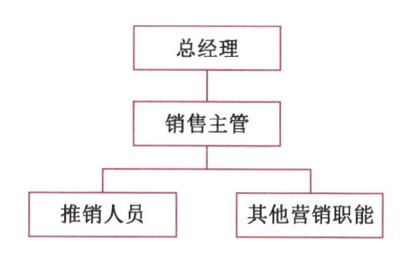

图 10-1　营销组织第一阶段

(二)兼有附属功能的销售部门

随着企业规模扩大、业务增多,企业除了需要雇用销售人员外,还需要聘请富有经验的营销主管来处理除销售以外的其他营销业务,包括广告宣传、市场调研、销售服务等一些新增加的营销功能,营销组织结构也调整为这种类型,如图 10-2 所示。

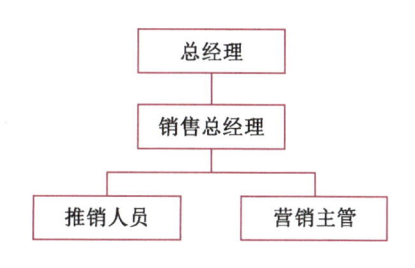

图 10-2　营销组织第二阶段

(三)独立的市场营销部门

由于市场竞争日趋激烈,营销部门的任务及重要性也不断增强。企业的总经理意识到,设立一个相对独立的营销部门将更有利于企业营销工作的开展,这个营销部门应和销售部门具有同等地位,两者之间相互独立、相互平行、相互合作,同时对总经理或常务副总经理负责。其营销组织结构如图10—3所示。

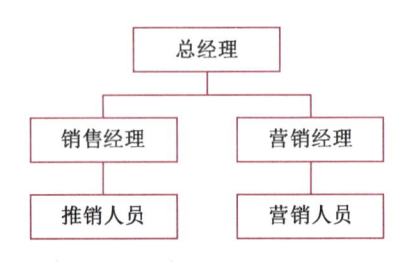

图10—3 营销组织第三阶段

(四)现代的营销部门

销售部门和营销部门虽然根本目标是一致的,但在实际运作中,仍有着种种难以调和的矛盾,双方都刻意突出自己在企业中的重要性。一般来讲,销售部门经理着眼于眼前利益,擅长完成眼前的实际任务;而营销部门经理则着重于企业长远利益,擅长把握市场的总体变化,策划长期的营销策略。这时,总经理就不得不派一个常务副总经理专职处理、协调这两个部门的工作(如图10—4所示)。现代营销观念的确立,最终导致推销、营销合并为一个职能部门,由营销副总经理直接领导,兼顾两个部门的所有事务,最终形成了现代营销部门。

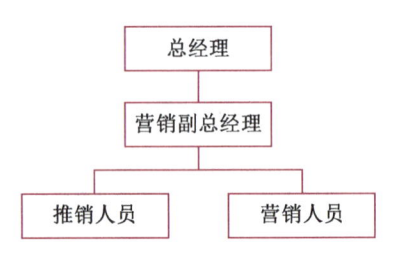

图10—4 营销组织第四阶段

三、市场营销部门的组织形式

(一)职能型组织

职能型组织结构是最常见的市场营销组织形式,即按职能分工,由营销副总经理负责,其下分设广告与促销、销售、市场调研、新产品和营销行政等运作部门,如图10—5所示。这种组织结构的优点是:易于管理,分工明确。其缺点是:营销效益太低,协调困难。它适用于产品品种少或产品营销方式大体相同的企业。

图10—5 职能型组织

(二)地区型组织

地区型组织结构按地理区域来划分工作范围,每个销售人员分工负责一定地域范围内的商品销售工作,如图10-6所示。这种组织结构的优点是:可以考虑不同地区主客观环境的差异性,并有针对性地开展营销活动。其缺点是:可能会引起机构的重复设置,地区与地区之间产生利益冲突等。它适用于市场范围广、销售业务重的企业。

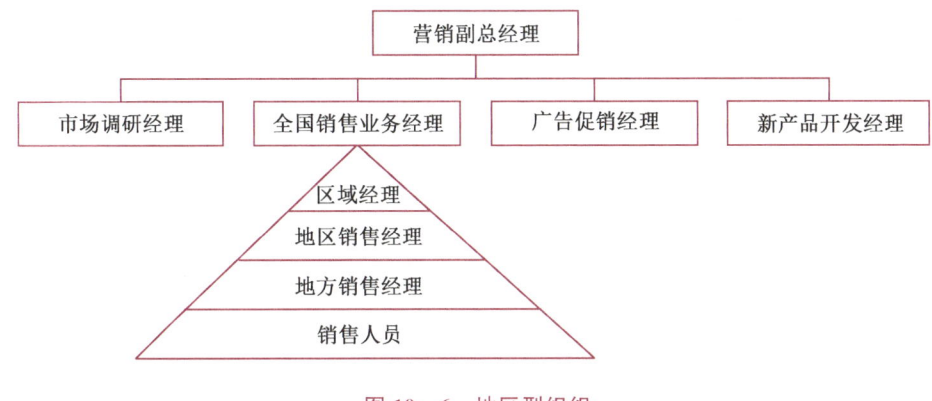

图10-6 地区型组织

(三)产品(品牌)型组织

产品型组织结构则是指在保留职能管理的基础上,根据产品(品牌)的类别不同,来划分销售人员职责,每位销售人员分工负责特定产品(品牌)的营销工作,如图10-7所示。设立这种组织结构的优点是:对市场变化反应积极,能调动销售人员的积极性。其缺点是:多头领导,部门冲突,缺乏整体观念。它适用于产品组合深且宽的大型企业。

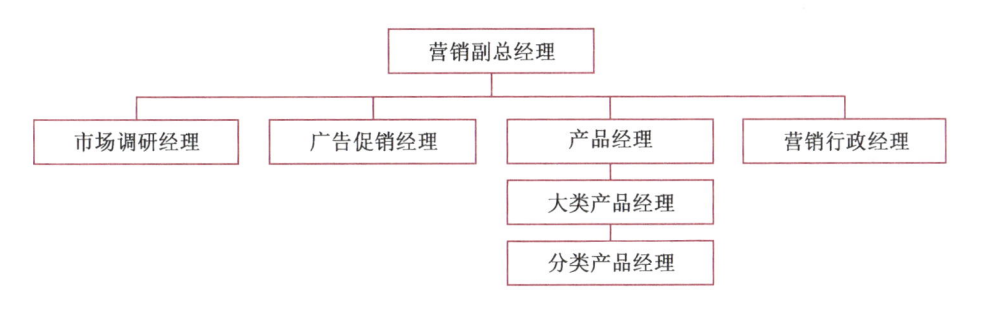

图10-7 产品(品牌)型组织

【拓展阅读10-1】 美国宝洁公司最先采用产品(品牌)型营销组织

产品(品牌)型营销组织始创于1927年,最先为美国宝洁公司所采用。当时,宝洁公司的新产品——佳美香皂——市场销路欠佳。对此,一位名叫麦克埃尔罗伊的年轻人提出了品牌管理思想,并受命担任佳美香皂这一产品的经理(后来升任宝洁公司总经理),专管该新产品的开发和推销。在他获得了成功后,公司又增设了其他的产品经理,从此改写了宝洁公司的发展史,"将品牌作为一项事业来经营"。宝洁要求它旗下的每个品牌都是"独一无二"的,必须各自建立顾客忠诚度。同类产品的多种宝洁品牌相互竞争但又各有所长,为消费者提供不同的利益,从而保持各自的吸引力。例如,其洗发水品牌各自的承诺不同:"头屑去无踪,秀发更出众"(海飞丝);"洗护二合一,让头发飘逸柔顺"(飘柔);"含维生素B5,令头发健康,加倍亮泽"(潘婷)。在全球范围内,宝洁还有9个洗衣液品牌、6个香皂品牌、3个牙膏品牌、2个衣物柔顺剂品牌。《时代》杂志称宝洁是一个"毫无拘束、品牌自由的国度"。

(四) 市场型组织

市场型组织结构即以消费者需要为导向来设置企业的营销结构,如图10-8所示。设置这种组织结构的优点是:能充分考虑到消费者的不同需求,更好地满足不同消费者群的需要,也有利于企业加强销售和市场开拓。其缺点是:容易出现权责不清和多头领导的矛盾。它适用于产品线单一、市场各种各样、分销渠道多的企业。

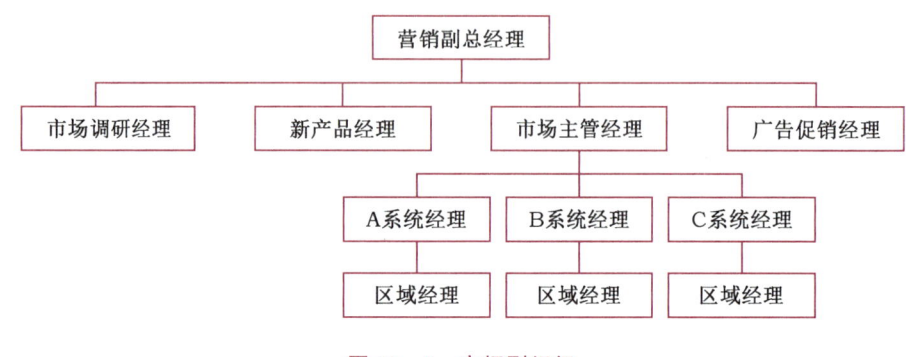

图10-8 市场型组织

(五) 产品—市场管理型组织

面向不同市场、生产多种产品的企业,在确定市场营销组织结构时经常面临两难抉择:是采用产品管理型,还是市场管理型?能否吸收这两种形式的优点,扬弃它们的不足之处呢?因此,有的企业建立了一种既有产品经理又有市场经理的矩阵组织,以求解决这个难题。但是,矩阵组织的管理费用高,容易产生内部冲突,于是又产生了新的两难抉择:一是如何组织销售力量,究竟是按每种产品组织销售队伍,还是按各个市场组织销售队伍,或者销售力量不实行专业化?二是谁负责定价,是产品经理还是市场经理?

【拓展阅读10-2】 美国杜邦公司产品——市场管理型的矩阵组织

美国杜邦公司采用的是一种典型的产品——市场管理型的矩阵组织(如图10-9所示),它是按这种矩阵结构设置营销机构的先锋。杜邦公司的纺织纤维部分别设有主管人造丝、醋酸纤维、尼龙和涤纶的产品经理,同时也设有主管男式服装、女式服装、家庭装饰和工业用料等市场的市场经理。产品经理负责制订各自主管纤维品种的销售计划和盈利计划,集中精力研究如何改善自己主管纤维品种的盈利状况和如何增加这些纤维的新用途。他们的日常工作之一就是同市场经理接洽,请他们估计这种纤维在他们主管的市场上的销售量。另外,市场经理则负责开发有盈利前景的市场去销售杜邦公司现有的产品和将要推出的新产品,他们必须从市场需求的长远观点出发,更多地注意开发适应自己主管的市场需要的恰当产品,而不仅仅是推销杜邦公司的某种纤维产品。在制订计划时,他们需要与产品经理磋商,了解各种产品的计划价格和各种原材料的供应状况。各市场经理和各产品经理的最终销售预测总计数应该是相同的。

【学中做10-1】 有人认为品牌或产品管理组织是目前我国许多企业的市场营销活动进行有效管理的最佳组织结构形式,你怎么看?

分析:品牌或产品管理组织形式适宜于较大规模、采用多元化战略的企业,因此,该组织形式并非适用于一般企业。而目前我国许多企业自身所处的发展阶段、经营范围、业务特点等内在因素存在较大差异,因而影响了它们的组织结构形式选择。

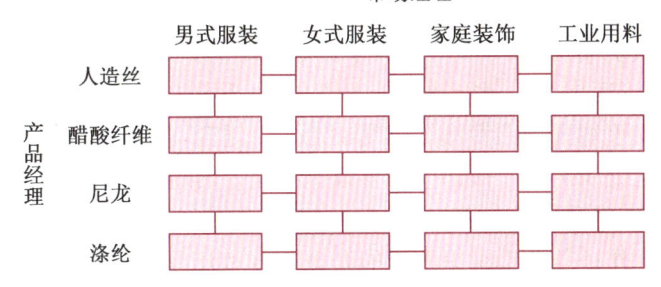

图 10-9 杜邦公司纺织纤维部的产品——市场管理型矩阵

四、市场营销组织设计的影响因素

(一)外部宏观环境

企业的外部宏观环境主要是指政治、经济、文化、法律、技术发展等,这些方面的变化会对企业组织变革产生宏观层面的影响,是企业组织变革潜在的影响因素,企业在设计市场营销组织结构时必须考虑这些因素。

(二)市场环境

市场环境包括竞争环境和需求环境。竞争环境由目标市场中参与竞争的竞争对手数量和实力决定,需求环境由目标市场消费者的产品需求数量和产品需求类别决定,二者共同决定了企业在目标市场中的份额及利润空间大小。企业要根据自身在目标市场中的地位,确定营销战略及组织设计的走向。例如,当市场竞争不激烈时,产品销售相对容易,组织体系只要能较好地管理市场即可,对营销组织的穿透力及营销深度要求不高。在市场竞争加剧的情况下,只有打造一个强有力的营销组织,才能确保企业生存与发展下去,这就要求企业营销组织具备极强的穿透力,将营销组织的触角延伸到任何一个细微市场,同时增加营销深度,这也是考验组织管理水平的一把标尺。根据权变理论的观点,外部环境的变化要有配套的内部组织与之相适应,才能够确保组织的有效运作。

(三)战略导向

战略决定组织,战略是组织设计中最重要的影响因素,战略导向是组织变革或组织设计的一面旗帜。什么样的目标决定什么样的行动,什么样的行动要求有什么样的组织与之对应。例如,当年 TCL "以速度冲击长虹的规模",将 TCL 打造成敏捷型选手,来对抗长虹这个力量型选手。基于竞争对手实际情况确定的竞争营销战略,就要求 TCL 具备强大的终端控制能力,充分利用渠道下沉与终端拦截等手段,将营销体系的管理重心也下沉,形成多级营销的管理体系,构建出彩电行业的"垂直分销体系"。

(四)营销模式

营销模式对组织的影响属于策略层面的影响,只有明确企业采用什么样的营销模式,才能明确企业在运作市场的时候配备哪些资源和什么样的管理水平。企业如果采用"深度营销"模式,就要求对市场深耕细作,营销组织的人、财、物等资源都要聚集在关键区域,以保证深度掌控市场,做透每条渠道,做细每个网点,实现终端拦截产品的目的,提高对区域市场的掌控能力。

(五)特定时期面临的核心问题

1. 营销组织方面的问题

不同企业的营销组织的现状不同,这取决于营销策略制定、组织职能划分、部门功能发育及内部协同四个方面,如各管理层级的职能划分是否清晰,决策重心是否满足市场反应速度的需要,客户管理、品牌推广、产品策划及产品管理等市场功能是否健全,内部协同作战能力是否有待加强等。营销组织的现状为营销组织的设计提出了需要改进和完善的地方。

2. 营销管理流程方面的问题

营销组织的有效运作还与营销组织配套的管理制度和流程不可分割,因此营销组织的设计还要充分考虑管理流程中的决策速度和准确度等方面的因素,如是否存在流程跨部门较多而导致沟通与协同难度大,进而影响整体效率等现象。

3. 员工素质方面的问题

营销组织中员工素质的高低,决定着营销组织权力的分配以及管理体系的规范化程度。为保障营销组织体系运转顺畅,因人设岗和因岗设人都是可以的,关键是如何配备最合适的人。

企业管理没有最好,只有更好。企业营销组织设计是一个系统工程,也是一个动态过程,涉及的问题比较多。由于影响营销组织设计的因素很多,在应对企业营销组织设计变革的过程中,企业管理者要多角度、系统化地审视企业所面临的问题,关注企业内部组织与外部环境之间的关系,把握住核心问题,有效结合内外部情况,优化组织系统。

任务三　市场营销控制

一、市场营销控制的概念

市场营销控制有四层含义:①营销控制的中心是目标管理,营销控制就是要监督任何偏离计划和目标的情况出现;②营销控制必须监视计划的实施情况;③通过营销控制,判断任何严重偏离计划的情况产生的原因;④营销控制人员必须采取改进行动,使营销活动步入正确的轨道,必要时改变行动方案。

对市场营销活动进行控制,一是要控制市场营销活动本身,二是要控制营销活动的结果。

二、市场营销控制的步骤

市场营销控制一般包括以下八个基本步骤:

(一)确定控制对象

确定控制对象,即确定对哪些营销活动进行控制。最常见的营销控制对象包括销售收入、销售成本和销售利润三个方面。其他如市场调查的效果、新产品开发、销售人员的工作效率、广告效果等营销活动也应通过控制加以评价。所以,企业可以根据实际情况对控制对象加以选择。

在确定控制对象的同时,还应确定控制的量,即控制频率。因为不同的控制对象对企业营销成功的重要作用不同,所以应该有不同的控制频率。

(二)制定衡量标准

一般情况下,企业的营销目标就可以作为营销控制的衡量标准,如销售额、销售增长率、利润率、市场占有率等指标。对营销过程进行控制时,问题就比较复杂,需要建立一套相关的标准,如将一个长期目标转化为各个时期的阶段目标、将战略目标分解为各个战术目标等。由于各企业的具体情况不同、营销目标不同,营销控制的衡量标准也各不相同。

（三）选择控制重点

企业没有能力也没有必要对营销组织的所有成员、所有的营销活动和营销计划实施的每个环节都进行控制，而必须在影响企业营销成果的众多因素中选择若干关键环节或关键活动等作为重点控制对象。

（四）制定控制标准

所谓控制标准，就是对衡量标准定量化，即以某种衡量尺度表示控制对象的预期活动范围或可接受的活动范围。例如，规定每个推销员每年必须增加多少名新客户，规定推销员每次访问顾客的费用标准等。企业制定的营销控制标准一般应允许有一定的浮动范围，不可绝对化，同时应注意因地制宜、因时制宜、因人而异。例如，推销员的绩效标准要充分考虑到个人之间的差别，主要包括：各个推销员负责的具体产品；各个推销员所负责区域的市场条件和发展潜力；各个推销员所在区域的竞争状况及本企业产品在该市场的地位；推销员所推销产品的广告强度等。

（五）衡量营销绩效

衡量营销工作成效以预先制定的标准为依据。评价员工的工作热情，可以考核他们提供有关营销创新和市场开拓合理化建议的次数；评价员工的工作效率，可以计量他们提供的市场和顾客的数量与质量；分析企业的盈利程度，可以统计和分析企业的利润额及其与资金、成本或销售额的相对百分比；衡量推销人员的工作绩效，可以检查他们的销售额是否比上年或平均水平高出一定数量等。

（六）找出偏差及其程度

把预先制定的衡量标准和控制标准与实际结果进行比较，找出偏差，把握好偏差程度。检查的方法有很多种，如直接观察法、统计法、访问法、问卷调查法等，可根据实际需要选择。企业营销信息系统提供的各种信息也可以用作检查对照的依据。

（七）分析偏差原因

营销执行结果与营销计划发生偏差的情况是经常出现的。原因有两种：一种是实施过程中的问题，这种偏差较容易分析；另一种是营销计划本身的问题。而这两种原因通常交织在一起，加重了问题的复杂性，致使分析偏差原因成为营销控制的一个难点。

要想确定产生偏差的原因，就必须深入了解情况，占有尽可能多的相关资料，从中找出问题的症结。例如，营销部门没有完成营销计划，可能只是因为某种产品的亏损影响了整个部门的盈利；推销效率不高，可能是因为推销员的组织结构不尽合理。

（八）采取改正措施

针对存在的问题，提出相应的改进措施、提高工作效率是营销控制的最后一个步骤。采取改正措施宜抓紧时间。一般来说，其做法有两种：①企业在制订营销计划的同时提出应急措施，在实施过程中，一旦发生偏差，可以及时补救；②企业事先没有制定措施，而是在发生偏差后，根据实际情况，迅速制定补救措施加以改进。

三、市场营销控制的类型

市场营销控制并不是一个单一的过程，它分为年度计划控制、盈利率控制、效率控制和战略控制。年度计划控制是按年度计划核查各项工作进展情况，并在必要时采取纠正措施。盈利率控制是检查和确定在各种产品、地区、最终顾客群和分销渠道等方面的实际获利能力。效率控制是寻找能够改善各种营销手段和开支效果的方法。战略控制则是审查企业的营销战略是否抓住了市场机会，以及是否能与不断变化的营销环境相适应。表10-2简要概括了四种营销控制的特点。

表 10—2　　　　　　　　　　　　　　市场营销控制的类型

控制种类	责任者	控制目的	方　法
年度计划控制	高层管理部门 中层管理部门	检查计划目标是否实现	销售分析、市场份额分析、销售—费用分析、财务分析、顾客态度分析
盈利率控制	营销监查人员	检查公司在哪些方面盈利、哪些方面亏损	产品、地区、顾客群、分销渠道、订货多少等盈利情况
效率控制	直线和职能式结构营销监查人员	评价和提供经费开支以及营销开支的效果	销售队伍、广告、促销和分配等效率
战略控制	高层管理部门 营销审计人员	检查公司是否正在市场、产品和渠道等方面寻求最佳机会	营销有效性评价手段、营销审计

(一)年度计划控制

年度计划控制的目的是确保企业年度计划中的销售、利润和其他目标的实现。年度计划控制的核心是目标管理。控制的过程分为四个阶段：①管理部门确定年度计划中的月份或季度目标；②每月和每季检查销售计划的实施情况；③及时发现问题，找出偏差原因；④采取必要的纠偏措施，或增加销售力量，或修改实施方案，或变更计划目标，以缩小计划与实际之间的差距。

年度计划控制主要是对销售额、市场份额和费用率等进行控制。

1. 销售分析

销售分析是将销售目标和实际销售情况进行衡量和评价。销售分析有两种方法：

(1)销售差异分析。这种方法用来衡量不同因素对销售差异的影响程度。

例如，年度计划规定，在第一季度以 1 元 1 件的单价销售 4 000 件产品，共计 4 000 元。季度末实际只按每件 0.8 元的单价销售了 3 000 件产品，共计 2 400 元，销售业绩差额为 1 600 元(4 000－2 400)，是销售预期的 40%。于是，产生了以下问题：这一业绩差额中有多大比例是由降价造成的？又有多大比例是由销售量未完成造成的？这些问题可通过如下计算得知：

$$由降价造成的差额所占比例 = (1-0.8) \times 3\,000 \div 1\,600 \times 100\%$$
$$= 600 \div 1\,600 \times 100\%$$
$$= 37.5\%$$

$$由未完成销售量造成的差额所占比例 = 1 \times (4\,000 - 3\,000) \div 1\,600 \times 100\%$$
$$= 1\,000 \div 1\,600 \times 100\%$$
$$= 62.5\%$$

可见，62.5% 的业绩差额比例是因为没有完成规定的销售量指标。因此，应进一步分析未完成规定销售量的原因。

(2)微观销售分析。这种方法用来衡量导致销售差距的具体地区。

如上例中，该公司在甲、乙、丙三个地区有销售业务，预计销售量分别是 1 500 件、500 件和 2 000 件，共计 4 000 件。实际销量分别是 1 400 件、525 件和 1 075 件，与计划差距分别为 －6.67%、＋5% 和 －46.25%。可以看出，丙地区是未达到预计总销量的主要障碍。因此，应进一步查明丙地区销量减少的原因，并加强对该地区营销工作的管理。

2. 市场份额分析

市场份额分析能揭示出企业同其他竞争者在市场竞争中的相互关系。如果企业市场份额提高了，那么企业在与对手的较量中就取得了胜利；反之，则说明企业在与对手的较量中处于不利地位。

市场份额分析有四个指标：

(1)总市场份额。它是指其自身的销售量在全行业总销量中占有的百分比。

(2)可占领市场份额。它是指其自身的销售量占其可占领市场的总销售量的比例。

(3)相对市场份额(与三个最大竞争者比)。它是指企业的销量与三个最大竞争者的总销量之比。例如,一个企业占有市场销量的30%,而它的三个最大竞争对手分别占有20%、10%和10%,那么这家企业的相对市场份额就是75%(30/40×100%)。实力比较雄厚的企业的相对市场份额一般都在33%以上。

(4)相对市场份额(与领先竞争者比)。它是指企业的销量与领先竞争者的销量之比。企业的相对市场份额上升,表明它正在缩小与市场领先竞争者的差距。

3. 费用率分析(营销费用—销售分析)

企业在年度计划控制中,要确保企业在达到销售计划指标时,营销费用无超支。例如,某企业的费用—销售比率为30%,其中包括销售人员费用比率(15%)、广告费用比率(5%)、促销费用比率(6%)、营销调研费用比率(4%)。

管理者应当对各项费用率加以分析,并将其控制在一定的限度内。如果费用率变化不大,处于安全范围内,则不需要采取措施。如果变化幅度过大,或是上升幅度过快,以至于接近或超出控制上限,则必须采取有效措施。如图10—10所示,时间为15年的费用率已经超出控制上限,应立即采取控制措施。有的费用率即使落在安全控制范围之内,也应加以注意。由图10—10可知,从时间为9年起费用率就逐步上升,如果能及时采取措施,就不至于升到超出控制上限的地步。

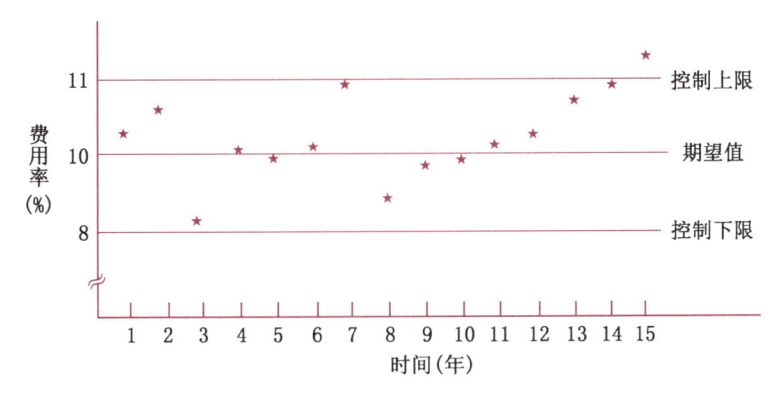

图10—10 费用率控制

(二)盈利率控制

除了年度计划控制外,企业还要衡量和评估不同产品、地区、市场、分销渠道和订货批量等方面的盈利水平,使企业管理者在产品、市场或营销活动的扩大、收缩和改进决策方面得以借鉴。

盈利率分析是指通过对财务报表的有关数据进行一系列分析处理,把所获利润分摊到不同产品、不同地区、不同渠道或不同市场上,从而衡量每一种产品、地区、市场、分销渠道的盈亏情况。其具体步骤是:①确定功能性费用,即销售、推广、包装、储存、运输等活动引起的各项费用;②将功能性费用按产品、地区、市场、分销渠道进行分配;③根据收入及费用编制利润表,如产品利润表、地区利润表、渠道利润表和市场利润表等。

盈利率分析的目的在于找出妨碍获利的因素,并采取相应措施排除或减弱这些不利因素的影响。由于可采取的措施有很多,企业应全面考虑之后做出最佳选择。

(三)效率控制

效率控制是指企业采用有效的方法对销售队伍、广告、销售渠道等活动进行控制,从而实现综合效率的最大化。

1. 销售队伍效率控制

反映销售队伍效率的关键指标有：①每个销售人员每天推销访问的平均次数；②平均每次推销访问所花费的时间；③每次推销访问的平均收入；④每次推销访问的平均成本；⑤每百次推销访问获得的订单百分比；⑥每阶段新增顾客数；⑦每阶段失去顾客数；⑧总成本中推销成本的百分比。

2. 广告促销效率控制

主要应掌握的统计资料有：①每一种媒体类型、每一种广告工具触及1 000人的广告成本；②每一种媒介工具能够引起人们看到、注意、联想该广告的数量与该媒体观众的百分比；③消费者对广告内容和广告吸引力的意见；④对产品态度的事前、事后衡量；⑤由广告所激发的询问次数；⑥每次调查的成本。

3. 营业推广效率控制

营业推广包括数十种激发顾客的兴趣及试用企业产品的方法。为了提高营业推广效率，营销管理者应记录每一次促销活动及其成本对销售的影响，以便寻找最有效的促销措施。特别是注意以下统计数据：①优惠销售的百分比；②每1元销售额中的展示成本；③赠券的回收比例；④一次实地示范所引发的咨询次数。

4. 分销效率控制

企业管理者还需研究分销这一经济活动，以提高仓储和运送的效率。

（四）战略控制

战略控制是指对整体营销效果进行评价，以确保企业目标、政策、战略和计划与市场营销环境相适应。战略控制有两种工具可以利用，即营销效益等级评定和营销审计。

1. 营销效益等级评定

营销效益等级评定可从顾客宗旨、整体营销组织、足够的营销信息、营销战略导向和营销效率这五个方面进行衡量。上述五个方面是编制营销效益等级评定表的基础，由各营销经理或其他经理填写，最后综合评定。每一方面的分数都指出了最需要注意有效营销行动的哪些因素，这样，各营销部门便可据此制订校正计划，用以纠正其主要的营销薄弱环节。

2. 营销审计

营销审计是指对一个企业或一个业务单位的营销环境、目标、战略和营销活动所做的全面的、系统的、独立的和定期的检查，其目的在于发现问题和机会，提出行动建议和计划，以提高企业的营销业绩。

营销审计通常由企业主管和营销审计机构共同完成，包括拟订有关审计目标、资料来源、报告形式以及时间安排等方面的详细计划，这样就能使审计所花的时间和成本最少。营销审计的基本准则是，不能仅仅依靠内部管理者收集情况和意见，还必须访问顾客、经销商和其他有关外部团体。

营销审计的内容主要有：

（1）营销环境审计。分析主要宏观环境因素和企业微观环境（市场、顾客、竞争者、分销商、供应商和辅助机构）中关键部分的趋势。

（2）营销战略审计。检查企业的营销目标及营销战略，评价它们对企业当前的和预测的营销环境的适应程度。

（3）营销组织审计。具体评价营销组织在执行应对预期的营销环境的战略方面应具备的能力。

（4）营销制度审计。包括检查企业的分析、计划和控制系统的质量。

（5）营销效率审计。主要检查各营销实体的盈利率和不同营销活动的成本效益。

（6）营销功能审计。包括对营销组合的主要构成要素，即产品、价格、分销渠道、销售人员、广告、促销和公共宣传的评价。

【拓展阅读 10—3】 海尔的组织变革

2013 年,张瑞敏为海尔设计了一场来自灵魂深处的革命,海尔集团宣布进入第五个战略发展阶段——网络化战略,决定由过去生产产品的企业向平台型企业转型,对企业组织结构进行革命式的变革。

2014 年,张瑞敏发布了《致创客的一封信》,吹响了海尔内部创业的号角。

在张瑞敏的计划中,未来的海尔只有三种人:平台主、小微主和创客。曾经体量巨大的海尔被肢解为上千个小微团体,这些团体主要包括三类:创业小微、转型小微和生态小微。

创业小微是由海尔原有内部员工创立,从海尔集团内部孵化出来的小微公司,目前有 200 多家。海尔的员工自己有了好的创意和想法时,就可以依靠海尔平台的支持,逐渐发展出独立的小微企业。

转型小微是指由原有海尔事业部,如洗冰空事业部逐步转型出来的小微公司。这类小微原来有固定的运营模式,也是与原有业务关联性最强的小微形式。

生态小微则是在海尔创业平台上,由供应商、投资人、内部员工等各相关方共同成立的小微公司,这也是海尔生态圈中最多的一类小微,超过 2 000 家。而海尔的作用是,作为一个资源平台,为所有小微提供各项资源和支持。

生态小微主要引入的是外部资本,也就是聚集在海尔创业平台上的上千家风投。对于内部的创业小微,海尔自身会为这些有创意的员工提供初始资金,包括三个阶段:

(1)创业最初期,与创客签订"对赌协议",为他们提供天使投资和基本生活费;

(2)项目有起色后,集团为创业者提供超利分成;

(3)当小微赢得相当的市场份额时,集团让渡部分股权,让创业者成为股东,商业模式成熟之后,就会适时引进外部投资者。

这种模式被称为"传统企业+风险资本+创业团队"的组合。与一般风投不同的是,这种模式奉行"共享收益、共担风险"原则。

海尔的人人创客模式把海尔这艘巨型航母,拆分成一艘艘舰艇:它们彼此独立,得以灵活作战;同时血肉相连,秉承共同的目标和利益诉求。

应知考核

一、单项选择题

1. 大多数企业采取（　　）计划方法。
   A. 自上而下　　B. 自下而上　　C. 上下结合　　D. 长期

2. （　　）是创新和理智行为的综合表现。
   A. 无计划　　B. 年度计划　　C. 长期计划　　D. 战略计划

3. （　　）描述事业部计划的成长和盈利率。
   A. 公司计划　　B. 事业部计划　　C. 产品线计划　　D. 市场计划

4. 适用于产品品种少或产品营销方式大体相同的企业是（　　）。
   A. 职能型组织　　　　　　　　B. 地区型组织
   C. 产品(品牌)型组织　　　　　D. 市场型组织

5. 缺点是多头领导、部门冲突、缺乏整体观念的组织是（　　）。

A. 职能型组织　　　　　　　　　　　　B. 地区型组织
C. 产品(品牌)型组织　　　　　　　　　D. 市场型组织
6. 适用于产品组合深且宽的大型企业是(　　　)。
  A. 职能型组织　　　　　　　　　　　　B. 地区型组织
  C. 产品(品牌)型组织　　　　　　　　　D. 市场型组织
7. 适用于产品线单一、市场各种各样、分销渠道多的企业是(　　　)。
  A. 职能型组织　　　　　　　　　　　　B. 地区型组织
  C. 产品(品牌)型组织　　　　　　　　　D. 市场型组织
8. 企业有效经营的基本保证是(　　　)。
  A. 营销控制　　　B. 营销计划　　　C. 营销组织　　　D. 营销领导
9. 用来衡量导致销售差距的具体地区的方法是(　　　)。
  A. 销售差异分析　　B. 微观销售分析　　C. 营销效益等级评定　D. 营销审计
10. 检查各营销实体的盈利率和不同营销活动的成本效益是指(　　　)。
  A. 营销战略审计　　B. 营销组织审计　　C. 营销制度审计　　D. 营销效率审计

二、多项选择题

1. 任何企业,都经历过或正在经历(　　　)。
  A. 无计划阶段　　　　　　　　　　　　B. 年度计划阶段
  C. 长期计划阶段　　　　　　　　　　　D. 战略计划阶段
2. 营销计划包含的内容有(　　　)。
  A. 经营摘要　　　B. 机会和问题分析　　C. 营销战略　　　D. 行动方案
3. 市场营销控制分为(　　　)。
  A. 月度计划控制　　B. 盈利率控制　　　C. 效率控制　　　D. 战略控制
4. 市场营销组织特定时期面临的核心问题包括(　　　)。
  A. 营销组织方面的问题　　　　　　　　B. 营销管理流程方面的问题
  C. 员工素质方面的问题　　　　　　　　D. 团队建设方面的问题
5. 企业的外部宏观环境主要是指(　　　)。
  A. 政治　　　　　B. 经济　　　　　C. 文化　　　　　D. 技术

三、判断题

1. 市场营销计划在企业实际工作中,常常被称作市场营销策划。　　　　　　(　　)
2. 公司计划是企业业务的整体计划。　　　　　　　　　　　　　　　　　　(　　)
3. 最大利润计划法要求管理人员确定销售量与营销组合各因素之间的关系。　(　　)
4. 职能型组织结构适用于市场范围广、销售业务重的企业。　　　　　　　　(　　)
5. 年度计划控制的核心是目标管理。　　　　　　　　　　　　　　　　　　(　　)

四、简述题

1. 简述市场营销计划的概念。
2. 简述营销计划包含的内容。
3. 简述市场营销部门的组织形式。
4. 简述市场营销组织设计的影响因素。

5. 简述市场营销控制的步骤。

应会考核

■ 观念应用

【背景资料】

宝洁重画组织图

全球最大的日用品集团宝洁公司的营销架构做了调整。接掌宝洁帅印的CEO雷富礼，正式宣布宝洁的营销总监转型为品牌总监，营销部门也更名为品牌管理部门。新成立的品牌管理部门今后将负责四项业务：品牌管理部（前身为市场部）、消费者与市场信息部（前身为市场调研部）、交流中心（前身为公关部）和设计部。作为全球最大的广告主，宝洁将"营销"职位从公司组织中撤除的动作，瞬间引发无数联想和猜测……

（1）职位的撤除，不代表职能的消失。宝洁将"营销总监"更名为"品牌总监"，乍听上去不无"退化"之嫌——品牌与广告都是传统营销概念的组成要素。对此，宝洁的发言人表示，转型是为了更加明确品牌在战略、计划、结果上的功能，打造针对品牌策略、品牌计划、品牌成果的单点责任制。

（2）转型旨在加强全球垂直化管理。宝洁公司建立起由全球战略事业部和地区市场发展部形成的"垂直＋矩阵"组织结构。前者为宝洁所有品牌制定战略，后者负责制定针对所在市场的营销策略，而整合营销计划则需要由二者合作制定。宝洁变阵前的营销组织正是在此结构基础上建立起来的，并形成了完全以营销策划功能为导向的架构。

【考核要求】

1. 试分析宝洁以营销策划功能为导向的组织结构的优点与不足。
2. 宝洁营销组织结构的变化对其加强全球垂直化管理有何作用？

■ 技能应用

小老板卖豆腐

在一个菜市场，有几家卖豆制品的摊点，可总是只有A店主的生意火爆，大家宁可排队等，也不到旁边的店里买同样的东西。是A店的价格比旁边店铺的价格便宜许多吗？不是，他卖的价格和别人都是一样的。是他卖的产品的质量比别人好很多吗？也不是，质量都差不多，很多东西估计和别人在同一个地方进货。是他有什么特别的促销手段吗？更不是，小本生意不可能有这么大的利润。只有一个非常简单的原因：无论顾客买什么东西，这个店主都主动少收1角钱。例如，豆腐1元/斤，顾客挑了块豆腐，店主把豆腐放到电子秤上一称，显示1.7元，店主就会说："就收1.6元吧。"少收1角钱让他获得了顾客的信赖，他的生意也越来越红火。

【技能要求】

请问：你能制订一个更好的营销计划吗？试一试。

■ 案例分析

【分析情境】

耐克的营销组织变革

耐克（Nike）公司成立于1964年，由会计师菲尔·奈特和运动教练比尔·鲍尔曼共同创立，现已成为领导性的世界级品牌。当年奈特先生仅仅花35美元请一位学生设计了耐克的标志，如今那个著名的弯钩标志的价值已超过100亿美元。经过50多年的发展，耐克已成为一个商业传奇，它的成功之道人所共知，就是虚拟生产的商业模式。耐克公司以优良的产品设计和卓越的营销手法控制市场，保持持续、出类拔萃的创新能力，经过其营销组织的不断变革，使"耐克"成为世界顶级运动品牌。

在过去十几年里,耐克公司大力扩张产品线,并增加了新的品牌。耐克的主力产品原来是篮球鞋,后又推出高尔夫运动用品系列,并以"老虎"泰格·伍兹为代言人,同时加强足球鞋的推广,以迎合足球运动人口增加的趋势。耐克公司足球运动用品系列的营业额已高达10亿美元,占有全球25%的市场,在欧洲市场更高达35%的占有率。耐克公司先后并购了高级休闲鞋品牌Cole Haan、曲棍球品牌Bauer、第一运动鞋品牌Converse和滑溜板品牌Hurly,并放手让各品牌独自经营,取得了不俗的成绩。

耐克公司在体育营销方面的成绩是不容置疑的,但是人们对耐克营销方面的质疑也从未停止过。耐克公司也不得不认真考虑以下几点意见:一是随着品牌的扩张,耐克品牌已不再"酷"了;二是耐克在营销上动辄一掷千金的作风,暴露了营销管理上的漏洞;三是耐克在新兴市场上的本土化营销做得不够好,营销效果不理想。

根据耐克公司公布的2017财年的财务报告,耐克公司的年营业收入达到344亿美元,同比增长6%;净利润达10亿美元,同比增长19%;每股摊薄收益达0.6美元,同比增长22%,这又是一个创纪录的结果。但是,作为一家股票公开上市的公众公司,增长是永远的压力,华尔街只关注公司今后的增长来自哪里。耐克公司的董事长和首席执行官马克·帕克(Mark Parker)充满自信:耐克正面临前所未有的发展机遇,我们具有将关于消费者的洞察力转化为优势产品的独特能力,这正是耐克成为全球行业领袖的重要原因。

帕克的自信源于耐克的营销组织变革。耐克品牌总裁查理·丹森(Charlie Denson)宣布,耐克将进行营销组织和管理变革,以强化耐克品牌与新兴市场、核心产品以及消费者细分市场的联系。实施这一变革,使耐克从以品牌创新为支撑的产品驱动型商业模式,逐步转变为以消费者为中心的组织形式,通过对关键细分市场的全球品类管理,实现有效益的快速增长。查理·丹森认为,这是一个消费者掌握权力的时代,任何一家公司都必须转向以消费者为中心。这种以消费者为中心的模式已经发挥作用,比如在耐克的专卖店已经有"耐克+iPod"等的销售组合,以满足追求时尚的青年消费者的需求。

为此,耐克强化了四个地区运营中心,新设立了五个核心产品运营中心。四个地区运营中心分别是:美国区;欧洲、中东和非洲区;亚太区;美洲区。五个核心产品运营中心分别是:跑步运动、足球、篮球、男子训练、女子健康。这是一个矩阵式的管理模式,目标是把企业的资源向关键区域、核心产品集中,去抓住企业最大的市场机会。与传统的矩阵管理不同,其关键是要实现跨地区、跨部门的协同。实际上,耐克公司已经有成功的经验,正是采用这种协同矩阵的管理方式,耐克公司组建了一支专门的队伍,将公司足球用品市场的销售额从1994年的4 000万美元扩大到如今的10多亿美元。查理·丹森说:"通过这种方式,我们可以更好地服务于运动员,加深与消费者之间的联系,更好地扩大我们的市场份额,实现有效益的增长,增强我们的全球竞争力。例如,中国的篮球运动市场就由亚太区运营中心和全球篮球运营中心协同开拓。"

【分析要求】
1. 试分析耐克如何通过营销组织变革来适应市场的需求。
2. 你认为耐克的营销组织变革对我国企业有何借鉴作用?

项目实训

【实训项目】
市场营销管理

【实训目标】

通过实训,学生能够正确理解市场营销计划、组织、控制。

【实训内容】

1. 为某跨国公司的在华子公司制订一个短期营销计划。

2. 为海尔公司制订一个全球战略计划。

【实训要求】

1. 培养学生市场营销管理的能力;进一步理解市场营销管理的内容。

2. 将学生分成若干组,每组7人,每组设组长1名负责组织本组成员进行实训,由组长负责收集本组成员的营销方案。(注意:教师提出活动前的准备和注意事项,同时随队指导。)

3. 写出"市场营销管理报告",并用PPT向全班汇报。

4. 将实训报告填写完整。

"市场营销管理"实训报告		
项目实训班级:	项目小组:	项目组成员:
实训时间:　年　月　日	实训地点:	实训成绩:
实训目的:		
实训步骤:		
实训结果:		
实训感言:		
不足与今后改进:		
项目组长评定签字:		项目指导教师评定签字:

项目十一 市场营销创新

● 知识目标

理解：大数据营销、新媒体营销、关系营销、定制营销、体验营销、微信营销、网红营销的概念和特点。

熟知：关系营销的原则和形态；体验营销的类型；大数据市场营销战略创新方法。

掌握：大数据营销的作用；新媒体营销；关系营销的基本模式和具体实施方法；定制营销的分类和优势；体验营销的类型、策略；微信营销运作模式；网红营销的模式和策划步骤。

● 技能目标

能够结合所学的市场营销创新知识，加强市场营销活动创新，具备创新的营销观念；能够运用各类营销创新模式的能力，特别是在社交媒体上开展新媒体营销的操作流程和短视频平台上的操作技能，实现创新驱动数字化转型，赋能市场营销高质量发展。

● 素质目标

运用所学的市场营销创新知识研究相关事例，培养和提高学生在特定业务情境中分析问题与决策设计的能力；结合行业规范或标准，运用知识分析行为的善恶，强化学生的职业道德素质；提高因时制宜、知难而进、开拓创新的能力素养；"明者因时而变，知者随事而制"，提高创新思维能力，在把握事物发展客观规律的基础上实现变革和创新，以"敢为天下先"的勇气，奋发有为，积极探索市场营销创新模式。

● 思政目标

自觉抵制依靠虚假宣传、不正当竞争等不道德的营销手段损害消费者利益的恶俗营销活动，培养正确的价值观和经营观，为社会培养德才兼备的营销管理人才；理解新媒体时代的传播特点，培养学生创新精神；树立新思维，运用新技术开展市场营销创新，恪守法律法规和职业道德规范。

● 项目引例

AI 家电成消费者新宠

2024年春节将至,家电市场迎来了销售旺季,智能家电和电子产品成为年货新宠。在苏宁易购、国美电器、红星美凯龙等家电卖场主流品牌销售展区内,人工智能(AI)家电销售亮眼,为春节消费市场增添了新意和活力。

(1)智能控制成标配。在家电卖场内,"年货节""直降""套购"等促销标语随处可见,节日氛围浓厚。智能家电"百花齐放"。贴着"智能互联对话未来"标语的 AI 冰箱可以实现人机对话及菜单管理等功能;屏幕上展示着正在工作的 AI 洗衣机器人;只需挥挥手,AI 烟机灶具就可以"吸烟"并联动自动炒菜锅烹饪……AI 家电正走入百姓生活,成为消费者的新宠。

(2)厂家渠道齐发力。临近春节,家电企业纷纷拉开新一年家电家装换新帷幕。2024年1月,海尔开启了"美好中国年"活动,并带来用户定制年夜饭等交互活动。美的集团在大促期间推出家电套购满减优惠等,并承诺年货节在春节期间不打烊。海信视像推出年货节活动,激光电视等三大品类组合出击。作为家电销售综合渠道,连锁超市、家电家居卖场也在进行变革和迭代。与以往仅聚焦产品销售不同,物美、红星美凯龙、顺电等超市卖场通过引入 VR 体验、在线选品等智能化数字化方式,让消费者可以提前预览家居、家装和家电的整体效果并做出购买决策,其背后是家装、家居、家电市场的深度融合。

(3)"智"造驱动育新机。家电企业春节促销活动如火如荼,无疑为家电销售市场注入了动力。线上线下融合、定制化等新型销售模式已经普及,家电企业加速去库存为新一年打下基础。随着技术迭代,高效智能、节能减排将促使家电向更加环保、高效的方向发展。消费是畅通经济的关键环节,也是拉动经济增长的第一动力。

● 引例讨论

请谈谈你对人工智能改善市场营销在客户体验、提高创造力和优化决策方面的创新优势。

● 引例导学

家电市场充满商机,企业需要不断创新,保持敏锐的市场洞察力,加强自主创新,以应对各种挑战和机遇,抓住这轮 AI 产品发展先机,加强在全球布局的创新力和掌控力,将中国"智"造快速推向全球。市场环境是日新月异的,市场竞争越来越激烈,市场营销创新成为企业在竞争中获得胜利的关键,而创新的营销策略是企业成败的关键。因此,企业需要通过创新的营销策略来满足消费者的多样化需求,并与竞争对手呈现出差异化的特点。

● 知识精讲

任务一　大数据营销

一、大数据营销的概念

大数据是指那些大小已经超出了传统意义上的尺度,一般的软件工具难以捕捉、存储、管理和分析的数据。人类对于数据的计量单位已经从位、字节、千字节、兆字节、太字节走向了泽字节甚至尧字节。麦肯锡全球研究所认为,我们并不需要给"什么是大数据"一个具体的尺寸,因为随着技术的进步,这个尺寸本身就在不断增大,而且对于各个不同的领域,"大"的定义也不尽相同,无须统一。自从人类拥有印刷术以

动漫视频

大数据营销

来的所有印刷材料只相当于200PB；而随着人工智能、AIoT、云计算等技术的推动，全球数据量正在无限制地扩展和增加。国际数据公司IDC统计显示，预计到2025年，全球数据量将比2016年的16.1ZB增加10倍，达到163ZB（1ZB约为1PB的100万倍）。

大数据营销是在多平台的大量数据和依托大数据技术的基础上，应用于互联网广告行业的营销方式。大数据营销衍生于互联网行业，又作用于互联网行业。依托多平台的大数据采集以及大数据技术的分析与预测能力，能够使广告更加精准有效，给品牌企业带来更高的投资回报率。

大数据营销是指通过互联网采集大量的行为数据，首先帮助广告主找出目标受众，以此对广告投放的内容、时间、形式等进行预判与调配，并最终完成广告投放的营销过程。

未来的企业市场营销费用的分配，除了部分品牌投放外，多数投放是由大数据指引的。企业的消费群分布在哪里？企业的潜在用户在哪里？通过大数据，找到他们分布的地方，然后用有创意的投放形式使他们成为企业的粉丝并形成销售。

随着数字生活空间的普及，全球的信息总量正呈现爆炸式增长。基于这个趋势之上的，是大数据、云计算等新概念和新范式的广泛兴起，它们无疑正引领着新一轮的互联网风潮。

二、大数据营销的特点

（一）多平台化数据采集

大数据的数据来源通常是多样化的，多平台化的数据采集能使对网民行为的刻画更加全面且准确。多平台采集可包含互联网、移动互联网、物联网、智能电视，以及未来的户外智能屏等数据。

（二）强调时效性

在网络时代，网民的消费行为和购买方式极易在短时间内发生变化。在网民需求最高点及时进行营销是非常重要的。

（三）个性化营销

在网络时代，广告主的营销理念已从"媒体导向"向"受众导向"转变。以往的营销活动须以媒体为导向，选择知名度高、浏览量大的媒体进行投放。如今，广告主完全以受众为导向进行广告营销，因为大数据技术可让他们知晓目标受众身处何方，以及关注什么位置的什么屏幕。大数据技术可以做到，当不同用户关注同一媒体的相同界面时，广告内容有所不同，大数据营销实现了对网民的个性化营销。

（四）性价比高

与传统广告"一半的广告费被浪费掉"相比，大数据营销最大限度地让广告主的投放做到有的放矢，并可根据实时性的效果进行反馈，及时对投放策略进行调整。

（五）关联性

大数据营销的一个重要特点在于网民关注的广告与广告之间的关联性。由于在大数据采集过程中可快速得知目标受众关注的内容，以及知晓网民身在何处，这些有价值的信息可令广告的投放过程产生前所未有的关联性，即网民看到的上一条广告可与下一条广告进行深度互动。

三、大数据营销的作用

（一）用户行为与特征分析

只有积累足够的用户数据，才能分析出用户的喜好与购买习惯，甚至做到"比用户更了解用户自己"。这一点才是许多大数据营销的前提与出发点。

（二）精准营销信息推送支撑

精准营销总是被提及，但是真正做到的少之又少，反而是信息泛滥。究其原因，主要就是过去名义上的精准营销并不怎么精准,因为其缺少用户特征数据支撑及详细准确的分析。

(三) 引导产品及营销活动投用户所好

如果能在产品生产之前了解潜在用户的主要特征,以及他们对产品的期待,那么产品生产即可投其所好。

(四) 竞争对手监测与品牌传播

许多企业想了解竞争对手在干什么,即使对方不告诉你,你也可以通过大数据监测分析得知。品牌传播的有效性也可通过大数据分析找准方向。例如,可以进行传播趋势分析、内容特征分析、互动用户分析、正负情绪分类、口碑品类分析、产品属性分析等,可以通过监测掌握竞争对手的传播态势以及参考行业标杆进行用户策划,根据用户的声音规划内容,甚至可以评估微博矩阵运营效果。

(五) 品牌危机监测及管理支持

在新媒体时代,品牌危机使许多企业谈虎色变,然而大数据可以让企业提前有所洞悉。在危机爆发过程中,最需要的是跟踪危机传播趋势,识别重要参与人员,以便快速应对。大数据可以采集负面定义内容,及时启动危机跟踪和报警,按照人群社会属性分析,聚焦事件过程中的观点,识别关键人物及传播路径,进而可以保护企业和产品的声誉,抓住源头和关键节点,快速有效地处理危机。

(六) 企业重点客户筛选

许多企业家纠结的事是:在企业的用户、好友与粉丝中,哪些是最有价值的用户?有了大数据,或许这一切都可以有更多的事实支撑。从用户访问的各种网站可判断其最近关心的东西是否与你的企业相关;从用户在社会化媒体上所发布的各类内容及与他人互动的内容中,可以找出千丝万缕的信息,利用某种规则将其关联并加以综合,就可以帮助企业筛选出重点的目标用户。

(七) 改善用户体验

要改善用户体验,关键在于真正了解用户及他们所使用的产品的状况,做出适时提醒。例如,在大数据时代,或许你正驾驶的汽车可提前救你一命。只要通过遍布全车的传感器收集车辆运行信息,在你的汽车关键部件发生问题之前,它就会提前向你或4S店预警,这绝不仅仅是节省金钱,而是对保护生命大有裨益。事实上,美国的UPS快递公司早在2000年就利用这种基于大数据的预测性分析系统来检测其在全美60 000辆车的实时车况,以便及时地进行防御性修理。

(八) 社会化客户关系管理中的客户分级管理支持

面对日新月异的新媒体,许多企业通过对粉丝的公开内容和互动记录进行分析,将粉丝转化为潜在用户,激活社会化资产价值,并对潜在用户进行多个维度的画像。大数据可以分析活跃粉丝的互动内容,设定消费者画像的各种规则,关联潜在用户与会员及客服数据,筛选目标群体做精准营销,进而可以使传统客户关系管理结合社会化数据,丰富用户不同维度的标签,并可动态更新消费者生命周期数据,保持信息新鲜有效。

(九) 发现新市场与新趋势

基于大数据的分析与预测,企业家可以洞察新市场并把握经济走向。对他们来说,大数据给予他们极大的支持。

(十) 市场预测与决策分析支持

对于大数据对市场预测及决策分析的支持,早在数据分析与数据挖掘盛行的年代就被提出过。沃尔玛著名的"啤酒与尿布"案例即为那时的杰作。只是在大数据时代,规模(volume)及类型(variety)对数据分析与数据挖掘提出了新要求。更全面、更新、更及时的大数据,必然对市场预测及决策分析提供更好的支撑。对决策者来说,似是而非或错误的、过时的数据简直就是灾难。

四、大数据市场营销战略创新方法

在大数据广泛应用的时代环境中,利用大数据、云计算和互联网信息技术优化企业的营销理念和模式,可以让企业了解到消费者的真实需求和市场发展规律与变化,进而在激烈的市场竞争中赢得优势,实现企业的转型升级。同时,海量的顾客信息可以帮助企业对顾客实际需求进行有效分析和深度发掘,为企业营销策略创新升级打下坚实基础。因此,需要通过引导企业转变营销理念,提高网络营销能力,培养网络营销人才,实现企业市场营销策略创新。

(一)提高企业的数据分析和处理能力

大数据的产生极大地改变了企业的发展模式,而数据信息的采集、分析、挖掘和处理对企业生产销售来说十分关键。在大数据背景条件下,C2B企业的经营模式是以顾客为导向,先销售后生产的。首先,要注意搜集顾客信息资料。通过市场调研、广告分析等多种方式获得顾客信息资料,然后利用信息技术筛选分析工具,分析不同顾客的消费需求和实际偏好,有针对性地制订营销发展战略。其次,进行资料分析和整理,以多元化的资料信息为依据,准确掌握顾客的真实需要,避免资料不完整等问题的产生。再次,从外部获取资料,注重应用软件的开发,强化与顾客的联系或者沟通。最后,注重目标选择,根据企业实际情况和发展需要,选择有价值的目标客户。

(二)培养网络营销人才,不断优化营销策略

当前许多企业面临网络营销人才缺失、客户分析能力不足等问题,因而,企业应当加强网络营销人才培养,为企业营销策略创新提供有力的人才支持。企业可以从互联网企业挖掘优秀的网络营销人才,优化企业的营销队伍结构;可以招聘更多具有网络知识和营销能力的优秀人才,为企业营销队伍注入新鲜血液。企业还应当推动营销队伍转型,组织营销人员学习网络营销知识和技能。另外,大数据时代的企业营销策略要与时俱进,不断优化或者创新,增强顾客对企业生产销售的满意程度。首先,可以采取差异化方式,根据不同顾客实际需求提供针对性服务;其次,在现有产品质量基础上尽可能多地融入智能化、信息化元素,让企业生产销售能够符合时代发展,增强顾客消费体验和购买服务;再次,要引导消费者群体转变思想或观念,把对价格的关注及重视转移到产品品质和服务当中;最后,要注重销售渠道的扩展和补充,积极探索线上线下相结合的销售模式,让产品营销方案更加系统科学,加强与产品各营销环节的沟通和联络,在信息技术的辅助推动下提高产品综合竞争优势。

(三)重视顾客关系维护

在大数据时代,市场营销逐步向以客户为中心、个性化定制的领域转变,消费者可以利用数据共享等多种方式获得更加优质的服务体验。企业能够为顾客提供更加便捷的服务和产品,注重产品售后服务和升级工作,了解顾客的需求与感受,把顾客的反馈信息当成重要参考指数,根据顾客的反馈适时调整自己的产品和营销服务,提高顾客的满意度和信赖度;密切关注产品线上线下销售状况,及时关注市场变化动向,调整商品价格和发展目标。不同类型的企业可以根据行业发展、产品类型等多个指标,结合地域环境、顾客购买力等因素,对客户进行深度挖掘,开发市场潜在的消费资源,进而扩大产品影响力和渗透价值。

(四)合理利用新媒体技术

随着互联网信息技术的发展,电子商务也逐渐进入人们的视野,很多顾客越来越喜欢网上购物。因此,企业需要适当进行市场营销策略的调整,注重与新媒体的有效整合。充分发挥微信、微博、直播平台等传播作用,引导消费者对产品的认识更加深刻。同时,企业宣传账号也能与客户进行有效沟通,为顾客提供更加精准的介绍服务,使企业宣传工作更加权威或者高效,提高企业的品牌形象和文化感染力。在企业营销过程中,要注重网络平台建立、数据信息收集和资料存放管理等

有关工作,以动态灵活的方式为企业发展提供真实数据。

(五)深度发掘客户,扩大营销范围

企业可以利用信息技术建立相应的顾客管理平台,实现顾客信息有效存取。企业获取顾客群体的主要途径包括微信公众号等。第一,企业通过社交平台的引导作用,利用企业宣传推广,获得有消费意向的客户群体;第二,企业通过组织线上营销活动,获得有消费意愿和消费需求的客户群体,让顾客对企业销售服务建立良好印象;第三,企业可以在不同渠道或者领域投放自己的营销广告,让更多消费群体看到企业宣传信息,逐步发展成为企业营销对象。

(六)对用户数据进行综合分析,准确定位消费群体

企业通过信息技术构建的市场营销平台,能够对不同渠道的用户资源和消费情况进行有效跟踪,从而形成用户消费形象,还原用户的真实需求和消费偏好,方便后期市场营销工作有序开展。具体来说,首先,通过网络营销平台,企业可以获取各种活动信息,了解销售活动整体情况,为提高营销效果提供有力保障。其次,通过微信、支付宝等用户信息分析,可以掌握用户在各种活动中的消费情况,从而形成一个时间消费方案,将用户的消费情况生动还原,并通过用户行为和交流信息,分析用户的需求喜好、消费习惯,从而实现针对性营销互动。再次,通过网络营销平台与电商平台、客户关系管理、会员管理等领域的对接,结合消费者的线上消费轨迹、电商平台的购物记录,将客户信息进行系统综合性分析,从而形成更具参考价值的用户评估报告。最后,通过对网络营销平台上的数据分析,对各大营销平台上销售情况进行实时监控,准确定位客户需求偏好,提升市场营销的针对性和实用性。

(七)增强与客户的沟通和联系,改进市场营销服务品质

通过大数据的分析与评估,可以构建用户的消费情况,并根据用户在不同时间节点的消费偏好开展针对性营销,从而达到更好的管理、维护效果,提高顾客信息的转化效率。具体来说,首先,通过线上互动、意见反馈、线下参展、媒体广告投放等形式,为各渠道提供相应的解决方案,帮助企业实现宣传效果最大化目标,更加真实反馈不同渠道的投入和产出比例。其次,通过对顾客在不同时间节点的消费情况分析,实现对市场营销计划的自动监测以及管理,对经营数据进行实时监控,对企业市场营销战略进行持续优化。再次,公司可以根据用户的实际需求,对尚未觉醒的用户进行引导和提示,并通过个性化的菜单、智能服务等方式,准确抓住用户的消费偏好,引导顾客建立交易或者合作。最后,在营销方面,企业可以利用大数据技术手段提供定制产品和服务,提高客户的满意感和忠诚度,让顾客为产品销售宣传发挥相应力量。

(八)建立个性化营销策略,提升市场转化率

企业在信息建设的基础上,通过大数据技术为客户提供个性化服务和针对性营销,有效提升市场资源的转化成效。具体来说,首先,通过营销平台,打通微信、微博等社交媒体和电商平台之间的交流通道,识别用户、整合用户浏览轨迹,利用顾客交易数据绘制完整的消费画像,实现定向营销和个性化服务。其次,借助大数据技术,可以从各个渠道获取顾客的消费信息,迅速筛选出符合条件的销售人员,进行实时跟踪与交流,既节约了销售人员,又加快了销售过程。最后,通过宣传推广,可以增加用户对企业销售的依附程度,方便后续服务内容的提升与改进。

(九)加强数据信息集成设计,规范市场营销活动

企业可以通过大数据技术,将用户的信息进行集成处理,从而形成一个完整的消费者数据库,方便后期查看与使用。具体来说,一是通过与电商平台的连接,将用户的浏览轨迹、交易数据进行集成处理,绘制出用户的完整消费图像,实现个性化营销与精准化服务;二是通过与客户管理系统对接,将用户消费情况以标签形式呈现出来,然后通过分析整合,达到更系统、更直观的分析体验,方便市场营销方案的规范和健全。

【学中做 11-1】 随着快时尚的逐渐衰退,许多品牌已经开始退出中国市场,但是优衣库作为一个较早进入国内市场的快时尚品牌,销量并没有出现下滑,而且每次有新产品出现时,它可能被迅速地洗劫一空。许多人认为,优衣库是为数不多的可以成功实现零库存的快时尚品牌之一,而在其"零库存"成就下,大数据技术是必不可少的。你是如何认为优衣库的"零库存"的?

分析:大多数人愿意选择优衣库,因为它价格便宜、质量好、美观,并且经常与其他品牌互动。实际上,通过进一步分析,不难看出优衣库的管理层具有以下几个突出点:首先,价格合适且可以被普通消费者接受;其次,产品的款式主要基于基本款式,适合各个年龄段的大多数人的日常穿着需求,形成了较大的市场规模,并且优衣库会根据产品的销售情况适当调整输出;最后,品牌联合活动是时段性的和周期性的。以上特点表明了优衣库的系统化、高容错和低错误率业务模型,其背后是大数据的收集和准确分析。优衣库的员工必须在应用大数据方面非常熟练。多年来,他们维护每日数据,如每周销售数据、样式代码、市场状况以及每家商店的销量;制定相应的产销策略,降低浪费成本,提高容错率,实现"零库存"。

任务二 新媒体营销

一、新媒体营销的概念

新媒体(New-media)是一个相对的概念,是指当下万物皆媒的环境,是继报刊、广播、电视等传统媒体之后发展起来的新型媒体形态,利用数字技术、网络技术移动技术,通过互联网、无线通信网、有线网络等渠道以及电脑、手机、数字电视机等终端向用户提供信息和娱乐的传播形态和媒体形态。简而言之,就是以数字技术为基础、以网络为载体进行信息传播的媒介;具有交互性、即时性、海量型与共享性等特点。

【提示】新媒体不会取代传统媒体,其仅仅打破了传统媒体的垄断地位,但有很好的发展前途,只有利用好这种能量,前途才会更光明,这需要对新媒体加强管理与建设。

严格来说,新媒体应该称为数字化新媒体,它是新的技术支撑体系下出现的媒体形态,涵盖了所有数字化的媒体形式,包括所有数字化的传统媒体、网络媒体、移动端媒体、数字电视、数字报刊杂志等。新媒体也被生动地称为"第五媒体"。

新媒体营销是指在数字新媒体基础上开展的营销形式,利用新媒体平台,如门户、搜索引擎、微博、微信、博客、播客、论坛、手机、App等,基于特定产品的概念诉求与问题分析,对消费者进行针对性心理引导的一种营销模式,是企业软性渗透的商业策略在新媒体形式上的实现,通常借助媒体表达与舆论传播使消费者认同某种概念、观点和分析思路。当前越来越多的企业将品牌传播投放在互联网,尤其是移动互联网上。

动漫视频

新媒体营销

二、新媒体营销的特点

新媒体营销,相对于传统媒体来说只是在信息传播方式上有所区别。对于媒体营销而言,其本质还是不变的,核心行为还是实现营销目标。关于营销背后的逻辑,它又与其他营销推广方式一样,首先需要了解企业的目标用户群体在哪里、了解目标客户的核心需求是什么,从而挖掘出客户最核心的需求点。

(一)互动化

传统媒体的传播方式是单向、线性、不可选择的。它集中表现为,在固定的时间内由信息发布者来发布信息,而受众都是被动地接受,整个过程中没有信息的任何反馈。这种静态传播方式的结果就是,信息不具备流动性。而新媒体的传播方式是双向的,即发布者和受众都可以进行信息输出,而且过程中可以进行互动。

(二)碎片化

碎片化主要体现在两个方面:表达上的碎片化、时间上的被割裂。以前的新闻时段已成为过去,之前 24 小时新闻随时更新的情况不再出现。现在的情况是,新的信息层出不穷,旧信息还没完全弄清楚,就被新的新闻所取代。

(三)娱乐化

随着社会物质资料变得越来越丰富,整个社会对于娱乐消遣和精神需求的空间慢慢扩大,大众对于娱乐的需求不断增加,也导致娱乐化的信息传播方式越来越受到重视。

(四)成本低

新媒体营销的固定成本很低。各种社交平台、视频平台都是建立在一个大平台上的小账号,不用操心服务器和整个平台的营销推广工作。因此,减少了固定资本投资。

(五)灵活性

传统媒体中信息的传播是有一定时间和地理限制的。例如,广播电视节目一般每天都有固定的播放时间,而且需要在家才能收听或者看到。而新媒体中,信息传播则相对来说要灵活得多。随着互联网、手机、平板电脑的普及,人们几乎随时都能通过这些设备来上网浏览信息。

三、新媒体营销的作用

在当今时代,一个企业的发展壮大,靠的不仅是高质量的产品,更重要的是让高质量的产品成功走向市场,这就需要高水平的营销。新媒体营销在互联网环境下应运而生。企业通过微信、微博、知乎、B站、抖音、快手和视频号等新兴媒体平台对自己的产品和品牌进行营销。新媒体营销因传播速度快、时效性好、交互性强且创意和表现形式个性化,从而受到人们的青睐。

(一)精准定位,有的放矢

在新媒体环境下,受众不必再被动地接收更多同质化的信息,而是可以通过新媒体从茫茫信息海洋里筛选出自己感兴趣的信息和话题。企业完全可以根据对新媒体平台上数据的分析和研判,获取用户对产品的需求信息,为企业的设计、研发和营销做到有的放矢。大数据让用户的消费兴趣和习惯变得透明,企业可以通过大数据对受众细化,根据受众特征分成组群,并向不同组群有针对性、有区别地定向宣传,从而让目标受众看到合适的广告营销,做到精准定位,实现企业的预期目的。

(二)适时交互,有效沟通

新媒体打破了传统媒体滞后性环境下,让受众从"我说你听、我演你看"的被动接受局面,到可以 24 小时在线运营,受众可以对企业发布的信息畅所欲言。对于企业和品牌来说,激烈的讨论意味着更多的关注和更强的热度,较好地实现了即时传播和沟通。通过线上交流,企业可以为用户答疑释惑,用户也可以对企业的产品评头品足,为企业改进设计、提高产品质量提供第一手资料,避开企业闭门造车、盲目投放市场的风险。

(三)快速广泛,降低成本

新媒体迅速突破了传统媒体在时间和空间上的局限,内容篇幅可长可短,随时上传发布。这使得信息传播更加快速、广泛,也令大众方便、及时获取更为丰富的信息。新媒体营销除了付费广告外,绝大部分是免费推送,大大降低了企业的营销成本。只要企业做到精准投放,就会收到投入小、收益高的良好效果。

四、新媒体营销的模式

新媒体营销的主要模式有文案营销、直播营销、短视频营销、社群营销,以及饥饿营销、事件营销、情感营销、口碑营销、病毒营销、借势营销、IP营销、跨界营销等其他营销模式。

(一)文案营销

文案营销主要集中在微博、微信公众号和视频类营销的文案策划上。文案营销就是通过文案打动受众、实现企业营销目标的行为。无论是传统媒体还是新媒体,文案营销都是营销途径的一个重要代表。

文案营销的创作要求符合三个方面的原则:第一,要有悬念。悬念是指在文案中要能提出问题,并能够引起受众思考。第二,要有幽默感。有趣生动是文案营销创作的基本原则,对于企业而言,一个好的文案营销必然是有趣的。第三,能够传达企业的价值观。企业价值观要隐藏在文字和视觉之后,能够体现整个企业的核心追求,且让受众产生共鸣和认可。文案营销只有符合这三方面原则,才能更好地实现企业营销的最终目标。

(二)直播营销

所谓直播营销,是指在现场随着事件的发生和发展进程同时制作和播出节目的营销方式,该营销活动以直播平台为载体,达到企业获得品牌提升或销量增长的目的。

1. 直播营销的阶段

进入"互联网+"时代以来,我国直播营销的发展主要经历了以下三个阶段:

(1)第一阶段:视频网站直播阶段。这一阶段的特点是,人们可以将制作好的视频上传到优酷等网站进行传播。

(2)第二阶段:网页直播阶段。此阶段依然没有实现移动互联,直播方仍然是以平台直播室的方式进行个人自媒体或者企业营销行为的展示。

(3)第三阶段:移动直播阶段。由于互联网信息技术的高速发展,随时随地的直播已经进入社会的各个角落。

2. 直播营销的优势

直播营销是一种营销形式上的重要创新,也是非常能体现互联网视频特色的板块。对于广告主而言,直播营销有着极大的优势。主要体现在以下几个方面:

(1)某种意义上,在当下的语境中,直播营销就是一场事件营销。除了本身的广告效应,直播内容的新闻效应往往更明显,引爆性也更强。一个事件或者一个话题,相对而言,可以更轻松地进行传播和引起关注。

(2)能体现用户群的精准性。在观看直播视频时,用户需要在一个特定的时间共同进入播放页面,但这其实是与互联网视频所提倡的"随时随地性"背道而驰。然而,利用这种播出时间上的限制,也能够真正识别并抓住具有忠诚度的精准目标人群。

(3)能够实现与用户的实时互动。相较传统电视,互联网视频的一大优势是,能够满足用户更为多元化的需求。不仅是单向观看,还能一起发弹幕吐槽,喜欢谁就直接献花打赏,甚至还能动用民意的力量改变节目进程。这种互动的真实性和立体性,也只有在直播的时候能够完全展现。

(4)深入沟通,情感共鸣。在这个碎片化的时代,在去中心化的语境下,人们在日常生活中的交集越来越少,尤其是情感层面的交流越来越浅。直播,这种带有仪式感的内容播出形式,能让一批具有相同志趣的人聚集在一起,聚焦在共同的爱好上,情绪相互感染,达成情感气氛上的高位时刻。如果品牌能在这种氛围下做到恰到好处的推波助澜,其营销效果一定也是四两拨千斤的。

2023年上半年,直播电商用户规模约为5.2亿人;预计全年用户规模达5.4亿人,同比增长

14.16%,增速上涨。据介绍,2018—2022年,直播电商用户规模分别为2.2亿人、2.5亿人、3.72亿人、4.3亿人、4.73亿人;2020年用户规模增速达到顶峰,为48.8%。企业规模方面,2023年上半年,直播电商企业约为2.3万家;预计全年企业规模约2.4万家,同比增长28.34%,增速回升。

3. 直播营销的运行准则

企业在开展直播营销的同时,应该持续关注线下营销活动,实现线上、线下双管齐下,形成合力,更好地完成相关营销目标。此外,直播营销更要注重与受众的互动活动,体现直播活动的互动应更具品牌价值,能够更好地提升企业本身或者产品的品牌形象,而不仅仅是拘泥于带货。最后,直播营销不是独立的营销渠道个体,吸引的受众粉丝流量应该有平台管理和固化粉丝群,提升粉丝黏性,以期为企业未来的营销活动做好市场基础。

(三)短视频营销

所谓短视频营销,就是将品牌或者产品融入视频,通过剧情和段子的形式将其演绎出来,类似于广告,但又不是广告,关键在于用户看的过程中,能不知不觉将产品推荐给用户,使用户产生共鸣并主动下单和传播分享,从而达到裂变引流的目的。短视频营销之所以受到越来越多的关注,得益于我国短视频行业的用户规模近年来持续保持高速增长。高人气、高流量催生了"流量变现""内容变现"的风口。

1. 短视频的特点

①短而精,内容有趣。在5G时代和碎片化时代,人们对于信息、娱乐的获取已经脱离了传统信息获取的时间限制,而在新媒体平台上播放适合在移动状态和休闲状态下观看的视频内容,视频时长一般在15秒至5分钟之间,更容易被人们接受。与文字图片相比,视频能给用户带来更好的逻辑体验,在表现形式上也更加生动形象,能把创作者想要传达的信息更真实、生动地传达给观众。由于时间的限制,短视频展示的内容往往是精髓,符合用户碎片化的阅读习惯,减少了人们的时间成本。短片的中心理念是时间短,如果内容不精,在短片的开始不抓住用户,后面就很难抓住。抖音并不提倡长视频,靠长视频爆粉的可能性很小,所以要做短视频吸粉。

②互动性强,社会黏性强。互联网通信发展的第一个旗号是互动,在这个移动电话爆发的时代,缩短人们之间的距离,也方便了人们之间的交流。网络世界里,不论是什么行业,都离不开互动。类似地,在各个主要的短视频应用中,用户可以对视频进行点赞、评论,还可以给视频发布者发私信,视频发布者也可以回复评论。这样就增强了传递者与用户之间的互动,增强了社会黏性,体现了短片的另一个重要元素——拉近距离、实现交流。

③草根主义,即人人都有自己的演戏梦,每个素人都想当明星。短片的兴起,让大多数草根短片创作者火了一把。与传统媒体相比,短视频的门槛稍低,短视频的创作者可以根据市场的走向和近期热门的内容进行创作,这类作品深受众多网友的喜爱,比如在抖音大热的杜子建、忠哥、李子柒、Papi酱等草根明星。

④搞笑与娱乐。此类短片以搞笑创意为主,在网络上迅速斩获大量粉丝。娱乐、轻松、幽默的短片,很大程度上减轻了人们的现实压力。在闲暇之余打开电视,可以给无聊的生活带来一点乐趣,甚至可以让观众产生"上瘾"的感觉,不看总会觉得少了点什么。

⑤创造性剪辑的方法。短片往往采用富有个性和创意的剪辑手法,或制作精美、震撼,或使用更有节奏感的转场和节奏,或搞笑鬼畜,或加入解说、评论等,让人看了还觉得不过瘾,想再看一遍,就像最近比较火的抖音视频一样,引起众多人跟风拍摄。账号以创意吸引观众的想法,正反映出我们以上所说的交流,更是抖音"记录美好生活"的体现。

2. 短视频营销的特点

短视频营销是当今互联网时代的一种新型营销方式,通过精心制作的短视频,将产品或服务的

信息传递给目标受众,以达到推广和销售的目的。短视频营销具有以下几个特点:

①简洁直观。短视频的时长通常为几十秒到几分钟,因此需要在有限的时间内传递中心信息。通过精心的剪辑和编辑,短视频能够以简洁直观的方式展示产品或服务的特点和优势,吸引用户的注意力。

②创意拍摄制作。短视频的制作需要创意和想象力。通过运用各种拍摄技巧、效果和音乐等元素,可以使短视频更加生动有趣,增加观看者的体验感和共鸣,从而提高品牌的曝光度和影响力。

③多平台传播。短视频可以在多个平台上进行传播,如抖音、快手、微博等。通过在不同平台上发布短视频,可以覆盖更广大的受众群体,我们的短视频营销方案不仅注重创意和视觉效果,更注重与受众的情绪共鸣和互动。通过深入了解客户的产品或服务,挖掘其独特的卖点和故事,将其转化为有吸引力的短视频内容。

2023年8月28日,中国互联网络信息中心发布的第52次《中国互联网络发展状况统计报告》显示:截至2023年6月,我国网民规模达10.79亿人,较2022年12月增长1109万人,互联网普及率达76.4%。截至6月,即时通信、网络视频、短视频用户规模分别达10.47亿人、10.44亿人和10.26亿人,用户使用率分别为97.1%、96.8%和95.2%。由此可见,当今企业的营销必然离不开短视频。短视频与图文视频相比较,优势明显。短视频具有三维立体性,更亲民,可以让用户更真切地感受到品牌传递的情绪共鸣,是更具表达力的内容业态。

短视频是目前最有效的传播工具之一。播放量、网播量、点赞率、转发率、回复率这些数据见证了事物从普通到顶级、从不为人知到"网红"、从库存到大卖的全部过程。短视频如今已经发展成为全民营销、全民带货的平台,是打造自媒体的必要手段。

3. 短视频的运行准则

对于企业而言,短视频首先要有符合企业本身和产品的形象设定。如同个人的短视频账号一样,要打出较高的流量值,先要明确人设形象的定位。其次,短视频文案的创作要有价值、有内涵且风趣幽默,优秀的文案设计通过讲述情怀引发受众共鸣,实现企业营销目标。再次,要有互动的设计,新媒体与传统媒体最大的区别就是在互动性上有最本质的差异。互动能够增强受众的良性感受,提升受众黏性。最后,企业可以通过与"网红"资源合作,宣传和营销本企业品牌的产品以实现产品知名度和美誉度的提升。

(四)社群营销

所谓社群营销,是在网络社区营销及社会化媒体营销基础上发展起来的用户连接及交流更为紧密的网络营销方式。

1. 社群营销的特点

社群营销是以文化为基础,同一社群具有相同或相似的价值观、兴趣点或生活圈。各种社群的存在基础大多是相对一致的兴趣点,比如爬山社群、健身社群、赶海社群等。社群处处体现出较强的交互色彩。

社群营销信息传递的精准度较高。"互联网+"时代的到来,导致信息数量的爆发式增长。个人精准地寻找自己想要的信息往往成本较高,而同一社群人员具有相似的兴趣点,因此很大程度上提升获取信息的有效性和精准度,大幅降低寻找信息的成本。

社群营销中的每一个个体具有相对平等和相对一致的影响性,不存在绝对集权的中心人物。以拼多多为例,通过社群营销的方式,一方面节省大量成本实现了App的持有量,另一方面通过社群营销的方式极大地调动了群体内消费者的有效活跃度。这也是拼多多能够在短时间内一跃成为电商第三大巨头的根本原因。

2. 社群营销的运行准则

企业开展社群营销的前提是,完成企业的核心价值定位。因为社群本身是基于兴趣点相同或相似而形成的,社群的人际关系构成基本以朋友、同事、家人为主。以江小白为例,江小白开创了"网红"白酒的先河,通过对该产品喝法的创意开展互动性营销,成为年轻一代朋友欢聚时的必备饮品。江小白的核心价值定位是自身产品的玩法;也就是说,无论是实体产品还是服务,在进行社群营销时,都要与自己的核心竞争定位有关。反观拼多多,拼多多的核心定位就是通过社群营销的互动性实现低价购买产品的能力。同时,拼多多也体现了企业运行社群营销的另一个原则,即社群受众的数量并不是越多越好。企业在进行社群营销时,应考虑高质量的有效受众数量,一方面更容易控制有效受众,另一方面不会令其他受众产生反感。

(五)其他营销

1. 饥饿营销

饥饿营销是指商品提供者有意调低产量,以期达到调控供求关系、制造供不应求的假象、维持商品较高商品利润率和品牌附加值的目的。

2. 事件营销

事件营销是指企业通过策划、组织和利用具有名人效应、新闻价值以及社会影响的人物或事件,引起媒体、社会团体和消费者的兴趣与关注,以求提高企业或产品的知名度、美誉度,树立良好品牌形象,并最终达到产品或服务的销售目的的手段和方式。

3. 情感营销

情感营销是指消费者购买商品所看重的不是商品数量的多少、质量的好坏以及价格的高低,而是一种感情上的满足、一种心理上的认同。情感营销从消费者的情感需要出发,唤起消费者的情感需求,诱导消费者心灵上的共鸣,寓情感于营销之中,让有情的营销赢得无情的竞争。

4. 口碑营销

口碑营销是指企业努力使消费者通过其亲朋好友之间的交流,将自己的产品信息和品牌传播开来。这种营销方式具有成功率高、可信度强的特点。从企业营销的实践层面分析,口碑营销是指企业运用各种有效的手段,引发消费者之间对其产品、服务以及企业整体形象进行讨论和交流,并激励消费者向其周边人群进行介绍和推荐的营销方式和过程。

5. 病毒营销

病毒营销是指利用公众的积极性和人际网络,让营销信息像病毒一样传播和扩散,营销信息被快速复制并传向数以万计甚至百万计的受众。病毒营销与口碑营销的区别在于,病毒营销是由公众自发形成的传播,其传播费用远远低于口碑营销;传播方式主要依托于网络,传播速度远比口碑传播快。

6. 借势营销

借势营销是指借助一个消费者喜闻乐见的环境,将营销目的隐藏于营销活动之中,使消费者在这个环境中了解产品并接受产品的营销手段。具体表现为,借助大众关注的社会热点、娱乐新闻、媒体事件等,潜移默化地把营销信息植入其中,以达到影响消费者的目的。借势营销是一种比较常见的新媒体营销模式。

7. IP营销

IP营销是指品牌与消费者之间沟通桥梁,通过IP营销把IP注入品牌或产品,赋予产品温度和人情味,通过这一沟通桥梁,大大降低了人与品牌之间和人与人之间的沟通门槛。

8. 跨界营销

跨界营销是指根据不同行业、不同产品、不同偏好的消费者之间所拥有的共性和联系,把一些原本毫不相干的元素进行融合、互相渗透,以此进行品牌影响力的互相覆盖,并赢得目标消费者的好感。

五、新媒体营销的要素

(一)企业

企业既应该开展新媒体营销,又应该开展传统营销。不论是传统营销还是新媒体营销,都是企业营销重要的组成要素。不过,企业在两种营销模式中的思维方式和行为表现会有所差异。传统营销模式下,企业是整个营销活动的控制者,企业采取什么样的营销手段完全可以根据企业自己的计划来实施。新媒体营销模式下,为了让消费者真正参与进来,企业必须真正站在消费者的角度来思考问题,如果按照既往的传统思维方式,消费者往往会疏远企业。在新媒体营销模式下,企业具有以下特点:企业从控制向沟通转变;企业可以更好地了解客户;企业可以设置多元的营销目标;企业可以进行低成本沟通,提高企业效率。

(二)用户

近年来,用户在消费理念、消费行为到消费渠道等多个方面都和以前有了很大的不同。整体来看,新媒体模式下的用户具有以下特点:用户积极参与,主动分享;对于沟通内容有较高的要求;用户结成社群,能量增强。因此,要注意以下要点:

1. 建立用户认知

在新媒体时代,用户不仅仅是产品的消费者,也可以成为内容的参与者、发起者和传播者。快速获取用户的想法与需求,能够让品牌与用户之间建立频繁的交流。

2. 抓住用户关注点

好的营销是将品牌潜移默化地传递到用户的头脑里,让用户清晰感知品牌的存在。把用户当前最关注的事件与品牌的特点相互关联,让品牌在无形中影响用户。

3. 引起用户共鸣

现代社会商品同质化严重,谁能打好情感牌、抓住用户的情愫,谁就能引起用户的共鸣,获得一批忠实的粉丝。

4. 激发用户分享

新媒体时代,分享经济不容忽视,分享的裂变速度不容小觑。用户喜欢分享与自己息息相关的事物和能够引起他们好奇心的事物。抓住这两点,对新媒体营销也十分重要。

(三)平台

新媒体营销的开展必须基于一定的平台。平台是建立在海量端点和通用介质基础上的交互空间,它通过一定的规则和机制促进海量端点之间的协作与交互。由此可见,平台实际上是一个交互空间。就新媒体营销的平台而言,它是企业与用户、用户与用户之间相互交往的空间。平台具有以下特点:平台能真实展现用户行为、思想数据;平台可以实现企业与用户之间的交互。

六、新媒体营销的主要平台

(一)视频、音频平台

视频平台主要包括直播平台和长、短视频平台。其中,常见的直播平台包括映客、花椒、一直播等;常见的短视频平台包括抖音、秒拍、美拍等;常见的长视频平台包括A站、B站、腾讯、爱奇艺等;常见的音频平台包括企鹅FM、喜马拉雅FM、荔枝FM等。

(二)双微和问答平台

双微就是微信平台和微博平台。微信平台包括公众号、个人号、微信群和微信广告资源等。微博平台包括企业官博、个人微博、微博广告资源等。问答平台包括悟空问答、百度问答、搜狗问答、

360问答等。

（三）自媒体与论坛平台

自媒体平台包括搜狐、网易、头条、凤凰媒体等。论坛平台包括百度贴吧、天涯论坛、豆瓣等。

以上就是新媒体运营的要素和主要平台。在这个抢占注意力的时代，对于企业而言，策划一场成功的新媒体营销活动，有时候能够让企业的品牌家喻户晓。所以，企业在自身发展的同时，也应该注意新媒体方面的布局。

七、新媒体营销应对策略

现今，企业新媒体营销通过向受众输出喜欢的内容，在取得充分信任后，获得受众关注，并与企业进行有效互动，变成企业粉丝，购买企业产品，成为企业用户，继而因产品过关、服务过硬，而让用户变成企业品牌的义务宣传员，实现二次乃至多次传播，企业产品销量激增，逐渐实现品牌效应。

（一）转变观念，顺势而为

思路决定出路，观念跟上前沿。众所周知，观念是行动的先导。企业只有在观念上始终走在时代的前沿，了解世界、国家以及本行业最新发展趋势，应势而变、积极作为，才能让企业立于不败之地。随着互联网用户的激增，网上购货愈加活跃，企业线下门店客流量骤减，传统营销弊端逐渐显现，企业压力巨大。面对万物互联的时代，企业决策层要及时转变观念，拥有互联网思维，了解新媒体的传播机制，重新审视新媒体环境下企业应有的营销模式。是抱守传统观念，继续进行传统营销，还是利用新媒体进行全新营销？这是企业必须回答的问题。大部分企业在经过深思熟虑后，会选择后者。这就要求企业对新媒体的社交属性有深刻的认知，在做新媒体内容时，要处处考虑其社交的特点，才能有粉丝同企业互相讨论，去参与企业的活动，给企业做分享和转发。人与人交往在于以心换心，企业要多从消费者的角度考虑，最大限度地满足消费者需求，创建用户需求数据库，提供更加完美的后期服务，赢得用户对产品的信赖和对企业的信任。于润物细无声的运营中，让消费者领略企业"人无我有，人有我强，人强我特"的独有特质，为实现裂变式信息传播奠定坚实基础。

（二）组建团队，打造矩阵

企业的竞争是产品质量的竞争，是企业营销的竞争；究其根本，是人才的竞争。鉴于目前大部分企业对专业运营新媒体人才较为缺乏的现状，企业要建立一支由懂计算机、新闻学、心理学、市场营销等专业知识的人员组成的新媒体营销团队，采取"请进来、走出去"的方式，加强对团队人员的培训，并仔细研讨成熟公司的成功经验，借鉴失败公司的教训，取他人之长、补己之短，让企业的新媒体运营充满活力，更趋于科学化和合理化。同时，对新媒体运营团队要加强管理，建立相应的考核奖励机制，选拔任用干部优先考虑，做到用待遇留人、用感情留人、用环境留人。让新媒体团队人员切实感受到企业对本部门的高度重视，时刻带着荣誉感和自豪感投入新媒体运营工作中。对于个别企业因条件不具备，暂时不能组建专业团队的，可考虑与有相应专业知识和能力的高校大学生进行合作，这样既可节约新媒体运营成本，又及时开展了新媒体营销。时下新媒体平台较多，每个平台都有其相应的受众群体。企业一定要结合自己的产品特点，选择适合的新媒体平台，多管齐下、火力全开，建立起完整的企业新媒体矩阵，实现多点开花。同时，统一每个平台的注册号，以便企业进行后期管理。

（三）精准定位，创新内容

企业在决定进行新媒体运营之时，对诸如微信是企业品牌的宣传窗、微博是新品牌发布及品牌事件营销的主战场等新媒体定位要有正确认识。新媒体不只是企业信息发布平台，而是企业与粉丝互动的社交平台。要围绕移动社交思路建好平台，让粉丝开心。通过随时随地互动，完成企业品牌价值传递。企业通过讲故事、找话题，在平台上引发讨论、发酵，激活口碑，进而让产品和品牌深入人心。在内容策划上,要创造好的内容、传播情绪和梦想,而不是硬性的广告。要坚持发布内容跟上社会热点,把忠诚度打到用户的心里,打造品牌独有的特点,引起消费者的兴趣,并与粉丝形成良性互动,产生较好的感觉认知,获得关注,购买产品,产生裂变,树立品牌。通过新媒体营销,让更多的消费者发现企业,了解产品,变成粉丝,成为用户。只有精准定位,企业在做新媒体营销时才能精准施策。

产品质量是企业生命之源,产品营销是企业发展关键。新媒体营销为企业的生存与发展搭建起快速直通的立交桥。企业只有高度重视新媒体营销,加大投入,充分发挥新媒体功效,才能创造出超常价值。

任务三　关系营销

一、关系营销的概念和特点

(一)关系营销的概念

关系营销的概念是由美国营销学者伦纳德·L.贝瑞(Leonard L. Berry)于1983年在一篇服务营销的会议论文中首先提出的。所谓关系营销,是把营销活动看成一个企业与消费者、供应商、分销商、竞争者、政府机构及其他公众发生互动作用的过程,其核心是建立和发展与这些公众的良好关系。

(二)关系营销的特点

1. 双向沟通

在关系营销中,沟通应该是双向而非单向的。只有广泛的信息交流和信息共享,才可能使企业赢得各个利益相关者的支持与合作。

2. 合作

一般而言,关系有两种基本状态,即对立和合作。只有通过合作才能实现协同,因此合作是"双赢"的基础。

3. 双赢

关系营销旨在通过合作增加关系各方的利益,而不是通过损害其中一方或多方的利益来增加其他各方的利益。

4. 亲密

关系能否维持稳定并得到发展,情感因素也起着重要作用。因此,关系营销不只是要实现物质利益的互惠,还必须让参与各方能从关系中获得情感需求的满足。

5. 控制

关系营销要求建立专门的部门来跟踪顾客、分销商、供应商及营销系统中其他参与者的态度,由此了解关系的动态变化,及时采取措施消除关系中的不稳定因素和不利于关系各方利益共同增长的因素。

二、关系营销的原则

(一)主动沟通原则

在关系营销中,各关系方都应主动与其他关系方接触和联系,相互沟通信息,了解情况,形成制度或以合同形式定期或不定期碰头,相互交流各关系方的需求变化情况,主动为关系方服务或为关系方解决困难和问题,增强伙伴合作关系。

（二）承诺信任原则

在关系营销中，各关系方相互之间都应做出一系列书面或口头承诺，并以自己的行为履行诺言，赢得关系方的信任。承诺的实质是一种自信的表现，履行承诺就是将誓言变成行动，是维护和尊重关系方利益的体现，也是获得关系方信任的关键，是企业与关系方保持融洽的伙伴关系的基础。

（三）互惠原则

在与关系方交往的过程中，必须做到相互满足关系方的经济利益，并通过在公平、公正、公开的条件下进行成熟、高质量的产品或价值交换，使各关系方都能得到实惠。

三、关系营销的形态

（一）亲缘关系营销形态

亲缘关系营销形态是指依靠家庭血缘关系维系的市场营销，如以父子、兄弟姐妹等亲缘关系为基础进行的营销活动。这种关系营销的各关系方盘根错节、根基深厚、关系稳定、时间长久、利益关系容易协调，但应用范围有一定的局限性。

（二）地缘关系营销形态

地缘关系营销形态是指以企业营销人员所处地域空间为界维系的营销活动，如利用同省、同县的老乡关系或同一地区的企业关系进行的营销活动。这种关系营销在经济不发达，交通和通信落后，物流、商流、信息流不通畅的地区作用较大。在我国社会主义初级阶段的市场经济发展中，这种关系营销形态仍不可忽视。

（三）业缘关系营销形态

业缘关系营销形态是指以同一职业或同一行业之间的关系为基础进行的营销活动，如同事、同行、同学之间的关系。因为他们接受相同的文化熏陶，彼此具有相同的志趣，在感情上容易紧密结合为一个"整体"，因此可以在较长时间内相互帮助、相互协作。

（四）文化习俗关系营销形态

文化习俗关系营销形态是指以企业及其人员之间具有共同的文化、信仰、风俗习俗为基础进行的营销活动。由于企业之间和人员之间具有共同的理念、信仰和习惯，在营销活动的相互接触交往中易于心领神会，对产品或服务的品牌、包装、性能等有相似需求，容易建立长期的伙伴营销关系。

（五）偶发性关系营销形态

偶发性关系营销形态是指在特定的时间和空间条件下由于突然的机遇形成的一种关系营销。例如，营销人员在车上与同行旅客闲谈时，可能使某种产品成交。这种营销具有突发性、短暂性、不确定性的特点，往往与前几种形态相联系，但这种偶发性机遇又会成为企业扩大市场占有率、开发新产品的契机，如能抓住机遇，就有可能成为一个企业兴衰成败的关键。

四、关系营销的基本模式

（一）关系营销的中心——顾客忠诚

在关系营销中，怎样才能获得顾客忠诚呢？发现正当需求—满足需求并保证顾客满意—提高顾客忠诚度，构成了关系营销中的三部曲：

（1）企业要分析顾客需求，顾客需求满足与否的衡量标准是顾客的满意程度。满意的顾客会为企业带来有形的好处（如重复购买该企业产品）和无形产品（如宣传企业形象）。有营销学者提出了导致顾客全面满意的七个因素及其相互间的关系：欲望、感知绩效、期望、欲望一致、期望一致、属性满意、信息满意。欲望和感知绩效生成欲望一致，期望和感知绩效生成期望一致，然后生成属性满意和信息满意,最后导致全面满意。

(2)期望、欲望与感知绩效的差异程度是产生满意感的来源。所以,企业可采取以下方法来获得顾客满意:提供满意的产品和服务,提供附加利益,提供信息通道。

(3)顾客维系。市场竞争的实质是争夺顾客资源、维系原有顾客、减少顾客叛离,而维系顾客要比争取新顾客更为有效。维系顾客不仅需要维持顾客的满意程度,还必须分析使顾客产生满意度的最终原因,从而有针对性地采取措施来维系顾客。

【拓展阅读11-1】 蒙牛"你的疑问,我的责任"创新消费者沟通模式

"你的疑问,我的责任"是蒙牛2013年开启的全新消费者沟通项目,包括线上微信、网页消费者答疑互动平台,以及线下开展的工厂参观活动。在线上,消费者可以通过微信、网页参与提出关于牛奶的一切问题并获得答案。截至2013年10月底,蒙牛共收到问题26 000多条,累计互动55 000多次,消费者提出的主要问题包括质量、产品咨询、建议,其他的主要是与牛奶相关的常识。在线下,蒙牛全国所有的工厂对游客开放,游客可随时通过旅游接待通道免费参观。据不完全统计,2013年已有28个地区的蒙牛工厂接待了199万多人次参观。为了改善蒙牛在网络上的舆论形象,蒙牛还邀请十几批超过100人次的网络大V参观工厂。此外,蒙牛是第一家在微博开通微客服和微信的乳品企业,其中微博粉丝超过50万人。蒙牛通过"你的疑问,我的责任"多维度平台与消费者进行开放沟通。蒙牛的"400800"热线电话,累计接收到18万多名消费者的反馈,消费者满意度达到98%。截至2013年6月,蒙牛的质量投诉比上一年下降21.04%。2013年,蒙牛整体舆情趋稳,线上相关话题在微博累计转发近18万次、评论近10万次、阅读268万次,微博粉丝累计3 619万人;线下累计有上百万人参观蒙牛工厂,了解牛奶生产流程。

(二)关系营销的构成——梯度推进

贝瑞和帕拉苏拉曼归纳了建立顾客价值的三级关系营销。一级关系营销(频繁市场营销或频率营销):维持关系的重要手段是利用价格刺激目标公众以增加财务利益。二级关系营销:在建立关系方面优于价格刺激,增加社会利益,同时也附加财务利益,主要形式是建立顾客组织,包括顾客档案和正式的、非正式的俱乐部,以及顾客协会等。三级关系营销:增加结构纽带,同时附加财务利益和社会利益。与客户建立结构性关系,使它对关系客户有价值,但不能通过其他来源得到,从而提高客户转向竞争者的机会成本,同时增加客户脱离竞争者而转向本企业的收益。

(三)关系营销的模式——作用方程

企业不仅面临着同行业竞争对手的威胁,在外部环境中还有潜在进入者和替代品的威胁,以及供应商和顾客的讨价还价的较量。企业营销的最终目标是使本企业在产业内部处于最佳状态,能够抗击或改变这五种作用力。作用力是指决策的权利和行为的力量。双方的影响能力可用下列三个作用方程表示:"营销方的作用力"<"被营销方的作用力";"营销方的作用力"="被营销方的作用力";"营销方的作用力">"被营销方的作用力"。引起作用力不等的原因是市场结构状态的不同和占有信息量的不对称。在竞争中,营销作用力强的一方起主导作用,当双方势均力敌时,往往采取谈判方式来影响和改变关系双方作用力的大小,从而使交易得以顺利进行。

五、关系营销的具体实施

(一)关系营销的组织设计

为了对内协调部门之间、员工之间的关系,对外向公众发布消息、处理意见等,通过有效的关系营销活动,使得企业目标能顺利实现,企业必须根据正规性原则、适应性原则、针对性原则、整体性原则、协调性原则和效益性原则建立企业关系管理机构。该机构除协调内外部关系外,还将担负收

集信息资料、参与企业决策的责任。

(二)关系营销的资源配置

人力资源配置主要是通过部门间的人员转化、内部提升和跨业务单元的论坛和会议等进行。信息资源共享方式主要有：利用计算机网络；制定政策或提供帮助削减信息超载；建立"知识库"或"回复网络"；组建"虚拟小组"。

(三)关系营销的效率提升

关系各方环境的差异会影响关系的建立以及双方的交流。跨文化的人们在交流时，必须克服文化所带来的障碍。对于具有不同文化的企业来说，文化的整合，对于双方能否真正协调运作有着重要的影响。关系营销是在传统营销的基础上，融合多个社会学科的思想而发展起来的，其吸收了系统论、协同学、传播学等思想。关系营销学认为，对于一个现代企业来说，除了要处理好企业内部关系，还要与企业外部组织结成联盟，企业营销过程的核心是建立并发展与消费者、供应商、分销商、竞争者、政府机构及其他公众的良好关系。无论在哪一个市场上，关系都具有很重要的作用，甚至能够成为影响企业市场营销活动成败的关键。所以，关系营销日益受到企业的关注和重视。

任务四　定制营销

一、定制营销的概念

定制营销(customization marketing)是指在大规模生产的基础上，将市场细分到极限程度，把每一位顾客视为一个潜在的细分市场，并根据每一位顾客的特定要求，单独设计、生产产品并迅捷交货的营销方式。它的核心目标是以顾客愿意支付的价格和能够获得一定利润的成本，高效率地进行产品定制。美国著名的营销学专家科特勒将定制营销誉为 21 世纪市场营销最新领域之一。在全新的网络环境下，兴起了一大批像 Dell、Amazon、P&G 等为客户提供完全定制服务的企业。在 P&G 的网站上，用户可以定制自己需要的皮肤护理或头发护理产品。

二、定制营销的特点

(一)把每一个顾客都作为一个单独的细分市场

定制营销可以被看作企业划分市场的极致，也就是将每位顾客个体看作一个细分市场。大规模生产虽然提供了丰富的产品，却与消费者的个性需求发生了矛盾。在保持规模生产的经济效益的同时，为了兼顾顾客的个性化需求，很多企业采用定制营销。所以，可以把定制营销看作一种对早期定制进行了两次否定后形成的新事物，是定制的高级形式。

(二)生产的着眼点是使产品能够体现顾客的意志

营销观念中最本质的核心要素就是：首先要发现消费者的需要和欲望，然后再用适当的手段满足其需要和欲望。因此，发现是满足的前提，没有充分挖掘客户的真正需求，生产出来的商品无非是没人乐意买的库存，无法实现商品流通的最后一跃，也就没有价值。定制营销的实施将在很大程度上改变这一现状，因为顾客对自己参与设计的产品往往有很强的自我满足感，因而无论对产品是否满意，大多会同厂家进行后续的联系，这种反馈信息对企业而言是求之不得的。

(三)营销活动建立在买卖双方协同一致的基础上

定制营销大师迈克尔·戴尔最早投资 1 000 美元生产并销售个人电脑，使戴尔公司一跃成为全球最大的 PC 公司之一。所谓定制电脑，就是消费者在网上向戴尔客服阐述自己的设计，而戴尔则根据消费者提出的设计要求来定做一款特制电脑。在这种情况下，消费者与厂商之间的协同并不是从交易活动开始时产生的,而是在产品的设计阶段就已经开始了。这种协同又将在很大程度上建立一种良好的企业—顾客关系,为企业的营销活动创造一个和谐有利的环境。

(四)定制营销以大规模生产为基础

定制营销与大规模生产并不矛盾,把定制营销与传统的作坊式生产相提并论是错误的观点,定制营销是基于大规模生产的定制。例如,日本松下公司在批量生产自行车的同时,又采取定制的灵活方式以满足消费者的不同需求。当顾客来到当地的自行车商店时,店员会在特制的车架上测量顾客的要求,并将顾客所需自行车的规格传真到工厂。在工厂内,有关自行车规格的数据将被输入计算机,在生产过程中,计算机将引导机器和工人进行具体操作。该工厂提供199种颜色、18种型号供顾客选择,自行车有11 231 862种变化的可能,且尺寸能够因人而异。这种定制不但满足了顾客的个性化需求,而且降低了企业的成本和供货时间,实现了多赢的局面。

三、定制营销的分类

(一)合作型定制

当产品的结构复杂、可供选择的零部件式样繁多时,顾客一般难以权衡,甚至有一种束手无策的感觉,他们不知道何种产品组合适合自己的需要。在这种情况下,就可以采取合作型定制。企业与顾客进行直接沟通,介绍产品各零部件的特色、性能,并以最快的速度将定制产品送到顾客手中。例如,以松下电器为首的一批企业开创了"自选零件,代客组装"的业务。

(二)选择型定制

在这种定制营销中,产品对于顾客来说,其用途是一致的,而且结构比较简单,顾客的参与程度很高,从而使产品具有不同的表现形式。例如,在许多文化衫上印上顾客喜爱的图案或幽默短语,可以使消费者的个性得以突出表现。

(三)适应型定制

如果企业的产品本身比较复杂,顾客的参与程度比较低,企业可采取适应型定制营销方式。顾客可以根据不同的场合、不同的需要对产品进行调整,以变换或更新组装的方式来满足自己的特定要求。例如,灯饰厂可按顾客喜欢的式样进行设计,再按顾客对灯光颜色、强度的要求进行几种不同的组合搭配,以满足顾客在不同氛围中的不同需求。

(四)消费型定制

消费型定制方式是指消费者对定制产品的参与程度很低,而企业通过调查来掌握消费者的喜好,再为其设计出适合消费者需求的一系列定制产品,这样就可以增加消费者的消费数量。消费型定制方式适用于消费者没时间或不愿意花时间来参与定制产品设计,但他们的消费行为又较容易识别的情况。

四、定制营销的优势

1. 体现了顾客至上的营销理念

从顾客需要出发,与每一位顾客建立良好关系,并为其开展差异性服务,实施一对一的营销方式,能最大化满足消费者的个性化需求,提高企业的市场竞争力。

2. 开展以销定产,减小投资风险,降低投资成本

在大规模定制下,企业的生产运营受客户的需求驱动,以客户订单为依据来安排定制产品的生产与采购,使企业库存最小化,降低了企业成本。因此,它的目的是把大规模生产模式的低成本和定制生产的以客户为中心这两种生产模式的优势结合起来,在不牺牲经济效益的前提下,了解并满足单个客户的需求。

3. 有利于促进企业的发展

创新是企业发展的灵魂,只有将创新精神与市场和消费者的需求结合起来,才能不断促进企业发展。

【拓展阅读 11－2】 长春大米牵手杭州开启私人定制营销新模式

杭州是浙江省最大的缺粮地区,每年有将近 300 万吨的粮食缺口量需要通过流通方式从省外调入。长期以来,杭州对东北大米的市场需求非常旺盛。长春大米因其弹、软、润、滑、香的好口感,一直受到杭州市民欢迎,无论是在超市还是在粮油市场,都十分走俏。

2018 年,长春市粮食局借助吉林大米文化宣传月的契机,着重宣传长春市土壤、水源、气候、技术、品种等优势,吸引和鼓励杭州市民采用"吉田定制"的模式来长春体验当"农场主"的感觉。杭州企业在春季下订单,长春大米企业提供良田,负责插秧、除草、施肥等田间管理,10 月收割后,所获水稻进入专属仓,然后每月按需现磨并发快递寄给杭州企业。

任务五　体验营销

一、体验营销的概念

体验营销是指通过看、听、用、参与的手段,充分刺激和调动消费者的感官、情感、思考、行动、关联等感性因素和理性因素,重新进行定义、设计的一种思考方式和营销方法。这种思考方式突破了传统上"理性消费者"的假设,认为消费者消费时是理性与感性兼具的,消费者在消费前、消费中和消费后的体验才是购买行为与品牌经营的关键。伯德·施密特认为,营销工作就是通过各种媒介,包括沟通、识别、产品呈现、共同建立品牌、环境、网站和消费者,来刺激消费者的感官和情感,从而引发消费者的思考、联想并使其行动和体验,最后通过消费体验,不断地传递品牌或产品的好处。

二、体验营销的类型

根据伯德·施密特博士的体验营销理论,体验营销基于一定的体验形式来达到使顾客体验的目的,其是由一定的媒介创造的,包括感官、情感、思考、行动、关联五种体验营销类型。

(一)感官营销

感官营销的诉求是创造知觉体验的感觉,包括视觉、味觉、嗅觉、听觉和触觉。以我们都非常熟悉的星巴克咖啡馆为例,首先顾客一进门就会被扑鼻而来的浓郁的咖啡香味所吸引,其次映入顾客眼帘的是典型的欧美风格的装潢壁饰、吧台、调理柜,耳边响起的是舒缓的爵士乐。另外,在超级市场购物时,顾客经常能闻到超市烘烤面包的香味,这也是一种感官营销方式的体现。

(二)情感营销

情感营销的诉求是顾客内在的感情,目的是创造情感体验。运用情感营销的关键在于,了解什么样的刺激可以产生某种情感并能使消费者受到感染,从而主动参与到体验中来。

(三)思考营销

思考营销的诉求是人们对某一事件的思索,其以某种创意的方式引发顾客的兴趣和思考,为顾客创造认知和解决问题的体验。我国德芙巧克力的广告语"牛奶香浓,丝般感受"就给消费者留下了想象的空间。他们会想,丝般感受到底是什么样的体验,从而引发他们的购买动机。

(四)行动营销

行动营销的目标是影响顾客身体的有形体验、生活形态并与顾客产生互动。行动营销通过偶像角色,如影视明星、歌星或者运动明星来激发顾客的身体体验,指出做事的替代方法、替代的生活形态,与顾客互动,丰富顾客的生活,使其生活形态发生改变,从而实现产品的销售。

(五)关联营销

关联营销包含感官、情感、思考与行动营销等层面。关联营销的诉求是通过个人体验,建立个人与理想自我、他人或是文化之间的关联。伯德·施密特博士曾提到一个著名的关联品牌——哈雷。哈雷虽然只是一个摩托车牌子,但它代表了一种生活形态,从摩托车本身、与哈雷有关的产品,到狂热者身上的哈雷文身,哈雷品牌已被消费者认为是他们自身形象识别的一部分。

三、体验营销的特点

(一)关注顾客的体验

体验是一个人经历一些处境的结果。企业应注重与顾客之间的沟通,发掘他们内心的渴望,站在顾客体验的角度,去审视自己的产品和服务。

(二)以体验为导向设计、制作和销售产品

当咖啡被当成"货物"贩卖时,一磅可卖300元;当咖啡被包装为"商品"时,一杯就可以卖一二十元;当其加入了"服务",在咖啡店中出售时,一杯要卖好几十元;如果能让咖啡成为一种香醇与美好的"体验",一杯可以卖到上百元,甚至好几百元。增加产品的"体验"含量,能为企业带来可观的经济效益。

(三)检验消费情景

营销人员不再孤立地思考一个产品(质量、包装、功能等),而是要通过各种手段和途径(娱乐、店面、人员等)来创造一种综合效应以增加消费体验。不仅如此,还要跟随社会文化消费向量,思考消费所表达的内在的价值观念、消费文化和生活意义。通过检验消费情景,营销人员可以综合考虑各个方面来扩展营销的外延,并在较广泛的社会文化背景中提升其内涵。顾客购物前、中、后的体验已成为提高顾客满意度和品牌忠诚度的关键决定因素。

(四)顾客既是理性的又是感性的

一般来说,顾客在消费时经常会进行理性的选择,但也会有对狂想、感情、欢乐的追求。企业不仅要从顾客理性的角度去开展营销活动,也要考虑消费者情感的需要。

(五)体验要有一个主题

体验要先设定一个主题,也可以说,体验营销从一个主题出发并且所有服务都围绕这一主题,或者至少应设有一个主题道具(如一些主题博物馆、主题公园、游乐区,或以主题设计为导向的一场活动等)。这些体验和主题并非随意出现,而是体验营销人员精心设计出来的。如果它们是误打误撞形成的,则不应说是一种体验式营销行为,在这里所讲的体验式营销要有严格的计划、实施和控制等一系列管理过程在里面,而非仅是形式上的符合。万宝路香烟就其香型和味道而言,并非比三五、希尔顿等香烟有更特殊之处,但万宝路品牌所创造的英俊粗犷、充满阳刚之气的美国西部牛仔形象令全世界的消费者如痴如醉,满足了"抽万宝路香烟,就具有男子汉气概"的心理欲求。德国大众汽车公司生产的甲壳虫汽车虽然算不上高档,但其通过"满载乡愁"的主题概念渲染,同样获得了许多消费者的青睐。

(六)方法和工具有多种来源

体验是五花八门的,体验营销的方法和工具也种类繁多,并且这些和传统的营销又有很大的差异。企业要善于寻找和开发适合自己的营销方法和工具,并且不断地推陈出新。

四、体验营销的原则

(一)适用适度
体验营销要求产品和服务具备一定的体验特性,顾客为获得购买和消费过程中的"体验感觉",往往不惜花费较多的代价。

(二)合理合法
体验营销能否被消费者接受,与地域差异关系密切。各个国家和地区由于风俗习惯和文化的不同,价值观念和价值评判标准也不同,评价的结果存在差异。因此,体验营销活动的安排,必然要适应当地市场的风土人情,既富有新意,又符合常理。

五、体验营销的主要策略

(一)感官式营销策略
感官式营销策略是通过视觉、听觉、触觉与嗅觉建立感官上的体验。它的主要目的是创造知觉体验。感官式营销可以帮助消费者区分企业并识别产品,引发消费者购买动机和增加产品的附加值等。以宝洁公司的汰渍洗衣粉为例,其广告突出"山野清新"的感觉:新型山泉汰渍带给你野外的清爽幽香。宝洁公司为创造这种清新的感觉做了大量工作,后来取得了很好的效果。

(二)情感式营销策略
情感式营销策略是在营销过程中,触动消费者的内心情感,创造情感体验,其范围可以是一种温和、柔情的正面心情,如欢乐、自豪,也可以是强烈的激动情绪。开展情感式营销,需要真正了解什么样的刺激可以引起某种情绪,以及能使消费者自然地受到感染并融入这种情景中来。在"水晶之恋"果冻的广告中,我们可以看到一位清纯、可爱、脸上写满幸福的女孩,依靠在男朋友的肩膀上,品尝着他送给她的"水晶之恋"果冻,就连旁观者也会感受到这种"甜蜜爱情"。

(三)思考式营销策略
思考式营销策略是启发人们的智力,创造性地让消费者获得认识和解决问题的体验。它运用一些新奇的手段,引发消费者产生统一或各异的想法。在高科技产品宣传中,思考式营销被广泛使用。苹果 iMac 电脑的成功在很大程度上得益于一个思考式营销方案。该方案利用"与众不同的思考"的广告语来刺激消费者去思考苹果电脑的与众不同之处,同时也促使他们思考自己的与众不同之处,并且通过使用苹果电脑,使他们感到自己也成了创意天才。

(四)行动式营销策略
行动式营销策略是通过偶像、角色,如影视明星、歌星或运动明星等来激发消费者,使其生活形态发生改变,从而实现产品的销售。在这一方面,耐克公司的做法可谓经典。该公司成功的主要原因之一是有出色的"Just do it"广告,通过形象地描述运动中的著名篮球运动员迈克尔·乔丹来升华消费者对运动的体验。

(五)关联式营销策略
关联式营销策略包含感官、情感、思考、行动或营销的综合,特别适用于化妆品、日常用品、私人交通工具等领域。例如,美国市场上的哈雷牌摩托车,车主们经常把它的标志文在自己的胳膊上,乃至全身。他们每个周末都去全国各种摩托车竞赛,可见哈雷品牌为消费者带来非凡的体验。

【做中学 11-1】 来自瑞典的宜家家居的体验营销活动堪称经典之作。宜家强烈鼓励消费者在卖场进行全方位的亲身体验,比如拉开抽屉、打开柜门、在地毯上走一走、试一试床和沙发是否坚固等,并且在一些出售的沙发、餐椅的展示处还特意提示顾客:"请坐上去,感觉一下它是多么舒服!"

宜家的店员不会像其他家具店的店员一样——你一进门就对着你喋喋不休，你到哪里他们就跟到哪里，而是非常安静地站在另一边，除非你主动要求他们帮助，否则店员不会轻易打扰你，以便让你在一种轻松、自由的气氛中做出购物的决定。宜家卖场体验式场景的设置为消费者创造出自由并与产品属性相关联的氛围。

宜家不仅把功夫花在现场的体验氛围上，在产品的设计方面也费了很多心思。在产品开发过程中，宜家充分考虑消费者日常使用的习惯，对于产品是否适合消费者使用，宜家的开发人员、设计人员和供应商会进行非常深入的交流和市场调查。宜家通过卖场深入了解消费者的需求，并及时将信息反馈给产品设计人员，设计人员会结合消费者的需求对产品进行设计和改进。宜家十分重视对家居产品的品位、形象、个性、情调、感性等方面的塑造，使其具备与目标顾客心理需要相一致的心理属性，帮助顾客形成或完成某种感兴趣的体验。在消费者自己的私人空间里，宜家的家具是为生活中充满变化而设计的——一座新公寓、一段新恋情、一个新家……即使仅仅随意逛逛宜家的商场，都会让许多人振奋起来。宜家的许多空间被隔成小块，每一处都展现一个家庭的不同角落，而且都拥有自己的照明系统，向人们充分展示未来温馨的家。

思考：宜家的体验营销从消费者角度来看，是否会有顾虑？

分析：消费者在购买家居产品时会有一些疑虑：害怕不同的产品组合在买回家后不协调，到时后悔莫及。宜家在这一点上也给予了充分的考虑。它把各种配套产品进行组合，设立了不同风格的样板间，通过一段场景引出对家居产品的介绍，充分展现每种产品的现场效果，甚至连灯光都展示出来，这让消费者可以体验到这些产品组合在一起的格调，加强了对家居产品体验元素的挖掘。而且，宜家的大部分产品是可以拆分的，消费者可以将部件带回家自己组装，宜家还配备有安装的指导手册、宣传片和安装工具等。经过多年的运作，宜家已经成为一种文化符号，让长久以来渴望自由消费主义的新兴中产阶层感到欣喜不已。

任务六　微信营销

微信营销是网络经济时代企业或个人营销模式的一种，是伴随着微信的火热而兴起的一种网络营销方式。微信不存在距离的限制，用户注册微信后，可与周围同样注册的"朋友"形成一种联系，订阅自己所需的信息。商家通过提供用户需要的信息，推广自己的产品，从而实现点对点的营销。

动漫视频

微信营销

一、微信营销的特点

（一）点对点精准化营销

微信拥有庞大的用户群，借助移动终端天然的社交和位置定位等优势，每条信息都是可以推送的，能够让每个个体都有机会接收到这条信息，继而帮助商家实现点对点精准化营销。

（二）形式灵活多样的漂流瓶

用户可以发布语音或者文字并投入"大海"，如果有其他用户"捞"到，则可以进行对话。

（三）签名

商家可以利用"用户签名档"这个免费的广告位为自己做宣传，附近的微信用户就能看到商家的信息，如饿了么、K5便利店等就采用了微信签名档的营销方式。

（四）二维码

用户可以通过扫描、识别二维码来添加朋友、关注企业账号；企业则可以设定自己品牌的二维码，用折扣和优惠来吸引用户关注，开拓O2O的营销模式。

（五）开放平台

通过微信开放平台，应用程序开发者可以接入第三方应用程序，还可以将应用程序的Logo放入微信附件栏，使用户可以方便地在会话中调用第三方应用程序进行内容选择与分享。例如，"美丽说"的用户可以将自己"美丽说"中的内容分享到微信中，可以使一件"美丽说"的商品得到不断的传播，进而实现口碑营销。

二、微信公众平台

微信公众平台简称公众号。利用公众号进行自媒体活动，简单来说就是进行一对多的媒体性活动，如商家申请公众微信服务号，通过二次开发展示商家微官网、微会员、微推送、微支付、微活动、微报名、微分享、微名片等，已经形成了一种主流的线上线下微信互动营销方式。

微信公众号被分成订阅号、服务号和企业号。运营主体是组织或个人的，可以申请订阅号；运营主体是组织（比如企业、媒体、公益组织）的，可以申请服务号；企业号是微信为企业客户提供的移动服务，旨在提供企业移动应用入口。

（一）订阅号

公众平台订阅号，是微信公众平台的一种账号类型，旨在为用户提供信息。企业或组织、个人等都可以申请订阅号，但个人只能申请订阅号。订阅号的功能包括：每天（24小时内）可以群发1条消息；发给订阅用户（粉丝）的消息，将会显示在对方的"订阅号"文件夹中，用户点击两次才可以打开；在订阅用户（粉丝）的通讯录中，订阅号被放入"订阅号"文件夹中。

大众消费品行业是适合做订阅号的，如餐饮、服装、汽车、娱乐等。任何一个面向大众的生产型企业，都需要不断地营销自己的产品和品牌，以此来保证自己的市场地位或开拓更大的市场。理论上，企业想不断地推送产品或服务信息，采用订阅号是比较合适的（有一个适度的问题，过多的广告会变成垃圾信息）。用户浏览到好的信息后，会转发到朋友圈，从而促进品牌传播。

（二）服务号

公众平台服务号也是微信公众平台的一种账号类型，旨在为用户提供服务。服务号只能由企业或组织等属于官方机构的主体申请。服务号的功能包括：1个月（自然月）内可以群发4条消息；发给订阅用户（粉丝）的消息，会显示在对方的聊天列表中；服务号被放在订阅用户（粉丝）的通讯录中。通讯录中有一个"公众号"文件夹，用户点开后可以查看所有服务号；服务号可申请自定义菜单。

在大众服务类行业，用户规模较大的企业适合做服务号，比如电信运营商、航空公司、电力公司、银行等。这些企业提供的是一些基础服务，不用发送更多的信息去做推广，也会有大量用户使用企业的服务，它们开通服务号，是把服务方式多元化了，如果用户体验很好，就会持续使用。服务号的功能接口较多，也便于提供更多服务，所以基础服务类的企业是适合做服务号的。

（三）企业号

微信企业号是微信为企业客户提供的移动服务，旨在提供企业移动应用入口。它可以帮助企业建立员工、上下游供应链与企业IT系统间的连接。利用企业号，企业或第三方服务商可以快速、低成本地实现高质量的企业移动轻应用，实现生产、管理、协作、运营的移动化。

微信企业号的适用范围主要包括：办公室员工出差在外的移动办公应用场景；企业与上下游合作伙伴的订单管理、工作协同；以移动办公为主场景的一线员工，如一线销售、行销代理、售后服务、巡检巡店、安保后勤等人员的工作管理与支撑。此外，政府机关、学校、医院等事业单位以及社会组织同样可以通过企业号简化管理流程，提高信息发布与触及的效率，提升组织协同运作效率。企业号可以建立企业任何内部IT系统或硬件物理设备与员工微信的连接，在实现企业系统移动化的同时,实现端到端的流程闭环。以前,传统IT很难做到这一点;如今,基于微信、利用企业号,一切皆有可能。

三、微信营销的运作模式

(一)草根广告式——查看附近的人

产品描述:利用微信中基于LBS(基于位置的服务)的功能插件"查看附近的人",便可以使更多陌生人看到这种强制性广告。

功能模式:用户点击"查看附近的人"后,可以根据自己的地理位置查找到周围的微信用户。在这些附近的微信用户中,除了显示用户姓名等基本信息外,还会显示用户签名档的内容。所以,用户可以利用这个免费的广告位为自己的产品打广告。

营销方式:营销人员在客流最旺盛的地方后台24小时运行微信。如果"查看附近的人"使用者足够多,其广告效果也会随着微信用户数量的上升而增强。这个简单的签名栏也许会变成移动的"黄金广告位"。

(二)品牌活动式——漂流瓶

产品描述:移植到微信上后,漂流瓶的功能基本保留了原来简单、易上手的风格。

功能模式:漂流瓶有两个简单功能:"扔一个",用户可以选择发布语音或者文字并投入大海;"捡一个",从大海中捞取用户投放的漂流瓶,捞到后也可以和对方进行对话,但每个用户每天只有20次机会。

营销方式:微信官方可以对漂流瓶的参数进行更改,使得合作商家推广的活动在某一时间段内抛出的漂流瓶数量大增,普通用户捞到的频率也会增加。加上漂流瓶模式本身可以发送不同的文字内容甚至语音小游戏等,如果营销得当,也能产生不错的营销效果。而且这种语音的模式,也让用户觉得更加真实。但是,如果只是纯粹的广告语,则会引起用户反感。

(三)O2O折扣式——扫一扫

产品描述:二维码发展至今,其商业用途越来越多,所以微信也就顺应潮流,结合O2O开展商业活动。

功能模式:将二维码图案置于取景框内,然后你就可以获得会员折扣、商家优惠信息或是一些新闻资讯。

营销方式:在移动应用中加入二维码扫描这种O2O方式早已普及开来,坐拥上亿用户且活跃度足够高的微信,其价值不言而喻。

(四)互动营销式——微信公众平台

对于大众化媒体、明星以及企业而言,如果微信开放平台+朋友圈的社交分享功能,已经使得微信成为一种移动互联网上不可忽视的营销渠道,那么微信公众平台的上线,则使这种营销渠道更加细化和直接。

(五)微信开店——由商户申请获得微信支付权限并开设微信店铺的平台

公众号申请微信支付权限需要具备两个条件:第一,必须是服务号;第二,需要申请微信认证,以获得微信高级接口权限。商户申请了微信支付权限后,才能进一步利用微信的开放资源搭建微信店铺。

任务七　网红营销

一、网红营销的概念

"网红"作为时代的代名词,凭借智慧、特色、美貌、特点等活跃在网络上,并受到一众的粉丝追捧,从而衍生出商业价值。"网红"也就是网络红人,是现实或者网络中因为某些事物或行为广泛被广大网民关注而走红的人。这些人之所以成为网络红人,是因为本身某种特质在网络平台上被放大,与众多网民的审美、审丑、刺激、娱乐、臆想、品味的心理相投,从而有意或无意间被网络群众追捧,成为"网红"。所以,"网红"并不是自发的,而是在网络平台上,在网络推手、网络红人、传统媒介、受众的共同利益作用下形成的成果。

网红营销的英文为 influencer marketing,influencer 原意为"具有影响力的人",对标中文则是"网红"。网红营销在国外也称"影响力营销",意思就是通过社交媒体平台上具有较大影响力的人,将推广信息传播出去。同时,在国外,大家习惯称"网红"为 creator,即创作者。很多人更愿意把社交媒体上的 influencer 看作创作者,这类人一般以独特的创作方式博取大众眼球,他们产出内容的质量也往往很高,只有这样,才会得到粉丝的尊敬,他们也更愿意以"艺术家"(artist)自居。网红营销是指通过互联网所产生的内容,利用固定粉丝群体开展营销的一种形式。"网红"通过视频、音频、图片、游戏等形式不断创造、传播网络内容。"网红"大部分是指人,但也包括动物、植物等,如北京动物园大熊猫"萌兰"、韩国爱宝乐园的大熊猫"福宝"等。

二、网红营销的特点

(一)多元化

网红行业在我国处于发展高峰期,通过平台网红排行榜的传播能力、声量进行数据采集和分析,这些"网红"都是多样化发展形态,包括媒体人、作家、游戏主播、娱乐主播等。"网红"崛起的平台数量也越来越多,从最初的贴吧、论坛延伸到了微博、直播平台等。多样化的网红促进了多样化的网红营销,如游戏"网红"可以促进鼠标、键盘等产品营销;吃播"网红"促进了零食以及饮食器具的营销;户外主播"网红"促进了户外产品的营销;等等。这也说明了人们对网红营销模式的接受度不断提高,网红营销模式影响力不断增强,通过多元化的网红营销手段实现了新的经济增长态势。

(二)影响力带动消费

知名"网红"都有个人商业圈,这就是网红营销的典型形式。由于这些"网红"的知名度高,在一定程度上带动了个人商业圈的消费。同时,"网红"作为素人,相比明星推出的大品牌更具亲和力,并且对于时尚定义、审美有个人见解,更好地反映出市场变化需求,精准地抓住粉丝诉求。

(三)逐渐完善

网红事业的发展带动了网红经济走向规模化,网红营销模式也从小众转向大众、从大众转向专业。当今在网络上活跃的"网红"大致分为两类:一类是被公司签约的"网红";另一类是个体"网红"。随着网红经济的崛起,有越来越多的"网红"被公司签约。公司包装推出"网红",让这一新职业成为时代的代名词,一方面,保障我国网红营销受到市场监管;另一方面,公司可以为网红营销提供更大的平台和专业技术。总之,网红营销模式变得越来越专业、成熟。

三、网红营销的模式

网红营销其实是现在新媒体时代下应运而生的产物,作为一种社交媒体营销形式,它通过"网红"将品牌信息传递到市场。"90后""00后"逐渐成为消费主力,互联网早已成为他们获取资讯的主要平台。同时,市场商业竞争压力加大,也在一定程度上催化了网红经济的兴起。目前,具有入门门槛低、成本低、传播速度快等优势的网红营销,规模逐渐扩大,通过多种平台、多种方式来满足行业需求。

根据现有网红营销的不同平台类型,可以将网红营销分为电商平台营销、直播平台营销以及社交媒体营销。

(一)电商平台营销

"网红"和电商平台是一对互利共赢的关系。"网红"通过电商平台实现商业变现,而电商平台则通过"网红"的推广和影响力吸引用户、促进销售。这种合作模式已经成为当今数字经济中常见的营销策略,对于推动产品销售和品牌建设具有重要作用。

通过与知名"网红"进行合作,电商平台可以借助"网红"的影响力和粉丝基础,吸引更多用户关注和购买产品。"网红"通常具有一定的社交媒体影响力和粉丝群体,他们的推荐和宣传可以有效地吸引用户到电商平台上进行购物。

电商平台则为"网红"提供了一个商业化的渠道。通过在电商平台上销售自己的产品或与品牌进行合作,"网红"可以将自身的影响力转化为商业价值。电商平台提供了便捷的销售渠道和支付结算系统,使"网红"能够更好地与粉丝互动和销售产品,实现商业变现。

(二)直播平台营销

直播平台并不是一个新鲜事物,早在2015年,映客、熊猫、花椒等直播平台的火热铸就了直播行业的第一个"黄金时代"。"网红"与直播的结合则起源于2016年Facebook及Twitter开通直播功能,这一举动正式将互联网推向了"全球直播"时代,越来越多的网友注册账号,钻研如何通过自己的频道获取关注度,通过广告收益最终获益。

直播平台为"网红"提供了一个展示和变现的平台,而"网红"的活跃和影响力也为直播平台带来了用户和流量。两者之间的合作关系可以有效地推动网红营销和直播平台的发展。

直播平台通常为"网红"提供了多种商业变现方式,如打赏、品牌合作、广告投放等。"网红"通过直播平台可以实现自己的商业价值,通过与品牌合作推广产品、进行广告投放等方式获取收入。

(三)社交媒体营销

不同的社交媒体平台聚集了不同的用户,也为"网红"提供了广泛的观众群体。"网红"可以利用社交平台上的用户关系网和分享机制,扩大自己的粉丝基础和影响力。粉丝可以通过评论、点赞、分享等方式与"网红"进行互动,"网红"可以实时回应并与粉丝互动交流。这种互动性增强了"网红"与粉丝之间的关系,提高了用户忠诚度和品牌认同感。

尤其是近几年短视频的崛起,给"网红"们带来了商机。"网红"通过为社交媒体提供热点话题和内容来吸引流量。以 TikTok 为例,大量"网红"的聚集促进了整个平台的发展。只要合作的"网红"粉丝基础庞大、视频质量有保障,TikTok 便会通过算法将该"网红"的视频投放到更大的流量池中,以便增加视频曝光量,进一步扩大目标观众。平台和"网红"相辅相成,大量"网红"入驻社交媒体平台,带来流量并激发商业变现,社交媒体平台也捧红大量网络达人。

四、网红营销策划方案的步骤

(一)建立活动目标

首先为网红营销合作活动设定目标:通过这次合作,取得的效果如何?比如增加品牌曝光度、增加商品销量等;还可以设定更精细的目标,比如寻找优质客户等。

在确定了活动目标之后,要为这个目标设定几个可量化的数字。例如,品牌粉丝页面增加了多少粉丝、商品能增加多少销量等，以便最后评估这个活动是否达到了预期的目标。

（二）确定此次活动的受众

在设计网红营销战略的时候，要了解品牌的潜在受众。除了利用关于潜在消费者的已知信息之外，还可以把这些受众再细分成更小的群体。例如，品牌想推广小尺寸平底锅，锁定的受众通常是家庭主妇或经常做饭的人。但由于小尺寸平底锅并不适合为一家人做饭，此时就可以将受众转向单身族、上班族的群体，寻找的"网红"也可以锁定，内容专为上班族带一人份便当而提供菜谱分享的"网红"。

（三）设定预算，寻找匹配的"网红"

网红营销活动设定预算，除了可以合作的"网红"对象之外，预算的高低也会影响到可以制作的内容。例如，传播效果最佳的视频要价最高，简单的图文合作则相对便宜。此外，如果品牌想要自己制作带有网红内容的产品并进行广告，这些费用也应该被囊括在内。将市场目标和预算相结合，可以开始寻找合适的"网红"，比如想要品牌曝光并且有高预算，可以考虑找一个知名度高的"网红"；而在品牌创立初期，想要先培养忠实顾客并且预算不高，可以考虑找多个底部"网红"合作。

（四）筛选出合作对象，挑选出合适的对象

通过研究备选"网红"通常与品牌合作的方式、"网红"自身的特性及其与粉丝之间的互动等信息，来决定哪个"网红"更适合合作。通过几个问题来帮助做出选择，如："网红"的个性特征是否与品牌调性相匹配？粉丝们为他们的产品买单了吗？这位"网红"以前用过什么类似的东西，并且有没有说过什么牌子的好话或坏话？其他品牌与这个"网红"合作的过程顺利吗？后续效益好吗？

（五）接触"网红"并讨论合作方式

在选择了合作"网红"之后，可以查看"网红"是否公布经纪人或合作信息，并向"网红"发出合作邀请。在合作谈判的过程中，首先要了解这个网红与各品牌之间是如何合作的、自己对合作的预期形式是什么，并且告诉"网红"希望通过这个合作达到什么目的。有时"网红"也不一定要亲自出面与品牌商谈，但不论过程如何，双方最好能留下合同，清楚记录合作期间、形式、资源、付款等重要信息，以确保双方的权益。

（六）进行营销活动

除了被动等待"网红"发布内容、宣布合作外，还可以将合作信息显示在自己的品牌页面上，或者善用合作时的素材进行广告投放，将收益实现最大化；可以在活动开始前发布预热信息、活动期间大力宣传网红活动、活动结束后再投放广告等。但是，这类内容的生产制度最好能够先与"网红"沟通，并在合同中明确以避免争议。

（七）评估成果

为了实现最初确定的活动目标，需要回顾并评估该次活动的结果。关键指标包括"网红"发布内容的粉丝参与度、到底有多少人真正接触到品牌、最终制定目标的完成率有多少。可以从"网红"和粉丝的互动程度、后续热度、具体转化率、投资回报率等几个重要指标来衡量活动的成功与否，也可以通过互动比较这几个数据来判断消费者是否喜欢这样的活动。举例来说，讨论量大但最终效果不好，问题在于消费者会被"网红"的推荐所吸引，但最终购买的页面并不足够吸引人。

五、网红营销的优势及建议

（一）网红营销的优势

1. 网红营销会提升品牌销量

品牌商借助网红博主具有较强粉丝黏性的特性，吸引大量的潜在客户。部分有名气的"网红"为了长久发展，在进行产品推销时，都会亲自尝试，筛选出值得推荐的产品。对品牌来说，可靠的

"网红"带来的流量红利帮助品牌提升销量；对"网红"来说，将实用好物推荐给粉丝，在满足粉丝需求的同时也获取了经济回报。商家选择网红营销，可以增加精准用户，增强消费者对品牌的熟悉度与认可度。

2. 网红营销的粉丝效应

新媒体时代，"网红"通过各种社交媒体平台，积累了大量的粉丝和忠实的观众群体。这些粉丝对"网红"充满了信任和追随，他们喜欢并关注"网红"的一举一动。当"网红"与品牌进行合作时，他们的粉丝会对这些合作产生极大的兴趣和关注，从而促进品牌的曝光度和知名度。"网红"的影响力和粉丝效应为品牌赢得了广泛的关注和忠实的消费者群体。通过与"网红"合作，品牌能够借助"网红"的粉丝基础迅速传播品牌信息，提高品牌认知度和影响力。当"网红"在社交媒体上推广某个产品或品牌时，他们的粉丝通常会积极参与并转发这些内容，将品牌信息传播给更广泛的受众。这种粉丝效应不仅能够扩大品牌的影响范围，还可以为品牌带来更多的潜在消费者和销售机会。

3. 视频营销更具冲击力

视频是一种更具冲击力的推广方式。视频具有生动、直观的特点，能够更好地吸引用户的注意力并产生情感共鸣。通过视频平台，如抖音、快手等，"网红"可以展示产品、讲述故事、分享经验，以更具创意和吸引力的方式传达品牌信息。视频营销的优势是能够在短时间内传递更多的信息。"网红"可以通过视频展示产品的特点、使用方法、优势等，让观众对产品有更直观的了解。此外，视频还可以用来展示品牌故事、传递品牌价值观，让观众与品牌建立情感连接。同样，视频的互动性也为"网红"和企业的营销模式带来了机遇。观众可以通过评论、点赞、分享等方式与"网红"互动，提高品牌和用户之间的参与度。这种互动性不仅有助于品牌形象的塑造，还能够提高品牌的可信度和用户的忠诚度。

4. "接地气"的推广方式

"接地气"的推广方式，更贴近普通消费者的生活和需求。与传统广告宣传相比，网红经济注重通过真实的个人形象和真实的生活方式来推广产品和品牌。"网红"们通常会在日常生活中使用和推荐自己喜欢的产品，与粉丝分享自己的购物心得和使用体验。这种"接地气"的推广方式，让消费者觉得"网红"更加亲近和值得信任，从而更容易接受"网红"推荐的产品和品牌。"网红"们通过真实的展示和分享，打破了传统广告的冷漠和疏离感，建立了更加亲密的连接和信任关系。这种亲和力和真实性有助于增强消费者的购买意愿，并给品牌带来更多的销售机会。

此外，网红营销具有成本低、传播速度快、针对性强等特点，借助自媒体如短视频、微博、微信公众号、小程序以及各大直播平台，以图片、文字、视频的形式进行传播，甚至没有环境的要求，哪怕只是简单的一部智能手机和网络，便可以完成对产品的营销工作。

网红营销其实也是一场社交，"网红"并非明星，"网红"更具有亲和力，他们相比明星而言更加"接地气"、贴近大众。多数消费者会存在大众消费心理，当大家对同一商品进行探讨交流时，势必会带来连锁反应，大家纷纷进行尝试。如果使用效果较好、反馈评价较高，消费者就会逐渐认可这个品牌，这样一来就提高了品牌的转换率。

（二）网红营销的建议

1. 打造品牌文化，避免"流量"绑架

品牌商须注重品牌文化的建设。想要走好、走稳长久之路，树立企业理念及品牌文化是必不可少的。企业需要建立独具特色的理念，选择适合自家风格的网红营销方式，并且围绕品牌文化建设来进行营销，避免跟风或被流量所绑架。一味地追逐他人路线或营销方式，或许能获得短暂的利益，但绝不是长久之计。

2. 加强网络平台自律意识，树立正确价值观互联网平台需要所有用户共同传递正能量,营造舒适融洽的氛围,就必须坚持正确的思想导向,绝不能触及"底线"。"网红"自身需要接受规范化的培训与指导,树立正确的价值观,以免误导群众。同时,消费者也需要提高分析信息的媒介素养,对无法确定或不明真相的营销信息,应谨慎对待,做理性消费者。对于转发、抽奖等网红营销形式也要提高理性判断能力,充分发挥转发者在营销传播中的"把关"作用。

3. 精准选择与培养"网红"

精准选择与培养"网红",是新媒体背景下网红经济营销模式成功的基础。与合适的"网红"建立长期合作关系,并通过培训和支持帮助他们提升能力和影响力,品牌可以充分利用"网红"的影响力和粉丝群体,实现品牌推广的最大效益。这种精准选择与培养的策略,不仅能够增强品牌形象和影响力,还能够提升"网红"的商业价值和个人发展,形成双赢的局面。品牌和企业需要在众多"网红"中进行精准选择,找到与自身品牌形象和产品定位相契合的"网红"合作伙伴。这需要对"网红"进行细致的调研和评估,了解他们的内容创作风格、粉丝群体、影响力以及与品牌的合作意愿。在精准选择"网红"的过程中,企业还应考虑"网红"的可持续发展能力和长期合作潜力。他们的内容创作能力、品牌合作经验、商业化意识等,也都是需要考虑的因素。通过与"网红"建立长期合作关系,品牌可以与网红共同成长,共同实现商业价值。

4. 创新营销方式与增强竞争力

在新媒体背景下的网红经济营销模式中,品牌应该积极探索和运用创新的营销方式,不断提升自身竞争力。通过与"网红"的跨界合作、互动式推广和个性化定向广告等方式,可以实现更好的品牌传播效果,吸引更多的用户关注和参与,从而在激烈的市场竞争中占据优势地位。随着消费者对传统广告的免疫性增强,品牌需要不断探索新的营销方式,以吸引和保持用户的注意力。

其一,与"网红"合作进行跨界联合营销。品牌可以选择与在不同领域具有影响力的网红进行合作,借助他们的知名度和粉丝群体,实现品牌的曝光和推广。通过与网红共同创作或参与品牌活动,品牌可以借助"网红"的影响力扩大品牌的知名度和市场份额。其二,通过互动性强的社交媒体平台进行推广。例如,与"网红"合作开展互动式直播、互动式短视频等活动,与用户进行实时互动和沟通。这种互动式的推广方式能够更好地吸引用户的关注,并增强用户对品牌的参与度和认同感。此外,品牌还可以利用新媒体平台提供的个性化推荐和定向广告功能,将广告精准地传达给目标受众。通过深入了解用户的兴趣、偏好和行为特征,品牌可以将广告内容与用户的需求相匹配,提高广告的点击率和转化率。创新营销方式不仅能够提升品牌的竞争力,还能够创造更多的营销机会和市场份额。

5. 提升"网红"素质与吸引力

随着市场竞争的加剧,仅仅依靠外表和娱乐性的内容已经无法满足用户需求,"网红"需要具备更多的实力和个人魅力,才能在激烈的市场中脱颖而出。一方面,"网红"需要不断提升自身的专业能力和知识水平。无论是在美妆、健身领域还是在其他领域,"网红"应该通过学习和研究不断提高自己的专业知识和技能,成为行业内的权威人士。这样不仅能够赢得用户的信任和尊重,还能够为品牌合作提供更有价值的内容和推广效果。另一方面,"网红"还应该注重与用户的互动和沟通,倾听用户的需求和反馈,并及时调整自己的内容和策略。提供更贴近用户的内容,增强用户的黏性和忠诚度。

6. 实施精准营销与监管

精准营销能够帮助品牌和企业更好地与目标用户进行互动和沟通,有效监管能够维护市场秩序和保护用户权益。为了实施精准营销,品牌和企业需要深入了解目标用户的特征、需求和消费行为。通过市场调研和数据分析,获取关键的用户洞察,并有针对性地制定营销策略。在选择网红合作时,品牌应根据产品属性和目标用户的兴趣偏好进行精准匹配,确保合作的网红能够与目标用户建立情感共鸣,提高推广效果。另外,通过个性化的内容创作和推广方式,品牌和网红能够更好地满足用户的个性化需求。根据不同用户群体的特点和喜好,定制专属的内容形式和传播渠道,以提高用户的参与度和黏性。例如,在社交媒体平台上,品牌和"网红"可以通过定制化的微博话题、抖音挑战赛或快手直播等形式与用户进行互动,创造更多的用户参与和分享。此外,实施有效监管对于维护网红经济的可持续发展和用户权益的保护至关重要。政府部门和相关机构应加大对网红经济的监管力度,建立健全法律法规和规范,明确"网红"行为的底线和规范,防止虚假宣传、欺诈行为和侵权事件的发生。同时,应加强对网红行业的行业自律,建立行业标准和行业组织,推动行业发展的规范化和健康发展。

应知考核

一、单项选择题

1. 在多平台的大量数据和依托大数据技术的基础上,应用于互联网广告行业的营销方式是(　　)。
   A. 大数据营销　　B. 关系营销　　C. 定制营销　　D. 体验营销
2. (　　)是大数据营销的前提与出发点。
   A. 精准营销信息推送支撑　　　　B. 企业重点客户筛选
   C. 用户行为与特征分析　　　　　D. 改善用户体验
3. 核心是建立和发展与这些公众的良好关系是指(　　)。
   A. 大数据营销　　B. 关系营销　　C. 定制营销　　D. 体验营销
4. 在市场营销中,与各关系方建立长期稳定、相互依存的营销关系是指(　　)。
   A. 大数据营销　　B. 关系营销　　C. 定制营销　　D. 体验营销
5. 以松下电器为首的一批企业开创了"自选零件,代客组装"的业务,体现了(　　)。
   A. 合作型定制　　B. 选择型定制　　C. 适应型定制　　D. 消费型定制
6. 在许多文化衫上印上顾客喜爱的图案或幽默短语,可以使消费者的个性得以突出表现,体现了(　　)。
   A. 合作型定制　　B. 选择型定制　　C. 适应型定制　　D. 消费型定制
7. (　　)营销的目标是影响顾客身体的有形体验、生活形态并与顾客产生互动。
   A. 感官　　　　B. 情感　　　　C. 思考　　　　D. 行动
8. (　　)包含感官、情感、思考与行动营销等层面。
   A. 感官　　　　B. 情感　　　　C. 关联　　　　D. 行动
9. 我国德芙巧克力的广告语"牛奶香浓,丝般感受"就给消费者留下了想象的空间,体现了(　　)营销。
   A. 感官　　　　B. 情感　　　　C. 思考　　　　D. 行动
10. 开拓O2O的营销模式的是(　　)。
    A. 点对点　　　B. 漂流瓶　　　C. 签名　　　　D. 二维码

二、多项选择题

1. 关系营销的原则包括(　　)。
   A. 主动沟通原则　　B. 承诺信任原则　　C. 互惠原则　　D. 互利原则
2. 关系营销的形态包括(　　)。

A. 亲缘关系营销形态　　　　　　　B. 地缘关系营销形态
C. 业缘关系营销形态　　　　　　　D. 文化习俗关系营销形态
3. 定制营销的分类有(　　)。
A. 合作型定制　　B. 选择型定制　　C. 适应型定制　　D. 消费型定制
4. 体验营销的主要原则有(　　)。
A. 适用　　　　　B. 适时　　　　　C. 合理　　　　　D. 合法
5. 体验营销的主要策略有(　　)。
A. 感官式营销策略　B. 情感式营销策略　C. 思考式营销策略　D. 行动式营销策略

三、判断题
1. 大数据的数据来源通常是单一化的。　　　　　　　　　　　　　　　　　(　　)
2. 大数据营销的一个重要特点在于网民关注的广告与广告之间的关联性。　(　　)
3. 只有通过合作才能实现协同，因此合作是"双赢"的基础。　　　　　　　(　　)
4. 关系营销的中心是顾客忠诚。　　　　　　　　　　　　　　　　　　　　(　　)
5. 情感式营销策略主要目的是创造知觉体验。　　　　　　　　　　　　　　(　　)

四、简述题
1. 简述大数据营销的概念和特点。
2. 简述关系营销的概念和本质特征。
3. 简述定制营销的概念和特征。
4. 简述体验营销的概念和特点。
5. 简述微信营销的运作模式。

应会考核

■ 观念应用
【背景资料】

突破才有创新

哥伦布是15世纪著名的航海家，他经历千辛万苦终于发现了新大陆。对于他的这个重大发现，人们给予了很高的评价和很多荣誉，但也有人对此不以为然，认为这没有什么了不起，言语中常流露出讽刺。一次，朋友在哥伦布家中做客，谈笑中又提起了哥伦布航海的事情，哥伦布听了，只是淡淡一笑，并不与大家争辩。他起身来到厨房，拿出一个鸡蛋对大家说："谁能把这个鸡蛋竖起来？"大家一哄而上，这个试试，那个试试，结果都失败了。"看我的。"哥伦布轻轻把鸡蛋的一头敲破，鸡蛋就竖起来了。"你把鸡蛋敲破了，当然能够竖起来呀！"人们不服气地说。"现在你们看到我把鸡蛋敲破了，才知道没有什么了不起，"哥伦布意味深长地说，"可是在这之前，你们怎么都没有想到呢？"讽刺哥伦布的人，脸一下子变得通红。

【考核要求】
请结合背景资料，从营销创新的角度分析给您带来的启示。

■ 技能应用

招商银行微信查余额

当我们想要查询银行账户余额时，可以有多种方式，而当下最为方便、省事的就是直接关注银行公众号并输入登录账号和密码进行查询。招商银行信用卡微信公众号率先落实这一功能,成为金融、电信行业广泛使用这一营销方式的典型案例。

招商银行微信信用卡中心利用技术在微信公众号上开发出支持查询信用卡余额的功能,这一功能只需要用户绑定微信号和信用卡信息就能实现,非常方便实用。而为了推广这一功能,招行首先利用微信的"漂流瓶"功能发起了一个"爱心漂流瓶"的公益活动,用户捡到漂流瓶便可以在公众号兑换积分,为孤独症儿童提供帮助。这样简单有用的公益活动吸引了很多用户的参与,很快就获得了很多粉丝,借此推广了招行信用卡中心微信公众号,并且借助公益善行提高了招行的品牌影响力和美誉度。更重要的是,通过公众号的互动让用户和粉丝们有机会直接体验招行微信银行的便利功能。

此外,招行还借助二维码扫描的方式来宣传这一新产品,打出"国内首家微信银行"的旗号引起用户们的好奇和尝试,在线上的一些场所进行二维码推广,任何持有招行信用卡的用户都有可能注意到并出于好奇心扫码尝试,这也为其公众号带来了许多精准客户粉丝。

【技能要求】

请问:什么是微信营销?微信营销具有什么特点?

■ 案例分析

【分析情境】

型牌男装应用大规模定制营销

型牌男装通过互联网为职场人士提供衬衫、西裤、休闲裤、领带等产品的定制服务,消费者不需要接受量体师面对面的量体就可以自己定制产品,为顾客购买到合体的男装产品提供了便利。从理论上讲,顾客完全可以通过定制来代替购买成衣,而且通过互联网定制可以使定制过程变得非常简单。

开展大规模定制营销,需要对产品进行模块化设计。在运营的初级阶段,型牌男装为产品设计了两个模块:一个模块是服装号型体系;另一个模块是服装样品(实际上是一套实物产品的设计方案)。

在服装号型方面,不同的服装品种(产品族)提供的号型数量不等,少的 500 多个,多的 2 000 多个,顾客可以通过 3 个尺寸来选择一个自己的服装号型。为了让顾客能简单地选择到号型,并尊重顾客的穿着习惯,以及为了杜绝顾客因不了解板型设计而出现错误,影响产品的美观,在选择号型时,顾客需要将成品服装尺寸和自己的身材尺寸结合起来。

例如,顾客为定制衬衫而选择衬衫号型时,要提供衬衫的领围,这是尊重顾客对衬衫领围大小的穿着习惯。另外,顾客还需要提供两个身材尺寸:一个是身高;另一个是净胸围。总体而言,对顾客来说,要得到这三个尺寸的准确数据是不难的。顾客提供了衬衫领围、身高和净胸围以后,就可以在型牌网上选择一个自己的衬衫号型。经研究,这一方法能保证 95% 以上的人得到满意的合体衬衫,这一结果已经达到了量体裁衣业务的市场水平。同样,顾客定制裤子时只需提供裤腰、裤长和净臀围三个尺寸,就可以选择一个自己的号型。该公司称这一方法为密码定做法,并就相关的技术申请了国家专利。

另一个模块就是样品。为了不使顾客对服装设计产生畏惧,所有的产品都由型牌网预先设计并制作出样品,拍摄成照片后放到网上供顾客选定。所有的样品均保持适量的面料库存,制成裁剪用的纸样,编制好生产文件,并配备了相应的辅料。顾客只要选定某一款样品,输入号型即可定制,随即就可以生产。

所以,目前型牌男装提供给顾客的定制维度是两个:一是号型;二是样品。在这两个维度上,对于顾客的任何请求,型牌男装都能响应,从而实现大规模定制,也就是工业化定制。与传统的裁缝店量体裁衣的模式比起来,型牌男装的模式能保证顾客定制的服装保持由工业化生产所带来的高品质,这些高品质特性主要体现在服装的设计、版型和做工上。

当然,随着型牌男装定制业务的不断扩大,其完全可以把定制模块拆成号型系列、面料系列和款式系列这三个甚至更多的模块。但在营销的初级阶段,为培养顾客的自助定制(在没有穿衣顾问的情况下)习惯及能力,型牌男装暂时只提供这两个维度的定制服务。

【分析要求】

型牌男装是如何完成大规模定制营销的?

项目实训

【实训项目】

市场营销创新

【实训目标】

通过实训,学生能够正确理解市场营销创新意识和观念。

【实训内容】

1. 如今,当我们打开微信朋友圈,会看到很多微商(培训、女士护肤用品、生活用品等),请分析他们的营销特色。

2. 当代大学生毕业后面临就业和购房问题,请分析:招聘单位如何利用创新模式进行招聘?房地产开发商在楼盘开售时,是怎样进行体验营销的(有条件的可以去当地进行实践访谈)?

3. 写出"市场营销创新报告"。

【实训要求】

1. 根据学生现场表现评分。

2. 评分采用学生和老师共同评价的方式。

3. 将实训报告填写完整。

"市场营销创新"实训报告

项目实训班级:	项目小组:	项目组成员:
实训时间: 年 月 日	实训地点:	实训成绩:
实训目的:		
实训步骤:		
实训结果:		
实训感言:		
不足与今后改进:		
项目组长评定签字:	项目指导教师评定签字:	

参考文献

[1]李贺.市场营销基础[M].上海:上海财经大学出版社,2014.
[2]高凤荣.市场营销基础与实务[M].3版.北京:机械工业出版社,2021.
[3]许春燕.新编市场营销[M].3版.北京:电子工业出版社,2020.
[4]闫春荣.市场营销基础[M].2版.北京:电子工业出版社,2018.
[5]彭石普.市场营销[M].5版.大连:东北财经大学出版社,2021.
[4]洪秀华.市场营销学[M].2版.大连:东北财经大学出版社,2018.
[5]孙国忠,陆婷.市场营销实务[M].4版.北京:北京师范大学出版社,2022.
[6]毕克贵.市场营销学[M].北京:中国人民大学出版社,2015.
[7]梁文玲.市场营销学[M].4版.北京:中国人民大学出版社,2022.
[8]杜明汉.市场营销[M].2版.北京:中国财政经济出版社,2021.
[9]吴建安.市场营销学[M].7版.北京:高等教育出版社,2022.
[10]郭国庆,陈凯.市场营销学[M].7版.北京:中国人民大学出版社,2022.
[11]何会玲.市场营销原理与实训[M].2版.大连:东北财经大学出版社,2022.
[12]李贺.市场营销[M].上海:上海财经大学出版社,2020.
[13]高中玖,毕思勇.市场营销[M].2版.北京:北京理工大学出版社,2020.
[14]孙金霞.市场营销基础[M].3版.大连:东北财经大学出版社,2023.
[15]杜鹏,樊帅.市场营销:理论与实践[M].大连:东北财经大学出版社,2022.
[16]符国群.市场营销学[M].北京:清华大学出版社,2023.
[17][美]菲利普·科特勒(Philip Kotler),加里·阿姆斯特朗(Gary Amstrong).市场营销:原理与实践[M].17版.楼尊,译.北京:中国人民大学出版社,2020.
[18]王永贵.市场营销[M].北京:中国人民大学出版社,2022.
[19]张润琴.市场营销基础[M].2版.北京:高等教育出版社,2022.
[20]郭国庆.市场营销学通论[M].9版.北京:中国人民大学出版社,2022.
[21]吕一林,李东贤.市场营销学教程[M].7版.北京:中国人民大学出版社,2022.